UTB 2249

W0084712

Eine Arbeitsgemeinschaft der Verlage

Verlagsgruppe Beltz Weinheim und Basel
Böhlau Verlag Köln · Weimar · Wien
Wilhelm Fink Verlag München
A. Francke Verlag Tübingen und Basel
Paul Haupt Verlag Bern · Stuttgart · Wien
Verlag Leske + Budrich GmbH · Opladen
Lucius & Lucius Verlagsgesellschaft Stuttgart
Mohr Siebeck Tübingen
C. F. Müller Heidelberg
Quelle & Meyer Verlag Wiebelsheim
Ernst Reinhardt Verlag München und Basel
Schäffer-Poeschel Verlag Stuttgart
Ferdinand Schöningh Verlag Paderborn · München · Wien · Zürich
Eugen Ulmer Verlag Stuttgart
Vandenhoeck & Ruprecht Göttingen
WUV Wien

Studienbücher Literatur und Medien

Herausgegeben von Jochen Vogt

Bereits erschienen:

Rüdiger Brandt: Grundkurs germanistische Mediävistik / Literaturwissenschaft (UTB 2071)

Jochen Vogt: Einladung zur Literaturwissenschaft. Mit einem Hypertext-Vertiefungsprogramm im Internet (UTB 2072)

Hans-Heino Ewers: Literatur für Kinder und Jugendliche. Eine Einführung (UTB 2124)

Dieter Krallmann / Andreas Ziemann

Grundkurs Kommunikationswissenschaft

Mit einem Hypertext-Vertiefungsprogramm im Internet

Wilhelm Fink Verlag

Die Deutsche Bibliothek - CIP Einheitsaufnahme

Dieter Krallmann/Andreas Ziemann:
Grundkurs Kommunikationswissenschaft: mit einem Hypertext-Vertiefungsprogramm
im Internet - München: Fink, 2001
(UTB für Wissenschaft: Uni-Taschenbücher: 2249) (Studienbücher
Literatur und Medien)
ISBN 3-8252-2249-7(UTB)
ISBN 3-7705-3595-2(Fink)

Gedruckt auf umweltfreundlichem, chlorfrei gebleichtem
und alterungsbeständigem Papier ⊗ ISO 9706

© 2001 Wilhelm Fink Verlag GmbH & Co. KG
Ohmstraße 5, 80802 München
ISBN 3-7705-3595-2

Printed in Germany
Herstellung: Ferdinand Schöningh GmbH, Paderborn
Einbandgestaltung: Atelier Reichert, Stuttgart
Umschlagabbildung:
M. C. Escher's "Bond of Union" © 2001 Cordon Art B. V. - Baarn - Holland. All rights reserved.

UTB-Bestellnummer: 3-8252-2249-7

Inhaltsverzeichnis

Vorbemerkung

Unzählig sind die täglichen Kommunikationen auf der Welt und über die Welt. Unzählig sind die Handlungen, Gespräche und Schriftwechsel zwischen den Menschen. Unzählig sind schließlich auch die Reflexionen darüber – also etwa über Sprache und Sprechen, Miteinander- und Gegeneinander-Handeln, die Entwicklung und den Gebrauch von Medien und Informationstechnologien oder den gesellschaftlichen Haushalt moderner Kommunikationsformen. So sind mit der Zeit viele unterschiedliche Sprach-, Kommunikations- und Sozialtheorien entstanden. Aber aus diesem breiten Spektrum hat sich bis heute weder in der Kommunikationswissenschaft noch in den benachbarten Sprach- und Sozialwissenschaften eine allgemein anerkannte Kommunikationstheorie durchgesetzt. Für die kommunikationswissenschaftliche Lehre heißt dies zuallererst, dass den Studierenden die Breite der Theorieangebote zu vermitteln ist, um ihnen einen Überblick über die verschiedenen Verständnisweisen und Begriffe von Kommunikation zu geben. In einem zweiten Schritt ist es die Aufgabe kommunikationswissenschaftlicher Lehre, die Studierenden für die Frage zu sensibilisieren, welche Theorie für welches Forschungsgebiet geeignet ist und mit welcher Theorie adäquate und plausible Aussagen zur jeweilig kommunikationswissenschaftlich fokussierten Fragestellung gemacht werden können.

Vor diesem Hintergrund sollen hier verschiedene Ansätze einer Kommunikationstheorie aus dem naturwissenschaftlichen, dem sprachwissenschaftlichen und dem sozialwissenschaftlichen Bereich vorgestellt und in ihrer kommunikationswissenschaftlichen Relevanz rekonstruiert werden. Die Darstellung erfolgt nicht problemorientiert, sondern – aus Gründen der didaktischen Abgrenzbarkeit – autorenorientiert. Die Auswahl der Autoren ist zwar erweiterbar, aber keineswegs beliebig. Ein maßgebliches Selektionskriterium war der Zuschnitt auf *mikrologische Sozialformen*. Darunter fallen sowohl technisch fundierte Sozialkontakte als auch zwischenmenschliches Mitteilungs- und Verständigungshandeln, soziale Beziehungen, dyadische Spre-

- John L. Austin
- Karl Bühler
- Erving Goffman
- H. Paul Grice
- Jürgen Habermas
- Niklas Luhmann
- George Herbert Mead
- Werner Meyer-Eppler
- Alfred Schütz
- John R. Searle
- Claude E. Shannon
- Georg Simmel
- Gerold Ungeheuer
- Max Weber

Die Auswahl der kommunikationstheoretischen Ansätze aus drei Wissenschaftsbereichen zeigt eine klare Parallele zum Curriculum der Essener Kommunikationswissenschaft. Dort sind die Studien- und Lehrinhalte so gegliedert:
I. Kommunikation und Information (naturwissenschaftliche Perspektive), II. Kommunikation und Sozialität bzw. gesellschaftliches Wissen (sozialwissenschaftliche Perspektive), III. Kommunikation und Zeichen bzw. Sprache (sprachwissenschaftliche Perspektive).

cher/Hörer-Situationen, interpersonale Wechselwirkungen, symbolvermittelte Interaktionen oder schließlich einfache Sozialsysteme.

Wenn wir nun die gewählten Ansätze aus kommunikationswissenschaftlicher Perspektive bündeln, dann zeigt sich: a) der naturwissenschaftliche bzw. kybernetische Bereich entwirft eine Kommunikationstheorie der Informationsverbreitung und -verarbeitung; b) der sprachwissenschaftliche Bereich entwirft eine Kommunikationstheorie alltagsweltlicher oder formallogischer Sprechhandlungen und Bedeutungsprozesse; c) der sozialwissenschaftliche Bereich schließlich entwirft eine Kommunikationstheorie der Gesellschaft oder der Interaktion.

Die Gliederung dieses Lehrbuchs gibt unsere eigene Schwerpunktsetzung wieder: sie liegt auf der sozialwissenschaftlichen Fokussierung von Kommunikation. Die naturwissenschaftliche Betrachtung wird auf Grund jener mathematischen und ingenieurtechnischen Strömung aufgenommen, welche ab den 40er Jahren ein einflussreiches Sender-Empfänger-Modell etabliert hat. Aus dieser wissenschaftshistorischen Berücksichtigung soll sich gleichermaßen die Einsicht ergeben in die modifizierte Übernahme bei anderen Theorieansätzen wie auch die Sensibilität für die (begrenzte) Reichweite jener Modellierung von Kommunikation. Die sprachwissenschaftliche Beschreibung von Kommunikation zeigt die nicht notwendige, aber sehr wichtige Komponente von Sprache und Sprechtätigkeiten im Kommunikationsprozess. Während damit ein Spezialbereich von Kommunikation und Kommunikationstheorien berührt wird, ist mit den sozialwissenschaftlichen Theoriebildungen eher die grundsätzliche Fundierung und allgemeine gesellschaftliche Rahmung von Kommunikationsprozessen bzw. kommunikativen Handlungen möglich. Bei aller Verschiedenheit der Betrachtungsmöglichkeiten und terminologischen Fixierung von Kommunikation ist uns der *integrative* Gesichtspunkt besonders wichtig. Interdisziplinäre Offenheit für kommunikationstheoretische Ansätze und deren vergleichende Orientierung bilden einen Leitgedanken.

Unser Ziel ist es, jeden ausgewählten Ansatz grundlegend darzustellen und auf seine kommunikationstheoretischen Implikationen hin zu untersuchen. In jedem Kapitel wird zuerst die kommunikationswissenschaftliche Relevanz des behandelten Autors ausgewiesen. Danach besprechen wir die zentralen Begriffe und die Grundzüge dieser Theorie. Schließlich versuchen wir, die kommunikationstheoretische Anschlussfähigkeit oder Eigenleistung einer jeden Theorie herauszustellen. Ein zukünftiges, auf die einzelnen Theorievorschläge rekurrierendes Ziel wäre in allgemeiner Hinsicht: der Aufbau und die Begründung einer umfassenden und zureichenden Kommunikationstheorie. Ein weiteres Vorhaben wäre in spezieller Hinsicht: die Untersuchung und Tiefenfundierung je für sich besonderer, eigenlogischer Prozesse, Formen, Typen und Gebilde von Kommunikation.

Eine Basis dieses Studienbuches bilden unsere Vorlesungen zum Grundkurs Kommunikationswissenschaft, der im Essener Curriculum zentraler Bestandteil des Grundstudiums ist. Daraus ergab sich die Absicht, für Studierende der Kommunikationswissenschaft (und benachbarter Disziplinen) ein verbindliches Lern- und Wissensgerüst zu fixieren, das sowohl einen allgemeinen Überblick verschafft als auch zu tieferer Auseinandersetzung mit den einzelnen Autoren und zum problemorientierten, kritischen Weiterarbeiten anregt. Wenn wir den vielen Studierenden der Kommunikations-, Medien- und allgemeinen Sozialwissenschaften in dieser Hinsicht eine weitere Perspektive auf das Phänomen und den Begriff der Kommunikation erschließen können, dann sehen wir ein wichtiges didaktisches Ziel erreicht.

Die interdisziplinäre Offenheit steht aber auch unter einer Einschränkung: Die vielfältige Spezialisierung der Kommunikationswissenschaft im publizistischen Forschungsbereich, besonders auf Massenkommunikation, Medienwirkung, (organisierte) Prozesse öffentlicher Zeichenverwendung und Informationsverarbeitung oder Werbungs- und PR-Formen, wird im Folgenden unberücksichtigt bleiben. Andere Autoren haben dazu bereits nützliche und wichtige Lehrbücher publiziert. Deshalb können wir uns auf eine versammelnde Theoriegeschichte und autorensystematische Grundlagenarbeit zu Kommunikation konzentrieren.

Zur Erläuterung, Ergänzung und Veranschaulichung verweisen wir in der rechten Spalte kontinuierlich auf unser hypermediales Lehr/ Lernprojekt im WWW: auf KOLOSS.

Dort können sowohl diverse Theorien kommunikationswissenschaftlich relevanter Autoren im Hypertextformat, inklusive Biografie, Glossar, Testfragen etc., als auch viele mediale Beispiele eingesehen werden.

Allen an KOLOSS beteiligten MitarbeiterInnen gilt ein herzlicher Dank: Karsten Altenschmidt, Gregor Bongaerts, Frank Born, Susanne Dittloff, Jörg Frehmann, Markus Ibs, Nicole Ott, Michael Schlieper, Andreas Simmer, Jan A. Smolzcyk und Christoph Strahl.

www.kowi.uni-essen.de/ koloss

Zur weiteren Orientierung über die virtuelle Landschaft der Sozial- und Kommunikationswissenschaften dienen exemplarisch folgende Adressen:

www.medienstudien- fuehrer.de

www.soziologie.de

infosoc.uni-koeln.de/ soziland

www.ic.arizona.edu/~comm 300/public/theories. html

Eine letzte Vorbemerkung betrifft die Beobachtung, dass *Kommunikation* zwar ein recht junger Begriff der Wissenschaftssprache ist, aber bereits sehr häufig verwendet wird – für einige ein Modewort, für andere ein notwendiger Theoriebaustein. *Dass* die Welt und die Gesellschaft sich verändert haben und weiter verändern, ist eine triviale Aussage. Keineswegs trivial ist dagegen die Frage, *wie* bzw. *worin* sie sich verändert haben. In den Antworten und Erklärungen wird dabei immer öfter auf Kommunikation Bezug genommen. *Kommunikation* scheint der Schlüsselbegriff für den komplexen Zusammenhang von Mensch, Gesellschaft, Technik, Kultur und Geschichte. In diversen prominenten sprach- und sozialwissenschaftlichen Theorien ist zu lesen, dass Kommunikation die menschliche Ordnung bzw. die Gesellschaft zusammenhält. Wenn des Weiteren etwa der Strukturwandel von Gesellschaft, (technischen) Medien und Kultur untersucht wird, so wird dies als Strukturwandel der Kommunikationsverhältnisse beschrieben; diese sind, laut einiger Theorien, seit der Moderne weltumspannend und finden deswegen in der *Weltgesellschaft* statt. Auch anthropologische Merkmale werden mit bzw. durch Kommunikation erklärt: Denken, Selbstbewusstsein und personale Identität sind demnach Resultate und Erzeugnisse kommunikativer Prozesse. Vielerorts ist also unseres Erachtens eine offensichtliche terminologische wie auch theoretische Umstellung auf ein kommunikatives Paradigma bemerkbar. Doch auch für diese These gilt: Die Häufigkeit, Vielfalt und Selbstverständlichkeit, mit der auf *Kommunikation* referiert wird, macht es notwendig, die speziellen Ideenkontexte, Bedeutungen, Ansprüche und Wirkungen sorgfältig zu sondieren, die dem jeweils begrifflich oder theoretisch verwendeten Ansatz von Kommunikation immanent sind.

Für die Unterstützung unseres Publikationsvorhabens bedanken wir uns herzlich bei Prof. Dr. R. S. Zons und Prof. Dr. J. Vogt; für Satz und Layout bei Dr. Dagmar Spooren.

1. Begriffliche, methodische und forschende Orientierung der Kommunikationswissenschaft und eine Möglichkeit ihrer Selbstbeschreibung

Wissenschaftliche Problemstellungen, Methodendiskussionen und theoretische Erkenntnisinteressen verdanken sich in den Geistes- und Sozialwissenschaften seit jeher vielfältigen Motiven und Rahmenbedingungen. Diese können biografischer, historischer, fachdisziplinärer, gesellschaftspraktischer oder auch wissenschaftspolitischer Art sein. Immer aber steht am Ausgangspunkt der Forschungstätigkeit ein Problem, ein Rätsel, eine Fragestellung. Bei deren Bearbeitung und Lösung wird einerseits eine bestimmte Perspektive eingenommen und eine je spezielle Untersuchungsweise bevorzugt (formaler Bereich); andererseits wird mit dem interessierenden Phänomen ein exklusiver Objektbereich herausgehoben und gleichzeitig gegen anderes abgegrenzt (materialer Bereich). Im formalen Bereich ermöglichen Methoden und Theorien das *Wie* des Forschens und wissenschaftlichen Arbeitens und legen zunehmend die Ausrichtung einer Wissenschaft nach den Kriterien von Plausibilität, Überprüfbarkeit und logischer Konsistenz fest. Der materiale Bereich zeigt das *Was*, den inhaltlichen Bezug der Forschung und führt zunehmend zur thematischen Eingrenzung einer Fachdisziplin. Wissenschaften entstehen, legitimieren und unterscheiden sich so durch je eigene Formen und Inhalte.

Die Kommunikationswissenschaft nun ist eine 'reaktive Disziplin' (Habermas) par excellence, ein interdisziplinäres Produkt der Geistes-, Human- und Sozialwissenschaften. In besonderer Weise verdankt sie ihre Geschichte und Selbständigkeit den Forschungen und Theorieaussagen anderer Wissenschaften: Philosophie, Sprachwissenschaften, Soziologie, Psychologie, Kybernetik u. a. Vordergründig bezieht sie ihre Identität aus einem systematischen Eklektizismus und erscheint

Wissenschaft ist ein systematischer Zusammenhang von wahrheitsförmigen Aussagen und Erkenntnissen, der auf speziellen, kontrollierbaren Methoden und Regeln beruht und den Gesetzen der Logik genügt. Ihre Leistung ist die beschreibende, verstehende, erklärende und prognostische Annäherung an die Wirklichkeit bzw. die (natürliche, geistige, soziale, kulturelle, technische etc.) Welt – nach Maßgabe des jeweils disziplinär fundierten und legitimierten Themenschwerpunktes.

Für ihre interdisziplinäre Fundierung und Ausrichtung könnte eine systematische und eingrenzende "Sammlung von Theorieperspektiven zum Materialobjekt 'Kommunikation' [...] ein wichtiger Schritt auf dem Weg zur Identitätsfindung der Publizistik- und Kommunikationswissenschaft sein." (Burkart 1998[3]: 403)

damit als *Parasit* der modernen Wissenschaftslandschaft. Die Kommunikationswissenschaft übernimmt zunächst Denkmodelle, Theoreme, Erkenntnisse aus anderen Bereichen, um sie sodann auf den weiten Objektbereich der Humankommunikation anzuwenden und in neuer Weise zu synthetisieren. Der induktive Schritt führt auf erste grundlagentheoretische Ergebnisse wie auch auf spezielle Details von Kommunikation. Danach beginnt die weitere, nun eigenständige Arbeit der Systematisierung, Kritik und Ergänzung des gesammelten und archivierten Materials. Schließlich lässt sich die Eingrenzung und Systematisierung der Kommunikationswissenschaft im Objektbereich entweder auf Kommunikation und ihre Bedingungen im Allgemeinen oder auf einen Sonderfall, eine Spezialform von kommunikativer Praxis beobachten. Für die thematische Systematisierung schlägt Burkart (vgl. 1998[3]: 412f.) drei Dimensionen vor: 1) eine grundlegende (universale) Dimension nach der Sichtweise des Erkenntnisobjektes 'Kommunikation'; 2) eine zweckorientierte (funktionale) Dimension nach dem Kommunikationsinteresse; und 3) eine konkrete (gegenständliche) Dimension nach der Wahl des kommunikativen Realitätsbereiches.

Über diese formalen Bestimmungen hinaus wollen wir jetzt auf die inhaltliche Ausrichtung eingehen. Eine nähere, wenn auch nur vorläufige Bestimmung der Kommunikationswissenschaft könnte lauten: *Sie ist eine (interdisziplinäre) Sozialwissenschaft aller vielfältigen Kommunikationsphänomene.* Dieser Befund bedarf einer kategorialen Ergänzung und weiterer Spezifizierung gerade im Objektbereich. Wir suchen also eine Antwort auf die Frage, was Kommunikation sei. Klaus Merten (vgl. 1977: 168ff.) hat bekanntermaßen 160 Definitionen von Kommunikation zusammengetragen und diese etwa nach den Kriterien von (einseitiger versus symmetrischer) Prozesshaftigkeit, Interpretation, Verständigung, Austausch, Verhalten oder etwa sozialer Beziehung geordnet. Inmitten dieser Vielfalt nehmen wir eine Einschränkung vor auf zwischenmenschliche, zeichenhafte Kommunikation und vier damit verbundene Dimensionen: die anthropologische, die soziologische, die semiotische und die technische.

In deutlicher Anlehnung an Ungeheuer (vgl. 1987: 300f.) bedeutet das: 1) An Kommunikation sind Menschen mit ihren je physiologischen, kognitiven und emotionalen Anlagen beteiligt (anthropologisch). 2) Kommunikation ist ein soziales Ereignis bzw. eine Gemeinschaftshandlung von mindestens zwei Personen in je kulturell-historisch-weltlich gerahmten Situationen (soziologisch). 3) In Kommunikation wird Zeichenverwendung und Zeichendeutung in vielfältiger Art und nach typischen Regeln vollzogen (semiotisch). 4) Kommunikation hat materiale Träger; technische Errungenschaften, Massenmedien, maschinelle Plattformen und Speicher dienen ihrer Verbreitung und Aufbewahrung (technisch).

Orientierende Vorstellungen und Definitionen von Kommunikation

Eine daran anschließende, allgemeine Definition von Kommunikation lautet dann: *Kommunikation ist die menschliche und im weitesten Sinne technisch fundierte Tätigkeit des wechselseitigen Zeichengebrauchs und der wechselseitig adäquaten Zeichendeutung zum Zwecke der erfolgreichen Verständigung, Handlungskoordinierung und Wirklichkeitsgestaltung.*

Wir legen nun ein *Vier-Komponenten-Modell* von Kommunikation fest, das unter der Minimalbedingung von Dyadität bzw. Tertiarität jemanden (Ego) impliziert, der sich *mit etwas* (Mitteilung) – wie etwa Verhalten, Zeichen, Sprache, Schrift, Verbreitungsmedien – *über etwas* (Information) – wie etwa Sachverhalte bzw. Gegenstände der Welt, soziale Ereignisse oder sich selbst, seine Gefühle und Gedanken – an ein Alter Ego bzw. an mehrere wendet, wobei jene wieder mit und über etwas auf Ego reagieren bzw. antworten.

 mit etwas / über etwas

Ego   Alter Ego / mehrere

 über etwas / mit etwas

Mit Bezug auf den sozialen Mikrokosmos fordert Ungeheuer, "daß für eine Untersuchung des Verhältnisses von Kommunikation und Gesellschaft alle kommunikativen Kontaktphänomene zwischen Menschen ihre Berücksichtigung finden. Genauer hat man alle sprachlichen und nicht-sprachlichen Kommunikationsformen zu beachten. [...] Man kann [...] zu keiner befriedigenden Kommunikationstheorie kommen, wenn der Blick immer nur auf Sprache gerichtet ist. Sie ist zwar das Kommunikationsinstrument höchster Flexibilität und Effizienz, ist aber in wesentlichen Bereichen ihrer Verwendung verankert in anderen Formen zwischenmenschlicher Kommunikation." (1972²a: 202f.)

Kommunikation ist also ein sozialer Prozess, durch den sich zwei oder mehr entscheidungsoffene, raumzeitlich gebundene Aktivitätszentren mittels Anzeichen, Sprache und Symbolen, deren Wirkung sie an sich selbst und an anderen beobachten, auf etwas hin koorientieren und steuern wie auch gleichzeitig über etwas informieren. Als vollzogenes Ereignis und vom Resultat her betrachtet, ist Kommunikation dann jedoch etwas sozial Eigenständiges – systemtheoretisch gesprochen: geradezu Emergentes – gegenüber den Einstellungen, Absichten und Zielen der an ihr beteiligten Menschen. Kommunikation ist folglich weder allein dem Willen Egos oder Alter Egos zuzurechnen, noch gehen die Information, Bedeutung und Wirkung dialogischer Sprechhandlungen in Egos Äußerung oder Alter Egos interpretierender Hörleistung auf. Zwischenmenschlichen Ereignisabfolgen, Beziehungen, Gesprächen und Diskursen ist eine Eigendynamik und Selbstordnung immanent. Aus gemeinsamem Reden und Handeln entsteht ein soziales Geschehen, das eine asymmetrische Relation zwischen Eigenem und Anderem wie auch eine dialektische "Verflechtung" aufweist. Alles Soziale und Kommunikative weist über die Beteiligten hinaus und gehört schließlich keinem mehr. In einer anderen Formulierung ließe sich auch sagen: Kommunikation ist mehr und anderes als die Summe an Intentionen, Verhaltensabstimmungen, Äußerungen und Handlungseinwirkungen der beteiligten Personen.

Auf eine weitere Besonderheit von Kommunikation ist hinzuweisen: Einerseits sind die Zeichen- und Symbolsysteme, die Regeln menschlichen Zusammenlebens und die kommunikativen Formen des Mit-, Für- oder Gegeneinander den Menschen kulturell und geschichtlich vorgegeben, werden im Sozialisationsprozess vermittelt und gelernt und bestimmen schließlich ihre Pläne, Fremderwartungen, Verständigungsmöglichkeiten und Ausdrucksvarianten. Andererseits werden der 'Haushalt' an kommunikativen Formen, soziokulturelle Regeln und Strukturen sowie institutionalisierte und legitimierte Zeichenverwendungen und Sprechakte durch Kommunikation nicht nur bestätigt und bewahrt, sondern auch kontinuierlich umgestaltet, erweitert und optimiert. Das heißt: Kommunikation beeinflusst und steuert Menschen; und Menschen beeinflussen und verändern wiederum Kommunikation.

Der kommunikationswissenschaftliche Objektbezug und Forschungsbereich ist also vornehmlich im sozialen Mikrokosmos angesiedelt. Es geht um das Beschreiben, Verstehen und Erklären der kommunikativen Feinstruktur von Vergemeinschaftung und Vergesellschaftung, um deren *kommunikationswissenschaftliche Mikroanalyse* (vgl. Ungeheuer 1972²a: 202). Obgleich nun klar sein könnte, wo Kommunikationsforschung ansetzt und was sie untersucht, so stellt sich doch die konkrete Vorgehensweise problematisch dar.

Im methodologischen Bereich sind einige Besonderheiten festzustellen, die bereits damit beginnen, dass jeder in seinen verschiedenen Lebensbereichen ständig Kommunikationen vollzieht, mit ihnen konfrontiert wird und sukzessive ein eigenes alltagstheoretisches Modell von Kommunikation aufbaut. So scheint jedermann Experte in der Praxis und für die Beobachtung von Kommunikation zu sein. Von dorther diskutiert Merten fünf spezifische Aspekte des kommunikativen Phänomen- bzw. Forschungsbereichs und seiner Untersuchungsweise: Profanität, Universalität, Flüchtigkeit, Relationalität und Unvermeidbarkeit.

1) "*Profanität* von Kommunikation soll die Tatsache bezeichnen, daß Kommunikationsprozesse jederzeit von jedermann mit geringstem Aufwand initiiert werden können, daß Kommunikation also eine furchtbar banale, gewohnte Alltagserscheinung und -erfahrung darstellt. Das hatte zunächst zur Folge, daß Kommunikation als Erkenntnisgegenstand lange Zeit überhaupt nicht zugelassen wurde, weil man unterstellte, daß das, was alltäglich ist und scheinbar problemlos funktioniert, auch problemlos erklärt werden kann, also wissenschaftlicher Analyse nicht lohnt. Das Problem liegt jedoch genau umgekehrt: Gerade *weil* Kommunikation so einfach und ökonomisch einzusetzen ist, bleibt verdeckt, daß deren Analyse ungemeine Schwierigkeiten mit sich bringt" (Merten 1999: 15).

2) "*Universalität* soll die Tatsache bezeichnen, daß Kommunikation in *alle* Bereiche menschlichen Daseins hineinreicht, gewissermaßen die kleinste Scheidemünze sozialen Handelns darstellt. Demgemäß wurden [...] von den unterschiedlichsten Disziplinen her theoreti-

sche Anstrengungen unternommen, und damit wurden zugleich auch disziplinäre Ansprüche markiert, die bald in ein Gerangel um Kompetenzen und Zuständigkeiten einmündeten und ausarteten." (Merten 1999: 16)

3) *"Flüchtigkeit* des Erkenntnisgegenstandes 'Kommunikation' ist ein weiteres Hindernis für die Analyse von Kommunikation. Der Kommunikationswissenschaftler [...] kommt im Grunde immer rechtzeitig zur Analyse zu spät, muß sie im nachhinein leisten, und auch das ist nur möglich unter der ebenso paradoxen wie prekären Bedingung, daß er dazu weitere und andere Kommunikationsprozesse initiiert." (Merten 1999: 16f.)

4) "Mit *Relationalität* ist gemeint, daß Kommunikation als Prozeß weder beim Kommunikator noch beim Rezipienten, noch in der Aussage als solcher festzumachen ist, sondern sich als spezifische Relation zwischen diesen und anderen Einflußgrößen konstituiert. Kommunikation läßt sich nicht als Objekt dingfest machen, sondern nur als relationale Größe, als Prozeß zwischen Kommunikator und Rezipient, der demgemäß nicht statisch, sondern dynamisch begriffen werden muß." (Merten 1999: 17)

5) Unter *Unvermeidbarkeit* "soll die Tatsache verstanden werden, daß Kommunikationsprozesse – sobald sie einmal angelaufen sind – keine Negation kennen". Dies "verweist auf eine weitere Beschränkung, denn der Rückschluß von Bedingungen des Nichtfunktionierens als Ausnahme auf Bedingungen des Funktionierens im Regelfall ist ein wichtiges heuristisches Prinzip in allen anwendungsbezogenen Wissenschaften. Weil aber Kommunikation keine Ausnahme besitzt – denn das Nicht-Kommunizieren-Wollen muß ja wieder durch Kommunikation kommuniziert werden –, ist auch dieser Weg verstellt." (Merten 1999: 17)

Weil die Kommunikationswissenschaft, neben ihrer theoretischen Grundlagenarbeit, zu den empirischen Sozialwissenschaften gehört, sei für methodologische Reflexionen auf dem Gebiet der qualitativen Sozialforschung und der hermeneutischen Wissenssoziologie auf den richtungsweisenden Sammelband von Hitzler/ Reichertz/ Schröer (Hrsg.) 1999 hingewiesen.

Im methodologischen Kontext hat der Kommunikationswissenschaftler des Weiteren zwischen der *kommunikativen* und *extrakommunikativen* Betrachtungsweise zu unterscheiden und die zweite zu betreiben. Nach Ungeheuer (vgl. 1972²b: 243) liegt hier der *methodische Grundsatz der Kommunikationswissenschaft* schlechthin vor. Zum einen sind wir Teilnehmer an Kommunikation und in Kommunikationssituationen involviert (Praxis); zum anderen sind wir externe Beobachter eigener oder fremder Kommunikationsprozesse und beschreiben, ordnen, verstehen etc. diese in wissenschaftlicher Einstellung (Theorie). Daraus leitet Ungeheuer (1972²b: 243) folgende Konsequenz ab: "Die Inhalte beider Erfahrungsweisen sind nicht notwendigerweise gleich. Die kommunikationswissenschaftliche Methodik hat daher zwei Klassen von Verfahren zu entwickeln, die jeweils den zuvor genannten Weisen im Umgang mit Kommunikationsphänomenen entsprechen" – und weder vermischt noch vertauscht werden dürfen.

Die zentrale, sie fundierende wie auch vorwärtstreibende, Problemstellung der Kommunikationswissenschaft lautet: *Wie ist Kommunikation möglich?* Oder etwas abgewandelt: Worauf beruht, wie funktioniert und wie verändert sich zeichenhafte und symbolvermittelte Verständigung? Wenn wir einleitend dargelegt hatten, dass aller Forschung ein Rätsel, eine Frage, ein Problem vorausgeht und sich dadurch Wissenschaften (be-)gründen, dann kann der Kommunikationswissenschaft eine disziplinäre Identität eben genau durch die genannte exklusive Problemstellung zugeschrieben werden. Mit diesem allgemeinen Problemfokus und allen spezielleren, damit verbundenen Fragen unterscheidet sich die Kommunikationswissenschaft explizit von anderen, sich ebenfalls um die Erforschung menschlichen Handelns und Verhaltens bemühenden Wissenschaften, die sich wiederum von ihren eigenen Fragestellungen und Erkenntnisinteressen leiten lassen. Speziellere Fragen der Kommunikationswissenschaft gelten etwa: der Genese von Zeichen-, Wort- und Satzbedeutungen, der Interpretation und Übersetztbarkeit von Äußerungen, der soziokulturellen Evolution von Schrift und technischen Verbreitungsmedien, der Binnenstruktur und Eigenlogik kommunikativer Prozesse, dem spezifischen Aufbau und Regelwerk des Mitteilungsgeschehens in verschiedenen Sprachgemeinschaften, dem Einsatz kommunikativer Mittel im Verhältnis zu jeweiligen menschlichen Zwecken und Zielen sowie deren jeweiligem Verhältnis zu Kultur und Gesellschaft oder auch dem überpersönlichen Zusammenhang zwischen gesellschaftlichem Wissen, sozialen Rollen, kommunikativen Formen und Erwartungen.

Wie ist Kommunikation möglich?

Klaus Merten erhebt ebenfalls die Behandlung *aller* Kommunikationsphänomene zur zentralen Aufgabe der Kommunikationswissenschaft. Weil ihm aber der kommunikationswissenschaftliche Objektbereich mit den *Bedingungen für, Prozessen der und Wirkungen* von Kommunikation zu vage ist, spezifiziert er: "Erkenntnisobjekt der Kommunikationswissenschaft sind alle Zustände und Prozesse, in denen *öffentliche Zeichenverwendung* relevant ist." (Merten 1999: 456)

Auch in der publizistischen Tradition des Faches lässt sich die Auffassung finden, dass massenmediale bzw. öffentliche Kommunikations-prozesse nur dann adäquat und umfassend zu untersuchen und begreifen sind, "wenn man menschliche Kommunikation grundsätz-lich ins Auge faßt, also auch relevante Aspekte der Indi-vidualkommunikation be-achtet. Zum einen, weil [...] Parallelen bzw. Entspre-chungen zwischen beiden Realitäten existieren, und zum anderen, weil Wechsel-beziehungen nicht bloß evi-dent sind, sondern auch in der bisherigen Fachge-schichte immer wieder eine Rolle gespielt haben." (Bur-kart 1998[3]: 18)

In der Selbstbeschreibung der Kommunikationswis-senschaft sehen wir also eine problemorientiert einge-stellte Mehr-Paradigmen-Wissenschaft, welche sich die Koexistenz konkurrierender Theorien und Modelle leis-tet, solange jene nur mit gesellschaftlich-kulturellen Mi-kroprozessen und originär dialogisch strukturierten Kommunikationen beschäftigt sind. Dieses empirische und theoretische Material wird schließlich auf die klas-sifizierende, verstehende und erklärende Arbeit aller vielfältigen Phänomene, Formen, Strukturen, Eigen-schaften und Bedingungen von zwischenmenschlicher Kommunikation sowie auf ihre Optimierung und idea-le Fortsetzbarkeit hin kanalisiert. Konkret sollen alle zwischenmenschlichen und daraus resultierenden über-persönlichen Kommunikationsformen berücksichtigt werden: von der anschaulichen face-to-face-Situation bis zur technisch, massenmedial oder multimedial ver-mittelten Kommunikation – im privaten wie im öffentli-chen Kontext –, von institutionalisierten, organisationa-len, ritualisierten Kommunikationsformen bis zu zufäl-liger, kurz anhaltender Alltagskommunikation.

Im Mittelpunkt der Kommunikationswissenschaft, und damit auch unserer integrativen Darstellung ihrer Grundlagen, steht die Annahme, dass kommunikative Prozesse und Ereignisse sowohl unbeabsichtigtes als auch intendiertes Ergebnis des sinnhaften, problemlö-senden, situationsorientierten, zeichengebundenen oder sprachlich explizierten Handelns und Wirkens von Menschen sind. Für ihre Grundlagenarbeit fokus-siert die Kommunikationswissenschaft demnach das *konkrete* – direkt beobachtete oder idealtypisch gebilde-te – zeichenhafte Ausdrucksverhalten, Sprechhandeln und sonstige symbolische Verständigungshandeln von Menschen in wechselseitig aufmerksamer Orientierung und in ihren jeweiligen sozialen Situationen. Weil Men-schen mit ihren Plänen, Sozialhandlungen und kom-munikativen Anstrengungen bestimmte Zwecke und Ziele verfolgen, unterstellen wir ihnen im sozialen Kon-text aus kommunikationswissenschaftlicher Perspekti-ve einen primären, je praktisch relevanten Verständi-gungserfolg – einerlei ob die konkrete Reaktion Alter Egos positiv, annehmend oder negativ, ablehnend aus-fällt.

Vor dem Hintergrund der geschilderten Selbstbeschreibungsskizze der Kommunikationswissenschaft werden wir uns im Folgenden auf jene Ordnung von Begriffen, jene Sondierung von Modellen und Theorien sowie jene Eingrenzung des Gegenstandsbereichs konzentrieren, welche mit den vier genannten – nämlich anthropologischen, soziologischen, semiotischen und technischen – Dimensionen von Kommunikation zusammenhängen. Als Ergebnis soll ein umfassendes Verständnis von fundamentalen Aspekten der Kommunikation erwachsen, das problemorientierte Theoriearbeit und ergänzende empirische Forschung sowohl sensibilisieren als auch stimulieren kann.

www.uni-essen.de/kowi/ fachv.htm

Literatur:

Burkart, Roland [1998³]: Kommunikationswissenschaft. Grundlagen und Problemfelder. Umrisse einer interdisziplinären Sozialwissenschaft. Wien; Köln; Weimar.

Hitzler, Ronald/Reichertz, Jo/Schröer, Norbert (Hrsg.) [1999]: Hermeneutische Wissenssoziologie. Standpunkte zur Theorie der Interpretation. Konstanz.

Merten, Klaus [1977]: Kommunikation. Eine Begriffsund Prozeßanalyse. Opladen.

Merten, Klaus [1999]: Einführung in die Kommunikationswissenschaft. Band 1/1: Grundlagen der Kommunikationswissenschaft. Münster.

Ungeheuer, Gerold [1972²a]: Kommunikation und Gesellschaft. In: ders.: Sprache und Kommunikation. Hamburg, S. 199-206.

Ungeheuer, Gerold [1972²b]: Grundriß einer Kommunikationswissenschaft. In: ders.: Sprache und Kommunikation. Hamburg, S. 213-271.

Ungeheuer, Gerold [1987]: Vor-Urteile über Sprechen, Mitteilen, Verstehen. In: ders.: Kommunikationstheoretische Schriften I: Sprechen, Mitteilen, Verstehen. Aachen, S. 290-338.

2. Die naturwissenschaftliche Perspektive auf Kommunikation

2.1 Die Informationstheorie von Claude E. Shannon

2.1.1 Die Relevanz Claude E. Shannons für die Kommunikationswissenschaft

Die Entwicklung der Informationstheorie ist heute unabdingbar mit dem Namen Claude E. Shannon verbunden. Ihr Ausgangspunkt liegt um 1930 in den frühen Arbeiten auf dem Gebiet der Fernmeldetechnik und Telegrafie, oder allgemein der Nachrichtentechnik. Dabei ging es darum, aus wirtschaftlichen und militärischen Interessen die vorhandenen elektrotechnischen Übertragungssysteme (z. B. Telegrafiesysteme) so effizient und sicher wie möglich zu gestalten. Vor diesem Hintergrund sind etwa die Forschungen von R. V. L. Hartley (1928), der im Auftrag der Bell Telephone eine sichere Telegrammübermittlung von New York nach Los Angeles einrichten sollte, zur Kodierung und Signalübertragung von Information zu verstehen. Auch Norbert Wiener, der bedeutende Aussagen über die Information in kybernetischen Systemen trifft, ist in der Zeit des Zweiten Weltkrieges hauptsächlich mit Fragen der Signalübertragung bei Flugabwehrsystemen beschäftigt. Die konsequente Anwendung einer naturwissenschaftlichen Methodik führt dann zu einer Beschränkung der Betrachtung auf die mathematisch-physikalische Signalebene der Übertragungssysteme. *Information* ist dementsprechend eine quantifizierbare und mathematisch berechenbare Größe zur Beschreibung von Signal- und Übertragungseigenschaften in technischen Systemen. Sie ist spätestens mit Shannon als nachrichtentechnischer Begriff innerhalb einer mathematischen Theorie der Signalübertragung zu verstehen und dominiert sein allgemeines technisches Kommunikationssystem.

* 30.04.1916 (Petoskey; Michigan)

† 24.02.2001 (Medford; Massachusetts)

Claude Elwood Shannon verbringt die ersten sechzehn Jahre in Gaylord und macht im Jahre 1932 an der dortigen Gaylord High School seinen Abschluss. Schon während der Schulzeit interessiert er sich für technische Experimente und Zusammenhänge und konstruiert z. B. ein Modell-Flugzeug, ein funkgesteuertes Modellboot und eine Telegrafen-Einrichtung zum nahe gelegenen Haus eines Freundes. Sein Vorbild zu dieser Zeit ist Thomas A. Edison (1847–1931) – ein weitläufiger Verwandter, wie er später erfährt.

Von 1932 bis 1936 studiert Shannon an der University of Michigan Elektrotechnik und Mathematik und schließt in beiden Fächern mit dem Bachelor of Science ab. 1936 nimmt er die Stelle eines Forschungsassistenten am 'Department of Electrical Engineering' des Massachusetts Institute of Technology an, während er gleichzeitig am MIT weiterstudiert.

Im Sommer 1937 arbeitet Shannon in den Bell Telephone Laboratories in New York und erwirbt in dieser Zeit den 'Master's Degree' in Mathematik. 1938 wird die Arbeit unter dem Titel "A Symbolic Analysis of Relay und Switching Circuits" publiziert. In dieser Zeit wechselt er als 'teaching assistent' an das 'Departement of Mathematics' des MIT. Im Sommer 1939 arbeitet Shannon in Cold Spring Harbor, New York und beschäftigt sich mit Genetik.

1940 wird Shannon mit der Dissertation "An Algebra for Theoretical Genetics" zum Doktor der Mathematik promoviert und erhält zudem den 'Master's Degree' in Electrical Engineering. Für seine mathematische Master's Thesis erhält er den 'Alfred Noble Prize of the combined engineering Societies of the United States'.

Im darauf folgenden Sommer arbeitet und forscht Shannon erneut in den Bell Laboratories. Danach wechselt er für zwei Semester als 'National Research Fellow' an das 'Institute for Advanced Study' in Princeton und beginnt, sich mit der Effizienz von Kommunikationssyste-

Im Einzelnen steuert Shannon zwei bedeutende Beiträge zum wissenschaftlichen Verständnis der Frage bei, wie (technische) Systeme Information darstellen, verarbeiten und übertragen. In seiner Abschlussarbeit zum Masters of Arts in Mathematik (1938) konnte er u. a. zeigen, wie sich mit Hilfe der Booleschen Algebra Beziehungen der abstrakten Logik als Folgen binärer Relaisschaltungen operationalisieren lassen: ==Eine Binärschaltung hat zwei Werte oder Zustände – 'an' oder 'aus', '1' oder '0', 'wahr' oder 'falsch'.== Praktisch bedeutet dies, dass man mit Hilfe von Relaisschaltkreisen, wie sie im Fernmeldewesen und im Bereich digitaler Computer verwendet werden, jede komplexe mathematische Operation automatisieren kann. Man braucht sich nur des binären Zahlensystems zu bedienen und die Regeln der Booleschen Algebra zu beachten.

Shannons zweiter Beitrag ist die Ableitung einer Formel zur rechnerischen Bestimmung der Minimalanzahl von Binärschritten, um irgendein Element (Signal, Zeichen) aus einer bestimmten Menge mit bekannter Verteilung zu identifizieren und diese Formel zur Lösung grundlegender Probleme in der Kryptografie oder beim Entwurf elektronischer Schaltkreise anzuwenden. Wenn die Entropie ausgedrückt wird als Logarithmus zur Basis 2, $H = -\Sigma\, p_i \log_2 p_i$, dann gibt H die Anzahl der Binärschritte an, um ein durchschnittliches Element aus einer Menge zu identifizieren, und bezeichnet damit den Informationsgehalt des Auswahlprozesses. Aus dem Verbund von Wahrscheinlichkeitstheorie und Nachrichtentechnik geht Information neben Materie und Energie als dritte elementare physikalische Größe hervor. Sie ist für Shannon insofern ein Verhältnisbegriff, als sie das Resultat zwischen einer Menge an existierenden Signalen oder *messages* und der unsicheren Bestimmung eines jener Elemente ist.

Insgesamt wurden Shannons Beiträge zu einer umfassenden Informationstheorie von Mathematikern, Philosophen, Psychologen und anderen Wissenschaftlern rezipiert, die die Kernidee in so verschiedene Wissenschaftsbereiche integrierten wie: Elektronik, Biologie, Psychologie, Sprachwissenschaft, Informatik, Kognitionswissenschaft und (massenmediale) Kommunikationsforschung. Die Ausweitung der ==Informationstheorie== in die ==Sozialwissenschaften== wird wesentlich erleichtert, als Shannons Grundlagenarbeit von der University of Illinois mit einem einführenden Essay von Warren Weaver als selbständige Publikation veröffentlicht wird. Weaver akzeptiert dort zwar das Interesse Shannons, die technischen Aspekte der Signalkodierung und -übertragung mathematisch exakt zu beschreiben, sieht jedoch keine grundsätzlichen Schwierigkeiten, auch die semantische und pragmatische Ebene von Kommunikation mit einzubeziehen. Seitdem hat das Sender-Empfänger-Modell wissenschaftlich Karriere gemacht und gilt einigen, oft in Unkenntnis seiner originären mathematisch-technischen Herkunft, als Basismodell von Kommunikationsprozessen überhaupt.

2.1.2 Eine mathematische Theorie der Kommunikation

Das Aufkommen neuer technischer Kommunikationsmöglichkeiten beschäftigt seit den 30er Jahren Mathematiker und Physiker in steigendem Maße. Hauptziel der Bemühungen ist die Beantwortung der Frage nach der optimalen Nutzung der neuen Kommunikationskanäle, mit deren Hilfe die Nachrichten an den Adressaten gelangen können. Die Beschränkung auf den technischen Aspekt der Kommunikation ist deshalb auch für Shannon naheliegend. Er arbeitet für die Bell Telephone Laboratories und beschäftigt sich mit Problemen der zuverlässigen Nachrichtenübertragung. Für die Nachrichtentechnik bahnbrechend ist, dass Shannon auf mathematischer Grundlage eine Theorie der (optimalen) Signalübertragung entwickelt, die er – mit der Gleichsetzung "Signalübertragung ist Kommunikation" – "Eine mathematische Theorie der Kommunikation" (1948) nennt.

Wichtig für das Verständnis von Shannons Arbeiten ist, dass sich seine Forschungen nur auf die technischen Probleme der Signalübertragung beziehen. Es geht ihm darum, die fehlerfreie und ökonomische Übertragung von Zeichen über einen Nachrichtenkanal mit mathematischen Mitteln zu beschreiben und zu erklären. Shannons Originalformulierung der Betrachtung kommunikationstechnischer Probleme lautet:

men auseinander zu setzen. 1941 tritt Shannon erneut in die Forschungsgruppe der Bell Telephone Laboratories ein, um an militärischen Luftabwehrkontrollsystemen mitzuarbeiten.

Er bleibt fünfzehn Jahre bei den Bell Telephone Laboratories und formuliert dort seine Informationstheorie, die wesentlich von Überlegungen zur Quantifizierung von Information geleitet ist. Aufbauend auf den Arbeiten von H. Nyquist und R. V. L. Hartley, entwickelt er ein Maß zur exakten Bestimmung und Berechnung von Information: *bits per second*. 1948 fasst er die Ergebnisse in der Studie "A Mathematical Theory of Communication" zusammen. Das anschließend mit Warren Weaver veröffentlichte Werk "The Mathematical Theory of Communication" (1949) kann als Initialzündung der Informationstheorie betrachtet werden.

Von 1958 bis 1980 lehrt Shannon als Professor für Elektrotechnik am MIT. Seine Forschungsgebiete sind: Boolesche Algebra und elektrische Schaltkreise, Computertechnik, Kommunikationstheorie und Kryptografie.

"The fundamental problem of communication is that of reproducing at one point either exactly or approximately a message selected at another point. Frequently the messages have *meaning*; that is they refer to or are correlated according to some system with certain physical or conceptual entities. These semantic aspects of communication are irrelevant to the engineering problem. The significant aspect is that the actual message is one *selected from a set* of possible messages. The system must be designed to operate for each possible selection, not just the one which will actually be chosen since this is unknown at the time of design." (1993a: 5; vgl. auch 1993c: 212ff.)

Für die Überlegungen einer allgemeinen Kommunikationstheorie ist im technischen Kontext die 'Bedeutung' einer *Nachricht* irrelevant; relevant ist die Schwierigkeit der Übertragung der Nachricht von einem Ort zu einem anderen. Zur Verdeutlichung dieser Ausgangsbedingung dient folgendes *Schema eines allgemeinen Kommunikationssystems* (Shannon/Weaver 1976: 44; vgl. auch Shannon 1993a: 7):

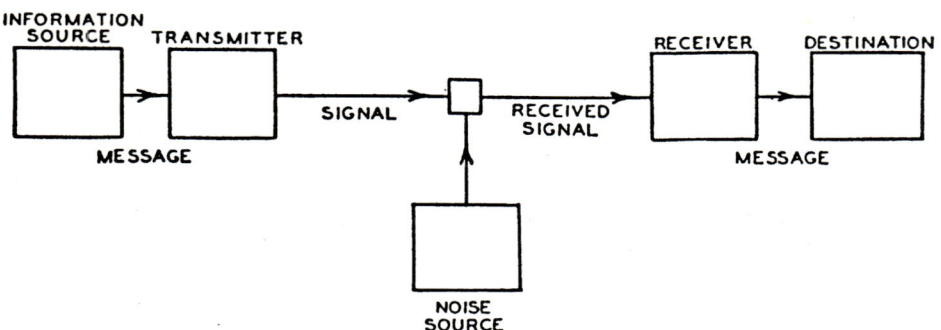

Der Prozess der Signalübertragung respektive die fünf notwendigen Bestandteile des technischen Kommunikationssystems werden von Shannon wie folgt charakterisiert:

1) Die *Nachrichtenquelle* (information source) wählt zunächst aus einem Repertoire (set of possible messages) möglicher *Nachrichten* eine bestimmte oder gewünschte aus. Die Nachrichtenquelle wird nicht weiter

spezifiziert, es kann sich um Maschinen, Lebewesen oder andere organische oder anorganische Objekte handeln. Auch die Nachricht kann verschiedener Art sein, sie kann aus geschriebenen oder gesprochenen Wörtern, Bildern, Musik oder ähnlichem bestehen.

2) Der *Sender* (transmitter) 'transformiert' die von der Nachrichtenquelle ausgewählte Nachricht in irgendeiner Weise, um *Signale* zu erzeugen, die für die Übertragung durch einen Kanal geeignet sind. Dieser Vorgang wird *Kodierung* genannt.

3) Der *Kanal* (channel) ist das Medium (z. B. Schall-, Luft- oder Lichtwellen), um die Signale vom Sender zum Empfänger zu übermitteln. Während der Signalübertragung können nicht gewünschte Veränderungen *(Störungen)* aus einer *Störquelle auf das Medium* einwirken, die das Signal 'verrauschen'.

4) Der *Empfänger* (receiver) ist als eine Art umgekehrter Sender zu verstehen. Er empfängt das mehr oder weniger stark verrauschte Signal und hat die Aufgabe, die Nachricht aus dem übertragenen Signal zurückzutransformieren bzw. zu rekonstruieren. Dieser Vorgang wird *Dekodierung* genannt. Der Empfänger leitet das *dekodierte* Signal an das Nachrichtenziel weiter.

5) Als *Nachrichtenziel* (destination) können Lebewesen oder Maschinen, bei Shannon (1993a: 7) 'a person or thing' fungieren; für sie/es war die gesendete *message* bestimmt.

Shannon formuliert die Ziele seiner Betrachtungsweise so: "Wir möchten in diesem Zusammenhang gewisse allgemeine Probleme erwähnen, die mit Kommunikationssystemen verbunden sind. Dafür ist es notwendig, die verschiedenen Bestandteile des Kommunikationssystems mathematisch auszudrücken, passend idealisiert gegenüber ihren physikalischen Ebenbildern." (Shannon/Weaver 1976: 44f.) Der Forschungsprozess soll Antworten auf folgende Fragen geben: Was sind die charakteristischen Merkmale der Kodierung? Was sind die charakteristischen Merkmale der Störungen, die die Genauigkeit der zu übermittelnden Nachrichten beeinflussen? Wie misst man die Kapazität eines Übertragungskanals? Wie misst man den Betrag der Information?

Als um das Jahr 1842 Samuel F. B. Morse sich bei einem Buchdrucker nach der relativen Häufigkeit von

"In radio, for example, the information source may be a person speaking into a microphone. The message is then the sound that he produces, and the transmitter is the microphone and associated electronic equipment which changes this sound into an electromagnetic wave, the signal. The channel is the space between the transmitting and receiving antennas, and any static or noise disturbing the signal corresponds to the noise source [...]. The home radio is the receiver in the system and its sound output the recovered message. The destination is a person listening to the message." (Shannon 1993c: 213)

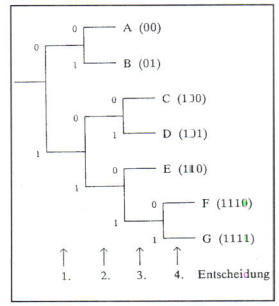

Fragestrategie bei nicht gleichwahrscheinlichen Quellenzeichen

Shannons berühmte Formel zur Berechnung der *Kanalkapazität* eines Kommunikationskanals lautet:

$$BT \log \left(1 + \frac{P}{N}\right) \text{ (in bit/s);}$$

wobei T die Zeit, B die Bandbreite des Kanals, P und N die mittlere Signal- und Rauschleistung (Störung) bedeuten. Somit lässt sich die Anzahl von Bits (Ja-Nein-Entscheidungen), die in einer Sekunde maximal übertragen werden können, berechnen.

Buchstaben in der normalen Schrift erkundigte, um an Hand dieser Werte sein Kodierungssystem für die Telegrafie zu entwickeln, war der erste Schritt zu einer quantitativen Bestimmung von Information auf Signalebene getan. Das vorwissenschaftliche Wissen des Buchdruckers wird dann fast 90 Jahre später von Hartley in ein mathematisches Maß der Information, entsprechend der Kodierung eines Signals, gefasst. Mit dem Ziel, die Kapazität verschiedener Nachrichten-übertragungssysteme mathematisch zu bestimmen, betrachtet er Signale in Form von Schwingungsformen, aus denen z. B. gesprochene Sprache besteht, und zerlegt die gemessenen Amplituden in quantifizierte Stufen. Die verschiedenen Stufen stellen die möglichen Zustände der Nachrichtenquelle dar. "Hartley definierte den Informationsfluss *H* einer solchen Quelle durch den Logarithmus zur Basis 2 der Anzahl der unterscheidbaren Signale." (Cherry 1963: 218) Hartleys Maß des Informationsflusses ist damit als die Anzahl der Ja-Nein-Entscheidungen zu verstehen, die erforderlich ist, um die von einer Quelle ausgesandten Abtastwerte oder Zeichen zu identifizieren. Da es eine einfachere Entscheidung als die zwischen zwei Möglichkeiten nicht gibt, hat sich die zweistellige Wahlmöglichkeit (Binärentscheidung) als Einheit für die Information angeboten und durchgesetzt.

Genau an dieser Stelle setzt Shannon mit seinen Überlegungen für eine rechnerische Bestimmung der Information an. Für das technische Problem der gesicherten Signalübertragung ist das, was inhaltlich mitgeteilt bzw. gemeint wird, uninteressant. Interessant sind statistische Aussagen über Häufigkeit, Wahrscheinlichkeit/Unwahrscheinlichkeit und Freiheit der Auswahlmöglichkeiten von Zeichen, die übertragen werden. Dies bildet die Grundlage für eine informationstheoretische Beschreibung der fünf Komponenten des allgemeinen Kommunikationssystems:

Eine *Nachrichtenquelle* sendet Signale oder Zeichen aus, die als *Nachrichten (messages)* bezeichnet werden. Die Quelle wird mathematisch beschrieben durch die Menge (Repertoire) der *n* verschiedenen Zeichen, die potenziell übertragen werden können; jedes Zeichen *i* ist charakterisiert durch die Wahrscheinlichkeit seines

Auftretens p_i. Betrachtet man z. B. die Buchstaben der englischen Sprache als Zeichenrepertoire der Nachrichtenquelle, so ist jeder Buchstabe durch eine spezifische Vorkommenshäufigkeit in der englischen Sprache charakterisiert. Wählt nun die Nachrichtenquelle entsprechend der statistischen Struktur der Sprache die zu übertragenden Zeichen aus dem Repertoire aus, so ist jedes Zeichen i durch eine Auftretenswahrscheinlichkeit p_i bestimmt. Da es sich um ein endliches System mit n Zeichen handelt, summieren sich die Wahrscheinlichkeiten zu:

$$\sum_{i=1}^{n} p_i = 1.$$

Die gesamte Nachricht besteht aus einer Folge von Zeichen aus der gegebenen Zeichenmenge. Eine solche Folge von Einzelzeichen auf Buchstabenebene der englischen Sprache (Markoff-Kette 0. Ordnung) sieht beispielsweise so aus:

OCRO HLI RGWR NMIELWISEU LL NBNESEBYA

Eine kompliziertere Struktur erhält man, wenn die aufeinander folgenden Zeichen nicht unabhängig voneinander ausgewählt werden: $p(i, j)$ bezeichnet dann die Verbundwahrscheinlichkeit, mit der die Zeichen i und j in Digrammen auftreten, und $p_i(j)$ die Übergangswahrscheinlichkeit, dass dem Zeichen i das Zeichen j folgt. Eine Zeichenfolge von Wort-Digrammen des Englischen (Markoff-Kette 1. Ordnung) hat dann z. B. die Form:

THE HEAD AND IN FRONTAL ATTACK ON AN
ENGLISH WRITER THAT THE CHARACTER OF

Die Nachrichten sind an ein *Ziel* gerichtet. In einem genau spezifizierten Übertragungsprozess empfängt das Ziel die Zeichen, wieder entsprechend einer Häufigkeitsverteilung, die allerdings nicht mit der der Quelle identisch sein muss. Auch die Zielstation ist ausschließlich durch statistische Eigenschaften der Signale charakterisiert.

Nachrichtenquelle und *Nachrichtenziel* sind durch ein Übertragungsmedium verbunden, den *Kanal*, den die Signale von der Quelle zum Ziel passieren müssen.

Ein System, das eine solche Folge von Zeichen, denen gewisse Wahrscheinlichkeiten zugeordnet sind, erzeugt, wird *stochastischer Prozess* bezeichnet. Der spezielle Fall eines stochastischer Prozesses, in dem die Wahrscheinlichkeiten von den vorhergehenden Ereignissen abhängig sind, bezeichnet man als *Markoff-Prozess* oder *Markoff-Kette*. Inzwischen hat sich der zweite Terminus für alle Zeichenfolgen mit angebbarer Verkettungsordnung eingebürgert. So bezeichnet man Monogramme (Einzelzeichen) als Markoff-Kette 0. Ordnung, Digramme als solche 1. Ordnung etc., entsprechend ihrer Verkettungsordnung von 0, 1, 2, ...r (vgl. Meyer-Eppler 1969², Shannon/Weaver 1949. Ungeheuer 1972²).

"The meaning of the capacity of such a noise channel may be roughly described as follows. It is possible to construct codes that will transmit a series of binary digits at a rate equal to the capacity. This can be done in such a way that they can be decoded at the receiving point with a very small probability of error. These codes are called error-correcting codes, and are so constructed that the type of transmission errors likely to occur in the channel can be corrected at the receiving point. Finally, it is not possible to transmit at a higher rate than the channel capacity and retain this error-correcting property. The functioning of error-correcting codes can be likened to the ability of a person to correct a reasonable number of typographical errors in a manuscript because of his knowledge of the structure and context of the language. Much of the work in information theory centers around the theory and construction of such error-correcting codes."
(Shannon 1993c: 217)

Shannon definiert den Kanal wiederum mathematisch als Relation der Häufigkeitsverteilungen der gesendeten zu den empfangenen Signalen. Ein solcher Kommunikationskanal ist dann mathematisch zu beschreiben als Matrix von Übergangswahrscheinlichkeiten von Signalen.

Zwei Eigenschaften des Kanals sind noch besonders wichtig: die *Kapazität*, die das Maß des Informationsflusses angibt, und das Vorhandensein von *Störungen*, durch die die gesendeten Signale 'verrauscht' werden können. Um ein mögliches Optimum an ungestörter Signalübertragung zu erreichen, sind im allgemeinen Kommunikationssystem zwei Mechanismen eingebaut: der eine zwischen Nachrichtenquelle und Kanal, der andere zwischen Kanal und Nachrichtenziel. Sie betreffen die Prozesse der *Kodierung* und *Dekodierung* durch den *Sender* und den *Empfänger*; durch sie wird versucht, die Signale den statistischen Eigenschaften der *Störquelle* anzupassen.

2.1.3 *Wahlfreiheit, Unsicherheit und Entropie*

Nachdem die Nachrichtenquelle mathematisch als *Markoff-Kette* beschrieben wurde, entwickelt Shannon ein Konzept für einen Informationsbegriff, der die statistische Struktur des Zeichenrepertoires zu Grunde legt. Die Quelle wählt aus einer Menge von Zeichen ein zu sendendes aus. Die Unsicherheit über das Auftreten eines bestimmten Zeichens i oder die Wahlfreiheit der Quelle in der Auswahl eines Zeichens i stellt nun die Berechnungsgrundlage für die Information dar. Information besteht nur, wenn es eine Auswahl aus n möglichen Zeichen gibt. Existiert lediglich ein Zeichen ($i = 1$), gibt es keine Information, da keine Auswahl vorliegt oder möglich ist. Dahinter steht die Auffassung, dass der Informationsbetrag in Abhängigkeit von der Unsicherheit über ein zu sendendes Zeichen wächst bzw. von der Größe der Wahlfreiheit der Quelle bei der Auswahl eines Zeichens abhängt.

"Das heißt, Information ist ein Maß für die Freiheit der Wahl, wenn man eine Nachricht aus einer anderen aussucht. [...] Um etwas genauer zu sein: Der Betrag der

Information ist im einfachsten Fall definiert als der Logarithmus der Anzahl der Wahlmöglichkeiten." (Shannon/Weaver 1976: 18)

$$I_i = \log_2 1/p_i = -\log_2 p_i$$

Partieller Informationsgehalt

Der Informationsbetrag verknüpft sich also mit der Auftretenswahrscheinlichkeit und Auftretensunsicherheit eines Zeichens. I_i gibt den Betrag an, wie viel Wahlfreiheit (oder Unsicherheit über den Output) herrscht, wenn eine Nachrichtenquelle aus einer Menge von möglichen Zeichen mit jeweils bekannten Wahrscheinlichkeiten ein bestimmtes Zeichen auswählt. I_i wird auch als selektive Information bezeichnet; hier wird der Sendeprozess als von der Wahrscheinlichkeitsstruktur der Zeichen abhängiges Auswahlverfahren aufgefasst. Meyer-Eppler bezeichnet I_i als partiellen Informationsgehalt c_i der Zeichen i und interpretiert ihn wie folgt:
"Der Neuigkeitswert eines Symbols für den Empfänger ist um so größer, je seltener dieses Symbol erfahrungsgemäß aufzutreten pflegt; es wird also – vorausgesetzt, daß die Symbole unabhängig voneinander sind – der Belegungsdichte des betreffenden Symbols umgekehrt proportional sein" (1969[2]: 62).
Dieser partielle Informationsgehalt eines Zeichens ist kein Durchschnittswert, sondern eine stochastische Variable. Der mittlere Informationsgehalt einer Nachrichtenquelle ergibt sich dagegen als arithmetischer Mittelwert oder mathematische Erwartung aller partiellen Informationsgehalte $c_i = -\log_2 p_i$:

$$H = -\Sigma\, p_i \log_2 p_i$$

Entropie

Bei der formalen Konstruktion des Informationsbegriffes sieht Shannon eine Parallele zwischen dem Informationsgehalt der Nachrichtenquelle und der thermodynamischen *Entropie*. "Die Größe, die in einzigartiger Weise den natürlichen Anforderungen genügt, die man an die 'Information' stellt, ist genau jene, die in der Thermodynamik als *Entropie* bekannt ist." (Shannon/Weaver 1976: 19)
Die Entropie gibt einen statistischen Wert für die Gleichwahrscheinlichkeit der Elemente eines Systems an. Eine hohe Gleichwahrscheinlichkeit wird mit einem Zustand maximaler Vermischtheit, maximaler Ungeordnetheit oder maximalem Chaos gleichgesetzt. Un-

Die Thermodynamik formuliert zwei Hauptsätze: "Erster Hauptsatz: Die *Energie* eines abgeschlossenen Systems ist konstant. Zweiter Hauptsatz: Die *Entropie* eines abgeschlossenen Systems strebt einem Maximum zu." (Fast 1960: 6)
Der erste Hauptsatz besagt, dass Wärme (Energie) und Arbeit ineinander umgesetzt werden können und dass die Energiebilanz dabei

stets ausgeglichen bleibt. Der zweite Hauptsatz besagt, dass in einem abgeschlossenen thermodynamischen System die Entropie ein Maß für die Mischung oder Ordnung der Elemente angibt, wobei die höchste Entropie die Gleichverteilung der Elemente bedeutet, d. h. eine gleichwahrscheinliche Mischung oder maximale Unordnung.

Der $\log_2 n$ gibt die minimale Anzahl von Eigenschaften bzw. Auswahlschritten für eine eindeutige Identifizierung der Zeichen an. Um nun eine Maßeinheit für die Information zu definieren, wählt man den Logarithmus zur Basis 2 ($\log_2$) und nennt dies *Bit* (binary digit). Eine Quelle aus zwei Zeichen mit derselben Auftretenswahrscheinlichkeit von 0,5 hat dann einen Entropiewert von genau 1 *Bit* (vgl. Ungeheuer 1972[2]: 133).

ordnung ist wahrscheinlicher als Ordnung, die Unordnung nimmt grundsätzlich alleine zu. Ähnliches lässt sich auch für die Signalübertragung sagen. In der mathematischen Kommunikationstheorie Shannons bedeuten Ungeordnetheit und Unsicherheit eine objektive physikalische Eigenschaft des Übertragungssystems selbst, das niemals vollkommen störungsfrei sein kann. Dazu hält Wiener fest: "Es hat sich herausgestellt, daß der Begriff der Information einem ähnlichem Gesetz unterworfen ist, und zwar dem, daß eine Nachricht ihre Ordnung während des Aktes der Übertragung wohl von selbst verlieren kann, aber nicht gewinnen kann." (1968: 12)

Auf diese "semantische Falle" hat Weaver (vgl. 1976: 29) dahingehend aufmerksam gemacht, dass die Information während des Übertragungsaktes zunehmen kann, da man nicht unterscheiden kann zwischen der Quelle, die die Nachricht sendet, und der Quelle der Störung. Daraus ergibt sich zwingend, dass das gestörte Signal mehr Information enthält als das ungestörte. Die Unsicherheit erreicht ihr Maximum, wenn alle Zeichen i (für i=1 bis n) mit derselben Wahrscheinlichkeit auftreten können; in diesem Fall wird die *Entropie H* zu

$$H_{max} = \log_2 n \quad (bit).$$

Das bedeutet, dass H_{max} nur von der Größe des gegebenen Zeichenrepertoires abhängig ist. Hieraus folgt nun, dass jede Veränderung der Gleichverteilung der Zeichen die Entropie H verringert. Das Verhältnis der tatsächlichen zur maximalen Entropie

$$\frac{H}{H_{max}} \quad (bit)$$

Relative Entropie

wird *relative Entropie* genannt. Sie gibt die relative Unsicherheit über das Auftreten eines Zeichens oder die Wahlfreiheit der Quelle beim Aufbau einer Nachricht wieder. Die Differenz

$$r = 1 - \frac{H}{H_{max}} \quad (bit)$$

gibt den Grad des Verlustes der Unsicherheit bzw. der Wahlfreiheit der Quelle an. Das Maß r wird *Redundanz* genannt.

"Das ist der Teil des Aufbaus der Nachricht, der nicht durch die Wahlfreiheit der Quelle bestimmt wird, sondern eher von angenommenen statistischen Regeln, die den Gebrauch der fraglichen Zeichen bestimmen." (Shannon/Weaver 1976: 23) **Redundanz**

Ein Verlust an Unsicherheit tritt immer dann auf, wenn die Zeichen nicht unabhängig voneinander auftreten, sondern in bestimmter Weise "verkettet" sind. Die entsprechenden Verbundwahrscheinlichkeiten und Übergangswahrscheinlichkeiten geben die statistischen Abhängigkeiten der Zeichen wieder. Auf dieser Basis können dann Entropien höherer Ordnung berechnet werden. Als ein wichtiges Maß hebt Shannon die *bedingte Entropie* hervor: **Bedingte Entropie**

$$H_i(j) = \sum_{i,j} p(i, j) \log_2 p_i(j) \quad (bit).$$

Shannon zeigt in seiner Arbeit auf, wie die von ihm entwickelten Entropiemaße für die Berechnung der optimalen Übertragungskapazität und die Auslegung eines effizienten Kodes für einen ungestörten und gestörten Kanal eingesetzt werden können. Einen Hauptgrund dafür, dass die Entropie pro Zeichen das geeignete Maß für den Informationsbetrag ist, sieht er in dem sogenannten *Kodierungstheorem*. Wenn eine Sprache eine Entropie von *H* Bits besitzt, dann ist es demnach möglich, so genau wie gewünscht ein Kodiersystem zu entwickeln, das die Nachricht in Binärschritte (binary digits) transformiert und dabei *H* Bits in der kodierten Version pro Buchstabe der Originalsprache benötigt. Damit korreliert das Maß an Redundanz. Sie bestimmt, wie viel einer Sprache 'komprimiert' werden kann, wenn sie entsprechend kodiert wird. Es geht bei der effizienten Signalübertragung darum, die Nachricht mit soviel Redundanz zu kodieren, dass trotz Verrauschung die Nachricht beim Empfänger rekonstruiert werden kann.

2.1.4 *Informationstheorie und menschliche Kommunikation*

Schon kurz nach der Publikation der Arbeit von Shannon und Weaver (1949) war eine verstärkte Übernahme dieses nachrichtentechnischen Ansatzes in die verschiedensten Bereiche der Humanwissenschaften zu beobachten. Heute lassen sich viele Kommunikationsmodelle der Psychologie und Sozialwissenschaften auf das von Shannon entwickelte *Grundmodell eines Kommunikationssystems* zurückführen. Im Gegensatz zu Shannon wird die sozialwissenschaftliche Relevanz von Weaver von Anfang an betont:

"Der Begriff der *Kommunikation* wird hier in einem sehr weitläufigen Sinn gebraucht, um alle Vorgänge einzuschließen, durch die gedankliche Vorstellungen einander beeinflussen können." (Shannon/Weaver 1976: 11f.) Kommunikation ist also von Anfang an auf Veränderungen im "Empfänger" hin konzipiert.

Im Unterschied zu der rein nachrichtentechnisch orientierten Kommunikationstheorie gliedert Weaver die Probleme, mit denen er sich beschäftigen will, in drei Fragenkomplexe: "EBENE A: Wie genau können die Zeichen der Kommunikation übertragen werden? (Das technische Problem.) EBENE B: Wie genau entsprechen die übertragenen Zeichen der gewünschten Bedeutung? (Das semantische Problem.) EBENE C: Wie effektiv beeinflußt die empfangene Nachricht das Verhalten in der gewünschten Weise? (Das Effektivitätsproblem.)" (Shannon/Weaver 1976: 12)

Weaver will nachweisen, dass die mathematische Kommunikationstheorie auch für die Beschreibung der Probleme auf den Ebenen B und C grundlegend ist. Der Feststellung Shannons, dass der semantische Aspekt der Kommunikation nichts mit dem technischen zu tun habe, setzt Weaver entgegen, dass der technische Aspekt für den semantischen durchaus nicht irrelevant sei. Die Konzentration auf den "technischen" Aspekt der Kommunikation, also auf Fragen der Genauigkeit der Informationsübertragung vom Sender zum Empfänger, wird damit begründet, dass Bedeutung (das semantische Problem) und Wirksamkeit (das Effektivitätsproblem) durch die theoretischen Grenzen der Genauigkeit der Signalübertragung bestimmt werden.

Das suggeriert (irrtümlich), das *Grundmodell der Kommunikation* von Shannon enthalte bereits alle wesentlichen Komponenten menschlicher Kommunikationsverhältnisse. Die Grundannahme Shannons: "Signalübertragung ist Kommunikation", wird metaphorisch gewendet in: "Kommunikation ist Signalübertra-

gung". In logischer Konsequenz dieser Denkweise können dann auch Begriffe der mathematischen Informationstheorie, wie Sender, Empfänger, Störung, Unsicherheit, Redundanz und Information, als Metaphern
zur Beschreibung menschlicher Kommunikation eingesetzt werden.

Die Übertragung dieses Modells auf interpersonale
Kommunikation ist inzwischen häufig kritisiert worden (vgl. exemplarisch Köck 1987: 355ff.), wird aber
dennoch immer wieder aufgegriffen. Wir halten gegenüber jenen unreflektierten Einstellungen wie auch gegenüber Weaver als sozialwissenschaftliches Resümee
fest: Zwischenmenschliche Kommunikationsprozesse
sind keine Informationsübertragung zwischen Sender
und Empfänger! Dies ergibt sich u. a. aus folgenden
Vorannahmen bzw. Festlegungen der Informationstheorie, die der sozialen und menschlichen Wirklichkeit
inadäquat sind: Menschen werden als feste technische
Einheiten aufgefasst; ontologische Implikation des Verlustes der Information nach der Übertragung (analog
zur Geldverwendung); Idealannahme der Identität der
Information an zwei Orten und zu zwei Zeitpunkten;
weder fundierende noch wirkende Erläuterungen zu
Kommunikation, sondern exklusiv formale Betrachtung; monokausale Beschreibung, ohne soziale Rückwirkung oder nichtintendierte soziale Nebenfolgen;
Unterkomplexität der Komponenten und der Struktur
des Modells (etwa bezüglich Gesellschaft, Kultur, Sprache, Mensch, Denken etc.).

2.1.5 Literatur

Bibliografie:

Bibliography of Claude Elwood Shannon. In: ders.
[1993], S. xxxv-xliv.

Online-Bibliografie
zu Shannon:

**www.kowi.uni-essen.de/
koloss**

⇨ Literatur ⇨ Shannon

Verwendete Literatur:

Cherry, Colin [1963]: Kommunikationsforschung – eine
neue Wissenschaft. Hamburg.
Fast, Johan D. [1960]: Entropie. Eindhoven.
Hartley, R. V. L. [1928]: Transmission of Information. In:
Bell System Technical Journal. Vol. 7, S. 535-563.

Köck, Wolfram K. [1987]: Kognition – Semantik – Kommunikation. In: Schmidt, Siegfried J. (Hrsg.): Der Diskurs des Radikalen Konstruktivismus. Frankfurt a. M., S. 340-373.

Meyer-Eppler, Werner [1969²]: Grundlagen und Anwendungen der Informationstheorie. Berlin; Heidelberg; New York.

Pierce, John R. [1965]: Phänomene der Kommunikation. Informationstheorie – Nachrichtenübertragung – Kybernetik. Düsseldorf; Wien.

Shannon, Claude E. [1993]: Collected Papers. Edited by N. J. A. Sloane, Aaron D. Wyner. New York.

Shannon, Claude E. [1993a]: A Mathematical Theory of Communication (1948). In: ders. [1993], S. 5-83.

Shannon, Claude E. [1993b]: Communication Theory – Expositions of Fundamentals (1950). In: ders. [1993], S. 173-176.

Shannon, Claude E. [1993c]: Information Theory (1968). In: ders. [1993], S. 212-220.

Shannon, Claude E./Weaver, Warren [1949]: The Mathematical Theory of Communication. Urbana, ILL.

Shannon, Claude E./Weaver, Warren [1976]: Mathematische Grundlagen der Informationstheorie. München.

Ungeheuer, Gerold [1972²]: Language in the light of information theory. In: ders.: Sprache und Kommunikation. Hamburg, S. 127-137.

Wiener, Norbert [1968]: Kybernetik. Regelung und Nachrichtenübertragung im Lebewesen und in der Maschine. Hamburg.

2.2 Die Informationstheorie und Kommunikationsketten von Werner Meyer-Eppler

2.2.1 Die Relevanz Werner Meyer-Epplers für die Kommunikationswissenschaft

Anknüpfungspunkte für seine Arbeit an einer informationstheoretisch gefassten Kommunikationstheorie findet Meyer-Eppler zum einen bei der stochastischen Mathematik und zum anderen bei der mathematischen bzw. kybernetischen Informationstheorie im Anschluss an R. A. Fisher, C. E. Shannon und N. Wiener. Dementsprechend gilt seine Forschung in erster Linie den statistischen Gesetzmäßigkeiten und Berechnungsmöglichkeiten von Signalübertragungen sowie der damit verbundenen Informationsverarbeitung. Hans Wolter merkt zur typischen Intention der Informationstheorie Meyer-Epplers an:

"Aufgabe der *Informationstheorie* ist es, die Kommunikation von Mensch zu Mensch, die sich als *Zeichenverkehr* manifestiert, oder die Kommunikation des Menschen mit der Welt, die auf eine *Beobachtung* hinausläuft, einer quantitativen und strukturellen Erfassung zugänglich zu machen" (1969[2]: V).

Mit Blick auf die angestrebte Berechnung des Informationsgehaltes, der Informationsdichte, der Kanalkapazität, des Speichervolumens oder des Kodier- und Dekodieraufwandes der verschiedenen zeichenhaften Kommunikationen sind in diesem theoretischen Kontext die semantische und pragmatische Dimension zwischenmenschlicher Kommunikation eher irrelevant. Nicht die Qualität, sondern die Quantität und Struktur einer Information ist entscheidend. Jede Information ist auf einen bestimmten Signalträger im physikalisch-materiellen Sinne angewiesen, sie kann nur durch Signale realisiert und übertragen werden. Die Signale sind die beobachtbaren, messbaren und stochastisch prognostizierbaren Einheiten der Information und bilden ihren mathematischen Wert. So sind in der mathematischen Kommunikationstheorie in besonderer Weise Signal-, Informations- und Wahrscheinlichkeitstheorie miteinander verbunden. Diese naturwissenschaftliche Betrachtungsweise von Kommunikation wird grundstän-

* 30.7.1913 (Antwerpen)
† 8.7.1960 (Bonn)

Werner Meyer-Eppler studiert Physik und Mathematik zunächst an der Universität Köln und dann an der Universität Bonn. Mit der Arbeit "Eine Anordnung zur direkten photoelektrischen Ausmessung von Funkspektren" wird er 1939 in den Fächern Mathematik, Physik und Chemie zum Dr. rer. nat. promoviert.
Nach seiner Habilitation (1942) mit "Untersuchungen zur Struktur der stimmhaften und stimmlosen Geräuschlaute" wird er schließlich 1949 Assistent von Paul Menzerath (1883-1954) am 'Institut für Phonetik' in der Philosophischen Fakultät zu Bonn. Dort wirkt er maßgeblich an der Umbenennung in 'Institut für Phonetik und Kommunikationsforschung' mit sowie an der nach amerikanischem Vorbild neuen Forschungsausrichtung auf laut- und schriftsprachliche Phänomene auf der Basis

von Nachrichtentechnik, Kybernetik und Informationstheorie. 1957 wird Meyer-Eppler zum ordentlichen Professor für Phonetik und Kommunikationsforschung ernannt und Direktor des Bonner Instituts in der Nachfolge Menzeraths. Seine theoretischen Überlegungen präsentiert er 1959 umfassend in den "Grundlagen und Anwendungen der Informationstheorie". Mit physikalisch-experimentellen Methoden gilt auch sein empirisches Erkenntnisinteresse wesentlich der gesamten lautsprachlichen Kommunikationskette zwischen Sprecher und Hörer. Die Breite seiner wissenschaftlichen Tätigkeit resultiert aus der Suche nach den bestimmbaren Gesetzen allen klanglichen Materials, ist also sowohl auf sprachliche Mitteilungen als auch auf Musikformen bezogen.

Des Weiteren ist Meyer-Eppler als einer der führenden Forscher auf den Gebieten von experimenteller Klangforschung (1949 erscheint "Elektrische Klangerzeugung"), Experimentalphonetik und neuer elektronischer Musik bekannt geworden. So entstand ein enger Kontakt mit Karl Heinz Stockhausen (*1928) und Mauricio Kagel (*1931). Aus Meyer-Epplers Forschungen zur Experimentalphonetik resultiert nicht zuletzt auch der sogenannte 'Elektrolarynx': eine Phonations- und Sprechhilfe für Kehlkopfoperierte, die als Halsgerät ein künstlich hochfrequentes Stimmtongeräusch erzeugt.

dig von einem externen Beobachter vollzogen; er ist der Bezugspunkt aller empirisch zugänglichen und messbaren physikalischen, chemischen, biologischen, kognitiven oder sozialen Phänomene.

Meyer-Eppler verweist auf die (zwischen-)*menschliche Kommunikationskette* und den in ihr durch sinnlich erfahrbare Signale fundierten *Zeichenverkehr* als Zentrum seiner informationstheoretischen Betrachtungen. Weiter heißt es: "Die meßbaren Eigenschaften dieser Signale bilden die Grundlage für alle weiteren Untersuchungen [...], wie etwa für die Frage nach den zur Signalübermittlung geeigneten Übertragungssystemen [...], die Statistik der hierbei verwendeten stereotypen Signalformen ('Symbole') [...] und den Einfluß von Störungen auf die Signalübermittlung [...] sowie die mögliche Sicherung gegen Übertragungsfehler" (Meyer-Eppler 1969[2]: VIII).

Alle signalhaften und besonders die sprachlichen Informations- und Kommunikationswege zwischen den Menschen sind folglich der dominierende wie auch informationstheoretisch zusammenhängende Untersuchungsbereich.

Aber parallel zu der problematischen bis fehlerhaften Übernahme von Shannons nachrichtentechnischem Kommunikationsmodell in den Human- und Sozialwissenschaften wollen wir auch für Meyer-Eppler betonen: Aus wissenschafts*historischer* Perspektive sehen wir mit der einst kybernetisch dominierenden Sichtweise von Kommunikation einen legitimen Punkt der Reformulierung gegeben. Weiterhin mögen solche Modelle, in ihrer originären Herkunft ernst genommen, ihre berechtigte heuristische Anwendung in der Physik und in den Ingenieurwissenschaften behalten. Hingegen scheint es uns verfehlt, sie trotz der inzwischen vorgebrachten Kritik zur Beschreibung und Erklärung von zwischenmenschlichen Kommunikationsprozessen, sprachlich vermittelten Sozialhandlungen, Wirkungsweisen massenmedialer Kommunikation oder vom Aufbau soziokultureller Wirklichkeiten zu verwenden. Dies lehnen wir ebenso ab wie die beliebte Profilierung sozialwissenschaftlichen Denkens in Abgrenzung zu eben jenen antiquierten nachrichtentechnischen, kybernetischen Modellen.

2.2.2 *Grundzüge der Signaltheorie*

Ohne physikalische oder chemische Eigenschaften der Signale wäre keine Informationsproduktion, -übermittlung und -speicherung möglich. Zur Darstellung der Art von Signalen verwendet Meyer-Eppler (vgl. 1969²: 6f.) drei unabhängige Ortskoordinaten und eine Zeitkoordinate, die zur mathematischen Funktion $F(q_1, q_2, q_3, t)$ geformt werden. Unterscheidbar sind dann einerseits *Konfigurationen* (Signale basieren nur auf Ortskoordinaten) und andererseits *Vorgänge* (Signale basieren auch oder nur auf der Zeitkoordinate). Des Weiteren lassen sich die Signalarten nach ihrer *physikalischen Dimension* (elektrische Spannung, Schalldruck, Temperatur etc.) sowie nach energetischen und materiellen Kriterien unterscheiden und messen. Als Informationsträger enthält ein Signal entweder selbst die Energie, die nötig ist, um die Information aus dem Signal entgegenzunehmen; oder ein Signal enthält nur leblose Materie, und es bedarf einer äußeren Energiezufuhr, um die Information aus dem Signal zu erhalten. Nach Brillouin (vgl. 1954: 595ff.) führen energetische Signale *lebende* Information mit sich, materielle Signale *tote* Information.

Konfigurationen: Magnetton- und Nadelaufzeichnung, Schriftzeichen, (Raum-)Bilder.
Vorgänge: Trommel-, Rauch- und Fernsprechsignale, Gebärdensprache, Gestik, Schreibprozess.

Akustische, elektrische und elektromagnetische Signale führen *lebende* Information mit sich, übertragen sie aus eigener Energieleistung und verbrauchen ihre Energie im einmaligen, irreversiblen Übertragungsprozess durch Wärmeumwandlung: Funk oder Radar. *Tote*, aber dadurch dauerhafte und beliebig reenergetisierbare Information basiert auf einem materiellen Träger und kann nur durch fremdzugeführte Energie aufgenommen werden: CD-ROM, Tonband, Drucktext, Bild.

Es ist von informationstheoretischem Interesse, die relevanten Signaleigenschaften (*Parameter*) durch physikalische Messung und durch Interpretation der beobachteten Messanzeige zu erfassen. Zur physikalischen Dimension heißt es: "Die Meßapparatur hat die Aufgabe, den Signalverlauf $F(t)$ oder gewisse, aus ihm ableitbare Signalparameter $P\{F(t)\}$ *sichtbar* anzuzeigen [...], die *visuelle* Beobachtung der Meßapparatur [ist] bevorzugt zu behandeln. [...] Oft liegen die Signale in einem physikalischen Zustand vor, der dem externen Beobachter keine exakte Beschreibung gestattet. Sie müssen dann seinem Sehorgan mittels eines geeigneten *Signalwandlers* (signal converter) und *Sichtgeräts* modal angepaßt werden." (Meyer-Eppler 1969²: 234f.)

Mögliche Signalparameter: Frequenz ν, Maximalamplitude A, Dauer T, Nullphasenwinkel φ, Signalstärke $J(t)$, Bandbreite W.

Zum logisch-erkenntnistheoretischen Aspekt, also zur metakommunikativen Dimension zwischen Messapparatur und externem Beobachter, hält Meyer-Eppler fest: "Eine an den Signalen durchgeführte Messung übermittelt dem externen Beobachter eine Nachricht, deren logische Struktur von der Art des Meßinstruments abhängt, und sie fordert von ihm eine *Entschei-*

dung auf Grund einer geeigneten Hypothese. Die Nachricht wird vom Meßinstrument in Form einer *Anzeige* dargeboten, die einem Inventar von *Prädikatoren* angehören kann. Eine auf *einen* Prädikator beschränkte Nachricht würde etwa den beiden Anzeige-Alternativen 'Signal vorhanden' und 'Signal nicht vorhanden' zu entnehmen sein [...]. In einer anderen Lage befindet sich der Beobachter, wenn die ihm vom Meßinstrument übermittelte Nachricht einem quasi-kontinuierlichen Prädikatoren-Inventar angehört, wie es beispielsweise bei Präzisions-Galvanometern der Fall ist; hier soll er nicht entscheiden, ob die Anzeige in einen vorgegebenen Bereich fällt oder nicht, sondern er muß die Anzeige *interpretieren*, indem er sein Auge als *Meßinstrument* einsetzt. [...] Die Zuverlässigkeit einer solchen Signalbeschreibung hängt in erheblichem Maße von individuellen Eigenschaften des Beobachters [...] ab und ist deshalb den digitalen Methoden unterlegen, die keine besonderen Ableseprobleme kennen." (1969²: 235f.)

Entropie

ἐντρέπειν (griech.): umkehren

Die absolute Entropie des deutschen Alphabets beträgt: $H = 4{,}037$ bit/Symbol; die relative: $h = 0{,}85$ bit/Binärelement. Die errechnete Buchstabenhäufigkeit im Deutschen variiert wie folgt: E (17,3 %) und N (10,4 %) an oberster Stelle sowie Q, X und Y (je ca. 0,01 %) an unterster.

Prinzipiell ist das Auftreten einer Signalfolge unsicher und nicht vorhersehbar wie auch die gleiche Verwendungshäufigkeit von verfügbaren zeichenhaften Signalen (z. B. Buchstaben) unwahrscheinlich ist. Die Berechnung der Wahrscheinlichkeit und Auswahlsicherheit von zu sendenden bzw. gesendeten Zeichen führt auf deren *Entropie* bzw. Informationsgehalt.

"Da Information auf Ordnung beruht, so kann ein Maß der Ordnung – etwa einer Zeichenfolge – geradezu zu einem Maß der Information werden. Andererseits ist die Entropie ein Maß der Unordnung bzw. einer stets zunehmenden Unordnung. Das Negative der Entropie, die sog. *Negentropie*, kann dann als ein Maß der Ordnung, und zwar einer ständig abnehmenden Ordnung angesehen werden." (Flechtner 1970⁵: 75)

In der Verbindung dieser beiden Sachverhalte von Entropie (*H*) und Negentropie bzw. Unordnung und Ordnung verhält sich das beiden zu Grunde liegende Maß (bit) der Unbestimmtheits- bzw. Informationsmenge umgekehrt proportional zueinander. Je höher der Informationsgehalt bzw. Neuigkeitswert eines Symbols, umso niedriger sein Entropiewert und umgekehrt.

Die Informationsentropie (*H*) errechnet sich aus dem arithmetischen Mittelwert aller partiellen Informationsgehalte (c_i) des Symbolinventars bei einer bestimmten Belegungsdichte (p_i):

$$H = \sum_{i=1}^{\zeta} p_i c_i$$

Bei jeder technischen Signalübertragung und Kanalkodierung und ebenso im zwischenmenschlichen Mitteilungshandeln können Fehler, Lücken, Unsicherheiten und Missverständnisse auftreten. Zur Vorbeugung und Präkorrektur werden deshalb redundante Signale verwendet. In der Informationstheorie bedeutet *Redundanz* das Maß an überflüssigen Signalen aus einer Signalquelle. Im positiven Sinne trägt Redundanz zwar nichts Notwendiges oder Neues zur Information bei, sichert sie aber und macht ihren Verstehenserfolg um ein Vielfaches wahrscheinlicher. Im negativen Sinne kostet Redundanz mehr Zeit, Raum und Geld während der Informationsvermittlung. Die entsprechende Redundanz (*r* oder ρ) einer Signalquelle bezieht sich auf das Verhältnis von relativer und absoluter Entropie bzw. tatsächlichem und maximalem Informationsgehalt.

Für die Nachrichtentechnik stellt sich die Aufgabe, ihre Signale möglichst genau unter optimaler Ausnutzung der Leitungskapazitäten mit geringem Zeitaufwand zu übertragen. Unter diesem Aspekt der Effizienz und Wirtschaftlichkeit hat sie den Prozentsatz an Redundanz so gering wie möglich zu halten. Nur die für die Information notwendigen und signifikanten Signale sollen übertragen werden. Dies gelingt am besten mittels der binären Kodierung von Sprache. Die Binärkodierung lässt Unwesentliches und Überflüssiges beiseite, während die gesprochene bzw. geschriebene Alltagssprache etwa zu fünfzig Prozent Redundanz aufweist. In deutschen Drucktexten besitzen Konsonanten einen höheren Informationswert als Vokale. Weiterhin besitzen Wortanfänge einen höheren Informationswert als Wortendungen. Und für den Komplex eines Satzes hat der Satzanfang einen deutlich geringeren Informationswert als das Satzende (vgl. Meyer-Eppler 1969[2]: 438f.).

Um je Sekunde 40 typografische Symbole über einen Binärkanal (s = 8 dB) übertragen zu können (v_s = 40 Symbole/s), benötigt man bei einer Entropie der Symbole von 4,037 bt/Symbol eine Mindestbandbreite von 61 Hz.

Redundanz
redundare (lat.): überfließen, überflüssig sein

$r = H_{max} - H(X)$

relative Redundanz:
ρ = 1-*h* (bit)

absolute Redundanz:
$\Omega = H\text{-}H$ (bit)

Die absolute Redundanz des deutschen Alphabets beträgt:
Ω = 0,718 bit/Symbol; und die relative: ρ = 0,15 bit/Binärelement.

_i_t_ z_ _e__t___r.

_ie Red_n__nz di_s_s

S_tz_s i_t se_r h_ch.

2.2.3 Die Kommunikationsketten

Fundamentaler Bestandteil des einfachen unidirektionalen Kommunikationsmodells sind immer die drei Komponenten von 1) Quelle, Sender, Sprecher, Kommunikator etc., 2) Stimulus, Signal, Information, Text etc. und 3) Empfänger, Rezipient, Hörer, Kommunikant etc.

Seine zentrale Definition von Kommunikation weist Meyer-Eppler so aus: "Unter *Kommunikation* werde die Aufnahme und Verarbeitung von physikalisch, chemisch oder biologisch nachweisbaren *Signalen* durch ein Lebewesen verstanden. Die an einem Kommunikationsvorgang beteiligten lebenden und leblosen Glieder bilden eine *Kommunikationskette*. Typische Formen sind die *Beobachtungskette*, die *diagnostische* Kommunikationskette und die *sprachliche* Kommunikationskette." (1969[2]: 1)

Die verschiedenen Kommunikationsketten weisen einen deutlichen Bezug zum klassischen Stimulus-Response-Modell auf, aus dem zahlreiche Konzepte und Definitionen von Kommunikation abgeleitet und entwickelt wurden. In der zunehmend komplexeren Beschreibung des Kommunikationsprozesses ergänzt Meyer-Eppler sein einfaches unilaterales Modell um folgende Momente: Bidirektionalität und Rollensymmetrie zwischen Expedient und Perzipient; unmittelbare (face-to-face) wie auch mittelbare (mediale, technisch vermittelte) Kommunikationsmöglichkeit; ein bestimmter gemeinsam geteilter Zeichen- und Bedeutungsvorrat; interner Rückmeldekreis und interne Steuerungsfunktion der Informationsproduktion auf Seiten des Expedienten.

Die Beobachtungskette

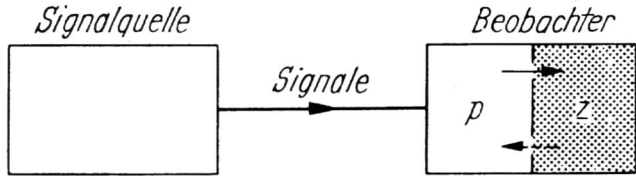

Signalquelle   *Beobachter*

Signale p z

(Meyer-Eppler 1969[2]: 2)

"Ein Mensch sieht einen Blitz." Dieser Satz modelliert eine Beobachtungskette, innerhalb derer der Blitz als Signalquelle auftritt, die Lichtwellen des Blitzes als physikalische Signale fungieren und der menschliche Beobachter jene ausgesendeten, wirksamen Signale (wirksam sind sie durch die Beobachtung) mittels seiner Augen als peripheren Rezeptionsorganen in kortikale Erregungen umwandelt.

Die *Beobachtungskette* bildet die reduzierteste Form von Kommunikation ab und verweist auf eine *unilaterale Kommunikation*. Sie besteht aus drei elementaren Komponenten: einer Signale aussendenden Quelle, den ausgesendeten und wirksamen Signalen und einem Beobachter, der diese Signale aufnimmt und interpretiert.

Im kognitiven Vorgang des Aufnehmens und Interpretierens durch den Beobachter ist zweierlei vorausgesetzt: erstens von einer Perzeption und zweitens von peripheren und zentralen Organen zu sprechen und den Beobachter so zu modellieren, dass er sich aus beiden Organen zusammensetzt. Die peripheren Sinnesorgane, wie Ohr, Nase, Auge, Zunge, reagieren auf die physikalischen oder chemischen Signale, etwa Töne, Licht, Duft, Geschmack etc., wandeln sie in für die Großhirnrinde (Cortex) wirksame Erregungen um und werden schließlich im Cortex als zentralem Organ aufgenommen, verarbeitet und interpretiert. Kommunikation wird in dieser einfachsten Form durch die einseitige menschliche Beobachtung, Aufnahme und Verarbeitung von Signalen einer unbelebten Materie realisiert.

Die diagnostische Beobachtungskette

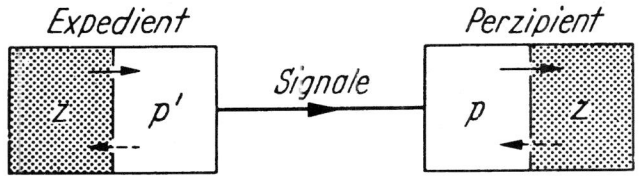

(Meyer-Eppler 1969²: 2)

Das Modell der *diagnostischen Kommunikationskette* ist deutlich von höherer Komplexität. Die Signale gehen nicht mehr von unbelebter Materie aus, sondern von einem lebenden Organismus, bei dem ebenfalls zentrales und peripheres Organ vorausgesetzt werden. Der Beobachtungsbereich und das Untersuchungsfeld fallen aus den Disziplinen von Chemie und Physik heraus und werden beispielsweise der Biologie, Medizin oder Psychologie zugerechnet. Der signalaussendende Organismus wird als *Expedient*, der interpretierende Beobachter als *Perzipient* und die vorgenommene Interpretation als *Diagnose* bezeichnet.

Die diagnostischen und zu diagnostizierenden Signale bzw. deren Eigenschaften werden als *Anzeichen* oder *Symptom* bezeichnet. Damit ist die Vorstellung verbunden, dass jeweils eine eindeutige Relation und

"Der Hund bellt Herrn Kriemann an." Hier können wir die tragenden Komponenten der diagnostischen Beobachtungskette so bestimmen: den Hund als Expedienten, der mittels seines peripheren Aktionsorgans Schnauze bellt; das Bellen als physikalisches, von Schallwellen getragenes Signal; und Herrn Kriemann als Perzipienten, der die Signale mittels seines Ohres als peripheren Rezeptionsorgans an den Cortex weiterleitet und umwandelt, so dass er die Hundelaute als Bellen diagnostizieren und 'Spiel' oder 'Gefahr' interpretieren kann.

Zuordnung geschaffen wird, die zwischen Signal und Bedeutung besteht.

**Die sprachliche Kommuni-
kationskette**

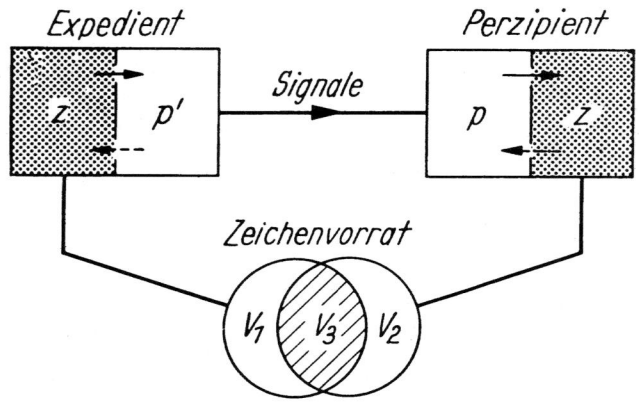

(Meyer-Eppler, W. 1969[2]: 2)

Die persönliche Menge an paradigmatischen und syntagmatischen Zeichen und deren Inhalten heißt *Idiolekt.* Der *aktive* Idiolekt produziert die Signale, während der *passive* in einer aktuellen Situation durch jene Signale mobilisiert wird. Im Idealfall hat der gesamte aktive Idiolekt im passiven des jeweiligen Perzipienten enthalten zu sein. "Aus dem aktiven Idiolekt I_ε^a des Expedienten und dem passiven Idiolekt I_π^p des Perzipienten leitet sich der gemeinsame Zeichenbesitz $I_\boxplus$ der beiden Kommunikationspartner für die Kommunikationsrichtung $E \to P$ als Durchschnitt der Mengen I_ε^a und I_π^p ab:

$$I_\boxplus = I_\varepsilon^a \cap I_\pi^p."$$

(Meyer-Eppler 1969[2]: 440f.)

Für das Modell der *sprachlichen Kommunikationskette* werden zwei bewusstseins- und sprachbegabte Menschen vorausgesetzt, die miteinander in Beziehung treten und als Expedient und Perzipient zeichenhaft kommunizieren. Das übermittelte Signal tritt hier als sprachliches Zeichen auf, das qua Konvention erfassbare Gegenstände und Sachverhalte vertritt. Der Zeichencharakter wird den Signalen zugeschrieben und verliehen. Er haftet ihnen nicht als Anzeichen mit eindeutiger Relation an, wie es für die diagnostische Kommunikationskette charakteristisch ist. Als Bedingung für das Zustandekommen des sprachlichen Kommunikationsprozesses bedarf es dreier, erfahrungsgemäß je unterschiedlich ausgeprägter Zeichenvorräte (Idiolekte) sowie eines intakten, störungsfreien Übermittlungswegs für die zeichenhaften Signale. Der Expedient bzw. Sprecher muss über den aktiven Zeichenvorrat V1 verfügen, um Signale als Zeichenträger aussenden zu können. Der Perzipient bzw. Hörer muss über den passiven Zeichenvorrat V2 verfügen, um die Zeichenträger bewusst aufnehmen zu können. Beide zusammen müssen schließlich über den gemeinsamen Zeichenvorrat V3 verfügen, um sich durch die Vereinbarungen über Zeichen in der Sprache verständigen zu können.

Die den beiden zur Verfügung stehenden Zeichenvorräte und deren Schnittmenge erlauben prinzipiell eine erfolgreiche Kommunikation über beliebige Dinge und Sachverhalte. Dieser bidirektionale Kommunikationsprozess (vgl. besonders Marko 1967) zwischen Expedient und Perzipient bleibt der vereinbarten *Objektsprache* verhaftet. Dem externen Beobachter bleibt es vorbehalten, sämtliche Glieder und ablaufenden Prozesse der Kommunikationskette exakt und hinreichend zu beschreiben. Dazu bedient er sich der wissenschaftlichen *Metasprache*, die nicht mit der Objektsprache von beobachtetem Expedienten und Perzipienten übereinstimmt (vgl. Meyer-Eppler 1969²: 6). Wenn die zwischenmenschliche Kommunikation direkt und unter wechselseitiger sinnlicher Wahrnehmbarkeit abläuft, wenn also "sendeseitiges Aktionsorgan, physikalischer (chemischer) Übermittlungsmodus und empfangsseitiges Rezeptionsorgan einander *adäquat* sind" (Meyer-Eppler 1969²: 5), dann heißt sie *unmittelbar*. Wenn die Kommunikation dagegen außerhalb eines gleichzeitig geteilten Wahrnehmungsraumes und technisch bzw. medial vermittelt abläuft, wenn also bezüglich der adäquaten Sinnesmodalitäten beim Aktionsorgan ein *Signalwandler* und beim Rezeptionsorgan ein *Rückwandler* erforderlich ist, dann heißt sie *mittelbar* (vgl. Meyer-Eppler 1969²: 5).

Neben der sprachlich-semantischen, eine Mitteilungsabsicht realisierenden Kommunikationssphäre bestehen verschiedene simultane *ektosemantische Kommunikationssphären*, die (in kontinuierlicher Weise) Signale über die Individualität, Körperlichkeit, innere Befindlichkeit etc. des aktuellen Expedienten beinhalten und freigeben (vgl. Meyer-Eppler 1969²: 3). Nicht zuletzt mit Rekurs auf das sprachwissenschaftlich und physiologisch breit untersuchte und allgemein anerkannte Moment der Selbstbeobachtung und Selbststeuerung des Sprechers durch das eigene Hören verweist Meyer-Eppler auf den Rückmeldekreis des Expedienten. Dieser beobachtet (und korrigiert) sich hörend beim Sprechen und sehend beim Schreiben oder Gestenausdruck.

Unilaterale sprachliche Kommunikationskette:

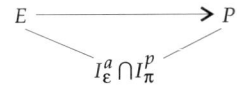

Mittelbare Kommunikationssituationen: Telefon, Hörfunk, Fernsehen. Sprachumwandlung in Schrift.

Zur Erleichterung und Absicherung seiner Mitteilungsabsichten überwacht der Expedient im Normalfall "nicht nur die eigene Signalproduktion durch das entsprechende propriozeptive Organ, sondern zusätzlich noch das *Produkt* durch das adäquate Sinnesorgan, sein Sprechen also durch das Ohr und sein Schreiben und Gebärden durch das Auge. Neben dem *inneren propriozeptiven* existiert somit ein *äußerer sensorischer (exterozeptiver) Rückmeldekreis*" (Meyer-Eppler 1969²: 3f.).

2.2.4 Die gestörte sprachliche Kommunikation

Mögliche kommunikative Störungsfaktoren sind: zentrale Produktionsstörung von Zeichen beim Expedienten, periphere Wahrnehmungsstörungen beim Perzipienten, fehlende oder sehr schwache Kongruenz im gemeinsamen Zeichenvorrat, Signalverzerrungen im physikalischen Übertragungsweg, Verschiebungen oder Verwischungen von Schriftzeichen, inhaltliche Fehlinterpretationen der Lautsprache.

"Eine zuverlässige Kommunikation kann in der semantischen Sphäre nur dann zu Stande kommen, wenn sowohl der Weg der *Signale* wie der (bildlich aufzufassende) 'Weg' der *Zeichen* frei von Störungen ist. Für die Signale bedeutet dies: Konservierung der distinktiven Merkmale vom Produktionsorgan des Expedienten bis zum Rezeptionsorgan des Perzipienten einschließlich der zentralen Instanzen, für die Zeichen: ausreichende Überlappung des Zeichenbesitzes des Expedienten mit demjenigen des Perzipienten." (Meyer-Eppler 1969[2]: 439)

Ob also eine vom Expedienten intendierte Mitteilung vom Perzipienten erfolgreich verstanden wird, hängt davon ab, ob und in welchem Maße die menschliche Kommunikationskette *Störungseinflüssen* unterliegt.

In der sprachlichen Kommunikationskette ist die Interpretation einer Zeichenfolge X falsch, wenn das zu einem bestimmten Zeitpunkt reproduzierte Interpretationsergebnis nicht oder nur teilweise mit X übereinstimmt. Eine solche Fehlinterpretation beruht auf der Inkongruenz der Idiolekte von Expedient und Perzipient, also auf einer *Kode-Diskrepanz*. Nach Meyer-Eppler kann eine Kode-Diskrepanz zu zwei Arten von Fehlinterpretationen führen: "1. Der Perzipient inkorporiert die nicht in seinem passiven Idiolekt enthaltenen Zeichen durch *Umwertung*; 2. er lehnt sie als 'sinnlos' (gegebenenfalls durch Nichtbeachten) ab." (1969[2]: 443)

In Kommunikationssituationen, die voraussichtlich schlechte Übertragungs- oder Mitteilungsbedingungen aufweisen, können präkorrigierende technische Maßnahmen ergriffen und redundante Sprachsymbole eingeführt werden. Für die mündliche Lautsprache bieten sich etwa Buchstabennamen, Buchstabierwörter, Kodesignale oder stereotype Redewendungen in festgelegter Reihenfolge an (vgl. Meyer-Eppler 1969[2]: 456). Jede Verwendung von solchen Mitteilungsformen ermöglicht die Kongruenz der Idiolekte, macht so die Information sicherer und beschränkt die (Miss-)Verstehensmöglichkeiten im positiven Sinne. Mit Bezug auf das Militärwesen, den internationalen Flugverkehr oder mündlich angesagte Nachschriften (Diktate) dürfte über die Funk-

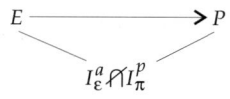

$$E \longrightarrow P$$
$$I_\varepsilon^a \not\equiv I_\pi^p$$

[a:], [be:], [tse:], [de:] etc.
Anton, Berta, Cäsar etc.

tionalität dieses Sprechens wohl allgemeine Gewissheit bestehen.

Wesentlich hängt die Möglichkeit von Beeinträchtigung und erheblicher Störung der zwischenmenschlichen Kommunikation schließlich von der *Einstellung* des Perzipienten ab (vgl. Meyer-Eppler 1969²: 467f.). Die Einstellung kann als konzentrierter Filter wirken, mit dem der Perzipient hauptsächlich seine Aufmerksamkeit auf den Sprecher richtet und sich gegen die simultanen Geräusche seiner Umgebung abschottet. Jede Unterhaltung in einer Diskothek oder auf einer fröhlichen, lautstarken Party ist notwendig auf die aufmerksame persönliche und thematische Konzentration der Beteiligten angewiesen – ansonsten ist keine erfolgreiche Verständigung möglich, die Kommunikation ist fundamental gestört oder wird sogar abgebrochen.

"Wo bei zwei miteinander rivalisierenden Interpretationsmustern das vom Perzipienten zu beachtende weniger prägnant ist als das von ihm zu ignorierende, kann die Störwirkung des letzteren unüberwindlich werden. Das Eindringen von trivialer Musik in einen Gesprächskanal verschlechtert die Verständigung mehr als alle musterfremden Signale (z. B. stationäre Geräusche), auch wenn deren Intensität viel größer als die der Musik ist." (Meyer-Eppler 1969²: 468)

2.2.5 *Literatur*

Brillouin, Leon [1954]: Negentropy and information in telecommunications, writing and reading. In: Journal for applicated Physics 25, S. 595-599.

Flechtner, Hans Joachim [1970⁵]: Grundbegriffe der Kybernetik. Eine Einführung. Stuttgart.

Marko, Hans [1967]: Informationstheorie und Kybernetik. In: Kroebel, Werner (Hrsg.): Fortschritte der Kybernetik. Bericht über die Tagung Kiel der Deutschen Arbeitsgemeinschaft Kybernetik 1965. München; Wien, S. 9-28.

Meyer-Eppler, Werner [1969²]: Grundlagen und Anwendungen der Informationstheorie. Berlin; Heidelberg; New York.

Mildenberger, Otto [1992²]: Informationstheorie und Codierung. Braunschweig; Wiesbaden.

Wolter, Hans [1969²]: Vorwort des Herausgebers. In: Meyer-Eppler [1969²], S. V-VI.

Online-Bibliografie zu Meyer-Eppler:

www.kowi.uni-essen.de/koloss

⇨ Literatur ⇨ Meyer-Eppler

3. Die sprachwissenschaftliche Perspektive auf Kommunikation

3.1 Die Sprachtheorie von Karl Bühler

3.1.1 Die Relevanz Karl Bühlers für die Kommunikationswissenschaft

Karl Bühler war Mediziner, Psychologe und Philosoph und ist den seit der Jahrhundertwende wirksamen und breiten Strömungen des psychologischen Denkens und der geisteswissenschaftlichen Psychologie zuzuordnen. Nicht die exklusive Spezialisierung auf eine Theorie der Sprache oder der Wahrnehmung oder des Denkens, sondern die möglichst umfassende und integrative Auseinandersetzung mit verschiedenen Denkmodellen und Theorien aus der Sprach- und Erlebnispsychologie, Phonetik, erkenntniskritischen Philosophie und Phänomenologie bestimmt sein generelles Erkenntnisinteresse. Ein vordringliches Ziel Bühlers war die Programmatik einer neuen Psychologie, die Begründung einer allgemeinen geisteswissenschaftlichen Psychologie. Geradezu paradigmatisch sollen für die Psychologie am Phänomen der Sprache Theoreme und Prinzipien formuliert werden, um sie aus der Krise zu lotsen. Als philosophischer Psychologe betreibt Bühler zeit seines Lebens Studien über den Ursprung und die Entwicklung der Sprache, die Korrelation von Kleinkind- und Sprachentwicklung, über eine Theorie des Verstehens, aber auch tierischer und menschlicher Handlungen und schließlich über die Axiomatik der (Lebens-)Psychologie, der Ausdruckstheorie und der Sprachtheorie.

Aus diesem Theoriekomplex lässt sich ohne Zweifel der Ansatz einer allgemeinen Kommunikationstheorie herauslesen, der in vielerlei Hinsicht, und zwar nicht nur durch das Organon-Modell, Wirkungen hinterlas-

* 27.5.1879 (Meckelsheim)
† 24.10.1963 (Los Angeles)

Karl Bühler studiert zunächst in Freiburg Medizin, wo er 1903 bei dem Physiologen und Logiker Johannes von Kries (1853-1928) mit einer Arbeit über Farbwahrnehmung zum Dr. med. promoviert wird. Im Anschluss absolviert Bühler ein Philosophiestudium in Straßburg und wird 1904 unter Clemens Baeumker (1853-1924) mit "Studien über Henry Home" zum Dr. phil. promoviert. In der Folge ist er immer stärker an psychologischen Problemstellungen und Erkenntnissen interessiert und folgt 1906 Oswald Külpe (1862-1915) als Assistent nach Würzburg. Külpe, ein Schüler Wilhelm Wundts (1832-1920), ist der Begründer der Würzburger Schule, und so wird auch Bühler einer der wichtigsten Vertreter dieser denkpsychologischen Richtung. Seine Habilitationsschrift "Tatsachen und Probleme zu einer Psychologie der Denkvorgänge", die in drei Teilen 1907 und 1908 veröffentlicht wird, gilt als grundlegend für die Würzburger Denkpsychologie.

1909 folgt Bühler Külpe nach Bonn, wo er als Dozent arbeitet und sich in seiner Forschung auf die Gestalttheorie konzentriert. Das Resultat dieser Studien ist "Die Gestaltwahrnehmungen. Experimentelle Untersuchungen zur psychologischen und ästhetischen Analyse der Raum- und Zeitanschauung" (1913). Im selben Jahr wechselt Bühler mit Külpe an die Universität München, wo er 1915 zum außerordentlichen Professor ernannt wird. 1918, als ordentlicher Professor an die TH Dresden berufen, veröffentlicht Bühler sein vielbeachtetes entwicklungspsychologisches Werk: "Die geistige Entwicklung des Kindes". Von Dresden wird Bühler 1922 an das psychologische Institut der Universität Wien berufen. Die Wiener Zeit wird Bühlers wichtigste Schaffensphase, in der er sich verstärkt sprachwissenschaftlichen Themen widmet und seine beiden Hauptwerke "Die Krise der Psychologie" (1927) und "Sprachtheorie. Die Darstellungsfunktion der Sprache" (1934) veröffentlicht. Insgesamt erstrecken sich seine

sen hat und noch lange fruchtbar weiterentwickelt werden kann. Um dies hier nur kurz zu betonen, sei etwa auf Graumann verwiesen:

"Es ist das Hauptverdienst Bühlers, Sprache als Handlung und Gebilde zu fassen, den Sprecher als Handlungssubjekt und damit – in letzter Konsequenz – Sprechen (und ich möchte hinzufügen: Sprachverstehen) einer allgemeinen Handlungstheorie zuzuweisen. Sprechhandlungen sind für Bühler ganz besonders wichtige Handlungsweisen, etwa als Modi der Lösung von Problemen" (1988: 117). Oder auf Eschbach: "Heute darf man die wichtigsten Einsichten der Bühlerschen Sprachtheorie guten Gewissens als integrale Bestandteile der mit der Sprache befaßten Wissenschaften ansehen" (1988b: 399).

Im Folgenden wird das Werk Bühlers speziell unter zwei Aspekten rekonstruiert. Zum einen behandeln wir an der *Krise der Psychologie* (1927) die Grundlegung seiner Theorie der Kommunikation, zum anderen stellen wir aus der *Sprachtheorie* (1934) eine allgemeine Sprach- und Zeichentheorie heraus. Die bekannteste Stelle aus diesem Werk ist das *Organonmodell*, das Bühler wesentlich in Auseinandersetzung mit Humboldt, Husserl, de Saussure und mit Platons Dialog "Kratylos" entwickelt hat.

Um die Bedeutung Bühlers für die Kommunikationswissenschaft auszuweisen, seien zusammenfassend einige kommunikationstheoretische Implikationen vorweggenommen. Kommunikation ist dabei als sozialer Prozess aufzufassen, an dem mindestens zwei Menschen beteiligt sind, die mittels Zeichen, Medien und Sprache in ein wechselseitiges Mitteilungs- und Verständigungshandeln eintreten, um sich aktuell aneinander zu orientieren, etwas Bestimmtes zu erreichen oder gemeinsam auf ein zukünftiges Ziel hin tätig zu sein.

1) ist nun bei Bühler der *soziale Kontext* berücksichtigt: Die soziale Grundsituation lässt sich mit zwei Aktionspartnern als Zeichengeber und Zeichennehmer begreifen, die ein koaktives Handlungsgefüge bilden. Der Ursprung und die entwickelten Formen der Semantik sind gleichermaßen konstitutiv für menschliches Gemeinschaftsleben; Sprache und Gemeinschaft korrelieren also miteinander und stehen in einem gleichzeitigen

Verweisungszusammenhang. 2) lässt sich der *Prozess-charakter* angeben: Sinnvolles Benehmen der Gemeinschaftsmitglieder funktioniert nach Bühler durch gegenseitige Steuerung in wechselseitiger Einstellung aufeinander, und dieser Steuerungsprozess enthält sowohl eine Verstehensabsicht als auch einen Kundgabezweck bzw. ein Handlungsziel. 3) ist die *Zeichenhaftigkeit der Sprache* zu betonen: Im sozioevolutionären Prozess haben sich die Menschen die Sprache geschaffen als komplexes und universales Instrumentarium der wechselseitigen Kundgabe und Kundnahme.

"Beim Menschen ist dies das Neue, was unvergleichlich an Leistungsfähigkeit über alles Tierische hinausführt, daß im menschlichen Zeichenwesen Symbole und Symbolsysteme vorkommen. Und das universalste aller Symbolsysteme ist die gewachsene Sprache." (Bühler 1987: 124)

Die Sprache weist als Medium kommunikativen Handelns eine dreifache Zeichenhaftigkeit auf: sie ist Symptom, Symbol und Signal. Ihre spezifische Leistung liegt aber nicht nur in der symbolischen Beschreibungs- und Darstellungsmöglichkeit beliebiger Gegenstände und Sachverhalte, sondern vielmehr im funktionalen Zusammenspiel von Ausdruck, Darstellung und Appell in jedem Sprechereignis.

3.1.2 *Die Axiomatik der Sprachtheorie und Lebenspsychologie*

Keine Wissenschaft oder Theorie beginnt an einem Nullpunkt der Erkenntnis. So diskutiert und vergleicht auch Bühler verschiedene theoretische Ansätze, die für das breite Gebiet der Erlebnis-, Ausdrucks- und Sprachpsychologie relevant sind. Daraus zieht er gewisse Grundannahmen und Modellvorstellungen, die seine Untersuchungen rahmen und leiten sollen. Als Resultat ergibt sich eine je variierende *Axiomatik* der Ausdruckstheorie, der Sprachforschung bzw. Sprachtheorie und der Lebenspsychologie. Die Bühlerschen Axiomatiken und ihre Anwendung unterstehen nicht der üblichen unkritischen Setzung von unbewiesenen Ausgangssätzen, sondern sind vielmehr als systematische Sammlung regulativer Forschungsideen (vgl. 1934: 12) zu be-

Studien und Abhandlungen in großer Breite auf die Gebiete von: Denk-, Wahrnehmungs-, Entwicklungs-, Kinder-, Tiefen-, Gestalt- und Lebenspsychologie sowie die Sematologie.

1938 emigriert Bühler über Norwegen und England in die USA, wo er zunächst eine Professur am Scholastica College Duluth in Minnesota inne hat. 1939 wechselte er an das St. Thomas College; von 1945 bis 1955 ist er in Los Angeles 'Assistant Clinical Professor of Psychiatry' an der University of Southern California und arbeitet als beratender Psychologe im Cedars of Lebanon Hospital. Seine wissenschaftstheoretische Arbeit aber kann er in das behavioristisch und psychoanalytisch geprägte Feld der amerikanischen Psychologie nicht mehr einbringen. Obzwar er nach 1938 nur wenige Aufsätze und eine größere Arbeit über "Das Gestaltprinzip im Leben der Menschen und Tiere" (1960) veröffentlicht, verfasst Bühler noch eine Vielzahl an Studien, deren systematische Aufarbeitung und Weiterentwicklung bis heute nicht abgeschlossen ist.

"Wir propagieren eine Art der Beschäftigung mit den Axiomen, die man meinethalben als rein phänomenologische Explikation oder als eine erkenntnistheoretisch (und ontologisch) *neutrale* Fixierung von Grundsätzen bezeichnen kann. Es sind Grundsätze, die aus dem Bestande der erfolgreichen Sprachforschung selbst durch Reduktion zu gewinnen sind. [...] Axiome sind die konstitutiven, gebietsbestimmenden Thesen, es sind einige durchgreifende Induktionsideen, die man in jedem Forschungsgebiete braucht." (Bühler 1934: 20f.)

Menschliche (Sprech-)Handlung: "Das menschliche Sprechen ist eine Art, ein Modus des Handelns. [...] In gegebener Situation sehen wir, daß ein Mensch das eine Mal mit den Händen zugreift und das Greifbare, die körperlichen Dinge behandelt, sich an ihnen betätigt. Ein andermal sehen wir, daß er den Mund auftut und spricht. In beiden Fällen erweist sich das Geschehen, das wir beobachten können, gesteuert auf ein Ziel hin, auf etwas, was erreicht werden soll. Und genau das ist es, was der Psychologe eine Handlung nennt [...], wir nennen *alle* zielgesteuerten Tätigkeiten des ganzen Menschen Handlungen." (Bühler 1933: 48)

greifen, als konstitutives Moment eines Wissenschafts- und Forschungsbereichs und als neutrale Fixierung eines theoretischen Grundkanons (vgl. 1934: 20f.). Zu nennen ist etwa der axiomatische Ausgangspunkt der Psychologie im Blick auf die drei konstitutiven Momente von Erlebnis, Benehmen und Symbolleistung bzw. objektiven Kulturgebilden. Dieses Drei-Aspekte-Modell wird später dem Zeichenmodell der Sprache assimiliert (und umgekehrt), so dass Erlebnis auf Ausdruck, Benehmen auf Appell und kulturelle Symbolleistung auf Darstellung verweisen (vgl. Graumann 1988: 115f.).

Mit dem Ziel einer *neuen Psychologie* nennt Bühler (vgl. 1936 und 1987) an anderer Stelle vier biologische Modellgedanken bzw. Axiome (vgl. zusammenfassend: Eschbach/Willenberg 1987):

1) Jeder Organismus verfügt über einen Willen zum Leben, also ist von der *Erhaltungsaktivität* des Individuums auszugehen. Jene Erhaltungsaktivität ist zum einen durch den Außenfaktor der Gelegenheit und den Innenfaktor des Bedürfnisses näher bestimmt (vgl. Bühler 1987: 116). An anderer Stelle heißt es: "Der erste biologische Modellgedanke der Psychologie lautet kurz und bündig: Das lebende Individuum *handelt*. Und zwar erfolgt im einfachsten Fall, den wir erdenken können, die Körperbewegung des Handelnden aus innerem *Bedürfnis* und nach äußerer *Gelegenheit*. Das ist das allgemeine Schema, es ist das reine Situationsmodell der Handlung" (Bühler 1936: 7). Wir dürfen ergänzen: "die Handlung ist die kleinste Einheit des sinnvollen Verhaltens, das wir am Individuum beobachten." (Bühler 1936: 13)

2) Jede einzelne Handlung und jedes individuelle Leben ist durch Lebensraum und Lebenszeit begrenzt. Durch beide ist den Menschen (aber auch den Tieren) die Handlungsrahmung und Orientierung durch Horizont und Zyklen bzw. Phasen (innere Uhr bzw. *Kopfuhr*) gegeben. Zudem findet sich dadurch jeder einem bestimmten Milieu zugehörig (vgl. Bühler 1936: 14ff. und 1987: 117f.).

3) Das Individuum untersteht einer doppelten Transzendenz des Lebens, und zwar hinsichtlich der *Fortpflanzung* und des *Gemeinschaftslebens*. Beide reichen über den Einzelnen in zeitlicher Hinsicht hinaus, be-

stimmen sein sinnhaftes Verhalten und geben ihm über egoistische Momente hinweg einen Ort der Gemeinschaft vor, in dem er nach gruppengerechten Strukturen und Regeln lebt (vgl. Bühler 1936: 17f. und 1987: 118).

4) Das menschliche Individuum findet und schafft, es verfügt über verschiedene Möglichkeiten der *Findigkeit* und der *Schaffenskraft*. Damit einher geht die Trias von Instinkt (Artgeschichte), Dressur (Individualgeschichte) und Intellekt (Aktgeschichte). Jede menschliche Handlung weist neben ihrer konkreten Situationsgebundenheit diese dreifachen Geschichtsbezüge auf, wobei besonders die Aktgeschichte genuin menschlichen Charakters ist; hier sind Wille, Wissen, rationale Motive, überlegte Planungen etc. verankert (vgl. Bühler 1936: 16f. und 1987: 119).

Von besonderem Interesse für die Kommunikationstheorie sind die frühen drei Axiome der Sprachtheorie, wie Bühler sie in der *Krise der Psychologie* (1927) entwickelt hat. Mit ihnen werden die genetische Entwicklung der Sprache, die gegenseitige Steuerung im sozialen Kontakt und die wechselseitige Verwiesenheit von Gemeinschaft und Sprache angesprochen sowie die drei zusammenhängenden Sprachdimensionen von Kundgabe bzw. Ausdruck, Auslösung bzw. Appell und Darstellung thematisiert. Diese Axiome lauten:

"I. Wo immer ein echtes Gemeinschaftsleben besteht, muß es eine gegenseitige Steuerung des sinnvollen Benehmens der Gemeinschaftsglieder geben. Wo die Richtpunkte der Steuerung nicht in der gemeinsamen Wahrnehmungssituation gegeben sind, müssen sie durch einen Kontakt höherer Ordnung, durch spezifisch semantische Einrichtungen vermittelt werden. [...] II. Soll der Eigenbedarf und die Eigenstimmung der an einem Gemeinschaftsakt beteiligten Individuen bei der gegenseitigen Steuerung zur Geltung gelangen, so müssen sie zur Kundgabe und Kundnahme gelangen. [...] III. Durch Zuordnung der Ausdruckszeichen zu den Gegenständen und Sachverhalten gewinnen sie eine neue Sinndimension. Damit eine unabsehbare Steigerung ihrer Leistungsfähigkeit als Kommunikationsmittel. Das eine durch das andere."* (Bühler 1965[3]: 50f.)

> Bühlers Suche nach dem Ursprung der Semantik setzt nicht beim Individuum an, sondern bei der Gemeinschaft!

Auch seine *Sprachtheorie* (1934) hat Bühler mit einer Axiomatik versehen, um die Prinzipien der Sprachforschung zu systematisieren, den Ordnungsaufbau der menschlichen Sprache festzuhalten und schließlich auf

Wenngleich insbesondere die sprachtheoretischen Axiome aller konkreten Einzelforschung zu Grunde liegen, sind sie, pointiert gesprochen, vielleicht auch Grundsätze der menschlichen Sprache überhaupt. Jene systematisch gesuchten und gefundenen (aber nicht gesetzten!) Leitideen stehen nie endgültig fest, bilden keine starre Kategorientafel (im Sinne Kants), sondern unterliegen selbst der Forschungstätigkeit und können ergänzt und verändert werden.

die Frage "Was ist Sprache?" zu antworten: "Sprache ist, was die vier Leitsätze erfüllt." (1934: XXVIII) Das Axiom A besagt, dass die Sprache als Organon begriffen werden muss, sie ist ein von Menschen geformtes Werkzeug zur Steuerung des Gemeinschaftslebens. Axiom B drückt die grundsätzliche Zeichenhaftigkeit der Sprache mit ihrer dreifachen Funktion von Symbol, Symptom und Signal und deren allgemeinen Eigenschaften aus. Axiom C besagt, dass der Gesamtgegenstand der Sprachwissenschaft von dem Vierfelderschema der Sprechhandlung, des Sprachwerkes, des Sprechaktes und des Sprachgebildes auszugehen hat; Feld eins und drei sind subjektbezogen, die anderen beiden subjektentbunden. Axiom D schließlich beschreibt die Sprache als Zweiklassensystem, als Symbol-Feld, d. h. das System der Sprache beruht auf den korrelativen Verwendungsweisen von Wortwahl (lexikalische Bedeutung) und Satzbau (syntaktische Ordnung).

3.1.3 *Der Modellgedanke der wechselseitigen Steuerung*

Gerold Ungeheuer differenziert die (sprach-)wissenschaftliche Beschreibung von Kommunikation in die beiden zentralen Topoi von einerseits Transport, Übertragung, Mitteilung und andererseits Steuerung, wobei das zweite dem Phänomen der Kommunikation adäquat ist und die sachlichen Argumente auf seiner Seite hat (vgl. 1972²: 189f.).

Unser Interesse gilt weiterhin der sozialen Funktion von Sprache als Steuerungsinstrument im zwischenmenschlichen Kontakt. Dabei wird sich zeigen, dass sich entwicklungsgeschichtlich von der einfachen Form der Steuerung im gemeinsamen Wahrnehmungs- und Handlungsraum eine höhere Ebene der wechselseitigen Steuerung durch die Symbolsprache herausgebildet hat. Hier transzendiert der Handlungsraum den Wahrnehmungsraum, und es wird eine höhere Effektivität der Kommunikationsmöglichkeiten erreicht. Nicht zuletzt verändert dies auch die Formen des Kontaktverstehens. Die einfache Form der zwischenmenschlichen Steuerung firmiert unter der Konzept der *demonstratio ad oculos et ad aures*, sie vollzieht sich bereits als nichtsprachliches Zeigehandeln. Die höhere, typisch menschliche Form ist die *deixis am phantasma*, sie meint symbolisches Zeigesprechen.

Bühlers Ausgangspunkt ist folgender: Einerlei, ob zwischen den an einer Sprechhandlung Beteiligten eine gemeinsame Wahrnehmungssituation besteht oder nicht, das grundsätzliche "Interesse richtet sich auf die gegenseitige Steuerung des sinnvollen Benehmens der

Gemeinschaftsmitglieder. Faktische Konkordanz ihres Benehmens wäre zu wenig, es muß ein Kontakt und kraft seiner eine dynamische Konkordanz, eine hic et nunc nachweisbare Regulierung vorliegen. Das Faktum solcher Regulierungen fassen wir ins Auge und behaupten, daß sie ohne Semantik, d. h. Verständigungsmittel, nicht möglich wären." (1965³: 39)

Auf einem einfachen evolutionären Niveau der Gemeinschaft erscheint es plausibel, dass sich Menschen deiktisch miteinander und auf etwas hin orientieren und gestisch handeln. In dieser gegenseitigen Verwiesenheit in einem konkreten Wahrnehmungsraum bedarf es keiner Symbolsprache, sondern der handelnd Steuernde kann mittels Zeigegesten – wir sprechen deswegen auch vom 'Zeigefinger' – den Sozialpartner und dessen Aufmerksamkeit auf bestimmte Objekte hin lenken, indem er die Richtung des Orientierungsziels durch das Ausstrecken des Armes andeutet. Dieses soziale Zeigehandeln basiert auf Visualität, die Zeichenvermittlung erfolgt durch die Steuerung des Blicks, und dementsprechend ist ein solches Mitteilungsverhalten eine *demonstratio ad oculos*. Jemand konzentriert die Augen des Anderen auf sein Zeigehandeln und damit den gerichteten Blick des Anderen auf ein bestimmtes Objekt oder Ereignis. Wenn jemand die Aufmerksamkeit und die Steuerungsrichtung auditiv (Pfeifen, Klopfen, Rufen) lenkt, dann ist eine *demonstratio ad aures* gegeben.

Nehmen wir nun eine soziale Situation der wechselseitigen Orientierung an, in der entweder die Gegenstände oder Sachverhalte nicht im gemeinsamen Wahrnehmungsraum liegen oder in der Zeichenproduzent und Zeichenrezipient, Kundgebender und Kundnehmender raumzeitlich getrennt sind. Dann überschreitet das Orientierungsbedürfnis die Möglichkeit des Einsatzes rein zeigender Hilfsmittel, und wir bedürfen spezifischer Einrichtungen, die diese wechselseitigen Steuerungen auf ein Gemeinschaftsziel hin trotzdem ermöglichen; wir brauchen einen Kontakt höherer und komplexerer Ordnung (vgl. Bühler 1965³: 41). Die psychologische Kernfrage lautet nun, "wie ein derartiges Führen und Geführtwerden am Abwesenden möglich ist." (Bühler 1934: 125) Die Lösung liegt in der *deixis am phantasma*; mit ihr wird durch sprachliche Mittel vom an-

Bedingungen der nichtsymbolischen *demonstratio ad oculos et ad aures*: raumzeitlich gemeinsamer Aktions-/Reaktions-Radius; direkte Gegebenheit der interessierenden Objekte und Ereignisse; wechselseitig aufmerksame Einstellung.

www.kowi.uni-essen.de/koloss/themen/buehler/fussball.htm

www.kowi.uni-essen.de/koloss/themen/buehler/stadtverkehr.htm

"Die Theorie muß von der schlichten Tatsache ausgehen, daß eine demonstratio ad oculos und ad aures das einfachste und zweckmäßigste Verhalten ist, das Lebewesen einschlagen können, die im sozialen Kontakt eine erweiterte und verfeinerte Berücksichtigung der Situationsumstände und dazu Zeigwörter brauchen."
(Bühler 1934: 105)

schaulich aktuell gegebenen Raum abstrahiert, eine Versetzungsleistung bzw. ein Perspektivenwechsel im Hörer initiiert und an dessen Aufmerksamkeit, Vorstellungen und Begriffe appelliert.

Durch die sprechhandelnde Steuerung der Vorstellungen und Erfahrungen des hörenden Handlungspartners wird der potenzielle Handlungsraum vom Wahrnehmungsfeld entkoppelt und eine Vielfalt gemeinschaftlicher Dimensionen und Strukturen generiert. Sowohl unabhängig von der räumlichen als auch von der zeitlichen Position lassen sich nunmehr Kontaktsituationen herstellen, Kommunikationen vollziehen und Handlungsziele realisieren. Die erfolgreiche Wegbeschreibung, die konzentrierte Romanlektüre, Diskussionen über theoretische Sachverhalte, gemeinschaftliche Planungen und Entscheidungen in die Zukunft hinein etc. sind nur einige Beispiele solcher symbolsprachliche Steuerungsprozesse höherer Ordnung.

Die *deixis am phantasma* hat evolutionär die Möglichkeit freigesetzt, von gemeinsamer Anwesenheit und gemeinschaftlichen Erfahrungen Abstand zu nehmen, während die zwischenmenschlich vorsprachliche Verbundenheit nur direkt-zeigende Orientierungen und Beeinflussungen in einem aktuellen Zeigfeld möglich machte. Dass aber auch in der sprachlichen *deixis am phantasma* das Steuerungshandeln zeigenden Charakter hat und dadurch etwa deiktische Finger-, Arm- und Kopfbewegungen ablöst, wird anschaulich an den Zeigwörtern des Raumes (hier, dort, oben, westlich etc.) und der Zeit (jetzt, später, gestern, morgen etc.). Der maßgebliche Unterschied besteht in ihrer Situationsentbundenheit und Abstraktionsleistung. Sie bleiben aber an die Voraussetzung des Hörers gebunden, dass dieser die verschiedenen Zeigewörter lernend erfahren hat, wiedererkennt und in seinen Vorstellungen sich innerlich in eine Situation versetzt, in der er Anweisungen und Erwartungen befolgen kann.

Mit den bisherigen Darlegungen zum Modellgedanken der Steuerung können wir nun an die Problematik des Verstehens herangehen. Durch die Symbolsprache wollen wir im gemeinschaftlichen Umgang mit Anderen nicht nur etwas darlegen und zum Ausdruck bringen und sodann auf irgend ein beliebiges Verstehen unseres Gesprächspartners hoffen und warten. Vielmehr erwartet jeder Sprecher eine bestimmte Verstehensrichtung und Reaktionsweise seines Zuhörers auf das zuvor Gesagte, die mit eben diesem Gesagten nach Möglichkeit übereinstimmen bzw. sich in der Reaktion genau darauf beziehen soll. Hier korrelieren der Terminus technicus *Steuerung* und der Grundbegriff des *Verstehens*.

Am Ausgangspunkt der Überlegungen zum seelischen Kontakt und zum gegenseitigen Verstehensprozess steht für Bühler das *Zweiheitsmoment* (vgl. 1965[3]: 85). Im voll entwickelten zwischenmenschlichen Kontakt ist ein zweipoliges Geschehen zwischen einem Steuernden und einem Gesteuerten gegeben. Einer sagt etwas, und der Andere lässt sich gefügig auf die Inhalte und Intentionen des Gesagten hin steuern. Aus dieser Dyade lassen sich sinnhafte Strukturen entweder vom Steuernden her oder vom Gesteuerten her verstehen. Das Verstehen ist entweder in der äußeren Wahrnehmungsmöglichkeit fundiert, indem es aus der Beobachtung der Steuerung des Benehmens von jemandem erschlossen wird. Oder es ist in der inneren Wahrnehmungsmöglichkeit fundiert, indem es aus der inneren Erfahrung der Steuerung des Erlebens durch jemanden erschlossen wird. In der verstehenden Sinnrekonstruktion von seelischen Kontaktsituationen gehen die Momente des Benehmens und Erlebens der Beteiligten ineinander über bzw. hängen voneinander ab.

Zentral für das Sinnverstehen einer wechselseitigen Steuerung in sozialen Situationen ist das Merkmal der *Kovarianz* (vgl. Bühler 1965[3]: 85f.). Der Sinn des Steuerungsgeschehens erschließt sich somit aus den wechselseitig angepassten Verhaltensänderungen, Aktionen und Reaktionen der Beteiligten. Das Kovarianzmerkmal ermöglicht jedoch noch keine zureichende Unterscheidung zwischen einseitiger oder wechselseitiger Steuerung; unentschieden bleibt, ob hier lediglich ein Verhalten rein reaktiv angepasst wird oder ob hier eine regelhafte soziale Situation ihren Verlauf nimmt. Erst wenn mit einer Steuerung eine spezifische Wirkung intendiert ist und auf diese Erwartung sowohl eine Reaktion als auch gleichzeitige Gegenwirkung einsetzt, kann von einer sozialen Dimension der Steuerung wie auch des seelischen Kontaktes gesprochen werden. Dabei wirkt wesentlich das Moment der *Suggestion*.

"Faktum ist, daß im seelischen Kontakte eine gegenseitige Steuerung des Benehmens und des Erlebens der Partner stattfindet. Daß das Benehmen gesteuert wird, ist eine Feststellung der Außenansicht, des behavioristischen Aspektes; daß das Erleben gesteuert wird, wissen wir aus eigener innerer Erfahrung und nehmen es darüber hinaus auch von anderen Menschen und von Tieren an, deren Benehmen wir in Kontaktsituationen gesteuert sehen." (Bühler 1965[3]: 83)

Kovarianz und Suggestion

"Jeder von uns wachenden und kritikgewohnten Menschen, der als Hörer den Worten eines Sprechers Einlaß gewährt, hängt zunächst einmal in irgendeinem Grade am Leitseil des Sprechers. Und das ist im strengen Wortsinn Suggestion. Arten der Befreiung davon gibt es viele, solche die der Redner uns anträgt durch den Appell an die sachliche Steuerung und andere, die wir selbst schaffen können. Die Tiefe des Kontaktes, die der Redner mit uns und wir mit ihm haben, wird von zwei Seiten her zu bestimmen sein. Wir werden so tief von seinen Leitungstendenzen getroffen, als die Schicht unseres Wesens liegt, in der sie *bündig* werden; dort schafft er in uns. Und umgekehrt dringen wir in ihn ein, [...] meinen wir ihn als Steuermann des Geschehens, das sich an uns vollzieht, zu verstehen, wie die Schicht liegt in seinem Wesen, in der diese Leittendenzen unserem hinhorchenden, darauf gerichteten Erfassen *sinnvoll* werden. Dies alles ist im Prinzip zwischen einem Redner und seinen Hörern an Radioempfängern möglich. Die reale Rückwirkung von den Hörern auf den Redner in gemeinsamer Wahrnehmungssituation ist darin noch nicht beschlossen. Versteht sich auch von selbst, daß einer von beiden oder beide Partner so gut wie rein auf die Sache eingestellt sein können; dann ergeben sich wie im extrem unpersönlichen akademischen Vortrag gewisse Verkümmerungen des *persönlichen* Kontaktes. Man kann sich als extremen Fall ausmalen, daß beide sich fast nur noch bei der Sache begegnen, wie wenn der Sprecher nichts als Hindeuter und Hinleiter auf die Sache wäre. [...] Der Hörer ist in diesem Punkt der freiere von beiden, weil er den andringenden Worten und Sätzen beliebig elektiv den Einlaß verwehren und den Sprecher selbst wie eine tote Sprechmaschine [...] behandeln kann. Im *lebendigen Wechselgespräch* dagegen wie bei jedem anderen wechselseitigen Kontakt geht sowohl die reale Suggestivwirkung wie die ideelle Verstehensbeziehung hinüber und herüber und nur die Sache, wenn es wirklich dieselbe ist, die zwischen den Partnern schwebt, bleibt einmalig und identisch für beide oder strebt danach, es zu werden." (Bühler 1965[3]: 92f.)

Nach dieser fundamentalen Einsicht in die Wechselwirkung allen seelischen Kontaktes im sozialen Kontext und in die Dimension der wirkenden Suggestion geht Bühler zur Explikation dreier verschiedener Möglichkeiten des zwischenmenschlichen Kontaktverstehens über. Sein Paradigma setzt erstens beim dyadischen Kontakt an und zweitens beim Erlebnis (innen) oder Benehmen (außen).

"Ich (A) verstehe meinen Partner (B) entweder *erstens* von den Steuerwirkungen aus, die ich von ihm her erfahre und an mir wahrnehme. Oder *zweitens* von den Steuereinwirkungen aus, die ich an ihm vollziehe und an ihm wahrnehme. Wenn außerdem eine Sache zwischen uns schwebt, an der sich außer mir auch B betätigt, so kann mir *drittens* diese Sache zum objektiven Gebilde werden, von der aus ich den B verstehe." (Bühler 1965[3]: 94)

In einer dialogischen, auf zwei Kommunikationspartnern beruhenden sozialen Situation sind vornehmlich die ersten beiden Modi zu verorten, während die dritte Möglichkeit als Sonderfall etwa im Gruppengeschehen auftaucht. Im ersten Fall des inneren Verstehens lacht mich beispielsweise mein Interaktionspartner an und spricht offen, locker, unbefangen, so dass ich von meinem inneren Erleben jener Verhaltenseinwirkungen auf mich den Anderen so verstehe, dass er guter Laune ist, sich wohl fühlt und wir aktuell in einer sympathischen, freundschaftlichen Beziehung stehen. Im zweiten Fall des äußeren Verstehens beobachtet etwa der Dozent im lauten Hörsaal nach seiner Mahnung zur Ruhe und Konzentration entweder den Erfolg seines sprachlichen Steuerungshandelns, wenn die Studierenden nun ruhig und aufmerksam dem Lehrstoff folgen, oder die sinnhafte, aber erfolglose Handlungsreaktion, wenn die Studierenden sich weder dem Lehrenden noch dem Lehrstoff aktiv zuwenden, weiterhin Unruhe verbreiten und mit privaten Angelegenheiten beschäftigt bleiben. Im dritten Fall des vermittelten Verstehens diskutieren etwa A und B über ein Thema, aber ihre Beiträge finden keinen gemeinsamen Bezugspunkt, gehen aneinander vorbei, und beiden bleibt die Einstellung und Position des Anderen unklar. Daraufhin schaltet sich C als dritter Diskussionspartner ein, bindet das Gespräch mit B an sich, und A beobachtet nun nicht nur, wie B und C sich sprachlich aneinander orientieren und wechselseitig steuern, sondern versteht jetzt durch C die Einstellungen und Argumente von B an Hand dessen Reaktionen, die dieser gegenüber C vollzieht.

Insgesamt hat Bühler mit seinem Modellgedanken der wechselseitigen Steuerung aufgezeigt, dass soziale und insbesondere sprachliche Prozesse von Wechselwirkungen getragen sind und von instruktiven Modi der Beeinflussung und Unterwerfung des Hörers von Seiten des Sprechers begleitet werden. Der Kundnehmende unterwirft sich sozusagen in einer Redesituation den Anweisungen des Sprechers, um diesen adäquat zu folgen und sich auf die Absichten und Zwecke des Sprechers einzulassen. Demgegenüber bleiben aber bei Bühler das grundsätzliche Problem des Anderen und die Bedingung der Möglichkeit des Fremdverstehens unterbestimmt. Für die Tiefenanalyse des Kommunikationsprozesses wäre also die Zweieinheit von Kundnehmendem und Kundgebendem und deren Kontaktsteuerung zu ergänzen; wir denken dabei etwa in Richtung anthropologischer und psychologischer Fundamentalfaktoren, wie das Urverhältnis zwischen Ego und Alter Ego gegründet ist, wie einer vom Anderen grundsätzlich Erfahrung und Wissen erlangen kann etc. Zwar verweist dieses erkenntnistheoretische und sozialphilosophische Zentralproblem eher über das Feld der Sprachpsychologie hinaus, aber gesehen hat es Bühler allemal, wenn er exemplarisch die Theoreme von Scheler und Freyer diskutiert (vgl. 1965[3]: 99ff. und 138ff.) oder in seiner Habilitationsschrift "Tatsachen und Probleme zu einer Psychologie der Denkvorgänge" auf das Verstehen von Fremdpsychischem im Allgemeinen und des Sprachverstehens im Besonderen eingeht.

3.1.4 Das Zeigfeld und das Symbolfeld der Sprache

Im Rückgriff auf den Modellgedanken der wechselseitigen Steuerung kann die Verständigungsorientierung des einen durch die deiktischen Handlungen eines anderen nur funktionieren, wenn beide dasselbe Bezugssystem verwenden, um die Zeighandlungen zu deuten. Dieses Bezugssystem findet Bühler im *Zeigfeld*, das heißt in der raumzeitlichen Position des jeweiligen Zeichenproduzenten. Wenn also jemand auf einen Gegenstand zeigt, so kann dieser von einem Anderen nur in Relation zur räumlichen Position des Zeigenden be-

stimmt werden. Ein Gegenüber richtet seine Aufmerksamkeit zunächst auf die Position des Handelnden, um
von dort aus den Gegenstand zu identifizieren, auf den
beispielsweise der ausgestreckte Arm gerichtet ist. Das
subjektive Zeigfeld bezeichnet Bühler auch als die *Hier/
Jetzt/Ich-Origo* eines jeden Individuums, das den Nullpunkt (Origo) eines subjektiv bestimmten Koordinatensystems bildet, weil das Hier/Jetzt/Ich des jeweils
Handelnden den Ausgangspunkt für seine Zeighandlungen in Raum und Zeit markiert (vgl. 1934: 102ff.).

Im Hinblick auf die Zeigwörter, wie 'ich', 'hier', 'dieser', 'jener', 'dort' etc. spricht Bühler vom *Zeigfeld der
Sprache*. Zeigwörter unterscheidet er von den *Nennwörtern* bzw. Symbolen, die eine feste Zuordnung zu Sachverhalten und Gegenständen aufweisen und diese somit im Sprachgebrauch vertreten. Zeigwörter hingegen
fungieren nicht als Symbole, sondern als Signale, die
abhängig vom Zeigfeld des jeweiligen Sprechers immer
auf andere Positionen in Zeit und Raum verweisen, also
keine invariante Zuordnung besitzen. Mit Zeigwörtern
richtet der jeweilige Sprecher die Aufmerksamkeit des
Hörers auf seine raumzeitliche Position, wobei jedes
der drei Grundzeigwörter auch auf ein spezifisches Moment der gemeinsamen Situation verweist. Wenn ein
Sprecher 'Ich' sagt, lenkt er die Aufmerksamkeit auf
sich als Person, wenn er 'Hier' sagt auf seine räumliche
Position und wenn er 'Jetzt' sagt auf den spezifischen
Zeitpunkt des konkreten Sprechereignisses: die "Grundzeigwörter *hier, jetzt, ich*" fungieren "als sprachliche
Ortsmarke, Zeitmarke, Individualmarke." (Bühler 1934:
107)

Für die Verwendung und Funktion der Zeigwörter,
deren Bedeutung durch die Situation spezifiziert wird,
in der sie geäußert werden, gilt nach Bühler: "die geformten Zeigwörter, phonologisch verschieden voneinander wie andere Wörter, steuern den Partner in zweck-
mäßiger Weise. Der Partner wird angerufen durch sie,
und sein suchender Blick, allgemeiner seine suchende
Wahrnehmungstätigkeit, seine sinnliche Rezeptionsbe-
reitschaft wird durch die Zeigwörter auf Hilfen verwiesen, gestenartige Hilfen und deren Äquivalente, die seine Orientierung im Bereich der Situationsumstände
verbessern, ergänzen." (1934: 105.)

Bühler unterscheidet von der *demonstratio ad oculos et ad aures* mit der *Anaphora* und der *deixis am phantasma* zwei weitere Modi des Zeigens bzw. der Deixis. Gemeinsam ist allen dreien, dass Zeigwörter zur Verwendung kommen, deren Bedeutung sich durch die Relation zu einem Zeigfeld ergibt. Die Felder jedoch, in denen mit Hilfe der Zeigwörter auf etwas verwiesen wird, sind unterschiedlich. Bei der *demonstratio ad oculos et ad aures* besteht das Zeigfeld in der subjektiven Orientierung des Sprechers, die sich ausgehend von seinem Hier/Jetzt/Ich bestimmt. Das Zeigfeld, in dem *anaphorisch* gezeigt wird, ist der sprachliche Kontext, in den die Zeigwörter eingebettet sind. Ein Sprecher oder Autor lenkt mit Wörtern wie 'demnach', 'deshalb', 'da', 'oben', 'unten' etc. die Aufmerksamkeit eines Hörers oder Lesers auf bestimmte vorangegangene oder noch folgende Stellen der Rede oder des Textes (vgl. Bühler 1934: 121ff.). Bei der *deixis am phantasma* verweist schon der Name auf das gesuchte Zeigfeld, das in der Phantasie des Hörers oder, im Fall von schriftlich fixierten Texten, des Lesers besteht. Bedingung dafür, dass ein Hörer durch Zeigwörter in seiner Phantasie auf bestimmte Dinge hin orientiert werden kann, ist, dass er sein konkretes subjektives Zeigfeld entweder in seine Phantasie versetzt oder dass er bestimmte Dinge kraft seiner Vorstellung in sein reales Zeigfeld hineinphantasiert und die Zeigwörter somit in Relation zu den Phantasieobjekten verwendet werden (vgl. Bühler 1934: 134ff.).

Beispiel der *deixis am phantasma* an Hand einer Wegbeschreibung zum Münchener Opernhaus:

www.kowi.uni-essen.de/ koloss/themen/buehler/ weg1.htm

Sprache erlaubt es den Menschen, die sie verwenden, über Gegenstände oder Sachverhalte zu reden, die nicht in der gemeinsamen Wahrnehmungssituation zugänglich sind. Sie können sich somit über Abwesendes verständigen. Die Möglichkeit, Sprache schriftlich zu fixieren, hebt darüber hinaus die Notwendigkeit eines gemeinsamen Wahrnehmungsbereichs und die Forderung auf, dass sich mindestens zwei Individuen in einer Situation der gegenseitigen Anwesenheit befinden. Zeit und Ort der Produktion eines geschriebenen Textes weichen in der Regel von der Zeit und dem Ort seiner Rezeption ab. Bühler (vgl. 1934: 366ff.) geht davon aus, dass sich die Möglichkeit des situationsentbundenen Sprachgebrauchs im Laufe der Entwicklung der menschlichen Sprache herausgebildet hat, dass aber die Phasen des Übergangs von der situationsgebundenen zur situationsentbundenen Rede weder zu rekonstruieren noch in einer kausallogischen oder genetischen Abhängigkeit zu verstehen sind.

Die sprachlichen Mittel, die die Darstellung von Gegenständen oder Sachverhalten ermöglichen, findet Bühler in den Nennwörtern bzw. Symbolen und dem ihnen korrelierenden Symbolfeld der Sprache. Weil Bühler zwischen dem Zeigfeld und dem Symbolfeld der Sprache unterscheidet, kann er von der *Zweifelder-lehre* seiner Sprachtheorie sprechen (vgl. 1934: 119). Ebenso wie die Zeigwörter ihre Bedeutungsbestimmung in Bezug auf das Zeigfeld erhalten, so bestimmt sich die Bedeutung der Nennwörter durch das Symbolfeld, in dem sie verwendet werden. Im Fall sprachlicher Äußerungen, die etwas darstellen, ohne auf Bezugspunkte der Situation, in der sie geäußert werden, angewiesen zu sein, bestimmt sich ihre Bedeutung allein aus ihrem sprachlichen Kontext, der nach bestimmten Regeln der Syntax aufgebaut ist. Die Bedeutung eines darstellenden Satzes konstituiert sich somit dadurch, dass lexikalische Einheiten bzw. Wörter nach syntaktischen Regeln angeordnet und in Bezug zueinander gesetzt werden. Durch die Korrelation von Lexikon und Syntax werden die sprachlichen Äußerungen von der Situation, in der sie produziert werden, unabhängig. Dementsprechend unterscheidet Bühler zwischen sprachlichen Äußerungen, die nur in Bezug auf die Situation ihrer Verwendung verstanden werden können, und solchen, die unabhängig von dieser Situation verstanden werden können und insofern 'selbstgenügsam' sind. Er unterscheidet somit zwischen situations*ge*bundenem und situations*ent*bundenem Sprachgebrauch.

"Es gibt im Anwendungsbereich der menschlichen Sprachzeichen einen Befreiungsschritt, der vielleicht einmal im Werdegang der Menschensprache zu den entscheidendsten gehörte. Wir vermögen ihn zwar nicht historisch zu rekonstruieren, wozu so gut wie jeder Anhalt in der Linguistik von heute fehlt, können ihn aber systematisch bestimmen als die Befreiung [...] *von den Situationshilfen;* es ist der Übergang vom wesentlich empraktischen Sprechen zu weitgehend synsemantisch selbständigen (selbstversorgten) Sprachprodukten." (Bühler 1934: 366f.)

Kritisch zum Verhältnis von Zweifelder-Schema und Organonmodell merkt Heger an, dass sich zwar das Zeigfeld auf den Appellcharakter der Sprache und das Symbolfeld auf den Darstellungscharakter beziehen lässt, für die Ausdrucksfunktion aber ein entsprechendes Feld fehle. Es sei zu vermuten, dass es sich "bei den Zuordnungen des 'Symbolfeldes' zur Symbolfunktion und des 'Zeigfeldes' zur Signalfunktion um Relikte einer früheren, 1934 aber längst überwundenen Konzeption handeln könne." (Heger 1988: 189)

"Ein Fahrgast der Straßenbahn sagt empraktisch *gerade aus;* sein Nachbar im Wagen erzählt: *Der Papst ist gestorben.* Diese zweite Äußerung führt alles mit sich, was sie braucht, um auch außerhalb des Straßenbahnwagens eindeutig und genau so wie im Wagen verstanden zu werden. Das erste ist eine empraktisch vollendete und das zweite eine synsemantisch abgeschlossene Rede." (Bühler 1934: 366f.)

Resümierend lassen sich durch das vierte Axiom der *Sprachtheorie* (1934) an den sprachlichen Verständigungsmitteln, die verschiedene kommunikative Funktionen erfüllen, *Zeigwörter* und *Nennwörter* und korrelativ dazu das *Zeigfeld* und das *Symbolfeld* der Sprache unterscheiden. In Situationen, in denen mindestens zwei Individuen anwesend sind und denen gemeinsam ein Wahrnehmungsbereich zugänglich ist, fungieren Zeigwörter als Rezeptionssignale, mit denen ein Sprecher die Aufmerksamkeit eines Hörers lenkt. Die grundlegende Form der Deixis, die diese Orientierungsfunktion erfüllt, besteht in der *demonstratio ad oculos* oder *ad aures*, mit der ein Sprecher sein Gegenüber auf etwas hin orientiert, indem er ein Zeigwort in Verbindung mit einer deiktischen Geste verwendet und so einen Hörer auf etwas im gemeinsamen Wahrnehmungsbereich hin orientiert. Die Bedeutung des Zeigwortes und der Zeighandlung bestimmt sich dabei in Bezug auf das subjektive Zeigfeld des jeweiligen Sprechers, das in dessen Raum- und Zeitkoordinaten, in seinem Hier/Jetzt/Ich besteht.

Von der *demonstratio ad oculos et ad aures* unterscheidet Bühler mit der *Anaphora* und der *deixis am phantasma* zwei weitere Modi der Deixis, die jeweils unterschiedliche Zeigfelder aufweisen. Erstere hat einen sprachlichen Text als Zeigfeld, in dem die Zeigwörter auf vorangegangene oder noch folgende Textstellen verweisen. Bei letzterer beziehen sich die verwendeten Zeigwörter entweder auf das in das konkrete Zeigfeld von Sprecher oder Hörer Hineinphantasierte, oder sie beziehen sich auf erinnerte oder konstruierte Objekte bzw. Ereignisse. Gemeinsam ist beiden sprachlichen Modi der Deixis ihre generelle Situationsentbundenheit.

3.1.5 *Das konkrete Sprechereignis und die zeichenhaften Grundprinzipien am Organonmodell*

Das *konkrete Sprechereignis* bildet für Karl Bühler den Ausgangspunkt seiner Bestimmung des komplexen Phänomens der menschlichen Sprache sowie des Sprachzeichens. An ihm untersucht er die Funktionen, Leistungen und wesenhaften Charakteristika der menschlichen Sprache. Im Rekurs auf Platons Dialog

Kratylos begreift er Sprache als Werkzeug bzw. *Organon*, das einer dazu verwendet, um einem anderen etwas über die Dinge mitzuteilen (vgl. Bühler 1933: 74f. und 1934: 24).

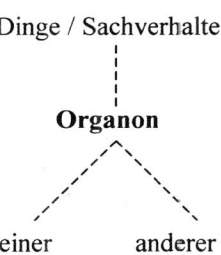

Am konkreten Sprechereignis, dem Schallphänomen, lassen sich demnach drei Relationen aufweisen: die Relation des Schallphänomens zum Sprecher bzw. Sender (einer), die Relation des Schallphänomens zum Hörer bzw. Empfänger (anderer) und die Relation des Schallphänomens zu Gegenständen oder Sachverhalten. Mit der Ausrichtung auf die Sachverhalte trägt Bühler dem Umstand Rechnung, dass mit Hilfe von Sprachzeichen nicht allein einzelne Gegenstände, sondern auch größere Zusammenhänge und komplexe Ereignisse *dargestellt* werden können. Die Funktion der Sprache erschöpft sich jedoch nicht darin, Gegenstände oder Sachverhalte darzustellen. Durch die *Darstellungsfunktion* unterscheidet sich zwar die menschliche Sprache von den Tiersprachen, indem sie unabhängig von den materiellen Gegenständen selbst über diese etwas aussagen kann, sie ist aber nicht der alleinige Bestimmungsgrund, wie es die oben genannte Relation *einer – dem Anderen – über die Dinge* nahe legt.

Sprechhandlungen bzw. Sprachzeichen sind durch den Bezug auf alle drei Relationen gekennzeichnet, die sich am Schallphänomen als konkretem Sprechereignis aufzeigen lassen. Diese Notwendigkeit der Betrachtung der Sprache am konkreten Sprechereignis in seiner vollen Komplexität formuliert Bühler folgendermaßen: "Was nun folgt, ist geeignet und dazu bestimmt, die von uns unbestrittene *Dominanz* der Darstellungsfunktion der Sprache einzugrenzen. Es ist *nicht* wahr, daß alles, wofür der Laut ein mediales Phänomen, ein Mittler zwischen Sprecher und Hörer ist, durch den Begriff 'die Dinge' oder durch das adäquatere Begriffspaar 'Gegenstände und Sachverhalte' getroffen wird. Sondern das andere ist wahr, daß im Aufbau der Sprechsituation sowohl der Sender als Täter der Tat des Sprechens, der Sender als *Subjekt* der Sprechhandlung, wie der Empfänger als Angesprochener, der Empfänger als *Adressat* der Sprechhandlung eigene Positionen innehaben. Sie sind nicht einfach ein Teil dessen, *worüber* die Mitteilung erfolgt, sondern sie sind die Austauschpartner, und darum letzten Endes ist es möglich, daß das media-

"Drei variable Momente an ihm [dem Schallphänomen] sind berufen, es dreimal verschieden zum Rang eines Zeichens zu erheben. [...] Es ist *Symbol* kraft seiner Zuordnung zu Gegenständen und Sachverhalten, *Symptom* (Anzeichen, Indicium) kraft seiner Abhängigkeit vom Sender, dessen Innerlichkeit es ausdrückt, und *Signal* kraft seines Appells an den Hörer, dessen äußeres oder inneres Verhalten es steuert wie andere Verkehrszeichen. Dies Organon-Modell mit seinen drei weitgehend unabhängigen variablen Sinnbezügen steht vollständig, wie es ausgeführt werden muß, zum erstenmal in meiner Arbeit über den Satz (1918), der mit den Worten beginnt: 'Dreifach ist die Leistung der menschlichen Sprache, Kundgabe, Auslösung und Darstellung'. Heute bevorzuge ich die Termini: *Ausdruck*, *Appell* und *Darstellung*" (Bühler 1934: 28).

le Produkt des Lautes je eine eigene Zeichenrelation zum einen und zum anderen aufweist." (1934: 30f.)

Wenn sich mindestens zwei Individuen in und mit der Sprache aufeinander beziehen und auf Gegenstände oder Sachverhalte hin orientieren, ist die Darstellungsfunktion lediglich *ein* Aspekt, der den Zeichencharakter des Lautes *mitkonstituiert*. Das konkrete Sprechereignis wird erst dadurch zum (Sprach-)Zeichen, dass es neben der *Darstellung* von etwas in der Welt zum einen auf das Erleben des Sprechers zurückverweist, indem es dieses ausdrückt, und zum anderen auf das innere oder äußere Verhalten des Hörers verweist, indem es dieses steuert (vgl. Bühler 1934: 28). Das Schallphänomen ist somit in seiner Relation zum Sender *Ausdruckszeichen* bzw. *Symptom*, indem es auf das Erleben und die Befindlichkeit des jeweiligen Individuums verweist. Ein Zuhörer kann an dem Tonfall, in welchem ein Sprecher etwas sagt, beispielsweise erkennen, ob dieser traurig oder fröhlich, erregt oder entspannt etc. ist. In seiner Relation zu Gegenständen oder Sachverhalten dient das Schallphänomen der Darstellung und fungiert somit als *Symbol*. Die Zuordnung des Schallphänomens, also von Wörtern oder Sätzen, zu Gegenständen oder Sachverhalten beruht dabei auf den Konventionen einer Sprachgemeinschaft (vgl. Bühler 1934: 30). So stehen Wörter, wie beispielsweise "Tee", in keiner 'natürlichen' Beziehung zu den von ihnen repräsentierten bzw. vertretenen Gegenständen. Das Wort hat keine Ähnlichkeit mit dem durch Benennung dargestellten Getränk, es ist ihm willkürlich zugeordnet. In seiner Relation zum Empfänger wirkt das Schallphänomen drittens als *Signal*, indem es an ihn *appelliert*, einerseits seine Aufmerksamkeit auf das Gesagte zu richten und sich andererseits in bestimmter Weise zu verhalten. *Ausdruck, Darstellung und Appell* sind demnach die drei Aspekte und semantischen Funktionen, die sich nach Bühler (vgl. 1933: 90 und 1934: 28) an jedem konkreten Sprechereignis aufzeigen und von ihm 'ablösen' lassen und die das jeweilige Schallphänomen als (Sprach-)Zeichen ausweisen.

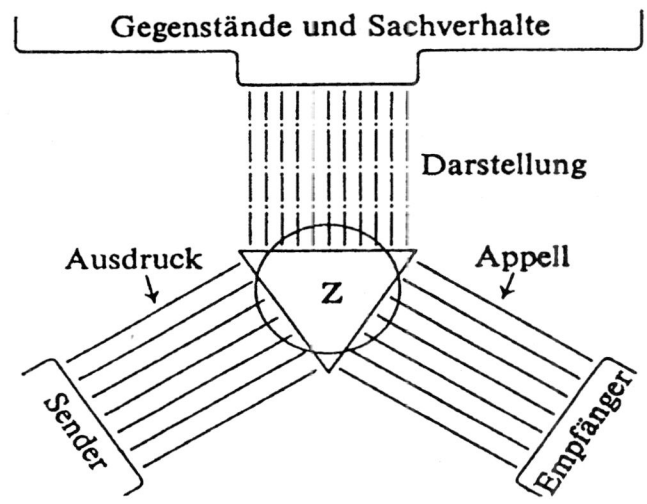

Gegenstände und Sachverhalte

Darstellung

Ausdruck

Appell

Z

Sender

Empfänger

Organonmodell der Sprache:
a) Konstitutionsaxiom: Ausdruck, Appell, Darstellung;
b) instrumentelles Axiom: Sprecher, Hörer, Welt (vgl. Ortner 1988: 154).

Jede Äußerung lässt sich also in dreifacher Weise verstehen und beobachten. Eine je mögliche Perspektivenverschiebung auf die unterschiedliche funktionale Zeichenhaftigkeit verdeutlicht folgendes Beispiel: Eine Frau sagt: "Mein Auto ist kaputt" zu ihrem Mann, der in seiner Freizeit ein begabter Hobby-Automechaniker ist. Im Hinblick auf die *Darstellungsfunktion* beschreibt die Äußerung den Sachverhalt, dass das Auto der Frau (Sender) nicht funktionsfähig ist. Der Tonfall hingegen, die Art und Weise also, *wie* sie die lautliche Äußerung vollzieht, fungiert einerseits als *Ausdruck* für ihr Erleben, und andererseits macht er den *Appell* an das Verhalten des Empfängers deutlich. Im Hinblick auf den Ausdruck zeigt sich am Tonfall das Erleben des Sprechers; die weinerliche oder zornige Stimme drückt die Trauer oder Verärgerung über das kaputte Auto aus. Im Hinblick auf den Appell manifestiert sich am Tonfall, an der Intonation des Gesagten die Bitte oder Aufforderung an den Ehemann, das Auto zu reparieren oder zunächst einmal auch nur Trost zu spenden.

www.kowi.uni-essen.de/ koloss/themen/buehler/ organon_ton.htm

Vorerst können wir das *Organonmodell* dahingehend zusammenfassen, dass ein konkretes Schallphänomen, das als Mitteilung von einem Sender an einen Empfänger gerichtet ist, durch drei besondere Momente seinen Zeichencharakter gewinnt. Erstens drückt es durch den Tonfall, die Intonation des Sprechers dessen Erleben und Befindlichkeit aus. Zweitens thematisiert es unter dem Darstellungsaspekt bestimmte Gegenstände oder Sachverhalte als Information des Gesagten. Der Sprecher *stellt* vermittels des Schallphänomens etwas für den Hörer *dar*. Drittens will der Sprecher mit seiner Mitteilung beim Hörer etwas auslösen, dessen Verhalten in bestimmter Art und Weise steuern. Insofern zeigt sich am Schallphänomen die Appellfunktion der Sprache, die zumindest darin besteht, dass der jeweilige Hörer seine Aufmerksamkeit auf das Gesagte und den Sprecher richtet. Ein weitergehender Appell verlangt, dass der Hörer sein Verhalten den Intentionen des Sprechers gemäß ausrichten soll. Mit der Sprechhandlung wird der Hörer aufgefordert, sich in bestimmter Weise entweder innerlich oder äußerlich zu verhalten. Ersteres ist erfüllt, wenn der Hörer die an ihn gerichtete Mitteilung verstehend nachvollzieht, letzteres, wenn er die geforderte Handlung äußerlich vollzieht, so dass sie einer konkreten Beobachtung zugänglich ist.

Die zeichenhaften Grundprinzipien

Auf der einen Seite lässt sich das Organonmodell heranziehen, um damit sprachliche Kommunikationsprozesse zu beschreiben, zu erklären und zu verstehen. Auf der anderen Seite lässt es sich als Zeichenmodell verwenden, um die Konstitution und die Verwendung von Zeichen zu erläutern. Unter analytischem Aspekt tritt damit eine Trennung in Zeichen- und Kommunikationsmodell hervor. In der Sprechpraxis dagegen fließen beide Momente zusammen: Kommunikation ist ohne Zeichenverwendung nicht denkbar, und umgekehrt verweist jede Zeichenverwendung auf Kommunikation. Deshalb hat Bühler auch davon gesprochen, dass innerhalb der Axiomatik seiner Sprachtheorie insbesondere der Grundsatz A, also der Werkzeugcharakter der Sprache, und der Grundsatz B, die Zeichennatur der Sprache, wechselseitig aufeinander verweisen und eng zusammengehören (vgl. 1934: 22). Dieses enge Verhältnis zwischen zeichenproduzierenden Menschen, die Zeichen als ein Werkzeug zur Mitteilung und Verständigung von bzw. über etwas einsetzen, und der menschlichen Sprache, mit der Zeichen zu ihrem Einsatz kommen, um etwas auszudrücken, darzustellen oder an jemanden zu appellieren, lässt sich mit Bühler in zweifacher Weise verdeutlichen. Zum einen verweist die Zeichennatur von etwas immer auf jemanden, der es als solches deutet und anwendet. Zum anderen verweist die Zeichennatur der Sprache auf mehrere tätige Menschen, die bestimmten Gegenständen und Sachverhalten ihre jeweilige Form eines Sprachzeichens gegeben haben. So lässt sich "das Zeichenhafte, welches im intersubjektiven Verkehr verwendet wird, als ein *Orientierungsgerät des Gemeinschaftslebens* charakterisieren." (Bühler 1934: 48)

Von der Zeichennatur der Sprache können wir bis hierher sagen, dass Zeichen von Menschen produziert werden und gleichsam von ihnen als solche gedeutet und (wieder-)erkannt werden müssen, dass Zeichen- und Sprechprozess eng ineinander verwoben sind und dass schließlich der Grundcharakter des Zeichens aus der Stellvertretung von etwas besteht. Im Rekurs auf die scholastische Definition des *aliquid stat pro aliquo* bestimmt auch Bühler im Allgemeinen, dass das Zeichen etwas repräsentiert, etwas anderes darstellt als es selbst, womit er zu einer tieferen Grundlegung des Zeichenbegriffs und der Zeichenverwendung vorstoßen kann.

Der Zeichenbegriff wirft die Frage auf, ob er die Dreiheit von Signal, Symbol und Symptom aufnehmen und zugleich als Oberbegriff selbst noch konkrete Merkmale aufweisen kann. Im etymologischen Bereich spielt Bühler (vgl. 1934: 36f.) auf den visuellen Zeigecharakter des Zeichens an. Dieser ist zu differenzieren in: durch Vorführen der Objekte sie für den Beobachter sichtbar zu machen oder das Lenken der Aufmerksamkeit des Beobachters auf die Objekte hin.

Im funktionalen Bereich des Stellvertreter-Modells stellt Bühler nun die zwei entscheidenden Merkmale des Zeichens fest. Das eine zielt auf das Zeichen selbst ab und meint das, was es *für sich* ist. Das andere betrifft die Verweisung bzw. Vertretung und mithin jenes, *kraft* dessen es als Zeichen fungiert. Beispielhaft kann der an einer Kreuzung aufgestellte Wegweiser hinsichtlich der Eigenschaft, was er für sich ist, dahingehend beschrieben werden, dass er aus einem Holzpfahl besteht, an dessen Spitze im rechten Winkel ein gelbes Metallschild angebracht ist, das an den Kanten bereits rostet und die schwarze Aufschrift trägt: ENTENHAUSEN 5 KM. Dabei sind etwa die Rostflecker, die Farbgebung des Schildes sowie seine materiale Beschaffenheit und Standhöhe für seine Zeichenhaftigkeit irrelevant. Seine repräsen-

"Zu allem Zeichenhaften in der Welt gehören der Natur der Sache nach Wesen, die es dafür halten und mit ihm als Zeichenhaftem umgehen. [...] Wo die Konkreta, welche Zeichenfunktionen erfüllen, von handelnden Wesen produziert oder hergerichtet werden, wo diese Konkreta zu jenen Wesen im Verhältnis des Werkes zum Schöpfer oder (nur anders gesehen) im Verhältnis der Tat zum Täter stehen, da kann man diese auch Zeichengeber nennen. [...] Daß die menschliche Sprache schon von daher gesehen zu den 'Geräten' gehört oder platonisch gesprochen, daß sie ein Organon sei, heißt nichts anderes, als sie in Relation zu denen betrachten, die mit ihr umgehen und ihre Täter sind. Die Sprachforschung stößt also im Axiom von der Zeichennatur der Sprache auf das Denkmodell des homo faber, eines Machers und Besitzers von Geräten." (Bühler 1934: 48)

"Wenn nun hic et nunc ein Konkretum als Vertreter fungiert, so kann stets die Frage erhoben werden, *kraft* welcher Eigenschaften es die Vertretung erhielt und in die Vertretung eingeht, sie erfüllt. Es muß also stets eine zwiefache Bestimmung dieses Konkretums möglich sein, von denen die eine absieht von der Funktion des Vertretenden Vertreter zu sein, um es so, um es als das zu bestimmen, was es *für sich* ist oder wäre. Die zweite Auffassung dagegen sucht und findet an ihm diejenigen Eigenschaften, an welche die Vertretung gebunden ist. Im Falle des Zeichenseins sind es immer nur abstrakte Momente, kraft derer und mit denen das Konkretum 'als' Zeichen fungiert." (Bühler 1934: 40; vgl. auch 1933: 26f.)

tierende Funktion von etwas gewinnt es vielmehr durch die Richtung, in welche die Schildspitze zeigt, und durch die Namens- und Entfernungsangabe. Erst sie erheben das angeordnete Material aus Holz und Metall in den Rang eines Zeichens und bestimmen es dadurch *als* Wegweiser: Kraft bestimmter, sozial geregelter Eigenschaften erfüllt es seine Funktion als Orientierungs-, Namens- und Verkehrszeichen und ermöglicht eine adäquate Deutung. In jeder sprachwissenschaftlichen Analyse von Zeichen und Sprechlauten lassen sich immer jene zwei Betrachtungsweisen vornehmen: entweder die Materialeigenschaften rein für sich oder dasjenige an Eigenschaften zu erheben und herauszuarbeiten, was für ihren Zweck im Kontrast zum Unwichtigen als Zeichen maßgebend ist (vgl. Bühler 1934: 43).

Mit den beiden Merkmalen eines Zeichens korrelieren die zwei zeichenhaften Grundprinzipien der *abstraktiven Relevanz* und der *apperzeptiven Ergänzung*. Was an einem Zeichen wesenhaft konstitutiv für seine Stellvertreterfunktion ist, darf *abstraktive Relevanz* genannt werden: "Mit den Zeichen, die eine Bedeutung tragen, ist es also so bestellt, daß das Sinnending, dies wahrnehmbare Etwas hic et nunc nicht mit der ganzen Fülle seiner konkreten Eigenschaften in die semantische Funktion eingehen muß. Vielmehr kann es sein, daß nur dies oder jenes abstrakte Moment für seinen Beruf, als Zeichen zu fungieren, relevant wird." (Bühler 1934: 44) Was an konkreten Eigenschaften der Zeichenhaftigkeit eines Objekts ergänzend hinzugefügt wird, lässt sich als *zeichenhaftes Grundprinzip der apperzeptiven Ergänzung* benennen. Im Kontext der Erläuterungen zum Organonmodell führt Bühler zu diesen beiden Prinzipien im Schnittpunkt zwischen konkretem Schallphänomen und Zeichen der Sprache aus:

"Der Kreis in der Mitte symbolisiert das konkrete Schallphänomen. Drei variable Momente an ihm sind berufen, es dreimal verschieden zum Rang eines Zeichens zu erheben. Die Seiten des eingezeichneten Dreiecks symbolisieren diese drei Momente. Das Dreieck umschließt in einer Hinsicht weniger als der Kreis (Prinzip der abstraktiven Relevanz). In anderer Richtung wieder greift es über den Kreis hinaus, um anzudeuten, daß das sinnlich Gegebene stets eine apperzeptive Ergänzung erfährt." (1934: 28)

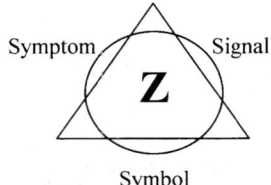

Symptom   **Z**   Signal

Symbol

Mit dem zuletzt angesprochenen Kontext der Zeichenhaftigkeit und den zeichenhaften Grundprinzipien am konkreten Sprechereignis wird wieder die gegenseitige Verwiesenheit von Kommunikations- und Zeichenanalyse offensichtlich, die wir bereits einleitend erwähnt hatten. Mit Betonung der Sprechhandlung lässt sich zusammenfassen: Jedes Sprechen ist dreifach zeichenhaft, und Zeichen entstammen vornehmlich dem Sprachsystem, das vom 'homo faber' als Kommunikationswerkzeug geschaffen und konventionell festgelegt wurde. Ein Zeichen muss als Zeichen immer *für jemanden Zeichen* und zur erfolgreichen Verständigung intersubjektiv gültig sein. *Ohne* Zeichen kann es keine Kommunikation geben, aber *mit* Zeichen steuern wir uns wechselseitig auf etwas hin, das entweder den gleichzeitig gemeinsamen Wahrnehmungsraum betrifft (z. B. demonstratio ad aures) oder ihn raumzeitlich überschreitet (z. B. deixis am phantasma).

3.1.6 *Literatur*

Bibliografie:

Kamp, Rudolf [1984]: Veröffentlichungen Karl Bühlers. In: Eschbach (Hrsg.) [1984], S. 274-281.

Verwendete Literatur:

Bühler, Karl [1933]: Die Axiomatik der Sprachwissenschaften. In: Kant-Studien, Bd. 38, S. 19-90.
Bühler, Karl [1934]: Sprachtheorie. Die Darstellungsfunktion der Sprache. Jena.
Bühler, Karl [1936]: Die Zukunft der Psychologie und die Schule. Wien; Leipzig.
Bühler, Karl [1965³]: Die Krise der Psychologie. Mit einem Geleitwort von Hubert Rohracher. Stuttgart.
Bühler, Karl [1987]: Psychologie (1937). In: Conceptus. Zeitschrift für Philosophie. Jg. XXI, Nr. 53/54, S. 115-124.
Eschbach, Achim (Hrsg.) [1984a]: Bühler-Studien. Band 1. Frankfurt a. M.
Eschbach, Achim (Hrsg.) [1984b]: Bühler-Studien. Band 2. Frankfurt a. M.

Online-Bibliografie zu Bühler

www.kowi.uni-essen.de/koloss

⇨ Literatur ⇨Bühler

Eschbach, Achim (Ed.) [1988a]: Karl Bühler's Theory of Language. Amsterdam; Philadelphia.

Eschbach, Achim [1988b]: Karl Bühler und Ludwig Wittgenstein. In: ders. (Ed.) [1988a], S. 385-406.

Eschbach, Achim/Willenberg, Gabi [1987]: Karl Bühlers neue Philosophie der Psychologie. In: Conceptus. Zeitschrift für Philosophie. Jg. XXI, Nr. 53/54, S. 103-114.

Graumann, Carl F. [1988]: Aspektmodell und Organonmodell. Die Problematik des Verhältnisses zwischen Sprachwissenschaft und Psychologie bei Karl Bühler. In: Eschbach (Ed.) [1988a], S. 107-124.

Heger, Klaus [1988]: Karl Bühlers *Sprachtheorie* und die Sprachwissenschaft der letzten fünfzig Jahre. In: Eschbach (Ed.) [1988a], S. 183-191.

Ortner, Hanspeter [1988]: Bühler und die Syntaxforschung: Konsequenzen aus seiner Axiomatik. In: Eschbach (Ed.) [1988a], S. 153-172.

Ungeheuer, Gerold [1972[2]]: Die kybernetische Grundlage der Sprachtheorie von Karl Bühler. In: ders.: Sprache und Kommunikation. Hamburg, S. 171-190.

Ungeheuer, Gerold [1984]: Bühler und Wundt. In: Eschbach (Hrsg.) [1984b], S. 9-67.

3.2 Die Sprechakttheorie von John L. Austin (mit einem Ausblick auf John R. Searle)

3.2.1 Die Relevanz John L. Austins für die Kommunikationswissenschaft

Der englische Philosoph John L. Austin gilt als herausragender Vertreter der "ordinary language philosophy" in der Nachfolge Ludwig Wittgensteins. Im Mittelpunkt seines Interesses steht – in klarer Opposition zur Philosophie der idealen Sprache – der alltägliche Umgang mit Wörtern bzw. der differenzierte Alltagsgebrauch von Sprache. Sein eigenständiger Beitrag zur Sprachphilosophie ist die Grundlegung der Sprechakttheorie, die sprachliche Äußerungen *als Handlungen* beschreibt und rekonstruiert. Weil jemand etwas Bestimmtes bewirken will, benutzt er entsprechend Wörter und vollzieht Sprechhandlungen. Mit der Bestimmung: *jedes Sprechen ist Handeln* wird angenommen, dass alltagspraktische Äußerungen auf Seiten des Sprechers die triadische Struktur von Motivation, Ziel und Vollzug aufweisen. Jemand *will* etwas, *kann* es durch Sprechen erreichen und *macht* deswegen eine bestimmte Äußerung. Die eigenständige Leistung und nachhaltige Wirkung von Austin ist über seine Betonung des Handlungscharakters von Sprechen hinaus darin zu sehen, dass er die fundamentale Bedeutung des Handlungskontextes bzw. des situativen Hintergrundes für die Klärung konkreter sprachlicher Äußerungen in das philosophische wie sprachwissenschaftliche Bewusstsein gerückt hat.

Die Sprechakttheorie untersucht nun, was wir mit Wörtern tun. Sie erforscht, wie mit sprachlichen Äußerungen Handlungen vollzogen werden, des Weiteren die Kriterien für den erfolgreichen Vollzug von Äußerungen sowie die Struktur und Systematik sprachlicher Handlungen im Allgemeinen. In aller Kürze lauten die zentralen Fragestellungen der Sprechakttheorie: Was tun wir, *indem* wir sprechen? Und: Was tun wir, *wenn* wir sprechen? Mit diesem Theorie- und Forschungsansatz hat Austin starken Einfluss auf die moderne *Sprachphilosophie* (Searle, Grice, Strawson), die *linguistische Pragmatik* (Wunderlich, Grewendorf) und auf *uni-*

* 26.3.1911 (Lancaster)
† 8.2.1960 (Oxford)

Ab 1929 studiert John Langshaw Austin klassische Philologie als Stipendiat am Balliol College in Oxford. Dort beschäftigt er sich maßgeblich mit der griechischen Philosophie, insbesondere mit Aristoteles und dessen Nikomachischer Ethik. 1933 wird er Fellow am All Souls College; von 1935 bis 1939 ist er Fellow und Tutor für Philosophie am Magdalen College. In dieser Zeit setzt er sich vor allem mit dem Problem des Fremdpsychischen und der Grundlage sinnlicher Wahrnehmung auseinander, ein Thema, das er regelmäßig u. a. mit Alfred Jules Ayer (1910-1989) und Sir Isaiah Berlin (1909-1997) erörtert.
Während des Zweiten Weltkrieges ist er Offizier beim britischen Intelligence Service. Danach kehrt er nach Oxford zurück und übernimmt ab 1952 die White's Professur für Moralphilosophie.

Auf diesem Lehrstuhl bleibt er bis zu seinem frühen Tod – unterbrochen durch zwei Gastprofessuren: 1955 als William James Lecturer an der Harvard University sowie 1958 an der University of California.

Einflussreich ist Austin zeit seines Lebens nicht so sehr als philosophischer Autor, sondern vor allem als akademischer Lehrer. Dies zeigt sich insbesondere an seinen nach dem Krieg eingerichteten Samstag-Vormittag-Seminaren, in denen u. a. Ludwig Wittgensteins (1889-1951) "Philosophische Untersuchungen", Gottlob Freges (1848-1925) "Grundlagen der Arithmetik" (die Austin 1950 ins Englische übersetzt) und Noam Chomskys (*1928) "Syntactic Structures" diskutiert werden. Insgesamt vertritt Austin weniger einen einheitlichen theoretischen Ansatz, sondern vielmehr eine bestimmte philosophische Herangehensweise, die er selbst 'linguistische Phänomenologie' nennt. Zu Lebzeiten veröffentlicht er nur einige Aufsätze, die in den Sammelband "Philosophical Papers" (1961) eingehen. Die beiden größeren Arbeiten Austins werden auf der Grundlage von Vorlesungsnotizen ("Sense and Sensibilia") bzw. Vorlesungsmanuskripten ("How to do things with words") 1962 posthum überarbeitet und herausgegeben. Nach eigenen Angaben hat Austin die Auffassungen, die "How to do things with words" zu Grunde liegen, bereits 1939 entwickelt. Weiter ausgearbeitet wird dieser Ansatz dann in der alljährlichen

versalpragmatische Ansätze zur Theorie der Kommunikation (Habermas, Apel) ausgeübt.

Aus systematischer Perspektive ist Austins Ansatz ein bedeutsamer Beitrag zur Präzisierung der von Wittgenstein vertretenen Auffassung, die Bedeutung sprachlicher Ausdrücke sei ihr Gebrauch. Damit korreliert eine differenzierte Analyse verschiedener Aspekte sprachlicher Handlungen wie auch eine Klassifikation von Äußerungsdimensionen einerseits und Sprechakttypen andererseits. Den höchsten Bekanntheitsgrad hat wohl Austins Einteilung der Vielfalt alltäglichen Sprechens in die drei Äußerungskomponenten von lokutionärem, illokutionärem und perlokutionärem Akt erreicht. Kommunikationswissenschaftlich steht demnach ein Begriffs- und Analyseinventar zur Verfügung, mit dem sowohl Gelingensbedingungen bzw. Irrtümer verbaler Kommunikation als auch Zusammenhänge zwischen Sprechhandlungen und kulturellen Konventionen sowie schließlich empirische Sprechaktklassen erkannt und bestimmt werden können.

Weiterhin ist das methodologische Programm Austins hervorzuheben, dem ebenfalls besondere Relevanz für kommunikationswissenschaftliche Forschungsabsichten zukommt. Im Kern betreibt er sprachanalytische Philosophie als *linguistische Phänomenologie*. Diesen Ansatz führt Austin selbst wie folgt aus:

"When we examine what we should say when, what words we should use in what situations, we are looking again not *merely* at words [...] but also at the realities we use the words to talk about" (1970[2]b: 182). Und weiter: "First, words are our tools, and, as a minimum, we should use clean tools: we should know what we mean and what we do not, and we must forearm ourselves against the traps that language sets us. Secondly, words are not [...] facts or things: we need therefore to prise them off the world, to hold them apart from and against it, so that we can realize their inadequacies and arbitrariness, and can relook at the world without blinkers." (1970[2]b: 181f.)

Austins philosophische Grundüberlegung bei der Sondierung und Erklärung von handlungsleitenden menschlichen Problemen ist die Frage, wie die im Zusammenhang mit einem Problem relevanten Wörter in konkreten Situationen gebraucht werden. Die Umgangssprache und der alltägliche Hintergrund von konkreten Ausdrucksvarianten werden so zu einem ausgezeichneten Medium der philosophischen Reflexion. Der phänomenologische Aspekt der Methode verdeutlicht zudem, dass es Austin nicht nur um die sprachliche Analyse, nicht allein um Worte und ihre Bedeutung geht, sondern auch um die bezeichneten Phänomene selbst. Philosophische Sprachanalyse in diesem Sinne verfolgt also neben der Erfassung sprachlicher Strukturen zugleich eine vertiefte Einsicht in die Struktur unserer Wirklichkeit.

Die Methode der *linguistischen Phänomenologie* (vgl. umfassend DiGiovanna 1989) hat im Wesentlichen drei Funktionen: Eine erste *klärende Funktion* besteht darin, durch die Analyse unseres alltäglichen Sprachgebrauchs die Verwendung zentraler Begriffe zu klären und die zu Grunde liegenden Differenzierungen zu verstehen. Die *kritische Funktion* soll bestehende philosophische Verwirrungen so weit 'zuspitzen', dass sie sozusagen auf den Boden der Tatsachen zurückgebracht werden. Die *heuristische Funktion* schließlich besteht darin, von den subtilen Unterscheidungen unserer alltäglichen Sprachverwendung aus philosophische Hypothesen zu entwickeln, die dann an anderen Argumenten nachzuprüfen sind.

Des Weiteren impliziert die *linguistische Phänomenologie* die Auseinandersetzung mit Anomalitäten, um prägnant das herauszuarbeiten, was wir als Normalfall erfahren: "the abnormal will throw light on the normal, will help us to penetrate the blinding veil of ease and obviousness that hides the mechanisms of the natural successful act." (Austin 1970[2]b: 180)

Dies ist eine methodische Vorgehensweise, die auch in vielen sozialwissenschaftlichen Ansätzen zum Tragen kommt: Richte als Beobachter die Aufmerksamkeit zuerst auf das Anomale und Problematische, dann und dadurch wird das um so deutlicher, was als das Selbstverständliche und Erwartbare gilt. Diese Vorgehensweise bringt Austin vor allem in "Zur Theorie der Sprechakte" (1979[2]) zum Einsatz, wenn er Fehlanwendungen und Missbräuche von Äußerungen sammelt, um sodann kontrastierend festzuhalten, welche notwendigen Bedingungen bestimmten Äußerungen zu Grunde

Vorlesung, die Austin von 1952 bis 1954 in Oxford unter dem Titel "Words and Deeds" hält und vor allem 1955 in der William James Lecture an der Universität von Harvard, deren Vorlesungsmanuskript im Wesentlichen die Grundlage für die Veröffentlichung bildet. Austin hat hauptsächlich in drei philosophischen Disziplinen gearbeitet: in der Sprachphilosophie, in der Philosophie des menschlichen Handelns und in der Erkenntnistheorie. Auch wenn nach seinem Tode die Oxforder Schule der sprachanalytischen Philosophie schnell an Bedeutung verloren hat, so hat Austins Schriftennachlass doch nachhaltigen Einfluss auf die Entwicklung der Sprechakttheorie in der Sprachphilosophie und der Linguistischen Pragmatik sowie auf die analytische Handlungstheorie ausgeübt. Systematische Fortsetzungen werden von Herbert Paul Grice (1913-1990), Peter Frederick Strawson (*1919), John Rogers Searle (*1932) oder auch Donald Davidson (*1917) unternommen.

liegen müssen, damit sie als geglückt beschrieben werden können.

3.2.2 Konstative versus performative Äußerungen

In der Sprachphilosophie und -wissenschaft wird häufig der Phänomenologe und Rechtsphilosoph Adolf Reinach (vgl. 1989) vergessen, der bereits 1913 im Rahmen seiner Theorie sozialer Akte einen systematischen Ansatz verschiedener Sprechakte entwickelt und explizit darauf hingewiesen hat, dass Bitten, Befehlen, Versprechen, Feststellen etc. in den Bereich der (sozialen) Handlungen gehören.

Austin hat als einer der ersten Philosophen die Forderung nach einer Theorie sprachlicher Handlungen aufgestellt. Sprachliche Äußerungen seien weder ausschließlich noch hauptsächlich (wahrheitsfähige) Aussagen über Sachverhalte und Beschreibungen der Welt, sondern zum großen Teil besondere Handlungsformen. Und deswegen zielt Austin auf eine umfassende Systematisierung und Katalogisierung verbaler Äußerungen in Analogie zu menschlichen Handlungsmustern ab, um die sich seines Erachtens noch niemand gekümmert hat (vgl. 1979[2]: 25).

"Was wir brauchen ist, so scheint mir, eine neue Theorie, die vollständig und allgemein darlegt, *was man tut, wenn man etwas sagt*, und zwar in allen Sinnvarianten dieses mehrdeutigen Ausdrucks; es müßte eine Theorie der 'Sprachhandlung' in ihrer Gesamtheit sein, die nicht bloß den einen oder anderen Aspekt erfaßt und von den übrigen absieht." (Austin 1968: 153)

Die frühe sprechakttheoretische Ausgangsunterscheidung lautet: *Konstativa* versus *Performativa*. Die Funktion von konstativen bzw. konstatierenden Äußerungen besteht darin, mit Hilfe der Sprache *etwas zu sagen*; jene von performativen Äußerungen, mit Hilfe der Sprache *etwas zu tun*. Konstative Äußerungen sind Austins Oberbegriff für alle verschiedenen kognitiven und deskriptiven Aussagen (vgl. dazu auch Austin 1970[2]a mit seiner frühen Studie "How to Talk"), also etwa: Beschreiben, Feststellen, Berichten, Bezeugen etc. All diese Formen sind wahrheitsfähige Aussageakte, deren Inhalt also verifizierbar bzw. falsifizierbar ist.

Viel interessanter sind für Austin aber die performativen Äußerungen. Sie teilen mit den Konstativa zwar das grammatische Merkmal der ersten Person Singular und des Indikativ Präsens Aktiv, lassen sich ansonsten aber nicht in diese Kategorien einordnen. Zuerst fällt auf, dass sie weder reine Aussagen sind noch der Logik von wahr/falsch folgen.

"A. Sie beschreiben, berichten, behaupten überhaupt nichts; sie sind nicht wahr oder falsch; B. das Äußern des Satzes ist, jedenfalls teilweise, das Vollziehen einer Handlung, die man ihrerseits *gewöhnlich* nicht als 'etwas sagen' kennzeichnen würde." (Austin 1979[2]: 28)

Performative und konstative Äußerungen verhalten sich zueinander wie das Unterschreiben eines Vertrages (Handlungsvollzug) zur Mitteilung, einen Vertrag unterschrieben zu haben (Bericht, Beschreibung). Wenn 'etwas sagen' im Falle performativer Äußerungen meint: 'etwas tun', dann kann dies noch genauer differenziert werden in zwei Modi: Wir handeln einerseits *dadurch, dass* wir etwas sagen, und andererseits, *indem* wir etwas sagen. Typische Beispiele für performative Äußerungen sind: Grußformen, Hochzeits- und Taufzeremonien, Versprechungen und Wetten. Das Schließen der Ehe vollzieht sich, indem zwei Partner auf dem Standesamt oder vor einem Pfarrer sich explizit das 'Jawort' geben, also hörbar "Ja" sagen – alle weiteren Äußerungen ihrerseits sind für den konkreten Vollzug prinzipiell irrelevant.

Neben der Äußerung an sich bedarf es für den erfolgreichen Vollzug allerdings adäquater Vorbedingungen und einer stimmigen Peripherie. Nicht die Wahrheitsfähigkeit ist damit ihr ergänzendes und bestätigendes Kriterium, sondern richtige Anwendung, Ernsthaftigkeit und notwendige Begleitumstände bzw. Anschlusshandlungen. Sollte eines dieser Kriterien fehlen, ist der performative Akt nichtig, unwirksam, unehrlich oder nicht vollzogen. In diesem Kontext verweist Austin auf folgende notwendige Bedingungen sowie auf mögliche Unglücksfälle:

"(A.1) Es muß ein übliches konventionales Verfahren mit einem bestimmten konventionalen Ergebnis geben; zu dem das Verfahren gehört, daß bestimmte Personen unter bestimmten Umständen bestimmte Wörter äußern.
(A.2) Die betroffenen Personen und Umstände müssen im gegebenen Fall für die Berufung auf das besondere Verfahren passen, auf welches man sich beruft.
(B.1) Alle Beteiligten müssen das Verfahren korrekt
(B.2) und vollständig durchführen.
(Γ.1) Wenn, wie oft, das Verfahren für Leute gedacht ist, die bestimmte Meinungen oder Gefühle haben, oder

www.kowi.uni-essen.de/ koloss/themen/austin/ bootstaufe.htm

wenn es der Festlegung eines der Teilnehmer auf ein bestimmtes späteres Verfahren dient, dann muß, wer am Verfahren teilnimmt und sich so darauf beruft, diese Meinungen und Gefühle wirklich haben, und die Teilnehmer müssen die Absicht haben, sich so und nicht anders zu verhalten,

(Γ.2) und sie müssen sich dann auch so verhalten." (1979[2]: 37)

Schema der *Unglücksfälle* (Austin 1979[2]: 37; vgl. auch 1968: 141f.; zur Diskussion siehe: Savigny 1993: 137f., 144f. und 147ff.):

A,B Versager (Die unternommene Handlung kommt nicht zustande.)				Γ Missbräuche (Die Handlung kommt zustande, ist aber unehrlich.)	
A Fehlberufung (Die Handlung kommt nicht in Frage.)		B Fehlausführung (Die Handlung wird verdorben.)			
A.1 ?	A.2 Fehlanwendung	B.1 Trübung	B.2 Lücke	Γ.1 Unredlichkeit	Γ.2 ?

Explizite versus *primäre* performative Äußerungen

Die Leitdifferenz für performative Äußerungen ist: geglückt/nicht-geglückt. In einer weiteren Analyse unterscheidet Austin *explizit* performative Äußerungen von impliziten bzw. *primären* (vgl. 1979[2]: 89ff.). Die erste Variante tritt in der typischen Form auf: "Ich *x*-e, dass *y*", wobei für *x* ein performatives Verb eingesetzt wird, wie: verspreche, wette, befehle etc. Explizit performative Äußerungen scheinen der Normalfall und vermittels der offensichtlichen Verbform klar von konstativen Äußerungen abgrenzbar zu sein. Im alltäglichen Gebrauch treten Performativa jedoch sehr häufig in anderer Form, aber mit identischer Funktion auf. Es fehlt zum Beispiel das explizite Verb: "Hund!" (Statt: "Ich warne dich hiermit vor dem bissigen Hund.") "Ich werde morgen pünktlich kommen." (Statt: "Ich verspreche, morgen pünktlich zu kommen.") Oder die Grammatik ist verändert: "Alle Studierenden werden angewiesen, sich auf den Campus zu begeben, wenn der Feueralarm ertönt." (Statt: Ich befehle hiermit, dass alle Studenten ...")

Primär sind solche Äußerungen deswegen zu nennen, weil sie im Verlauf der Sprachentwicklung früher als die expliziten entstanden sind und deren Form beeinflusst haben. Für das Sprachverstehen und Verständigungshandeln haben explizit performative Äußerungen, gerade weil sie nicht in eine 'Reinform' übersetzt oder auf diese hin erweitert werden müssen, einen gewichtigen Vorteil:

"Je genauer man sich in einer Sprache ausdrücken kann, desto klarer kommt heraus, was gesagt wird – die *Bedeutung [meaning]* der Äußerung; je expliziter in unserem Sinne man sich ausdrücken kann, desto klarer kommt die *Rolle* der Äußerung heraus – 'als was sie aufzufassen ist'." (Austin 1979²: 93)

In formaler bzw. grammatikalischer Hinsicht sind für die erste Person Singular Indikativ Präsens Aktiv folgende sechs Sprachmittel in primären performativen Äußerungen funktional äquivalent (vgl. Austin 1979²: 93ff.): Modus, Betonung, Adverbien, Konjunktionen, begleitendes Sprecherverhalten, Umstände der Äußerungssituation.

Austin schlägt nun vier Testphasen vor (vgl. 1979²: 99f. und 102f.), um die explizit performativen Äußerungen a) von den primär performativen und den *deskriptiven* abzugrenzen; b) von den *konduktiven* abzugrenzen, die als Sonderform von performativen Äußerungen auf Konventionen beruhen und gegenüber den Gesprächspartnern Einstellungen bzw. Gefühle ausdrücken; c) von den *expositiv performativen* Äußerungen abzugrenzen, die der Grammatik nach konstativ scheinen, aber durch die Verwendung eines performativen Verbs im ganzen Zusammenhang performativ wirken. Erstens wäre deswegen zu fragen, ob der Sprecher die Handlung auch wirklich getan hat; zweitens, ob der Sprecher die Handlung auch ohne die performative Wirkung hätte vollziehen können; drittens, ob der Sprecher die Handlung absichtlich tun könnte bzw. bereit sein könnte, sie zu tun; und viertens, ob die Äußerung im strengen Sinne falsch, also mehr als nur unredlich oder unehrlich sein kann.

"Wenn eine Äußerung überhaupt performativ ist, dann muß man sie durch Reduktion, Ausweitung oder sonstige Analyse auf eine Form bringen können, in der sie ein Verb in der ersten Person Singular Indikativ Präsens Aktiv enthält." (Austin 1979²: 81f.)

Als Erkennungsregel für uneindeutige immanent sprachliche Handlungsvollzüge im Sinne performativer Verwendung schlägt Austin entweder den Zusatz "dadurch, dass ..." oder "hiermit ..." vor.

Verschiedene Äußerungskonstruktionen zeigen aber nach alledem, dass sie weder durch die vier Testphasen eindeutig zu klassifizieren und gegeneinander abgrenzbar sind noch ausschließlich dem Hauptschema konstativ/performativ folgen. Des Weiteren können trotz ihrer Formeindeutigkeit sowohl performative Äußerungen manchmal wahr/falsch als auch konstative Äußerungen manchmal gelungen/misslungen sein. Insbesondere absurde Äußerungen – "Die Kinder von Jesus Christus haben Glatzen." Oder: "Das Buch liegt auf dem Tisch, aber ich glaube nicht, dass es dort ist." – bieten weder rein verbale Kriterien zur Unterscheidung zwischen performativ und konstativ, noch folgen sie einem exklusiven Leitschema von wahr/falsch, geglückt/missglückt oder aufrichtig/unaufrichtig.

Dies führt Austin zur Revision seines sprachphilosophischen Ansatzes (vgl. 1970²c: 250f. und 1979²: 109f.), da die Ausgangsfrage, in welcher Weise Sagen und Tun miteinander korrelieren, nicht zureichend beantwortbar ist. Es ließ sich gerade für performative Typen kein exklusives grammatikalisches Kriterium finden. Und in letzter Konsequenz sind auch Konstativa als Äußerungshandlungen zu betrachten. Dementsprechend zielt der theoretische Neuansatz nicht mehr auf die Relation, *wie* jemand etwas sagt, wenn er etwas tut (performativ), sondern auf den umfassenderen Zusammenhang: *was* jemand sagt, wenn er etwas tut, und *was* jemand tut, wenn er etwas sagt. Im ersten Fall von 'etwas sagen/etwas tun' kommen wir zur Unterscheidung zwischen illokutionärem und perlokutionärem Sprechakt. Im zweiten Fall von 'etwas tun/etwas sagen' treffen wir auf die immanente Einteilung des lokutionären Sprechaktes in phonetisches, phatisches und rhetisches Handeln. Diese Aspekte bilden zusammen Austins neuen Ansatz einer allgemeinen Theorie der Sprechakte.

www.kowi.uni-essen.de/
koloss/themen/austin/
sprachaspekte.htm

"Was wir brauchen, ist wohl eine allgemeinere Theorie dieser *Sprachhandlungen*; und in einer solchen Theorie wird unser Gegensatz zwischen performativen und konstatierenden Äußerungen allerdings kaum erhalten bleiben." (Austin 1968: 150)

3.2.3 Eine allgemeine Theorie der Sprechakte

Seine allgemeine Sprechakttheorie hat Austin systematisch in der 8.-12. (als Mitschrift vorliegenden) Vorlesung von "How to do things with words" entwickelt. Am Ausgangspunkt steht die grundsätzliche Überlegung: "was es alles bedeuten kann, daß etwas Sagen etwas Tun heißt; daß man etwas tut, *indem* man etwas sagt; ja daß man *dadurch, daß* man etwas sagt, etwas tut." (Austin 1979[2]: 112) Generell sind, wie schon erwähnt, in jeder Äußerung drei Dimensionen zu unterscheiden, weist jeder sinnhafte menschliche Gebrauch von Sprache drei verschiedene Handlungsformen auf: die lokutionäre, illokutionäre und perlokutionäre.

Das soll zunächst an drei Beispielen verdeutlicht werden. Lokutionärer Akt (phatisch): "Ich werde dich mit allen Kräften unterstützen." Lokutionärer Akt (rhetisch): "Er sagte zu seiner verwitweten Mutter, *dass* er sie mit allen Kräften unterstützen werde." Illokutionärer Akt (direkt): "Ich habe meiner Mutter am Grab Trost gespendet, *indem* ich ihr meine volle Unterstützung ausgesprochen habe." Illokutionärer Akt (im indirekten, berichtenden Vollzug): "Indem er gesagt hat: 'Ich werde dich mit allen Kräften unterstützen', hat er seiner verwitweten Mutter am Grab Trost gespendet." Perlokutionärer Akt (direkt): "Ich habe meine Mutter *dadurch* am Grab beruhigt, *dass* ich ihr meine volle Unterstützung ausgesprochen habe." Perlokutionärer Akt (im indirekten, berichtenden Vollzug): "Dadurch, dass er gesagt hat: 'Ich werde dich mit allen Kräften unterstützen', hat er seine verwitwete Mutter am Grab beruhigt."

1) Die Einheit des lokutionären Aktes spezifiziert Austin in einen phonetischen, einen phatischen und einen rhetischen Akt. Der phonetische Akt betrifft allein das Hervorbringen und Entäußern gewisser Geräusche und Laute; das Geäußerte heißt dabei *Phon*. Der phatische Akt bezieht sich auf das Äußern jener Laute in einer bestimmten Gestalt und Kombinationsordnung, also typisch: Wortverwendung. Wörter werden einem gelernten, mit anderen geteilten Vokabular entnommen, nach grammatischen Regeln aneinander gereiht und mit einer bestimmten Intonation versehen; das so Geäußerte heißt *Phem*.

Ideale Einheit des Sprechaktes:
sagen - handeln - bewirken

"Das Phem ist eine Einheit der *Sprache* (langue) sein typischer Fehler ist, sinnlos zu sein. Das Rhem dagegen ist eine Einheit der *Rede* (parole); sein typischer Fehler ist, vage, leer, unklar und so weiter zu sein." (Austin 1979[2]: 112f.)

"Um einen phatischen Akt zu vollziehen, muß ich offensichtlich einen phonetischen vollziehen, oder [...]: ich vollziehe den einen, indem ich den anderen vollziehe." (Austin 1979[2]: 113)

Sofern mit Vokabeln und Grammatik etwas Festgelegtes und Bestimmtes ausgesagt wird, wird der rhetische Akt vollzogen; das Geäußerte heißt dann *Rhem*. Der rhetische Akt legt das phatisch Geäußerte in seiner Bedeutung ('meaning') fest und zeigt so, von welchem Sachverhalt was ausgesagt wird. Im Nachhinein wird dazu normalerweise die Form der indirekten Rede benutzt. In gewisser Weise ist dem lokutionären Akt dahingehend eine Hierarchie immanent, dass jemand Laute ohne Bedeutung oder ohne erkennbare Ordnungslogik fabrizieren kann, aber nicht Bedeutung durch Sprache vermitteln kann, ohne dazu Vokabeln, Grammatik und eine adäquate Intonation zu verwenden. Für Austin (vgl. 1979[2]: 115) ist es in diesem Kontext offensichtlich, dass wir einen phatischen Akt ohne einen rhetischen vollziehen können, aber keineswegs umgekehrt, da wir nicht über etwas sprechen können, ohne es zu benennen.

"Einen lokutionären Akt vollziehen heißt im allgemeinen auch und eo ipso einen *illokutionären [illocutionary]* Akt vollziehen" (Austin 1979[2]: 116).

2) Wenn wir sprechen, wird ein lokutionärer Akt immer in einer bestimmten Weise und vor einem entsprechenden Hintergrund vollzogen. Abgesehen davon, dass wir beim Äußern von etwas die Sprache gebrauchen, stellt Austin fest, dass es einen Unterschied macht, *wie* wir sie gebrauchen und welche Funktion der Sprache dabei zur Geltung kommt oder kommen soll. Ein Akt, den jemand vollzieht, *indem* er etwas sagt, im Unterschied dazu, *dass* er etwas sagt, "soll 'Illokution' heißen, und die Theorie der verschiedenen Funktionen, die die Sprache unter diesem Aspekt haben kann, nenne ich die Theorie der 'illokutionären Rollen' [illocutionary forces]." (Austin 1979[2]: 117) Austin interessiert sich für die *Rolle* und das *illokutionäre Gewicht* einer Äußerung, die diese neben der Bedeutung besitzt. Über das Verstehen der Bedeutung einer Äußerung hinaus ist es schließlich im raumzeitlichen Zusammenhang und im sozialen Kontext relevant, ob das Gesagte aktuell als Feststellung, Beurteilung, Aufforderung, Frage etc. aufzugreifen war. Von daher ließe sich die illokutionäre Kraft einer Äußerung auch als ihre *kommunikative Funktion* bezeichnen. Die illokutionäre Rolle einer Äußerung

korreliert je nach Hintergrund und Umständen mit Konventionen, der illokutionäre Akt selbst ist eine konventionale Handlung (vgl. Austin 1979[2]: 121f.).

3) Zu den beiden bisherigen Sprechakttypen stellt Austin einen dritten, mit dem eine weitere Handlung vollzogen wird. Dieser ist aber weder an das Gesagte und seine Bedeutung noch seine Rolle und kommunikative Funktion gebunden, sondern auf die Wirkungen bezogen, die seitens des Sprechers auf die Anwesenden ausgeübt werden. Ein solcher sprachlicher Handlungsvollzug heißt *Perlokution.* Ein perlokutionärer Akt wird vollzogen, *dadurch, dass* jemand etwas sagt.

"Wenn etwas gesagt wird, dann wird das oft, ja gewöhnlich, gewisse Wirkungen auf die Gefühle, Gedanken oder Handlungen des oder der Hörer, des Sprechers oder anderer Personen haben; und die Äußerung kann mit dem Plan, in der Absicht, zu dem Zweck getan worden sein, die Wirkungen hervorzubringen. Wenn wir das im Auge haben, dann können wir den Sprecher als Täter einer Handlung bezeichnen, in deren Namen der lokutionäre und der illokutionäre Akt nur indirekt [...] oder überhaupt nicht [...] vorkommen." (Austin 1979[2]: 118f.)

Es ist für den perlokutionären Akt wesentlich, dass eine Äußerung kausal eine Wirkung bzw. Folge auslöst. Deswegen lautet die perlokutionäre Formel auch: "Dadurch, daß er B-te, C-te er." (Austin 1979[2]: 125) Die Wirkung zeigt sich etwa darin, dass der Hörer eine bestimmte innere Einstellung einnimmt oder verändert oder im direkten Anschluss eine sprecherintendierte Handlung realisiert. Selbstredend kann die beabsichtigte Wirkung auch nicht eintreten oder missverstanden werden, wie auch eine Wirkung unbeabsichtigt eintreten kann (vgl. Austin 1979[2]: 123). Im ersten Fall handelt es sich um die Unterscheidung zwischen Versuch und Vollendung; im zweiten Fall werden sprachliche Hilfsmittel zur Distanzierung des Sprechers von seiner Wirkung eingesetzt (z. B. "unabsichtlich", "das wollte ich nicht", "Entschuldigung, aber das lag nicht in meinem Interesse").

Je für sich sind diese drei Akte bloße Abstraktionen und analytische Unterscheidungen. Im Sprechen werden sie zusammen, teilweise simultan und teilweise rückbezüglich, ausgeführt und sind dementsprechend

Beispiel von Austin (1979[2]: 119) für die drei Sprechakttypen:
1) "Das kannst du nicht tun!" (*Lokution*)
2) Er hat dagegen protestiert, dass ich das täte. (*Illokution*)
3) Er hat mir Einhalt geboten. Oder: Er hat mich davon abgehalten, mich zur Besinnung gebracht, mich gestört. (*Perlokution*)

verschiedene Beschreibungsaspekte ein und derselben Äußerungshandlung. Ein Sprecher sagt zunächst etwas (lokutionär), meint damit unter Bezug auf Konventionen etwas Bestimmtes, indem er diese Äußerung verwendet (illokutionär), und löst sprachlich einen bestimmten Effekt beim Hörer und im gemeinsamen sozialen Kontext dadurch aus, dass er dies gesagt hat (perlokutionär). Wir können damit in jedem Sprechakt die Äußerung selbst und ihre Bedeutung, ihre Rolle bzw. Kraft sowie ihre Wirkung gesondert betrachten.

In weiteren Überlegungen behandelt Austin das Verhältnis zwischen Illokutionen und Perlokutionen eingehender: "Wir müssen also zwischen der Handlung (hier dem illokutionären Akt) und ihren Folgen eine Grenze ziehen." (1979[2]: 128) Dabei scheint ihm aber die Unterscheidung zwischen Bedeutung und Wirkung nicht hinreichend. Es zeigt sich nämlich, dass auch illokutionäre Akte mit Folgen und Wirkungen verbunden sind, die nicht unwesentlich für ihren geglückten Vollzug relevant sind. In einem ersten Schritt hält Austin sodann fest, dass Illokutionen Folgen nach sich ziehen und teilweise hervorbringen können (aber nicht müssen) sowie mit Wirkungen verknüpft sind, während Perlokutionen ihr Ziel ausschließlich erreichen, wenn sie Wirkungen auslösen. Speziell für Illokutionen beschreibt Austin das folgende – kommunikativ notwendige und allgemein einleuchtende – Wirkungsverhältnis:

"Im allgemeinen besteht die Wirkung darin, daß Bedeutung und Rolle der Äußerung verstanden werden. Zum Vollzug eines illokutionären Aktes gehört daher, daß man *verstanden* wird. [...] Der illokutionäre Akt 'hat Folgen', 'hat Ergebnisse', 'wird wirksam', jedoch in einer Weise, die mit dem Hervorbringen von Folgen oder Wirkungen im 'normalen' Sinne, also dem Schaffen von Sachverhalten in der Natur, Veränderungen im Ablauf der Ereignisse, nichts zu tun hat. [...] Wir haben gesagt, daß viele illokutionäre Akte kraft Konvention zu einer Antwort oder Reaktion auffordern. So erfordert die Aufforderung als Antwort das Gehorchen, ein Versprechen als Antwort die Erfüllung." (1979[2]: 133) Und Austin hält zusammenfassend fest: "Damit sind illokutionäre Akte auf dreierlei Art mit Wirkungen verknüpft: das Verständnis sichern, wirksam sein und zu einer

Jeder überlege sich, wie etwa "Die Herdplatte ist heiß." je nach sozialem Zusammenhang, Konventionen, Absichten des Sprechers oder auch nicht-intendierten Nebenfolgen unterschiedlich illokutionär und perlokutionär zu klassifizieren sein kann; rekonstruierende Beschreibungen würden mindestens festhalten: Feststellung, Ermahnung, Warnung, Erzeugung von Aufmerksamkeit mit anschließendem Distanzverhalten z. B. eines Kleinkindes, Kritik an der Person, die den Herd nicht abgeschaltet hat, etc.

Antwort auffordern; und diese unterscheiden sich allesamt vom Hervorbringen von Wirkungen, wie es für den perlokutionären Akt charakteristisch ist. Der perlokutionäre Akt besteht entweder darin, daß ein perlokutionäres Ziel erreicht (überzeugen, überreden) oder ein perlokutionäres Nachspiel erzeugt wird." (1979[2]: 134)

Weiterhin ist in den meisten Fällen zu konstatieren, dass perlokutionäre Akte auch durch außersprachliche Mittel vollzogen werden. Illokutionäre Akte hingegen sind immer auf sprachliche Mittel des Vokabulars, der Grammatik und der Intonation angewiesen. Ein weiteres Unterscheidungskriterium liegt darin, dass illokutionäre Akte notwendig konventionell sind, perlokutionäre jedoch nicht und deswegen zumeist unbestimmt sind. Dies liegt auch daran, dass perlokutionäre Akte nicht explizit performativ vollzogen werden können. Ein Sprecher kann sagen: "Ich warne dich hiermit ..." oder "Ich verspreche dir hiermit ..." Aber keinesfalls kann er analog äußern: "Ich überrede dich dazu, dass ..." oder "Ich erschrecke dich dadurch, dass ..." Zuletzt dient bei fraglichen Fällen die Transformation der Äußerung in eine *normierte Form* zur Unterscheidung zwischen Illokution und Perlokution (vgl. Austin 1979[2]: 134).

Ein Sprechakt ist dann eindeutig als illokutionärer zu erkennen, wenn er entweder in die Berichtform "Indem er A gesagt hat, hat er ge-B-t" oder "Damit, dass er A gesagt hat, hat er ge-B-t" gebracht werden kann. Ein eindeutig perlokutionärer Bericht hat dagegen die Form: "Dadurch, dass er A gesagt hat, hat er ge-B-t." Es sei noch einmal daran erinnert, dass sich die Illokution im gelungenen Äußerungsakt erschöpft und die verstandene Äußerung ihr Ziel ist, während die Perlokution ein zusätzliches, inhaltlich meist expliziertes Ziel verfolgt, auf dessen Gelingen bzw. Annahme aus ist und folglich von bestimmten Rahmenbedingungen abhängt. In diesem Sinne ergänzt Austin (vgl. 1979[2]: 147), dass perlokutionäre Akte im Zweifelsfall auch an Hand sinnvoller sprachlicher Zusätze überprüft werden können. Dazu dient etwa die Redeform "Es hätte nicht zu klappen brauchen" und "Das hätte mit der Äußerung auch misslingen können". In der Anwendung ließe sich folgender Bericht konstruieren: "Dadurch, dass er gesagt hat: 'Ich sei ein hinterhältiger Bastard', hat er mich

In Erinnerung an die Unglücksfälle von performativen Äußerungen lässt sich auch für illokutionäre Akte, bei allen Vorschlägen Austins bezüglich der zureichenden Prüfung, folgendes analytisches Problem festhalten: "Man wird bisweilen vor der schwierigen Entscheidung stehen, ob der Sprecher mit seiner Äußerung einen primären illokutionären Akt fehlerhaft unternommen oder ob er einen anderen korrekt vollzogen hat. Denn die Tatsache, daß die Äußerung als Akt A fehlerhaft wäre, kann einer der Umstände sein, die dafür sprechen, daß sie nicht Akt A, sondern Akt B ist." (Savigny 1993: 145)

zutiefst getroffen." Und die überprüfende Ergänzung lautet: "Bei meiner Kaltblütigkeit hätte dies aber auch misslingen können." Auf alle Fälle wäre aber mit dieser Äußerung ein illokutionärer Akt vollzogen worden. Denn *indem* er "Du hinterhältiger Bastard!" gesagt hat, hat er mich beleidigt.

Mit Habermas wollen wir die sprachphilosophische (und kommunikationstheoretische) Diskussion um die analytische Trennung zwischen illokutionären und perlokutionären Akten pointiert zusammenfassen und abblenden: "Das illokutionäre Ziel, das ein Sprecher mit einer Äußerung verfolgt, geht aus der für Sprechhandlungen konstitutiven Bedeutung des Gesagten selbst hervor; Sprechakte sind in diesem Sinne selbstidentifizierend. Der Sprecher gibt mit Hilfe des illokutionären Aktes zu erkennen, daß er, was er sagt, als Gruß, Befehl, Ermahnung, Erklärung usw. verstanden wissen will. Seine kommunikative Absicht erschöpft sich darin, daß der Hörer den manifesten Gehalt der Sprechhandlung verstehen soll. Hingegen geht das perlokutionäre Ziel eines Sprechers, wie die mit zielgerichteten Handlungen verfolgten Zwecke überhaupt, aus dem manifesten Gehalt der Sprechhandlung nicht hervor; dieses Ziel kann nur über die Intention des Handelnden erschlossen werden. So wenig beispielsweise ein Beobachter, der einen Bekannten über die Straße eilen sieht, erkennt, warum dieser sich so beeilt, so wenig kann ein Hörer, der eine an ihn gerichtete Aufforderung versteht, damit schon wissen, was der Sprecher, indem er das äußert, *sonst noch* bezweckt. Der Adressat könnte perlokutionäre Ziele des Sprechers allenfalls aus dem Kontext erschließen." (1981: 390f.)

Zumeist stellt Austin bei der Untersuchung dessen, was wir tun, wenn wir sprechen, den illokutionären Akt bzw. die illokutionäre Kraft einer Äußerung in der Vordergrund. Im Sinne einer Feldforschung versucht er abschließend, in der Orientierung an performativen Verben eine Typologie von Sprechhandlungen aufzustellen. Diese Auflistung verschiedener illokutionärer Rollen soll in differenzierter Weise – die Austin selbst aber nur vorläufig brauchbar erscheint (vgl. 1979[2]: 168) – zeigen, welcher illokutionäre Akt aktuell mit welcher Bedeutung bzw. Verständigungsabsicht vollzogen wird. Der alltägliche Sprachgebrauch wird dahingehend ge-

www.kowi.uni-essen.de/
koloss/themen/austin/
sprachklassen.htm

ordnet, dass eine Äußerung idealtypisch entweder *verdiktiv* als Urteil, *exerzitiv* als Macht- bzw. Rechtausübung, *kommissiv* als Verpflichtung, *konduktiv* als gesellschaftliche Einstellung bzw. ritualisiertes Verhalten oder schließlich *expositiv* als Verdeutlichung bzw. Begründung fungiert und vom Sprecher in jeweils dieser Bedeutungsauslegung vollzogen wurde.

1) "Verdiktive Äußerungen bestehen darin, daß über Werte oder über Tatsachen (soweit sie unterscheidbar sind) auf Grund von Beweismaterial oder Argumenten ein amtliches oder nichtamtliches Urteil abgegeben wird." (Austin 1979²: 171) Diese Äußerungsklasse hängt unmittelbar mit den Kriterien von wahr/falsch zusammen und wird exemplarisch von folgenden Verben vertreten: deuten, (be-)urteilen, diagnostizieren, einschätzen, bewerten und entscheiden.

2) "Eine exerzitive Äußerung besteht darin, daß man für oder gegen ein bestimmtes Verhalten entscheidet oder spricht. Sie ist eine Entscheidung, daß etwas so und so sein solle, und kein Urteil, es sei so; sie ist Befürwortung im Unterschied zur Berechnung; sie ist Strafausspruch im Unterschied zum Schuldspruch." (Austin 1979²: 173) Diese Äußerungsklasse ist in ihrer illokutionären Kraft maßgeblich durch Autorität, Macht und Einfluss charakterisiert, was andere auf die Zukunft hin verpflichtet oder zwingt, ein bestimmtes Verhalten einzunehmen. Typische Verben sind: verbieten, anweisen, befehlen, warnen, bitten, tadeln, widmen, fordern und bestellen.

3) "Der Sinn der kommissiven Äußerung ist, den Sprecher auf ein bestimmtes Verhalten festzulegen." (Austin 1979²: 176) Während exerzitive Äußerungen maßgeblich den Adressaten auf ein bestimmtes zukünftiges Verhalten festlegen, übernimmt bei kommissiven der Sprecher selbst zukünftige Verhaltenseinschränkungen auf Grund bestimmter Erwartungen und Regeln; augenscheinlich ist dieser Sprechakttyp bei: zusagen, versprechen, sich verpflichten, Partei ergreifen, beantragen und Vertrag, Ehe, Wette etc. schließen.

4) "Bei konduktiven Äußerungen geht es um die Reaktion auf das Verhalten und das Schicksal anderer Leute und um Einstellungen sowie den Ausdruck von Einstellungen gegenüber dem vergangenen oder unmittelbar bevorstehenden Verhalten eines anderen."

"Mit der verdiktiven Äußerung macht man Gebrauch von Urteilskraft; mit der exerzitiven setzt man seinen Einfluß durch oder macht von Autorität Gebrauch; mit der kommissiver übernimmt man eine Verpflichtung oder erklärt man eine Absicht; mit der konduktiven nimmt man eine Haltung ein; mit der expositiven erläutert man Argumente, Begründungen und Mitteilungen." (Austin 1979²: 132)

(Austin 1979[2]: 178) Üblicherweise unterstehen sie situativen Rahmenbedingungen, die Aufrichtigkeit verlangen; typisch ist ihre Form als: entschuldigen, bereuen, (beglück-)wünschen, loben, segnen, Beileid aussprechen oder kritisieren.

5) "Expositive Äußerungen haben den Sinn, klarzumachen, wie die Äußerungen zu nehmen sind, mit denen man seine Ansichten darlegt, seine Begründungen durchführt, die Bedeutung der eigenen Worte erklärt." (Austin 1979[2]: 180) Bei ihnen handelt es sich im weiten Sinne um Erläuterungen des Gesagten im Kontext dialogischer Verständigungssituationen; typisch eingeleitet durch: feststellen, behaupten, anmerken, antworten, fragen, versichern, zugestehen, entgegenhalten und bestreiten.

"Ich will hier keinerlei endgültige Vorschläge machen. Die konduktiven Äußerungen machen Schwierigkeiten, weil sie überhaupt zu heterogen aussehen; die expositiven deshalb, weil sie unglaublich zahlreich und wichtig sind, und weil sie einerseits zu den anderen Klassen zu gehören scheinen und andererseits in einer Weise einzigartig sind, die ich mir selbst noch nicht habe klarmachen können. Man könnte mit einigem Grund behaupten, daß all meine Klassen an all diesen Fehlern leiden." (Austin 1979[2]: 170)

Diese Klassifizierung wirft nun aber sowohl hinsichtlich ihrer analytischen Trennung als auch hinsichtlich ihrer empirischen Ausfüllung diverse Schwierigkeiten auf. So begründet Austin etwa selbst in keiner Weise, warum er genau zu dieser und keiner anderen Systematisierung gekommen ist. Weiterhin lässt er offen, ob die vorgelegte Klassifikation *exhaustiv* ist, ob wirklich alle sprachlichen Äußerungen in eine der fünf Kategorien einzuordnen sind. Daneben sind die Klassen dahingehend nicht zureichend definiert, dass sie den Forderungen nach *Distinktheit* und *Disjunktivität* genügen würden. Denn schließlich ist von jedem (Sprechakt-)Theoretiker zu verlangen: "verschiedene Phänomene stets verschiedenen Kategorien bzw. jedes Phänomen höchstens einer Kategorie zuzuordnen" (Habermas 1981: 428). In der Klasse der *exerzitiven* Äußerungen finden sich neben 'Warnen', 'Raten' und 'Bitten' auch 'Verurteilen' und 'sein Veto einlegen', die eher *verdiktiv* sind, sowie 'Verzeihen', das sich mit *konduktiven* Äußerungen überschneidet. Sodann wird bei *expositiven* Äußerungen eine Trennschärfe vermisst zwischen Feststellungsäußerungen (behaupten, beschreiben etc.), die bestimmte Sachverhalte der Welt zur Darstellung bringen, und solchen Äußerungsvarianten, die sich auf die Redeform selbst (fragen, korrigieren, erwidern etc.) oder auf den Vollzug von Operationen beziehen (berechnen, schließen, kategorisieren etc.). Insgesamt sollte der Wert von Austins Sprechakttypologie eher tentativ eingeschätzt werden. In diesem Sinne wäre seine letzte Vorlesung als Vorbereitung einer Systematisierung und Klassifizierung von Sprechhandlungen zu begreifen, die dann von anderen Autoren eine schärfere Fassung erhalten hat.

Abschließend sei aus kommunikationswissenschaftlicher Perspektive eine eigentümliche Selbstbeschränkung der allgemeinen Sprechakttheorie erwähnt. Wenngleich kommunikationstheoretisch mit Austin der Äußerungsakt und seine situativen Gelingensbedingungen einer fundierten und systematischen Betrachtung unterzogen werden können, so ist doch auch eine analytische Verkürzung des Kommunikationsprozesses – jenes originär sozialen Aktes zwischen Ego und Alter Ego – auf den Sprecher festzustellen. Die Verhaltenskoordination, der Verstehensakt oder die Interpretationsleistung des sprachlich Adressierten bzw. der Hörerschaft werden nicht oder nur kursorisch beschrieben, diskutiert und in die Theorie miteinbezogen. An diesem Desiderat haben prominent John R. Searle und Jürgen Habermas (vgl. exemplarisch 1981: 385-439) weitergearbeitet.

Bevor wir Searles sprechakttheoretischen Ansatz in Grundzügen darstellen, wollen wir diesen kommunikationstheoretisch wichtigen Aspekt der Wechselwirkung zwischen Sprecher und Hörer, zwischen Äußerung und Folgen in einer Sprachgemeinschaft ausführlich mit Bezug auf sein Essay "Sprechakte" wiedergeben:

"1. Einen Satz verstehen heißt, seine Bedeutung erkennen. 2. Die Bedeutung eines Satzes ist durch Regeln festgelegt, und diese Regeln bestimmen sowohl die Bedingungen der Äußerung des Satzes wie auch, als was die Äußerung gilt. 3. Einen Satz äußern und ihn meinen stellt einen Sachverhalt dar, der bestimmt ist (a) durch die Intention (I-I), den Zuhörer dazu zu bringen zu erkennen (zu begreifen, zu erfassen), daß bestimmte Sachlagen bestehen, die durch bestimmte Regeln spezifiziert sind, (b) durch die Intention, den Zuhörer dazu zu bringen, diese Dinge dadurch zu erkennen (zu begreifen, zu erfassen), daß man ihn dazu bringt, I-I zu erkennen, und (c) durch die Intention, ihn dazu zu bringen, I-I vermöge seiner Kenntnis der für den geäußerten Satz geltenden Regeln zu erkennen. 4. Der Satz stellt

Searles Kritik an Austins Taxonomie (vgl. 1982: 27ff.): 1) Austin erhebt in seiner Klassifikation illokutionäre Verben statt Arten ilokutionärer Akte; seine Vorgehensweise ist in erster Linie lexikalisch. 2) Austins Klassifikation beruht auf keinem durchgängigen und klaren Prinzip. 3) Zwischen den Kategorien gibt es zu viele Überschneidungen, und in den Kategorien herrscht zuviel Heterogenität.

dann ein konventionelles Mittel zur Erreichung der Absicht dar, einen bestimmten illokutionären Effekt beim Zuhörer hervorzurufen. Wenn ein Sprecher den Satz äußert und ihn meint, so hat er stets die Intentionen (a), (b) und (c). Das Verstehen der Äußerung auf seiten des Zuhörers fällt zusammen mit der Erreichung jener Absichten. Und die Absichten sind allgemein dann erreicht, wenn der Zuhörer den Satz versteht, d. h. dessen Bedeutung erkennt, d. h. die Regeln erkennt, die die Elemente des Satzes bestimmen." (1971: 76f.)

3.2.4 *Eine sprechakttheoretische Fortsetzung:*
John R. Searle

* 31.7.1932 (Denver)

seit 1959 Professor für Philosophie an der University of California in Berkeley

**www.kowi.uni-essen.de/
koloss/themen/searle**

Im Anschluss an Austin fasst auch John Rogers Searle nicht Wörter oder Sätze als fundamentale Einheiten der menschlichen Kommunikation auf, sondern *Sprechakte*. Sprechen begreift er als hochkomplexe Form regelgeleiteten, intentionalen Verhaltens. Von daher entwirft er in seinen sprachphilosophischen Untersuchungen vier Regeltypen – Regel des propositionalen Gehalts, Einleitungsregel, Aufrichtigkeitsregel und wesentliche Regel –, die je einzeln als notwendige und zusammen als hinreichende Bedingungen dafür gelten, dass ein illokutionärer Akt zustande kommt. Diese Regeln sind nicht nur *regulativ* in dem Sinne, dass sie ein von ihnen unabhängiges Verhalten beschreiben; sie sind vielmehr *konstitutiv* für den Vollzug sprachlicher Handlungen, da Sprechakte nicht ohne Bezug auf diese Regeln realisiert und analysiert werden können. Diesen grundlegenden sprechakttheoretischen Ansatz hat Searle in mehreren Stufen verfeinert und systematisiert. So entwickelt er schließlich auf dieser Basis eine *Taxonomie illokutionärer Akte*, die großen Einfluss auf die Linguistik und benachbarte Wissenschaften hatte, sowie die *Netzwerk-Hintergrund-Hypothese* als Grundlage einer intentionalistischen Bedeutungstheorie.

In seinen späteren Studien beschäftigt er sich zunehmend mit den Voraussetzungen von Sprache selbst: mit Intentionalität und Bewusstsein. Er versucht dabei, die Sprachphilosophie bewusstseinsphilosophisch zu fundieren, insbesondere mit einer *Theorie intrinsischer Intentionalität*, in der das Repräsentationsvermögen von

Sprechakten auf die allgemeinere Fähigkeit des Geistes, den Organismus zur Welt in Beziehung zu setzen, zurückgeführt wird. Diesem Ansatz steht eine *intentionalistische Bedeutungstheorie* zur Seite, die den intersubjektiven Ansatz seiner Theorie sprachlichen Handelns ergänzen soll. Im Kern hat Searle dieses Forschungsprogramm so formuliert:

"A basic assumption behind my approach to problems of language is that the philosophy of language is a branch of the philosophy of mind. The capacity of speech acts to represent objects and states of affairs in the world is an extension of the more biologically fundamental capacities of the mind (or brain) to relate the organism to the world by way of such mental states as belief and desire, and especially through action and perception [...], any complete account of speech and language requires an account of how the mind/brain relates the organism to reality." (1983: vi.)

Zuletzt hat Searle (vgl. 1997) eine *Theorie institutioneller Tatsachen* vorgelegt, die den ontologischen Status sozialer Handlungen zu bestimmen und neuerlich den Zusammenhang zwischen Geist, Sprache und Gesellschaft aufzuzeigen versucht. *Institutionen* werden dort als gemeinschaftsabhängige, teils sichtbare, teils unsichtbare und intersubjektiv konstituierte Tatsachen ausgewiesen, paradigmatisch von natürlichen, rohen, physikalischen Tatsachen abgegrenzt und exemplarisch von Spielen, Hochzeiten, Kriegen, Rechtsanwälten, Professoren, Geld und Sprache repräsentiert, respektive an diesen sozialen Phänomenen diskutiert. Searles konkrete Fragestellung in "Die Konstruktion der gesellschaftlichen Wirklichkeit" lautet:

"Wie paßt eine geistige Wirklichkeit, eine Welt des Bewußtseins, der Intentionalität und anderer geistiger Phänomene in eine Welt, die vollkommen aus physischen Teilchen in Kraftfeldern besteht? [...] Wie kann es eine objektive Welt des Geldes, des Eigentums und der Ehe, von Regierungen, Wahlen, Footballspielen, Cocktailpartys und Gerichtshöfen geben in einer Welt, die gänzlich aus physikalischen Teilchen in Kraftfeldern besteht und in der einige Teilchen zu Systemen organisiert sind, die bewußte biologische Lebewesen sind wie wir selbst?" (1997: 7)

"Kurz, es ist psychologisch gesehen falsch, anzunehmen, daß es invariante geistige Vorstellungen gebe, die den Gebrauch von Wörtern begleiteten; es ist logisch gesehen weder notwendig noch für die Bestimmung der Bedeutung eines Wortes hinreichend, die Existenz solcher Vorstellungen anzunehmen; und selbst wenn es solche Vorstellungen gäbe, reichten sie nicht aus, um den Gebrauch von Wörtern zu bestimmen. Diese und andere Überlegungen könnten einen zu der Auffassung veranlassen, daß die Bedeutung eines Wortes eben sein Gebrauch in der Sprache sei. [...] An die Stelle des Begriffs des 'Gebrauchs' tritt dabei jedoch die Unterscheidung zwischen den verschiedenen Arten von Sprechakten, die man mit der Äußerung von Ausdrücken vollzieht, wodurch hoffentlich die Unklarheit des Begriffs 'Gebrauch' vermieden wird." (Searle 1975: 303ff.)

Nachdem das breite wissenschaftliche Forschungsprogramm Searles umrissen ist, wollen wir die folgende Darstellung auf seine sprechakttheoretischen Studien im engeren Sinne begrenzen. Dabei werden sein Ansatz der Sprechakttheorie, sein entsprechendes Konzept von Regeltypen, insbesondere von konstitutiven versus regulativen Regeln, sowie die Taxonomie illokutionärer Akte im Vordergrund stehen.

Den sprechakttheoretischen Ausgangspunkt legt Searle mit einigen Hypothesen und Prinzipien über Eigenschaften der Sprache im Allgemeinen einerseits und über das Sprachverhalten im Generellen andererseits fest. Sprache und ihr Handlungscharakter werden in einer frühen Studie von Searle (vgl. 1975: 306ff.) mit folgenden fünf Prinzipien versehen:

1) Sprechen ist eine regelgeleitete Form menschlichen Verhaltens. 2) Der illokutionäre Akt (mit seinem propositionalen Gehalt) ist die kleinste Einheit der Kommunikation. 3) Etwas sagen und es meinen impliziert einerseits, dass man es sagt, und andererseits die Sprecher-Intentionen: illokutionäre Wirkungen beim Hörer hervorrufen zu wollen sowie den Hörer die Wirkungsabsichten und die dafür geltenden Regeln erkennen zu lassen. 4) Alles, was man meinen kann, kann man auch sagen. 5) Die sprachlichen Regelsysteme im Ganzen, also semantische und syntaktische Sprachregeln, sind konstitutiver und nicht regulativer Natur.

In seinem Essay "Sprechakte" expliziert Searle sodann folgende drei Hypothesen, welche die Untersuchung von hauptsächlich illokutionären Sprechakten begleiten und begründen sollen:

1) Das Sprechen einer Sprache bzw. der Gebrauch sprachlicher Elemente folgt immer bestimmten Regeln (vgl. 1971: 29).

2) "Diese Hypothese wird umgeformt zu der, daß eine Sprache sprechen bedeutet, Sprechakte auszuführen – Akte wie z. B. Behauptungen aufstellen, Befehle erteilen, Fragen stellen, Versprechungen machen usw., und auf abstrakterer Ebene Akte wie z. B. Hinweisen und Prädizieren –, und daß die Möglichkeit dieser Akte allgemein auf bestimmten Regeln für den Gebrauch sprachlicher Elemente beruht und der Vollzug dieser Akte diesen Regeln folgt. [...] Die Grundeinheit der sprachlichen Kommunikation ist nicht, wie allgemein

angenommen wurde, das Symbol, das Wort oder der Satz, oder auch das Symbol-, Wort- oder Satzzeichen, sondern die Produktion oder Hervorbringung des Symbols oder Wortes oder Satzes im Vollzug des Sprechaktes." (Searle 1971: 30)

3) Weil prinzipiell Sprache um des Ausdrucks willen gegenüber jemandem verwendet wird, Sätze also zum Reden da sind und das Prinzip der uneingeschränkten Ausdrückbarkeit besteht, hält Searle in einem dritten Argumentationsschritt fest:

Prinzip der Ausdrückbarkeit: Was man meint, lässt sich auch sagen. Oder: "Für jede Bedeutung X und jeden Sprecher S ist, wann immer S X meint (auszudrücken beabsichtigt, in einer Äußerung mitzuteilen wünscht usw.), ein Ausdruck E möglich derart, daß E ein exakter Ausdruck oder eine exakte Formulierung von X ist." (Searle 1971: 35)

"Die Hypothese, daß der Sprechakt die Grundeinheit der Kommunikation ist, deutet zusammen mit dem Prinzip der Ausdrückbarkeit darauf hin, daß eine Reihe von analytischen Beziehungen besteht zwischen dem Sinn von Sprechakten; dem, was der Sprecher meint; dem, was der geäußerte Satz (oder ein anderes sprachliches Element) bedeutet; dem, was der Sprecher intendiert; dem, was der Zuhörer versteht; und den Regeln, die für die sprachlichen Elemente bestimmend sind." (1971: 36f.)

Vor dem Hintergrund der genannten Prinzipien und Hypothesen will Searle nun die Bedingungsregeln für den Vollzug verschiedener Arten von Sprechakten formulieren. Zudem will er die semantischen Regeln angeben, welche in der Verwendung einen eindeutigen Sprechakttypus zeigen, und die je aktuellen Verbindungen zwischen Sprecher und Hörer (mit besonderem Blick auf deren Meinen, Sagen, Verstehen) untersuchen. Und schließlich gilt es, funktionale wie strukturale Unterschiede innerhalb illokutionärer Sprechakttypen zu bestimmen.

Beschreibungsaspekte von Sprechakten

In einem ersten Schritt spezifiziert Searle (vgl. 1971: 40ff.) jedoch noch sein eigenes Verständnis von Sprechakten, das einen gewissen Unterschied zu Austin aufweist: Indem ein Sprecher bestimmte Wörter und Sätze einer Sprache verwendet, vollzieht er erstens einen *Äußerungsakt*. Indem ein Sprecher mit seiner Äußerung auf ein bestimmtes Objekt verweist (Referenz) und dieses mit Eigenschaften versieht (Prädikation), vollzieht er zweitens einen *propositionalen Akt*. Indem ein Sprecher mit seiner Äußerung in bestimmter Weise handelt und in bestimmter Weise verstanden werden will, also etwas feststellt, fragt, beantwortet, verspricht etc., vollzieht er drittens einen *illokutionären Akt*. Und wenn schließlich –

Sprechaktdimensionen:

– Äußerung

– Proposition durch Referenz und Prädikation

– Illokution

– Perlokution

Der bloße Ausdruck einer Proposition ohne irgend eine illokutionäre Kraft ist nicht möglich!

Searles Spezifikation der Referenz mit Blick auf die Existenz und die Identifikation: "Die notwendigen Bedingungen dafür, daß ein Sprecher mittels der Äußerung eines Ausdrucks eine vollständig vollzogene bestimmte Referenz ausführt, sind: 1. Es muß ein und nur ein Gegenstand existieren, auf den die von dem Sprecher vollzogene Äußerung des Ausdrucks zutrifft [...] *und* 2. dem Zuhörer müssen hinreichende Mittel an die Hand gegeben sein, um den Gegenstand auf Grund der von dem Sprecher vollzogenen Äußerung des Ausdrucks identifizieren zu können" (1971: 129).

Syntaktische Satzstruktur: propositionaler Indikator und Indikator der illokutionären Kraft

aber nicht grundsätzlich – mit illokutionären Akten Folgen bzw. Wirkungen für den Zuhörer und dessen (zukünftige bzw. erwartete) Handlungen, Gedanken, Einstellungen oder Emotionen verbunden sind, dann wird ein *perlokutionärer Akt* vollzogen. Aber wie auch bei Austin sind die genannten Akte nur analytische Trennungen, die im Vollzug (annähernd) gleichzeitig auftreten.

Propositionale Akte können nicht selbständig vorkommen; ein Sprecher kann nicht hinweisen oder prädizieren, ohne zugleich eine Behauptung aufzustellen, zu befehlen, zu bitten, einen Rat zu geben oder sonst einen illokutionären Akt zu vollziehen. Der Ausdruck einer Proposition bleibt aber immer ein propositionaler Akt und gehört nicht zum illokutionären. Beim Sprechakt "Peter lernt fleißig" ist die Referenz auf "Peter" und die Prädikation "lernt fleißig" kein Akt, der selbständig existieren könnte, sondern nur Teil des umfassenderen illokutionären Aktes. Das syntaktische Korrelat dieses Sachverhalts sieht Searle darin, dass Sätze und nicht Wörter verwendet werden, um etwas zu sagen. Diese Position entlehnt er dezidiert Freges Auffassung, wonach Wörter erst im Zusammenhang mit Sätzen etwas bedeuten. Obgleich also die charakteristische syntaktische Form eines Sprechaktes der vollständige Satz ist, kann dieser doch auch aus nur einem einzigen Wort bestehen, wie z. B. "Hilfe!" oder "Bitte?". Demnach verfügen nicht alle illokutionären Akte über einen propositionalen Gehalt.

Mit der Unterscheidung zwischen propositionalem und illokutionärem Akt trennt Searle zwei Elemente in der syntaktischen Struktur des Satzes (vgl. 1971: 49ff.): den *propositionalen Indikator* und den *Indikator der illokutionären Kraft*. Propositionale Indikatoren sind Ausdrücke für die Referenz und die Prädikation. Als *hinweisende Ausdrücke* kommen am häufigsten vor: Eigennamen (John Searle), definite Deskriptionen (der Autor von "Speechacts"), Pronomina (ich, dies) oder Titel (Professor, Bundeskanzler, Papst). Die *Prädikation* wiederum wird durch grammatische Prädikate angezeigt. Demgegenüber zeigt der Indikator der illokutionären Kraft an, wie die geäußerte Proposition aufzufassen ist und welcher illokutionäre Akt durch den Sprecher vollzogen wird, indem bzw. wenn er einen Satz äußert. Solche Indikatoren sind: Betonung, Wortfolge, Interpunktion,

Intonation, Modus des Verbs, aber auch explizit performative Verben wie: "Ich verspreche...", "Ich behaupte..." etc. In konkreten Kommunikationsprozessen geht oft unmittelbar aus dem Kontext hervor, welche illokutionäre Kraft einer Äußerung aktuell zukommt, ohne dass ein expliziter Indikator verwendet werden müsste.

Die bisher getroffenen sprechakttheoretischen Unterscheidungen machen es nun möglich, die Regeln der Sprachverwendung festzustellen. Das Hauptargument Searles lautet dazu: "Da die gleiche Proposition verschiedenen Arten illokutionärer Akte gemeinsam sein kann, können wir die Analyse der Proposition von der Analyse der verschiedenen Akte trennen. Wir können die Regeln für den Ausdruck von Propositionen – also die Regeln für Referenz und Prädikation – unabhängig von den Regeln für die Indikation illokutionärer Rollen untersuchen." (1971: 51)

Zwei Regeltypen stehen bei Searle im Vordergrund: *regulative* und *konstitutive* Regeln.

1) *Regulative Regeln* dienen der Regelung von Verhaltensformen, die bereits unabhängig von den Regeln existieren, d. h. nicht durch sie hergestellt werden. Sie sind Beschreibungsformen von Praktiken, die logisch unabhängig von der Regelformulierung sind. Searle verweist hierbei auf Höflichkeits- und Anstandsregeln. Ein anderes Beispiel für regulative Regeln sind die Verkehrsregeln, die dafür sorgen, dass der von ihnen unabhängig existierende Verkehr in geordneten Bahnen verläuft. Regulative Regeln können in der Form eines hypothetischen Imperativs wiedergegeben werden: "Wenn B, dann tue A", also z. B. "Wenn du zu einem Bewerbungsgespräch gehst und männlich bist, dann trage eine Krawatte".

2) *Konstitutive Regeln* hingegen regeln nicht nur, sondern schaffen oder definieren neue Verhaltensweisen. Spielregeln sind für Searle ein Musterbeispiel konstitutiver Regeln. Dies gilt z. B. für die Fußballregeln, die neben ihrer regelnden Funktion in Bezug auf die Spielaktivitäten auch dafür sorgen, dass ein Fußballspiel überhaupt erst möglich ist und nicht nur ein planloses Gebolze. Fußballspielen beinhaltet ein Befolgen dieser Regeln, ohne die ein Fußballspiel nicht denkbar wäre. Konstitutive Regeln konstituieren, ermöglichen be-

Sprechakte und Regeln

Identische Proposition bei Differenz der illokutionären Rolle: Peter lernt fleißig. Lernt Peter fleißig? Würde Peter doch fleißig lernen. Peter, lern' fleißig!

stimmte Praktiken. Sie haben die Form *"A gilt als Y im Kontext Z"*, also z. B. "Das Überqueren der Torlinie im vollen Umfang durch den Ball (A) gilt als Tor (Y) im Rahmen eines Fußballspiels (Z)". Konstitutive Regeln treten normalerweise innerhalb von *Systemen konstitutiver Regeln* auf. Das Erzielen eines Tores bedeutet einen Punktgewinn und, falls es kein Gegentor gibt, auch den Gewinn des Spiels. Dies hat wiederum bestimmte Konsequenzen in einem durch weitere konstitutive Regeln festgelegten Kontext, etwa auf die Veränderung des Tabellenplatzes innerhalb einer Liga und auf Spielertransfers. Insofern bestimmte Kontextbedingungen Z erfüllt sind, wird durch A ein neuer Sachverhalt Y erzeugt, und dieser hat den ontologischen Status einer regelabhängig erzeugten *institutionellen Tatsache*.

Auch Sprechakte sind regelgeleitet, und zwar durch konstitutive Regeln. Wichtig ist an dieser Stelle, den Unterschied zwischen *Konventionen* und *Regeln* zu berücksichtigen. Denn nach Searle sind etwa verschiedene Formen eines Spiels als differente konventionelle Realisierungen ein und desselben zu Grunde liegenden Regelsystems zu begreifen. Wann etwa im Schachspiel der König als "matt gesetzt" gilt, ist eine Sache der konstitutiven Regel; wie die Figur des Königs auszusehen hat, ist eine Sache der Konvention. Analog gilt für Sprechakte:

"Die semantische Struktur einer Sprache läßt sich als eine auf Konventionen beruhende Realisierung einer Serie von Gruppen zugrundeliegender konstitutiver Regeln begreifen; Sprechakte sind Akte, für die charakteristisch ist, daß sie dadurch vollzogen werden, daß in Übereinstimmung mit solchen Gruppen konstitutiver Regeln Ausdrücke geäußert werden." (Searle 1971: 59)

Sprechakte werden sowohl in Übereinstimmung mit Gruppen konstitutiver Regeln als auch auf der Basis geltender Konventionen der jeweiligen Sprache vollzogen. Konventionen beziehen sich nach Searle auf die Sprachregeln im engeren Sinn, d. h. phonologische, syntaktische und semantische Regeln, die sich natürlich von Sprache zu Sprache unterscheiden. Konstitutive Regeln hingegen können in verschiedenen Sprachen gleichermaßen gelten. Es ist hier für Searle ein unbestrittener Befund, dass verschiedene Sprechakte jeweils

"Die offenkundige Erklärung für die natürlichen Regelmäßigkeiten der Sprache (bestimmte menschliche Geräusche kommen gehäuft im Zusammenhang mit bestimmten Sachlagen oder bestimmten Reizen vor) besteht darin, daß die Sprache eine regelgeleitete Form intentionalen Verhaltens ist. Die Regelmäßigkeiten der Sprache sind in der gleichen Weise zu erklären, wie die Regelmäßigkeiten in einem Fußballspiel durch die Fußballregeln zu erklären sind; ohne den Begriff der Regeln scheint eine Erklärung solcher Regelmäßigkeiten unmöglich." (Searle 1971: 83)

Realisierungen ein und desselben, von der konkreten Einzelsprache unabhängigen Regelsystems darstellen.

In der weiteren Beschäftigung mit der Tiefenstruktur von Sprechakten, insbesondere an Hand der konkreten Formen des Versprechens, Aufforderns oder Dankens, erkennt Searle weitere Bedingungen für den erfolgreichen Vollzug und die eindeutige Erkennbarkeit von illokutionären Akten, die er sodann zu vier Regeltypen zusammenfasst (vgl. 1971: 97 und 100ff; vgl. weiterhin etwa Schneider 1994: 117ff.):

1) Die *Regel des propositionalen Gehalts* betrifft die Beziehung zwischen einem bestimmten illokutionären Akt und seinen möglichen Propositionen. Eine Äußerung ist beispielsweise nur dann ein Versprechen, wenn der Sprecher dadurch von sich eine künftige Handlung prädiziert.

2) Die *Einleitungsregeln*, zumeist zwei, betreffen die Voraussetzungen, die gegeben sein müssen, damit überhaupt ein bestimmter illokutionärer Akt vollzogen werden kann. Beim Versprechen gilt für die Beziehung zwischen Sprecher und Hörer das Prinzip der Relevanz und der Nicht-Offensichtlichkeit.

3) Die *Aufrichtigkeitsregel* überlagert die authentische Absicht des Sprechers und seine konkreten Realisierungsmöglichkeiten, betrifft also allgemein das Verhältnis von Intentionen des Sprechers zum Vollzug eines bestimmten illokutionären Aktes. Ein Versprechen darf demnach nur geäußert werden, wenn der Sprecher seine Einhaltung sowohl beabsichtigt als auch über die Möglichkeiten der zukünftigen Einlösung verfügt.

4) Die *wesentliche Regel* legt fest, wann und wie ein konkreter Satz als Ausdruck für einen spezifischen illokutionären Akt gilt. Eine Äußerung wäre z. B. nur dann ein Versprechen, wenn der Sprecher sich zur Ausführung des Versprochenen auch verpflichtet fühlt und alle diesbezüglichen Folgen anerkennt.

Nach Searle sind die vier Regeltypen für *Behauptungen* exemplarisch so auszuweisen: "Bei Behauptungen gehört zu den Einleitungsbedingungen, daß der Sprecher irgendeinen Grund für die Annahme haben muß, daß der behauptete Satz wahr ist; die Aufrichtigkeitsbedingung besteht darin, daß er den Satz für wahr halten muß; und die wesentliche Bedingung ist in diesem Fall,

Dass ein Sprecher im Deutschen "Ich verspreche", im Englischen "I promise" und im Französischen "Je promets" sagen und damit unter geeigneten Umständen ein Versprechen abgeben kann, ist Sache der einzelsprachlichen Konventionen; dass diese Äußerungen aber als Übernahme einer Verpflichtung gelten, ist Sache der zu Grunde liegenden konstitutiven Regel.

Als Spezifikum der Searle-schen Sprechakttheorie hebt Schneider bezüglich der Intentionalität und Regelverwendung bei illokutionären Sprechakten heraus: "Kommunikation wird also von vornherein als *gelingende Verständigung* analysiert: Der Sprecher *meint, was er sagt,* und der Hörer *versteht, was der Sprecher zu sagen beabsichtigt.* [...] Kommunikatives Handeln erscheint so geradezu als *intentionales Handeln par excellence.* Es funktioniert allerdings nur dann auf diese direkte Weise, wenn die *Parallelschaltung zwischen Sprecher und Hörer* gesichert ist." (1994: 116f.)

daß der Satz als Wiedergabe einer bestehenden Sachlage gemeint ist." (1971: 99)

Insgesamt haben die Regel des propositionalen Gehalts, die Einleitungsregeln und die Aufrichtigkeitsregel eine quasi-imperativische Form: *Äußere A nur, wenn B gilt!* Die wesentliche Regel hat hingegen die Form einer konstitutiven Regel: *Die Äußerung von A gilt als Y im Kontext Z.* Die wesentliche Regel definiert gleichsam die sprachliche Gesamthandlung, welche mit einer bestimmten Äußerung eingeleitet wird, insofern die übrigen Regeln erfüllt sind. Die funktionale Relevanz dieser Regeln im Kommunikationsprozess betont Searle zusammenfassend:

"Die gemeinsame Beherrschung von Regeln dieser Form ermöglicht es dem Hörer, in der Äußerung der Folge von Wörtern die Intention des Sprechers, bestimmte Wirkungen in ihm zu produzieren, zu erkennen und auf diese Weise diese Effekte auch wirklich zu produzieren. Das Hervorbringen solcher Wirkungen in einer solchen Weise ist [...] ein wesentliches Merkmal sprachlicher Kommunikation. Es ist wichtig, den konstitutiven Charakter sprachlicher Regeln hervorzuheben, denn durch regulative Regeln allein könnte Sprachverhalten niemals erklärt werden, da es keine vorweg existierende Tätigkeit des Sprechens einer Sprache gibt, die durch Regeln zu regulieren wäre. Die Möglichkeit des Sprechens einer Sprache hängt von einem System konstitutiver Regeln ab." (1975: 313f.)

Da die unterschiedlichen Regeln beim Sprachgebrauch allein noch nicht ausreichend sind für eine umfassende Taxonomie von Illokutionen, legt Searle einige programmatische Dimensionen bzw. distinkte Kriterien vor. Insgesamt zwölf, im engeren Sinne jedoch nur drei Unterscheidungsdimensionen bereiten folglich seine eigene Klassifikation illokutionärer Akte vor. Nicht zuletzt ist die von dorther konsequent entwickelte Sprechakttaxonomie auch das Ergebnis einer Tiefenstrukturanalyse an Hand der Unterscheidung zwischen illokutionärer Rolle "R" einer Äußerung versus propositionalem Gehalt "(p)" einer Äußerung. So ist es das Ziel, für *R (p)* die möglichen verschiedenen Typen von Einsetzungen für "R" zu klassifizieren (vgl. Searle 1982: 17). Die drei wichtigsten Unterscheidungsdimensionen von Illokutionen sind im Einzelnen (vgl. Searle 1982: 18ff.):

1) Der *illokutionäre Witz*, als Oberbegriff für Witz und Zweck eines Illokutionstyps, entspricht der "wesentlichen Regel", also der Sprecherabsicht und den damit intendierten Folgen, eine Äußerung zu tun. Der illokutionäre Witz verweist auf die jeweilige Tatsache, auf deren Realisierung der gelungene Vollzug eines bestimmten Sprechakts abzielt. So ist der illokutionäre Witz eines Befehls darin zu sehen, den gefolgsamen Hörer zu veranlassen, eine klar angeordnete Handlung auszuführen.

2) Die *Ausrichtung* oder Anpassungsrichtung ("direction of fit") eines Sprechaktes meint den Bezug zwischen den verwendeten Wörter und der Welt. Einerseits lässt sich dabei eine Ausrichtung von *Wort-auf-Welt* (die Wörter passen zur Welt) und andererseits jene von *Welt-auf-Wort* (die Welt passt auf die Wörter) unterscheiden. "Intuitively we might say the idea of direction of fit is that of responsibility for fitting. If the statement is false, it is the fault of the statement (word-to-world direction of fit). If the promise is broken, it is the fault of the promiser (world-to-word direction of fit)." (Searle 1983: 7)

3) Die *psychischen Zustände* verweisen auf je unterschiedlich zum Ausdruck gebrachte Befindlichkeiten, innere Haltungen und Einstellungen, indem bzw. während ein propositionaler Gehalt illokutionär geäußert wird. Diese Dimension korreliert mit der weiter oben erwähnten Aufrichtigkeitsbedingung.

Alle bisher rekonstruierten Ausführungen Searles münden schließlich in seine eigenständige Taxonomie illokutionärer Akte. Im Gegensatz zu Austin, der eigentlich nur illokutionäre Verben gesammelt hat und damit eben keine *Namen* für Arten illokutionärer Akte, will Searle in seiner allgemeinen Sprechakttheorie grundsätzlich und sorgfältig unterschieden wissen: "zwischen einer Taxonomie für illokutionäre Akte und einer für illokutionäre Verben" (1982: 49). Und im Gegensatz zu sprachphilosophischen Auffassungen, dass Sprachspiele und Sprachverwendungen grenzenlos seien, gibt es für Searle, ausgehend vom Basiskriterium des illokutionären Witzes, "nur sehr wenige grundlegende Sachen, die man mit Sprache machen kann: Wir

Zwölf Unterscheidungsdimensionen von Illokutionen:

1) Witz bzw. Zweck des Aktes,

2) Ausrichtung,

3) psychische Zustände,

4) Stärke bzw. Intensität (des illokutionären Witzes),

5) soziale Beziehung zwischen Sprecher und Hörer,

6) Interesse von Sprecher versus Hörer,

7) Bezug zum restlichen Diskurs,

8) propositionaler Gehalt,

9) Vollzugsmöglichkeit,

10) institutionelle Rahmung,

11) Möglichkeit der performativen Verwendung des illokutionären Verbs,

12) Stil.

Taxonomie illokutionärer Akte

"Meine Methode [...] ist gewissermaßen empirisch. Ich schaue mir einfach Sprachverwendungen an und komme auf diese fünf Typen von illokutionärem Witz, und wenn ich dann nachschaue, wie wirklich geredet wird, so stellt sich dann heraus – zumindest behaupte ich das –, daß sich Äußerungen darunter einordnen lassen." (Searle 1982: 8)

sagen andern, was der Fall ist; wir versuchen sie dazu zu bekommen, bestimmte Dinge zu tun; wir legen uns selbst darauf fest, gewisse Dinge zu tun; wir bringen unsere Gefühle und Einstellungen zum Ausdruck; und wir führen durch unsere Äußerungen Veränderungen herbei. Oft tun wir mit ein und derselben Äußerung mehrere von diesen Sachen zugleich." (1982: 50) Als Ergebnis seiner Sprechaktforschung stellt Searle folgende, in gewisser Weise empirisch erhobene Taxonomie fünf allgemeiner Formen der illokutionären Sprachverwendung vor, bei welchen ein Sprecher (S) vermittels einer Proposition (p) in einem je bestimmten Verhältnis zu sich, zur Welt und zum Hörer (H) steht:

Sprechakttyp	Assertive (Repräsentative)	Direktive	Kommissive	Expressive	Deklarative
illokutionärer Akt	S legt sich auf die Wahrheit der ausgedrückten Proposition p fest	S versucht, zu bewirken, dass H etwas Bestimmtes tut	S legt sich auf ein bestimmtes Verhalten fest	S bringt den eigenen mentalen Zustand zum Ausdruck	S versucht, einen neuen Sachverhalt ausschließlich kraft der Äußerung herbeizuführen
Ausrichtung	Wort ↔ Welt	Wort ↔ Welt	Wort ↔ Welt		Wort ↔ Welt
mentaler Zustand und Aufrichtigkeitsbedingung	S glaubt, dass p	S wünscht, dass p	S hat die Absicht, p zu verwirklichen	der ausgedrückte Zustand besteht	
Bedingungen des propositionalen Gehaltes		zukünftige Handlung von H	zukünftige Handlung von S	S oder H wird eine Eigenschaft oder Handlung prädiziert	
Beispiel	Behaupten, Feststellen, Berichten	Befehlen, Bitten, Fragen	Versprechen, Garantieren, Geloben	Danken, Gratulieren, Kondolieren	Ernennen, Taufen, Verurteilen

Immer wieder schimmert bei Searle ein analytisches Vierfelderschema von a) Sprechakt, b) Kognition bzw. innerer Natur, c) äußerer (physikalischer) Natur sowie d) gesellschaftlicher, institutionalisierter Realität durch, das auf seine wechselseitigen Bedingungen, Fundierungen, Regeln und empirischen Ausformungen hin beobachtet wird. Damit ist ein kommunikationswissenschaftlicher Anschluss ebenso evident wie auch die Übereinstimmung mit der intersubjektiven oder dialogischen Basisvorstellung von Kommunikation. Problematisch bleibt vorerst (und vornehmlich) der Kriterienkatalog für eine strenge und hinreichende Taxonomie verschiedener Sprechakttypen. Aber diese Forschungsrichtung auch kommunikationswissenschaftlich fortzudenken und an empirischen Fallstudien zu überprüfen, respektive sich dadurch neu inspirieren zu lassen, scheint uns eine wichtige Perspektive künftiger Kommunikationsforschung zu sein, die sich maßgeblich der Initiative Searles verdankt.

3.2.5 Literatur

Bibliografie:

Writings by Austin. In: Fann, Kuang Tih (Ed.) [1969]: Symposium on J. L. Austin. London, S. 469-470.

Online-Bibliografie zu Austin:

www.kowi.uni-essen.de/ koloss

⇨ Literatur ⇨ Austin

Verwendete Literatur:

Austin, John L. [1968]: Performative und konstatierende Äußerung. In: Bubner, Rüdiger (Hrsg.): Sprache und Analysis. Texte zur englischen Philosophie der Gegenwart. Göttingen, S. 140-153.

Austin, John L. [1970[2]]: Philosophical Papers. Edited by J. O. Urmson and G. J. Warnock. London; Oxford; New York.

Austin, John L. [1970[2]a]: How to Talk – some simple ways. In: ders. [1970[2]], S. 134-153.

Austin, John L. [1970[2]b]: A Plea for Excuses. In: ders. [1970[2]], S. 175-204.

Austin, John L. [1970[2]c]: Performative Utterances. In: ders. [1970[2]], S. 233-252.

Austin, John L. [1979[2]]: Zur Theorie der Sprechakte (How to do things with words). Stuttgart.

DiGiovanna, Joseph J. [1989]: Linguistic Phenomenology. Philosophical Method in J. L. Austin. New York.

Habermas, Jürgen [1981]: Theorie des kommunikativen Handelns. Band 1. Handlungsrationalität und gesellschaftliche Rationalisierung. Frankfurt a. M.

Reinach, Adolf [1989]: Die apriorischen Grundlagen des bürgerlichen Rechts. In: ders.: Sämtliche Werke. Band 1. Textkritische Ausgabe. München, S. 141-278.

Savigny, Eike von [1993]: Die Philosophie der normalen Sprache. Eine kritische Einführung in die "ordinary language philosophy". Veränderte Neuausgabe. Frankfurt a. M.

Searle, John R. [1971]: Sprechakte. Ein sprachphilosophischer Essay. Frankfurt a. M.

Searle, John R. [1975]: Theorie der menschlichen Kommunikation und Philosophie der Sprache – Einige Bemerkungen. In: Wiggershaus, Rolf (Hrsg.) [1975]: Sprachanalyse und Soziologie. Die sozialwissenschaftliche Relevanz von Wittgensteins Sprachphilosophie. Frankfurt a. M., S. 301-317.

Searle, John R. [1982]: Ausdruck und Bedeutung. Untersuchungen zur Sprechakttheorie. Frankfurt a. M.

Searle, John R. [1983]: Intentionality. An essay in the philosophy of mind. Cambridge; New York; Melbourne.

Searle, John R. [1997]: Die Konstruktion der gesellschaftlichen Wirklichkeit. Zur Ontologie sozialer Tatsachen. Reinbek bei Hamburg.

Schneider, Wolfgang Ludwig [1994]: Die Beobachtung von Kommunikation. Zur kommunikativen Konstruktion sozialen Handelns. Opladen.

3.3 Die handlungstheoretische Semantik von H. Paul Grice

3.3.1 Die Relevanz H. Paul Grices für die Kommunikationswissenschaft

Der englische Philosoph Herbert Paul Grice ist durch seine Arbeiten zur Philosophie der Sprache und der Kommunikation bekannt geworden. Seine Beiträge zu einer Theorie des Meinens und seine handlungstheoretische Begründung der Kommunikationstheorie haben zu einer fruchtbaren Diskussion innerhalb der Linguistik und Sprachphilosophie geführt und besonders die Entwicklung der Gesprächsanalyse beeinflusst.

Grice versucht in seinen Arbeiten, eine allgemeine Theorie sprachlicher Kommunikation zu entwickeln. Ausgangspunkt und Kernstück dieser Kommunikationstheorie ist seine Theorie des Meinens, die zu der wichtigen Unterscheidung zwischen Sprecherbedeutung und linguistischer Bedeutung führt. Diese Theorie der subjektiven Äußerungsbedingungen ist zu verstehen als eine *intentionale Theorie der Bedeutung*. Im Zusammenhang mit dieser intentionalistischen Bedeutungstheorie hat Grice die Theorie der *konversationellen Implikatur* entwickelt.

Grices Konzept der Sprecherbedeutung ist im Prinzip eine Verfeinerung der Vorstellung, dass Kommunikation als intentionaler Vorgang zur Veränderung psychologischer Zustände der Kommunikationspartner aufzufassen ist. Er zeigt die Mittel und Bedingungen auf, unter denen eine von einem Sprecher geäußerte Absicht vom Hörer auch als vom Sprecher intendiert verstanden wird. Eine kommunikative Intention ist damit eine selbstreferenzielle oder reflexive Intention.

Unabhängig von allen sprechakttheoretischen Termini und unbelastet von spezifischen sprechakttheoretischen Problemen hat Grice in seinen Arbeiten "Meaning" (1957) und "Utterer's Meaning" (1967) einen eigenen Ansatz für die Pragmatik entwickelt, der zunächst in Amerika, später auch in Deutschland große Beachtung fand. Grice richtet sein Hauptaugenmerk auf die Sprecherabsicht und – das war das Neue seines Ansatzes – auf die beabsichtigte Antwort des Hörers. Mit der Unterscheidung von Sprecher- und Hörerrolle lassen

* 15.3.1913 (Manchester)
† 28.8.1988 (San Francisco)

Herbert Paul Grice wird 1913 in Manchester (England) geboren. Sein Studium absolviert er an der University of Oxford. Während des Krieges dient er bei der Royal Navy. Von 1939 bis 1967 ist Grice Fellow am 'St. Johns College' in Oxford. 1966 wird er zum Mitglied der 'British Academy' gewählt. 1967 siedelt Grice nach Amerika über. Ab 1968 lehrt er als Professor für Philosophie an der University of California, Berkeley. 1980 geht er offiziell in den Ruhestand, lehrt aber weiterhin bis 1984 als Visiting Professor an der University of Washington in Seattle.

Die wichtigsten Gedanken von Grice sind in den Vorlesungen über William James zu finden, die er 1967 an der Harvard University hielt. Diese 'Lectures' kursieren mehrere Jahre als 'mimeographs'; später werden einige als Fachzeitschriftenartikel veröffentlicht. In erweiterter und revidierter Fassung sind die 'William James Lectures' dann 1989 in der Essay-Sammlung "Studies in the Way of Words" veröffentlicht worden, wobei Herbert Paul Grice jetzt unter dem Namen Paul Grice publiziert. Während insgesamt nur wenig biografisches Material von Grice vorliegt, ist es im deutschsprachigen Raum Georg Meggle zu verdanken, dass Grices Studien einem breiten wissenschaftlichen Publikum zugänglich wurden.

sich deren je eigene Äußerungsbedeutungen feststellen: Ein Sprecher zeigt mit seiner Äußerung, was er *meint*; ein Hörer zeigt in der Reaktion auf eine Äußerung, was er *versteht*. Wenn jemand 'Feuer' ruft, beabsichtigt er, dass andere etwas zu tun versuchen, weil sie die Absicht, die durch das Äußern von 'Feuer' ausgedrückt wird, erkennen. Jede Sprache besitzt eine Reihe von kommunikativen Mitteln und Verfahren, die den Kommunikationspartnern zum Erkennen dieser Intention zur Verfügung stehen. In der Studie "Logic and Conversation" (1975) entwickelt Grice hierzu das Konzept der konversationellen Implikatur. Gespräche, so seine Behauptung, gehorchen rationalen Prinzipien, und Schlussfolgerungen auf das Gemeinte können korrekterweise aus dem Gesagten abgeleitet werden. So ist der praktische Kontext von Gespräch und Bedeutung fundamental von dem zu unterscheiden, was nach den Regeln der formalen Logik erlaubt wie auch zu erklären ist. Die Idee, mit formallogischen Mitteln eine ideale Sprache zu entwerfen, ist ebenso wie die Sprachverwendung für wissenschaftliche Untersuchungen und begriffliche Unterscheidungen nur ein je möglicher Zweck von Sprache und Sprechen überhaupt. Dagegen sind Äußerungen und Gespräche in einem weit höheren Maße in einen natürlichen Kontext eingebunden; deswegen gilt es, den allgemeinen Bedingungen, Regeln und Konventionen von verschiedensten natürlichen Kommunikationsprozessen und Konversationssituationen nachzugehen.

Durch die *'William James Lectures'* wird Grice seit den 1960er Jahren zu einem der führenden Denker der Philosophie der Sprache und beeinflusst maßgeblich die Überlegungen und Theorieansätze von D. Armstrong, M. Black, P. F. Strawson und etwa J. R. Searle. Auch in Deutschland gehörten seine Arbeiten lange vor ihrer Publikation zu den Standardliteraturhinweisen einer pragmatisch-orientierten Linguistik und verständigungsorientierten Kommunikationsforschung. In den letzten Jahren ist das spezifisch Kommunikative seines Ansatzes besonders in den Arbeiten von Georg Meggle herausgestellt worden.

3.3.2 *Das Theorieprogramm von Grice*

Dass Sprache primär kommunikativen Zwecken dient, dass Kommunikation auf die Erfüllung gewisser Interaktionsvoraussetzungen angewiesen ist und dass das, was sprachliche Ausdrücke bedeuten, nur durch Untersuchung ihres Gebrauchs in unterschiedlichen Verwendungszusammenhängen geklärt werden kann, dies sind mittlerweile allgemein akzeptierte Annahmen einer jeden verhaltensorientierten Sprachtheorie. Auch Grice ist einer behavioristischen Tradition verpflichtet, die soziale Bestimmungen von Sprache auf beobachtbare Situationsfaktoren zurückführen will. Allerdings steht bei ihm der spezifische Handlungscharakter von Kommunikation im Vordergrund. Damit hat er wesentlich zu einer Weiterentwicklung der Sprachhandlungstheorien beigetragen. Denn sowohl in der Gebrauchstheorie der Bedeutung von Wittgenstein als auch in der sich daran orientierenden Sprechakttheorie von Austin werden nur diejenigen Aspekte des Sprachgebrauchs und -verhaltens berücksichtigt, die durch Regeln und Konventionen geleitet sind. Wie diese Regeln und Konventionen selbst sich jedoch handlungstheoretisch begründen lassen, wird nicht erklärt.

Deswegen expliziert Grice für seine handlungstheoretische Bestimmung der Semantik zuerst einen allgemeinen Kommunikationsbegriff, der selbst handlungstheoretisch abgesichert ist. Ausgangspunkt dieser Untersuchung ist die Bestimmung der (Gebrauchs-)Sprache als einer Form zweckrationalen Handelns. Anders als Austin und Searle analysiert Grice jedoch nicht die Konventionen und konstitutiven Regeln, die eingehalten werden müssen, um das Gelingen eines Sprechaktes sicherzustellen. Er setzt vielmehr fundamentaler an und beschreibt das Verhalten der Mitglieder einer Sprachgemeinschaft unter einer psychologischen Fragestellung.

Dabei steht die Zuschreibung von Wünschen und Überzeugungen der Gemeinschaftsmitglieder im Vordergrund. Sprachliche Handlungen werden mit Hilfe von Wünschen, Interessen und Überzeugungen charakterisiert. Die Zuschreibungen erfolgen durch Sätze der Form "*S wünscht, dass p*" oder "*S glaubt, dass p*", wobei *S* den Sprecher einer Äußerung bezeichnet und *dass p* den

Sprechakttheoretisch gesehen, geht Grice von indirekten Sprechakten aus und versucht, über ein einheitliches Analysekonzept der propositionalen Einstellungen der Mitglieder einer Sprachgemeinschaft die verschiedenen Sprechakte und das sprachliche Verhalten der Kommunikationsteilnehmer alltagspsychologisch zu erklären.

Inhalt eines Wunsches oder einer Überzeugung wiedergibt. Diesen Inhalt (*dass p*) bezeichnet man als *Proposition*. Propositionale Einstellungen heißen alle psychischen Zustände, die mit einem psychologischem Verb (wollen, wünschen, hoffen, glauben, erwarten, befürchten etc.) und einem *Dass*-Satz beschrieben werden können.

Mit dem Konzept dieser propositionalen Einstellungen wird dann eine Theorie der subjektiven Äußerungsbedeutung entwickelt (vgl. im Folgenden: Grice 1979a und 1979c sowie Newen/Savigny 1996: 177f.). Dabei lassen sich zwei Perspektiven unterscheiden: die Sprecherperspektive und die Hörerperspektive. Die subjektive Äußerungsbedeutung *für den Hörer* ist das, was er *versteht*, wenn er eine Äußerung hört. Die subjektive Äußerungsbedeutung *für den Sprecher* ist das, was er *meint*, wenn er einen Satz äußert. Das Verstehen einer Äußerung zeigt sich daran, zu welchen Überzeugungen der Hörer auf Grund der Äußerung gelangt. Das *Meinen* des Sprechers ist schließlich dafür verantwortlich, dass eine Sprechhandlung bedeutungsvoll ist und beim Hörer eine bestimmte, vom Sprecher intendierte Überzeugung hervorrufen soll.

"Daß ein von S gezeigtes Verhalten f einen an eine Person H gerichteten *Kommunikationsversuch* des Inhalts darstellt, daß H (S zufolge) die Handlung r tun soll (für den speziellen Fall von Informationshandlungen: daß H glauben soll, daß p), besagt dem Griceschen Grundmodell [...] zufolge soviel wie: S beabsichtigt mit f-Tun zu erreichen, daß

(a) H r tut

(b) H erkennt, daß S (a) beabsichtigt

(c) (b) aufgrund von (a) eintritt." (Meggle 1993: IX)

Bei der Frage "Was *meint* jemand, wenn er etwas *sagt*?" stellt Grice nun fest, dass man nicht von einer generellen Übereinstimmung von Meinen und Sagen ausgehen kann, sondern dass es offensichtlich eine Ebene der Intentionalität von Sprechhandlungen gibt, die nicht konventionell, semantisch erklärbar ist, sondern von Mal zu Mal neu interpretiert werden muss. Deshalb spricht er bei der Analyse einer Sprechhandlung von ihrer *natürlichen Bedeutung*, wenn sie durch ihre Wirkung in der unmittelbaren Situation erklärbar ist; in diesem Fall wird nichts anderes intendiert, als das, was gesagt worden ist. Die Bedeutung *erschöpft* die Intention. Grice bezeichnet dies als *natürliches Meinen*. Muss der Hörer (oder Forscher) die Intention des Sprechers durch weitere Kontextbedingungen teleologisch zu erschließen versuchen, d. h. durch eine Interpretation, die nach dem Ziel oder Zweck dieser Äußerung fragt, spricht Grice von einer *nicht-natürlichen Bedeutung*. Die Intention *übersteigt* die konventionelle Bedeutung. Dies nennt er das *nicht-natürliche Meinen*.

Grice hat insgesamt ein Modell entwickelt, um die Bedeutung sprachlicher Handlungen durch die Spezifikation der sie tragenden Intentionen zu analysieren. Dieses Gricesche Grundmodell ermöglicht auch eine kommunikationstheoretische Fundierung der Semantik. Denn damit werden die Bedingungen formuliert, dass ein von einem Sprecher *S* an einen Hörer *H* gerichtetes Verhalten *f* von diesem als vom Sprecher beabsichtigtes erkannt wird und auf Grund dieser 'verstandenen' Absicht auch zu einer 'Reaktion' in der beabsichtigten Weise, zu einer Handlung *r* führt. Eine semi-formale Rekonstruktion dieses Modells – im Sinne einer Logik der Kommunikation – ist von Meggle (vgl. 1994[2]) ausgearbeitet worden.

Die Unterscheidung zwischen *natürlicher* und *nicht-natürlicher* Bedeutung macht es erforderlich, genauer zu bestimmen, wie ein Sprecher mit einer Äußerungshandlung, die bereits eine konventionelle Bedeutung besitzt, einem Hörer etwas zu verstehen geben beabsichtigt, das von der konventionellen Bedeutung nicht gedeckt ist bzw. ihr sogar widerspricht, dass also die Intention die (konventionelle) Bedeutung *übersteigt*. Grices Problem ist es also, eine Theorie zur Rekonstruktion der nicht-natürlichen Bedeutung von Äußerungen zu entwickeln. Anders als z. B. die Sprechakttheorie, die nach den Gelingensbedingungen sprachlicher Handlungen fragt, die konventionell bestimmt sind, fragt Grice nach den Bedingungen der Möglichkeit der Interpretation der Absicht des Sprechers durch den Hörer. Dies ist für ihn ein Koordinationsproblem zwischen Sprecher und Hörer.

Zur Lösung dieses Problems geht er vom analytischen Instrumentarium der formalen Logik aus, das er als eine partielle Rekonstruktionsmöglichkeit der nicht-natürlichen Bedeutung versteht. Allerdings kann er an Hand einschlägiger Beispiele zeigen, dass ein sprachanalytischer Ansatz, der mit der Aussagenlogik operiert, um einen weiteren Apparat der Gesprächsanalyse ergänzt werden muss, um diese Rekonstruktion leisten zu können. Dabei richtet er sich gegen eine Unterscheidung zwischen formaler Logik (der logischen Kalkülsprachen) und der informellen Logik (der natürlichen Sprache). Er erklärt den Unterschied in der *Verwendung* der logischen Konstanten in der Umgangssprache mit

Hilfe der Unterscheidung zwischen konventioneller Bedeutung der logischen Konstanten (logische Implikation) und nicht-konventionellen Schlüssen (Implikaturen), die unsere Verwendung eben dieser logischen Konstanten in der alltäglichen Kommunikation bestimmt.

Um also die Kriterien zu bestimmen, mit denen die Interpretation einer Äußerung und das Verhalten der Gesprächsteilnehmer gesteuert wird, betont Grice: "Eine gewisse Teilklasse der nicht-konventionellen Implikaturen, die ich *konversationelle* Implikaturen nennen werde, möchte ich als mit gewissen allgemeinen Diskursmerkmalen wesentlich verknüpft darstellen." (1975: 248)

Nach Grice sind diese Kriterien als jedem Gespräch inhärente Merkmale zu spezifizieren. Analog zu den Axiomen der Aussagenlogik, durch die in logischen Kalkülen geschlossen wird, nennt er sie Gesprächspostulate oder *Konversationsmaximen*. Jede Gesprächssituation ist dadurch geprägt, dass in ihr von den Kommunikationsteilnehmern sprachliche Handlungsmaximen vorausgesetzt werden, ohne dass ihre Geltung explizit erörtert werden muss. Diese Maximen sind durch ein oberstes Prinzip sprachlichen Handelns gerechtfertigt: das *Kooperationsprinzip*, das sich die Kommunikationspartner in ihren Gesprächsbeiträgen wechselseitig ansinnen, unterstellen und an dem sie sich selbst orientieren. Aus diesem *Kooperationsprinzip* leitet er dann die Maximen sprachlicher Kommunikation ab, die die Regelnotwendigkeit der kooperativen Orientierung und wechselseitigen Unterstellung näher spezifizieren.

Wichtig ist nun, in welcher Weise die *Konversationsmaximen* eingesetzt werden, um die Absicht, die ein Sprecher mit der Äußerung eines Satzes verbindet, zu identifizieren. Grice sieht vornehmlich in den mit offensichtlicher Absicht verletzten Konversationsmaximen den Schlüssel zur Rekonstruktion dessen, was ein Sprecher meint. Der Sinn dieser Verletzung besteht nach Grice darin, dass gerade durch sie Kommunikationsinhalte indirekt zum Ausdruck gebracht werden können, deren direkte Äußerung durch allgemeinere gesellschaftliche oder speziellere subgruppenspezifische Regeln tabuisiert ist. Um erklären zu können, wie die Interaktionspartner solche indirekten Sprechakte gezielt einsetzen und mühelos verstehen, entwickelt er das Konzept der *konversationellen Implikatur*. Mit diesem Konzept gelingt es Grice, den stillschweigenden Interpretationsprozess zu erfassen, der abläuft, wenn der Sprecher mit Absicht eine Regelverletzung begeht, um damit – für Sprecher und Hörer ersichtlich – etwas zum Ausdruck zu bringen, das konventionell nicht abgedeckt ist.

Der Interpretationsmechanismus der konversationellen Implikatur funktioniert auf der Grundlage der (unterstellten) Orientierung an den Kooperationspostulaten der Kommunikation.

3.3.3 *Meinen und Bedeuten*

Damit eine Handlung kommunikativ ist, muss ein Sprecher eine kommunikative Absicht verfolgen, also etwas mit seiner Äußerung *meinen*. Grice hat in seinem stark diskutierten Aufsatz "Meaning" (1957) eine Theorie darüber entwickelt, was es heißt, etwas mit einer Äußerung zu *meinen*. "*Meaning*" muss hierbei in seiner Doppelbedeutung – *meinen* und *bedeuten* – verstanden werden. In diesem Zusammenhang geht es hauptsächlich um *meinen* im Sinne von *sagen wollen* und *intendieren*.

Grice geht davon aus, dass die Handlung, die jemand vollzieht, wenn er einen Satz äußert, darin besteht, mit dem Satz etwas zu *meinen* (im Sinne von *sagen wollen*). Und das Verstehen des Hörers kann man als einen korrelativen Begriff zu diesem *Meinen* verstehen: Der Hörer versteht, was der Sprecher *meint*, d. h. welche kommunikative Absicht der Sprecher verfolgt. In diesem Sinne ist das, was verstanden wird, nicht der Satz, sondern die Handlung des Sprechers, oder besser: das, was mit dem Satz getan wird. Das Bedeuten bzw. Verstehen sprachlicher Ausdrücke wird also auf das Meinen zurückgeführt.

Im Weiteren entwickelt Grice einen ersten Kommunikationsbegriff, mit dem folgende Frage beantwortet werden soll: Welche Bedingungen müssen erfüllt sein, damit von einer Person gesagt werden kann, sie habe mit dem Ausdruck *x* bzw. mit der Äußerung von *x* etwas Bestimmtes gemeint und zu verstehen gegeben? Hierzu unterscheidet Grice zwei Verwendungsweisen des Begriffs *bedeuten* (engl. *mean*). Diese nennt er *natürliche Bedeutung* und *nicht-natürliche Bedeutung*. Folgende

Beispielsätze sollen den Unterschied verdeutlichen (vgl. Grice 1979a: 2f.):
1) Diese Flecken bedeuten Masern.
2) Das dreimalige Läuten der Klingel im Bus bedeutet, dass der Bus voll besetzt ist.

Fünf Kriterien leisten die Unterscheidung zwischen der *natürlichen Bedeutung* und der *nicht-natürlichen Bedeutung.*

Kriterium der Annullierbarkeit

a) Das Annullierbarkeitskriterium ist erfüllt, wenn aus dem Umstand, dass *x bedeutet, dass p* auf das Vorliegen des Sachverhaltes *p* geschlossen werden kann, so dass *p* nicht in Abrede gestellt werden kann, wenn gesagt wird, *x bedeutet p.* Man kann nicht sagen: Diese Flecken bedeuten Masern, aber er hat gar keine Masern. Man kann aber sagen: Das dreimalige Läuten der Klingel im Bus bedeutet zwar, der Bus ist voll, allerdings hat sich der Fahrer geirrt.

Kriterium des Kommunikationsinhalts

b) Das Kommunikationsinhaltskriterium ist erfüllt, wenn aus dem Umstand, dass *x bedeutet, dass p,* auf das geschlossen werden kann, was mit *x* gemeint ist. D. h. man kann im Beispiel 1 nicht zu irgendwelchen Schlussfolgerungen darüber kommen, was mit diesen Flecken gemeint – im Sinne von beabsichtigt – war, sehr wohl aber in Beispiel 2.

Kriterium des Kommunikationsvollzugs

c) Das Kommunikationsvollzugskriterium ist erfüllt, wenn aus dem Umstand, dass *x bedeutet, dass p,* geschlossen werden kann, dass irgend jemand mit *x p* gemeint hat. Im Beispiel 1 kann man nicht auf jemanden schließen, der mit den Flecken etwas gemeint hat, sehr wohl aber in Beispiel 2.

Kriterium der Zitation

d) Das Zitationskriterium ist erfüllt, wenn – für den Fall, dass *x bedeutet, dass p* – geschlossen werden kann, dass irgend jemand mit *x p* gemeint hat. Man kann nicht sagen: "Mit diesen Flecken hat er gemeint, er habe Masern"; man kann also nicht von direkter auf indirekte Rede schließen. Allerdings kann man sagen: "Das dreimalige Läuten bedeutet: 'Der Bus ist voll'." Es gibt also jemanden, der eine Proposition für wahr hält und dies sagt.

Kriterium der Faktizität

e) Das Faktizitätskriterium schließlich ist erfüllt, wenn sich, für den Fall, dass *x bedeutet, dass p,* nicht nur von diesem *x* sagen lässt, es *bedeutet, dass p,* sondern auch von der Tatsache, dass *x* vorliegt, sagen lässt, dass sie *p bedeutet.* Man kann im ersten Beispiel eine Paraphrase finden, die mit "Die Tatsache, dass ..." beginnt, im zweiten Beispiel kann man dies nicht.

Wird nun *bedeuten* im Sinne des Beispiels 1 verwendet, spricht Grice von einem *natürlichen Bedeuten*, in Sätzen des zweiten Beispiels von *nicht-natürlichem Bedeuten*. Um diesen Unterschied weiter zu spezifizieren, stellt sich Grice die Frage: "Wie läßt sich der Unterschied zwischen Fällen, in denen es um ein Bedeuten$_n$ geht, und Fällen, in denen es um ein Bedeuten$_{nn}$ geht, noch weiter charakterisieren?" (1979a: 4)

Von einem Bedeuten$_{nn}$ spricht Grice dann, wenn jemand mit einer Äußerung etwas *meint*. Etwas mit einer Äußerung *meinen* ist ein Fall von *nicht-natürlicher Bedeutung*. Das Meinen ist begründet im Glauben, Wünschen und Wollen des Sprechers und so als kommunikative Absicht ausgewiesen.

Grice entwickelt zur Unterscheidung von *natürlicher Bedeutung* und *nicht-natürlicher Bedeutung* folgenden Gedankengang. Damit eine Handlung eine kommunikative Handlung wird, muss der Sprecher mit seiner Äußerung etwas meinen. Erfolgreiche Kommunikation zeichnet sich dadurch aus, dass das vom Sprecher Gemeinte auch das vom Hörer auf Grund der Äußerung Erfasste ist. Aber auch, wenn ein Sprecher nichts meint, d. h. keine kommunikative Absicht hat, kann eine seiner Handlungen dazu führen, dass jemand einen Gedanken erfasst. Wenn jemand z. B. ein Feuer entfacht und ein anderer den Rauch sieht, dann kann das Feuer als Ursache des Rauches angesehen werden. Wenn nun jemand auf Grund des Wahrnehmens des Rauches den Gedanken fasst, dass es brennt, dann kann er dies, weil er den Kausalzusammenhang kennt, dass Rauch Feuer bedeutet. Wenn also für das Erfassen eines Gedankens nur die Kenntnis eines Kausalzusammenhanges, nicht aber das Meinen des Sprechers notwendig ist, spricht Grice von der natürlichen Bedeutung (Bedeutung$_n$) eines Zeichens. Immer dann, wenn das Meinen des Sprechers keine Rolle spielt, damit jemand auf Grund der verwendeten Zeichen einen Gedanken erfassen kann, handelt es sich um die natürliche Bedeutung. Die natürliche Bedeutung (im Beispielsatz 1) von roten Flecken auf dem Körper ist, dass jemand Masern hat.

Diese natürliche Bedeutung ist von der nicht-natürlichen Bedeutung eines Zeichens dann abzugrenzen,

Natürliches Bedeuten kennzeichnet Grice mit Bedeuten$_n$, *nicht-natürliches Bedeuten* mit Bedeuten$_{nn}$.

Im Deutschen können verschiedene Bedeutungen von *meinen* unterschieden werden:

– etwas mit einem Zeichen meinen (sagen wollen);

– meinen, dass etwas der Fall ist (etwas für wahr halten);

– es gut mit jemandem meinen (gute Absichten haben);

– ... damit meinte er x (auf etwas verweisen).

wenn die Bedeutung eines Zeichens darauf beruht, dass der Sprecher etwas meint, d. h. wenn er kommunikative Absichten hat. Und ein Sprecher, so die Grundidee von Grice, meint mit einer Äußerung in einer konkreten Situation nur dann etwas, wenn er mit Hilfe dieser Äußerung bei einem Hörer eine gewisse komplexe Wirkung hervorzubringen beabsichtigt.

In Grices Theorie nimmt das nicht-natürliche Meinen eine zentrale Stellung ein, ist es doch dieses Meinen$_{nn}$, welches für die nicht-natürliche Bedeutung verantwortlich ist. Dabei ist es sein Ziel, alle Verwendungsweisen von Sprache unter eine einzige analytische Formel zu subsumieren, also einschließlich der Imperative (Befehlsäußerungen), Interrogative (Frageäußerungen), Optative (Wunschäußerungen), Informative (Informationsäußerungen) etc., deren unterschiedliche Bedeutungen in den verschiedenen Arten von Wirkungen manifestiert würden, deren Hervorbringung bei dem jeweiligen Hörer beabsichtigt ist.

Für Grice liegt der Schlüssel zur Erläuterung des Bedeutungsbegriffs bei den Absichten des Sprechers in Kommunikationsvorgängen. Was ein Sprecher mit einer bestimmten Äußerung in einer bestimmten Äußerungssituation meint, wird als grundlegend angesehen. Das vom Sprecher mit seiner Äußerung Gemeinte, die sogenannte Sprecher-Bedeutung, wird dann zusammen mit der Absicht des Sprechers analysiert, eine bestimmte Wirkung beim Hörer hervorzubringen. Diesem intentionalistischen Ansatz zufolge sind also Satzbedeutung und Wortbedeutung letzten Endes auf das vom Sprecher Gemeinte zurückzuführen, das mittels der Absichten des Sprechers erklärt werden soll.

In allgemeiner Hinsicht ist die Bedeutung eines Zeichens bzw. einer Äußerung im Rekurs darauf zu erklären, was Sprecher damit meinen bzw. in konkreten Situationen mit Sprache tun.

Grice schlägt nun vor, das Meinen$_{nn}$ mit Hilfe von drei Sprecherabsichten zu charakterisieren. An Hand des Satzes "Es regnet" kann das *Gricesche Grundmodell* folgendermaßen erklärt werden:

"Der Sprecher S meint$_{nn}$ mit dem Äußern eines Satzes A, daß es regnet, genau dann, wenn S den Satz A mit der Absicht äußert,

(1) daß der Hörer zu der Annahme gelangt, dass es regnet,

(2) daß der Hörer die Sprecherabsicht (1) erkennt und

(3) daß der Hörer (1) erfüllt, *weil* er (2) erfüllt (das heißt, daß der Hörer deshalb zu der Annahme gelangt, daß

es regnet, weil er erkennt, daß der Sprecher genau dies beabsichtigt)." (Newen/Savigny 1996: 186)

Damit ein Sprecher mit einer Äußerung etwas meinen kann, muss er beabsichtigen, dass der Hörer erkennt, dass der Sprecher die Äußerung in der Absicht getan hat, im Hörer eine bestimmte Wirkung auf Grund des Erkennens der Sprecherabsicht durch den Hörer zu erkennen. Dabei soll die beabsichtigte Wirkung in einem bestimmten Sinne unter die Kontrolle des Hörers fallen. Sie soll Grund, nicht Ursache für die Wirkung auf den Hörer sein. In diesem Modell hat der Sprecher eine dreifache Intention:

a) die Absicht, dass der Hörer eine bestimmte Wirkung auf Grund der Äußerung zeigt (*Wirkungsabsicht*);

b) die Absicht, dass der Hörer jene primäre Absicht auf Grund der Äußerung erkennt (*Absichtserkennungsabsicht*);

c) die Absicht, dass der Hörer eine Wirkung zeigt, weil er auf Grund der Äußerung erkennt, dass dies auf Grund der Äußerung beabsichtigt war (*Wirkungsabsichtserkennungsabsicht*).

Grices Bedeutungstheorie basiert somit im Kern auf der These, dass das nicht-natürliche Meinen und damit die drei Sprecherintentionen a) bis c) für die nicht-natürliche Bedeutung eines Zeichens verantwortlich sind. Für den weiteren Verlauf der Analyse stellen sich insbesondere zwei Fragen: 1) Wie ist die Sprecher-Absicht vom Hörer zu erkennen? 2) Wie kann mit dem Meinen des Sprechers das Verstehen des vom Sprecher Gemeinten gewährleistet werden?

Das Gricesche intentionalistische Grundmodell:

"'S meinte etwas mit dem Äußern von x' ist wahr gdw. für einen Hörer H gilt: S äußerte x mit der Absicht, daß

(1) H eine bestimmte Reaktion r zeigt

(2) H glaubt (erkennt), daß S (1) beabsichtigt

(3) H (1) aufgrund seiner Erfüllung von (2) erfüllt" (Grice 1979c: 20).

3.3.4 *Die Maximen einer rationalen Verständigung*

Grice sieht die Kommunikation als einen ganzheitlichen Handlungsprozess an, der auch gesamtheitlich zu analysieren ist. Anders als die Vertreter einer sprachphilosophischen Bedeutungstheorie, die Sätze als Ausgangspunkt ihrer Überlegungen wählen, oder die Vertreter der Sprechakttheorie, die von (einzelnen) Äußerungen ausgehen, besinnt sich Grice auf den Redewechsel bzw. Gesprächsaustausch als konstitutives Moment der Kommunikation und auf die Wünsche und Überzeugungen, die Gesprächsteilnehmer dabei leiten.

Das *Kooperationsprinzip* sprachlicher Kommunikation:
"Our talk exchanges do not normally consist of a succession of disconnected remarks, and would be rational if they did. They are characteristically, to some degree at least, cooperative efforts; and each participant recognizes in them, to some extent, a common purpose or set of purposes, or at least a mutually accepted direction. This purpose or direction may be fixed from the start (e.g., by an initial proposal of a question for discussion), or it may evolve during the exchange; it may be fairly definite, or it may so indefinite as to leave very considerable latitude to the participants (as in casual conversation). But at each stage, *some* possible conversational moves would be excluded as conversationally unsuitable. We might then formulate a rough general principle which participants will be expected (ceteris paribus) to observe, namely: Make your conversational contribution such as is required, at the stage at which it occurs, by the accepted purpose or direction of the talk exchange in which you are engaged. One might label this the Cooperative Principle" (Grice 1967: 26).

Die Obermaxime gesprächsförmiger Interaktion lautet: "Mache deinen Gesprächsbeitrag jeweils so, wie es von dem akzeptierten Zweck oder der akzeptierten Richtung des Gesprächs, an dem du teilnimmst, gerade verlangt wird." (Grice 1975: 248)

Grundsätzlich sind ja die Kommunikationsbeiträge der Gesprächsteilnehmer immer miteinander verzahnt und wechselseitig voneinander abhängig; sprachliche Kommunikation funktioniert also kooperativ. Insofern behauptet Grice, dass Sprechen ein spezieller Fall von zweckrationalem Verhalten ist, Kommunikation als (zweck-)rationale Handlung zu begreifen sei.

Sein Konzept der rationalen Verständigung geht von dem Prinzip aus, dass der Sprecher einer Äußerung kommunikative Absichten hat, die der Hörer auf Grund der Äußerung erkennen kann. Der Sprecher versucht beispielsweise, durch seine sprachliche Äußerung den Hörer in die Lage zu versetzen, die Überzeugung, *dass p* (proportionaler Gehalt der Äußerung), zu erfassen, die der Sprecher ihm mitteilen möchte. Um zu bestimmen, was erfolgreiche Kommunikation heißt, fragt Grice deshalb nach den Voraussetzungen und Bedingungen, die gewährleisten, dass der Hörer genau die Überzeugung erfassen kann, die der Sprecher ihm mitteilen möchte. Dazu ist es erforderlich, dass der Sprecher sich während des Gesprächs an bestimmte Prinzipien hält, die auch der Hörer als vom Sprecher akzeptierte Prinzipien des Gesprächs unterstellt. Während diese Prinzipien effektive Kommunikation ermöglichen, kann ihre Nicht-Erfüllung Ursache für das Scheitern von Kommunikation sein.

Gespräche sind für Grice gemeinsame Bemühungen von Sprecher und Hörer, die sich am Ziel einer möglichen Kooperation ausrichten. Hieraus schließt Grice, dass für alle Gespräche ein allgemeines *Kooperationsprinzip* (Cooperative Principle) gültig ist, das von kooperativ eingestellten Gesprächspartnern verlangt, so zu reden, wie es angesichts des Gesprächsverlaufs und des Gesprächszwecks angemessen ist. In Anlehnung an Kants vier logische Funktionen des Verstandes, die Kategorien der Quantität, Qualität, Relation und Modalität, erstellt Grice eine Binnenstrukturierung dieses dominierenden *Kooperationsprinzip*s und unterscheidet vier Kategorien von generellen *Maximen*, die wiederum in spezielle *Untermaximen* aufgeschlüsselt werden können. Im Gegensatz zu Kants Kategorientafel, mit der dieser die Grundformen der Begriffsbildung systematisch festgelegt hat, haben die vier Kategorien von *Maximen der Konversation* bei Grice den Zweck, sprachliches

Handeln als rationales Handeln zu erklären. Grice erhebt allerdings keinen Anspruch auf Vollständigkeit dieser Maximen (vgl. im Folgenden 1967: 26ff. und 1975: 249ff.):

4 Maximen der Konversation

1) Die Maxime der *Quantität*:
   Versuche, deinen Beitrag informativ adäquat zu machen!
a) Mache deinen Beitrag für die gegebenen Gesprächszwecke so informativ wie nötig.
b) Mache deinen Beitrag nicht informativer als nötig.

Die Maxime der *Quantität* verlangt einerseits, dass man seinen Beitrag so informativ wie für den Gesprächszweck nötig machen soll; wenn ich beispielsweise gefragt werde: 'Kannst du mir sagen, wie spät es ist?', antworte ich: 'Ja, zwölf Uhr'. Andererseits verlangt die erste Maxime, dass man seinen Gesprächsbeitrag nicht informativer als nötig machen soll; ich antworte auf die obige Frage nicht: 'Es ist in Tokio, London, New York etc. so und so spät'.

2) Die Maxime der *Qualität*:
   Versuche, deinen Beitrag so zu machen, dass er wahr ist!
a) Sage nichts, was du für falsch hältst.
b) Sage nichts, wofür dir angemessene Gründe fehlen.

Die Maxime der *Qualität* besagt, dass man seinen Gesprächsbeitrag so machen soll, dass er wahr ist, wobei man insbesondere nichts sagen soll, was man für falsch hält – 'es ist 0 Uhr mittags' – oder für das man keine angemessenen Gründe hat – man hat keine Uhr, schätzt aber die Uhrzeit nach dem Stand der Sonne. Diese Maxime besagt also, dass man einen Sprechakt nur dann vollziehen soll, wenn man glaubt, dass die Bedingung für eine erfolgreiche Durchführung des Sprechaktes erfüllt ist.

3) Die Maxime der *Relation*:
   Sei relevant!

Die Maxime der *Relation* verlangt, man solle seinen Gesprächsbeitrag so gestalten, dass erkennbar wird, in welche Richtung das Gespräch führt und was genau der Beitrag zu dieser Gesprächsentwicklung ist.

4) Die Maxime der *Modalität*:
   Sei klar und deutlich!
a) Vermeide Dunkelheit des Ausdrucks.
b) Vermeide Mehrdeutigkeit.

c) Sei kurz (vermeide unnötige Weitschweifigkeit).
d) Halte die Reihenfolge (der Ereignisse beim Bericht) ein.

Einige quasi-vertragliche Hauptmerkmale kooperativer, gesprächsförmiger Interaktion:

1) gemeinsames, unmittelbares Ziel der Beteiligten;

2) stimmige, wechselseitige Anpassung der Gesprächsbeiträge;

3) angemessener, insbesondere höflicher Stil des Umgangs und des Redens.

Fasst man das Kooperationsprinzip und die aus ihm abgeleiteten Maximen als Kommunikationsgrundsatz auf, so kann dieser folgendermaßen formuliert werden: Alle Sprecher unterstellen sich wechselseitig im Gespräch, dass sie informativ, wahr, relevant und klar miteinander kommunizieren. Was informativ, wahr, relevant und klar ist, kann nicht theoretisch geklärt werden, sondern muss im konkreten Einzelfall von den beteiligten Kommunikationspartnern entschieden werden. Die Maximen sollen insofern rational sein, als jeder, der Interesse an den Zielen der Kommunikation hat, auch ein Interesse daran haben sollte, dass diese Ziele in Übereinstimmung mit den Maximen erreicht werden (vgl. Grice 1967: 29f.). Die Maximen spezifizieren also, was es heißt, effizient zu kommunizieren.

Wenn auch die Gesprächsteilnehmer sich wechselseitig die Einhaltung des Kooperationsprinzips und die Erfüllung der Konversationsmaximen unterstellen, so kann trotzdem ein an einem Gespräch Beteiligter, durch die Art und Weise der von ihm realisierten kommunikativen Handlungen, in unterschiedlicher Weise die Befolgung der Maximen unterlassen:

1) Er kann eine Maxime stillschweigend verletzen.

2) Er kann sich der Befolgung der Maximen entziehen.

3) Er kann mit einem Widerspruch konfrontiert sein, der darin besteht, dass er die eine Maxime nicht erfüllen kann, ohne eine andere zu verletzen.

4) Er kann offensichtlich eine Maxime missachten und verletzen.

Was nun das Gewicht der einzelnen Konversationsmaximen und Untermaximen angeht, so scheint es eine klare Rangordnung zu geben. So ist eine Nichterfüllung der Maximen der Quantität und Qualität wegen der schlechteren Erkennbarkeit der Verletzung eindeutig schwerwiegender als eine Verletzung der Relations- oder Modalitätsmaxime. Auch dort, wo mehrere Untermaximen vorhanden sind, ist eine Verletzung der n-ten Maxime schwerwiegender als eine Verletzung der n+1-ten Maxime. Beispielsweise ist es bei der Maxime der Quantität schlimmer, nicht so informativ zu sein wie nötig, als informativer zu sein als nötig. Und ebenso stellt in der Maxime der Modalität die Dunkelheit des Ausdrucks ein größeres Hindernis für das Verständnis dar, als die Mehrdeutigkeit, die Weitschweifigkeit oder eine Verletzung der einzuhaltenden Reihenfolge.

Wichtiger als die Frage, von welchem Gewicht die einzelnen Maximen und Untermaximen sind und ob es genau diese sind oder ob es noch andere gibt, ist für Grice die Frage nach dem Status des Kooperationsprinzips und der Maximen. Zunächst stellt er mehr oder weniger kategorisch fest, dass sprachliche Kommunikation kooperativ funktioniert. Sprechbeiträge sind kooperative Anstrengungen, in denen jeder Gesprächsteilnehmer einen gemeinsamen Zweck oder zumindest eine wechselseitig akzeptierte Richtung des Gesprächs erkenne (vgl. Grice 1967: 25). Er fragt dann, wie dieses empirisch beobachtbare Faktum sprachlicher Kooperation zu erklären sei. Das kooperative Prinzip und die Maximen als quasi-vertragsmäßige Regeln der Kommunikation – wenn A x tut, hat B das Recht, y zu erwarten – aufzufassen, lehnt er ab, da er dieses Kooperationsprinzip nicht auf sprachliche Kommunikation beschränkt sieht. Sinngemäß übertragen, befolgen wir ein solches Prinzip auch, wenn wir z. B. beim Reparieren eines Autos oder Backen eines Kuchens mit anderen zusammenarbeiten. Grice kommt schließlich zu der Überlegung, dass es offensichtlich nicht darauf ankommt, nachzuweisen, dass das Kooperationsprinzip mit seinen Maximen befolgt werden muss, sondern *dass* und *warum es vernünftig* ist, es zu befolgen. Es handelt sich beim Kooperationsprinzip und den Maximen folglich um generelle und regulative Prinzipien eines rationalen Verhaltens.

"Im typischen Gespräch gibt es ein gemeinsames Ziel sogar dann, wenn – wie bei einem Plausch am Gartenzaun – es eines zweiter Stufe ist, und zwar, daß beide Seiten sich für den Moment mit den gerade gegebenen konventionellen Interessen der jeweils anderen Seite identifizieren mögen." (Grice 1975: 252)

3.3.5 *Die Theorie der Implikatur*

Im Vordergrund steht bei Grice die Bestimmung der Gebrauchssprache als eine Form zweckrationalen Handelns. Die Typen der kommunikativen Zwecke sind dem Sprecher durch die Sprachhandlungsschemata vorgegeben. So realisiert jemand z. B. mittels einer Behauptung den Zweck oder die Absicht, eine bestimmte Information, mit der er einen Wahrheitsanspruch erhebt, zu vermitteln. Formal fasst Grice dabei alle Sprachhandlungsschemata als indirekte Sprechakte auf. Wo-

Indirekte Sprechakte liegen vor, wenn mit der Äußerung eines Satzes an Stelle bzw. über den Sprechakt hinaus, für den er einen illokutionären Indikator enthält, ein anderer Sprechakt vollzogen wird: Die Frage des Sprechers: "Wo warst Du denn gestern?" – intendiert als Vorwurf und Aufforderung zu einer Rechtfertigung oder Entschuldigung – wird beantwortet als Informationsfrage "Zu Hause".

"I wish to introduce, as terms of art, the verb *implicate* and the related nouns *implicature* (cf. *implying*) and *implicatum* (cf. *what is implied*). The point of the maneuver is to avoid having, on each occasion, to choose between this or that member of the family of verbs for which *implicate* is to do general duty." (Grice 1967: 24)

rauf es ihm ankommt, ist die analytische Bestimmung der inhaltlichen Füllung dieser Schemata. Dazu fragt er einerseits nach den Bedingungen und Kriterien einer möglichen Interpretation der vom Sprecher gemachten Äußerung und andererseits nach der Bestimmung des 'Erfolges' der vom Sprecher gewünschten Wirkung.

In seinem Aufsatz "Logic and Conversation" (1967) vergleicht Grice die Form der logischen Implikation mit der Art alltäglicher Schlussfolgerungen in der Gebrauchssprache und stellt fest, dass sie in unterschiedlicher Weise in sprachlicher Kommunikation gelten. Nehmen wir "*oder*" als Beispiel. In der Aussagenlogik wird der Junktor *oder* so konstruiert, dass eine Verknüpfung von zwei Aussagen mit *oder* wahr ist, wenn nicht beide Aussagen falsch sind. Wie für diesen Fall, so argumentiert Grice auch für die anderen Junktoren, gelten die aussagenlogischen Bedingungen für die umgangssprachliche Argumentation nicht, oder sie müssen mit anderen Bedingungen verbunden werden, um zu gelten. An einer Reihe von Beispielen zeigt Grice, dass logische Implikationen nur bedingt auf alltägliche Schlussfolgerungen in sprachlicher Kommunikation anwendbar sind. Ziel seines Ansatzes ist ein Verfahren zur Bedeutungserschließung von Äußerungen, das die natürliche, durch Sprachkonvention bestimmte und die nicht-natürliche Bedeutung umfasst.

Wegen der beschränkten Reichweite des Begriffs der *logischen Implikation* und seiner nur bedingten Anwendbarkeit auf alltägliche Schlussfolgerungen hat sich Grice auf die Suche nach einem Begriff gemacht, der es gestattet, auch diejenigen Formen des Bedeutungserschließens zu erfassen, die sich nicht unmittelbar auf der Satzebene ausdrücken. Er will also einen Begriff dafür finden, der sowohl das umfasst, was der Sprecher sagt, als auch das, was der Sprecher mit dem Gesagten 'andeutet' oder meint. Hierfür wählt er den Kunstbegriff *Implikatur* und kann damit die verschiedenen Formen des Bedeutens umfassen.

Sein Begriff der Implikatur ist eng verbunden mit der für seine gesamten Überlegungen generell verbindlichen Unterscheidung zwischen Sagen und Meinen. Während der Sprechakttheoretiker J. R. Searle von der speziellen Frage 'Was heißt es, etwas nicht nur zu sagen, sondern das Gesagte auch zu meinen?' ausgeht, sucht

Grice nach einer Antwort auf die viel allgemeinere Frage: 'Was heißt es überhaupt, etwas zu meinen?'

Betrachten wir als Einstieg für die Charakterisierung der Implikatur folgendes Beispiel: Am Eingang eines Supermarktes befindet sich eine sehr auffällige Werbetafel für preiswerte Schokolade. Als sie den Supermarkt betreten und vor der Werbetafel stehen, sagt der kleine Fritz zu seinem Vater: "Hier gibt es preiswerte Schokolade."

Was ist mit dieser Äußerung *gemeint*? Mit dieser Äußerung bittet offensichtlich der kleine Fritz seinen Vater, ihm eine Tafel Schokolade zu kaufen. Das Verständnis dieser Äußerung kann man nur adäquat beschreiben, wenn man zumindest dreierlei unterscheidet:

1) Die Bedeutung des Satzes, unabhängig vom Äußerungskontext, oder die *Satzbedeutung*: An dem Ort der Äußerung gibt es ein Kakaoprodukt, das gegen ein geringes Entgelt erworben werden kann. Dabei werden keine Kontextinformationen berücksichtigt.

2) Das mit der Äußerung im Kontext wörtlich Gesagte oder den *semantischen Gehalt* des Satzes: Es kann in diesem Fall durch einen *Dass*-Satz angegeben werden, in dem die Kontextinformation in Bezug auf den hier vorliegenden kontextabhängigen Ausdruck berücksichtigt wird. Er hat wörtlich gesagt, *dass* es hier preiswerte Schokolade gibt.

3) Das mit der Äußerung im Kontext Gemeinte oder die *Äußerungsbedeutung*: Dabei werden diejenigen Kontextinformationen sowie zusätzliches Hintergrundwissen berücksichtigt, die dazu nötig sind, damit der Hörer das vom Sprecher mit der Äußerung Gemeinte erfassen kann. Die Unterscheidung zwischen dem wörtlich Gesagten und dem Gemeinten ist hier das Wesentliche. Der semantische Gehalt eines Satzes und die Äußerungsbedeutung können auseinanderfallen, nämlich dann, wenn der Sprecher offensichtlich mehr oder etwas anderes meint, als er auf Grund der wörtlichen Bedeutung der Äußerung sagt. Der kleine Fritz sagt (scheinbar) nicht mehr und nicht weniger, als *dass* es im Supermarkt preiswerte Schokolade gibt. Aber darüber hinaus ist doch *gemeint*: die Bitte an seinen Vater, ihm eine Tafel Schokolade zu kaufen.

Der Unterschied zwischen dem wörtlich Gesagten und dem darüber hinaus Gemeinten lässt sich besonders deutlich machen, wenn man das Ganze mit Hilfe des sprechakttheoretischen Modells beschreibt. Wir unterscheiden zwischen der illokutionären Rolle und dem propositionalen Gehalt. Das wörtlich Gesagte lässt sich folgendermaßen beschreiben: a) illokutionäre Rolle: Behauptung; b) Proposition: *dass* es im Supermarkt preiswerte Schokolade gibt.

Das darüber hinaus Gemeinte lässt sich dagegen folgendermaßen beschreiben: a) illokutionäre Rolle: Bitte; b) Proposition: *dass* der Vater Fritz eine Tafel Schokolade kauft.

Diese Beschreibung macht deutlich, dass nicht nur der Inhalt, der mit dem *Dass*-Satz repräsentierte propositionale Gehalt von wörtlich Gesagtem und Gemeinten verschieden ist, sondern sogar die Art des Sprechaktes (die illokutionäre Rolle). Die Theorie der Implikatur, die Grice entwickelt, ist u. a. eine Antwort auf die nahe liegende Frage, wie die Transformation von wörtlich Gesagtem zum darüber hinaus Gemeinten zu erklären ist. Allgemein ist eine Implikatur eine Transformation vom semantischen Gehalt eines Satzes zu seiner Äußerungsbedeutung bzw. Sprecherbedeutung.

Konventionelle Implikatur

Grice unterscheidet mehrere Arten von Implikaturen. Die zentrale Unterscheidung ist jene zwischen *konventionellen* und *konversationellen Implikaturen*. Eine *konventionelle Implikatur* stützt sich allein auf Sprachkonventionen: mittels einer konventionellen Implikatur wird ein Aspekt, der durch die Sprachkonventionen mit einem Ausdruck verbunden ist, nicht dem wörtlich Gesagten, also dem semantischen Gehalt, sondern dem Gemeinten, d. h. der Äußerungsbedeutung zugerechnet. So wird z. B. der Kontrast, der per Sprachkonvention mit dem Ausdruck *"aber"* ausgedrückt wird, mit Hilfe einer konventionellen Implikatur erklärt. Die folgenden Beispiele scheinen identisch, und doch sagt der Sprecher mit den beiden Sätzen etwas Unterschiedliches:

1) Van Gogh ist ein bedeutender Künstler, und er wurde von seinen Zeitgenossen wenig geschätzt.
2) Van Gogh ist ein bedeutender Künstler, aber er wurde von seinen Zeitgenossen wenig geschätzt.

Nach Grice haben die beiden Sätze denselben propositionalen Gehalt, da sie dieselben Wahrheitsbedingungen haben. Sie sind genau dann wahr, wenn van Gogh ein bedeutender Künstler ist und zugleich von seinen Zeitgenossen wenig geschätzt wurde. Der Unterschied der durch die Verwendung des Junktors *aber* an Stelle von *und* zum Ausdruck kommt, ist ein Unterschied auf der Ebene der Äußerungsbedeutung. Es gehört per Sprachkonvention zu dem Ausdruck *aber*, dass er einen Kontrast ausdrückt. In unserem Beispiel ist es der Kontrast zwischen der Eigenschaft, ein bedeutender Künstler zu sein, und der Geringschätzung durch die Zeitgenossen. Dieser Kontrast spielt beim propositionalen Gehalt des Satzes keine Rolle, muss aber beim Erfassen der reicheren Äußerungsbedeutung berücksichtigt werden. Die Implikatur ist in diesem Fall *konventionell*, weil der in der Äußerung relevante Kontrast durch eine Sprachkonvention mit dem Ausdruck *aber* verbunden ist.

Die *konversationelle Implikatur* unterscheidet sich von der konventionellen Implikatur dadurch, dass der Aspekt der Äußerungsbedeutung, der nicht Teil des semantischen Gehalts ist, nicht durch Sprachkonventionen zum Ausdruck gebracht werden kann. Während es bei den konventionellen Implikaturen nur der Sprachbeherrschung bedarf, um sie zu erfassen, muss bei konversationellen Implikaturen ein spezifisches Hintergrundwissen jenseits der Sprachkompetenz berücksichtigt werden. *Konversationelle Implikaturen* müssen sich daher, so Grice, aus den allgemeinen Gesprächsbedingungen herleiten lassen.

> **Konversationelle Implikatur**

Die Frage ist nun, wie sich diese Gesprächsbedingungen genauer explizieren lassen; und die Antwort wird wiederum mit den bereits behandelten Konversationsmaximen gegeben. Die *Theorie der Implikatur* geht also davon aus, dass Produktion und Interpretation von Gesprächsbeiträgen bestimmten Bedingungen unterliegen: vor allem der Einhaltung des Kooperationsprinzips, der Beachtung der Konversationsmaximen, der Kenntnis der wörtlichen Bedeutung sowie ausreichender Situationskenntnis bzw. ausreichendem Hintergrundwissen.

Wenn nun einzelne Maximen mehr oder weniger offensichtlich verletzt werden, sind mehrere Möglichkeiten denkbar, warum sie verletzt werden.

"Jemand ist nicht bereit zu kooperieren, d. h. einen Redewechsel fortzuführen; oder er ignoriert die Maximen, um seine Gesprächspartner zu ignorieren; oder er steht in einem Konflikt, der sich daraus ergibt, daß ihm die gleichzeitige Befolgung nicht möglich scheint; oder er will bewußt irreführen; oder er will, indem er auf der wörtlichen Ebene die Maxime verletzt, seinen Gesprächspartnern etwas nahe legen, was dadurch möglich ist, daß sie annehmen, daß er auf einer anderen nichtwörtlichen Ebene die Maximen einhält." (Wunderlich 1972: 57)

Gerade dieser letzte Fall der Maximenverletzung ist für Grice derjenige, der für eine konversationelle Implikatur entscheidend ist. Das inferenzielle Problem-Schema der Bedeutungserschließung lautet dann wie folgt (vgl. Grice 1975: 254): Wenn oder indem jemand sagt, _dass p_ (oder so tut, als würde er dies sagen), hat er konversationell impliziert, _dass q_, falls gilt:

1) der Sprecher beabsichtigt, die Konversationsmaximen, mindestens aber das Kooperationsprinzip einzuhalten;

2) die Annahme 1) ist mit dem Umstand, dass der Sprecher sagt, _dass p_ (oder so tut, als würde er dies sagen, oder es gerade mit diesen Worten tut), nur in Einklang zu bringen, wenn der Sprecher sich bewusst ist oder glaubt, _dass q_;

3) der Sprecher glaubt (und vom Hörer erwartet, dass dieser glaubt, dass der Sprecher so glaubt), dass es in der Kompetenz des Hörers liegt, dahinter zu kommen oder zumindest intuitiv zu erfassen, dass die in 2) gemachte Annahme erforderlich ist.

Vom Sprecher wird also – entweder bewusst oder naiv – eine konversationelle Implikatur beabsichtigt. Dem Hörer obliegt es, sie auszuführen, d. h. die Annahmen 1) bis 3) sind Annahmen, die der Hörer zu machen hat. Das allgemeine, kognitive Lösungsschema, mit dem man (der Hörer) eine konversationelle Implikatur erschließen kann, wird dann so formuliert:

"Er hat gesagt, daß p; es gibt keinen Grund anzunehmen, daß er die Maximen oder zumindest das KP nicht beachtet; er könnte sie nicht beachten, falls er nicht dächte, daß q; er weiß (und weiß, daß ich weiß, daß er weiß), daß ich feststellen kann, daß die Annahme, daß er glaubt, daß q, nötig ist; er hat nichts getan, um mich von der Annahme, daß q, abzuhalten; er will – oder hat zumindest nichts dagegen –, daß ich denke, daß q; und somit hat er impliziert, daß q." (Grice 1975: 255)

Um die Prozedur der konversationellen Implikatur näher zu verdeutlichen, greifen wir noch einmal das Beispiel der preiswerten Schokolade auf. Die Äußerung von Fritz verstehen wir als Bitte an seinen Vater, ihm Schokolade zu kaufen. Das wörtlich Gesagte ist die Behauptung, dass es im Supermarkt preiswerte Schokolade gibt. Fritz sagt, *dass p*. Würde dies zugleich als die Äußerungsbedeutung, als das Gemeinte aufgefasst, so würden die Maximen der *Quantität* und der *Relation* verletzt. Die Maxime der Quantität verlangt, dass ein Beitrag nicht informativer als nötig zu machen ist; die der Relation verlangt vom Sprecher, nur Relevantes zu äußern. Da die preiswerte Schokolade auf einem sehr auffälligen Schild angepriesen wird, welches jeder Kunde sofort bemerkt, ist Fritzchens Äußerung für seinen Vater informativer als nötig bzw. irrelevant. Was Fritz ihm sagt, weiß er schon. Wäre das wörtlich Gesagte zugleich die Äußerungsbedeutung, so wäre die Äußerung unvernünftig oder irrational.

Da wir (und auch der Vater) davon ausgehen, dass Fritz ein vernünftiger Sprecher ist, von dem wir annehmen können, dass er die Maximen oder wenigstens das Kooperationsprinzip beachtet, weist das Verletzen der Maximen darauf hin, dass mit der Äußerung noch mehr gemeint ist, als gesagt wird. Nach dem 'Durchlaufen' der einzelnen Lösungsschritte kann daher konversationell impliziert werden, *dass q*: Die Äußerungsbedeutung, das von Fritz in diesem Kontext Gemeinte, ist die Bitte mit dem Inhalt, dass der Vater ihm eine Tafel Schokolade kaufen möge.

Wesentlich für die konversationelle Implikatur ist, dass die über das Gesagte hinaus gehende Interpretation einer Äußerung sich nicht aus Sprachkonventionen erschließen lässt, sondern auf dem Wissen über etablierte Verhaltensweisen oder anderen Kontextfaktoren basiert. In diesem Fall ermöglicht dem Beobachter das Hintergrundwissen, dass Kinder gerne Schokolade essen und dass Eltern für ihre Kinder einkaufen, die Äußerungsbedeutung zu erfassen. Eine konversationelle Implikatur lässt sich also durch zwei Kriterien näher bestimmen: zum einen durch die Art des Wissens, welches bei der Transformation berücksichtigt wird, Wis-

"Was der Sprecher tatsächlich sagt, ist eine Sache – was er uns damit zu verstehen geben möchte, oft eine ganz andere. Dennoch ist die Bezeichnung zwischen konventioneller und kommunikativer Bedeutung in solchen Fällen nicht willkürlich. Wir verstehen in der Regel recht gut, was uns ein Sprecher einer bestimmten Äußerung sagen wollte – auch wenn er es nicht (explizit) gesagt hat. Wie läßt sich erklären, daß unsere Verständigung auch 'zwischen den Zeilen' in der Regel so gut klappt? Genau diese Frage sucht Grice mit Hilfe seiner Theorie der Konversationsimplikaturen [...] zu beantworten." (Meggle 1993: XII)

sen von Sprachkonventionen versus Wissen von Kontextfaktoren; und zum anderen durch die Angabe der Gesprächsmaximen, die durch das wörtlich Gesagte verletzt werden.

Wie wir erläutert haben, kann ein an einem Gespräch Beteiligter, durch die Art und Weise der von ihm realisierten kommunikativen Handlungen, in unterschiedlicher Weise die Befolgung der Maximen unterlassen. Die für Grice wichtigste Art der Nichterfüllung ist die absichtliche und offensichtliche Verletzung der Konversationsmaximen. Eine konversationelle Implikatur liegt nämlich dann vor, wenn ein offener Verstoß gegen eine Maxime gegeben ist. Damit in einer vorliegenden offensichtlichen Nichterfüllung einer Konversationsmaxime dennoch eine bedeutungshaltige Art von Verhalten erblickt werden kann, muss angenommen werden, dass dieses Verhalten trotz allem einen Fall kooperativen Handelns darstellt. Nur unter dieser Voraussetzung kann weiterhin angenommen werden, dass der Sprecher überhaupt etwas Bestimmtes zu verstehen geben wollte.

Das Kooperationsprinzip und die Konversationsmaximen stellen insgesamt einen Gesprächshintergrund dar, der von den Gesprächsteilnehmern, zumindest implizit, als operativ angesehen wird. Dass es sich so verhält, dafür sprechen insbesondere diejenigen Fälle, in denen die Sprecher es für notwendig erachten, ausdrücklich darauf hinzuweisen, dass sie die Maximen bewusst und absichtlich verletzen. Ein Sprecher kann z. B. sagen:

1) Es steht mir nicht frei, mehr zu sagen (Verletzung der Maxime 1 a) der Quantität).
2) Ich muss das wahrscheinlich jetzt gar nicht sagen (Verstoß gegen Maxime 1 b) der Quantität).
3) Ich bin mir nicht sicher, ob es wahr ist, aber ... (Verletzung der Maxime 2 a) der Qualität).
4) Ich habe zwar keine Beweise dafür, aber ... (Hinweis auf mögliche Verletzung der Maxime 2 b) der Qualität).
5) Nebenbei bemerkt ...; apropos ... (Bezug zur Maxime der Relation).
6) Ich muss dazu etwas weiter ausholen ... (Begründung der Verletzung der Maxime 4 c) der Modalität).

7) Um es gleich vorweg zu sagen ... (Verletzung der Maxime 4 d) der Modalität).

Sprachreflexive Wendungen wie diese können als Bezugnahmen auf den in Gestalt des Kooperationsprinzips und der Konversationsmaximen gegebenen Zusammenhang verstanden werden. Ohne diesen Zusammenhang wäre das Vorkommen der obigen Wendungen nicht leicht zu erklären. Mit diesen Beispielen will Grice noch einmal den Status des Kooperationsprinzips und der Konversationsmaximen verdeutlichen. Die Konversationsmaximen sollen nicht als empirische Beschreibung tatsächlich stattfindender Kommunikation betrachtet werden. Entscheidend ist vielmehr, dass wir als Gesprächsteilnehmer uns – zumindest solange, wie wir uns rational verhalten – die Befolgung der Konversationsmaximen wechselseitig unterstellen. Gibt es einen offensichtlichen Verstoß gegen die Maximen, so versuchen wir, den Gesprächsbeitrag so zu interpretieren, dass zumindest das Kooperationsprinzip gewahrt bleibt. Die empirische Aussage bezüglich des Kooperationsprinzips und der Maximen lautet also: Es ist eine Tatsache, dass wir unseren Gesprächspartnern die Befolgung der Maximen unterstellen.

3.3.6 *Literatur*

Bibliografie:

The Publications and Main 'Unpublications' of H. P. Grice. In: Grandy, Richard E./Warner, Richard (Ed.) [1986]: Philosophical Grounds of Rationality. Intentions, Categories, Ends. Oxford, S. 494-496.
Auswahlbibliographie zu Grice: In: Meggle (Hrsg.) [1993], S. 512-513.

Online-Bibliografie zu Grice

www.kowi.uni-essen.de/ koloss

⇨ Literatur ⇨ Grice

Verwendete Literatur:

Grewendorf, Günther (Hrsg.) [1979]: Sprechakttheorie und Semantik. Frankfurt a. M.
Grice, H. Paul [1957]: Meaning. In: The Philosophical Review 66, S. 377-388.
Grice, H. Paul [1967]: Logic and Conversation. In: ders. [1989], S. 22-40.

Grice, H. Paul [1968]: Utterer's Meaning, Sentence-Meaning, Word-Meaning. In: Foundation of Language 4, S. 225-242.

Grice, H. Paul [1969]: Utterer's Meaning and Intentions. In: Philosophical Review 78, S. 147-177.

Grice, H. Paul [1975]: Logik und Konversation. In: Meggle (Hrsg.) [1993], S. 243-265.

Grice, H. Paul [1979a]: Intendieren, Meinen, Bedeuten. In: Meggle (Hrsg.) [1993], S. 2-15.

Grice, H. Paul [1979b]: Sprecher-Bedeutung, Satz-Bedeutung, Wortbedeutung. In: Meggle (Hrsg.) [1993], S. 85-111.

Grice, H. Paul [1979c]: Sprecher-Bedeutung und Intentionen. In: Meggle (Hrsg.) [1993], S. 16-51.

Grice, H. Paul [1987]: Some Models for Implicature. In: ders. [1989], S. 138-143.

Grice, Paul [1989]: Studies in the Way of Words. Cambridge, Mass.; London.

Kemmerling, Andreas [1979]: Was Grice mit 'Meinen' meint. In: Grewendorf (Hrsg.) [1979], S. 67-118.

Meggle, Georg (Hrsg.) [1993]: Handlung, Kommunikation, Bedeutung. Mit einem Anhang zur Taschenbuchausgabe. Frankfurt a. M.

Meggle, Georg (Hrsg.) [1994²]: Grundbegriffe der Kommunikation. Berlin.

Newen, Albert/Savigny, Eike von [1996]: Einführung in die Analytische Philosophie. München.

Preyer, Gerhardt/Ulkan, Maria/Ulfig, Alexander (Hrsg.) [1997]: Intention – Bedeutung – Kommunikation. Kognitive und handlungstheoretische Grundlagen der Sprachtheorie. Opladen.

Wunderlich, Dieter [1972]: Zur Konventionalität von Sprechhandlungen. In: ders. (Hrsg.) [1972]: Linguistische Pragmatik. Frankfurt a. M., S. 11-58.

4. Die sozialwissenschaftliche Perspektive auf Kommunikation

4.1 Georg Simmels formensoziologische Untersuchung von Wechselwirkungen

4.1.1 Die Relevanz Georg Simmels für die Kommunikationswissenschaft

Philosoph, Soziologe, Kulturtheoretiker, Essayist der Moderne – dies sind einige der häufigen, heterogenen Zuschreibungen für Georg Simmel und sein Œuvre, die aus der Breite seiner wissenschaftlichen Ausrichtung und der Vielfalt seiner Themen resultieren. Betrachtet man seine Werke isoliert, dann stehen nebeneinander etwa: erkenntnistheoretische, moralwissenschaftliche, geschichtsphilosophische, psychologische, differenzierungstheoretische und soziologische Studien. Ihr thematisches Spektrum erstreckt sich über Kant, die Form der (modernen) Gesellschaft, die Tragödie der Kultur, die Geldwirtschaft, die zeitgenössische Kunst, die Position der Geschlechter, das Sein und Werden des Lebens, die Individualität, das Leben in der Großstadt, das Abenteuer, das Geheimnis und die Religiosität. Doch jene vermeintlich getrennten Untersuchungen lassen sich durchaus synthetisieren und insofern in einen Zusammenhang bringen, als bei Simmel Erkenntnistheorie, Soziologie, Kulturtheorie und Lebensphilosophie notwendig zusammenhängen, durchgängig aufeinander verweisen und auf gemeinsamen Grundbegriffen beruhen.

Unser Zugriff auf Simmel legt den Schwerpunkt auf die Methoden, Grundbegriffe und Erkenntnisse seiner Formensoziologie. Georg Simmel hat nicht nur institutionell an der Begründung der Soziologie mitgewirkt, sondern auch ein umfassendes Programm einer Gesellschafts- und Kulturtheorie erarbeitet, so dass er aus beiden Gründen mittlerweile zu Recht als *Klassiker* rezi-

* 1.3.1958 (Berlin)
† 26.9.1918 (Straßburg)

Georg Simmel studiert an der Universität Berlin von 1876 bis 1880 Geschichte bei Theodor Mommsen (1817-1903) und Johann G. Droysen (1808-1884), Völkerpsychologie bei Moritz Lazarus (1824-1903) und Philosophie bei Eduard Zeller (1814-1908).
1880 beginnt Simmel sein Promotionsvorhaben in Berlin bei Zeller und dem Physiker und Physiologen Hermann von Helmholtz (1821-1894) mit einer Arbeit über "Physiologisch-ethnographische Studien über die

Anfänge der Musik", die 1882 zwar als Aufsatz erscheint, als Promotionsschrift aber abgelehnt wird. 1881 wird Simmel mit 'cum laude' zum Dr. phil. mit der preisgekrönten Schrift über "Das Wesen der Materie nach Kant's Physischer Monadologie" promoviert. Zwei Jahre später erfolgt Simmels Zulassung zur Habilitation mit einer Arbeit über Kants Lehre von Raum und Zeit, die er 1885 mit seiner öffentlichen Antrittsvorlesung "Über das Verhältnis des ethischen Ideals zu dem logischen und ästhetischen" abschließt. Zur selben Zeit nimmt er seine Tätigkeit als Privatdozent an der Berliner Universität auf, wird aber erst im Frühjahr 1900 zum (unbesoldeten) Extraordinarius für Philosophie mit einem Lehrauftrag für Soziologie ernannt. Trotz der Unmenge an Publikationen und enormer Wirkung in der Lehre mit überfüllten Hörsälen bleibt Simmel aber in der akademischen Zunft ein Außenseiter; teils wird er als Jude diffamiert, teils erregen sein Denkstil und seine Thesen Ablehnung, teils wird ihm der Verkaufserfolg seiner Werke nicht gegönnt. Nach der psychologischen Studie "Über sociale Differenzierung" (1890) und der erkenntnistheoretischen Arbeit über "Die Probleme der Geschichtsphilosophie" (1892) wendet sich Simmel unter dem Einfluss neukantianischer und geschichtswissenschaftlicher Strömungen fast ausschließlich soziologischen Problemstellungen und Phänomenen zu. Deutlich stehen ab 1900 mit der "Philosophie des Gel-

piert wird. Ein Großteil seiner Untersuchungen ist den Formen moderner Vergesellschaftung und verschiedenen sozialen Wechselwirkungsprozessen gewidmet. Zunehmend hat Simmel dabei von einem vorgegebenen, starren Gesellschaftsbegriff (*terminus a quo*) Abstand genommen und ihn vielmehr als Ergebnis soziologischen Denkens verstanden (*terminus ad quem*). Um die Funktionalität und Dynamik der Gesellschaft herauszustellen, spricht er mit Vorliebe von *Vergesellschaftung* und *Wechselwirkung*. Die Wechselwirkung ist der zentrale Grundbegriff seiner Formensoziologie. Simmel zeigt damit, dass die Einheit der Gesellschaft aus den Formen der Wechselwirkung resultiert und dass grundständig dort Gesellschaft ist, wo mindestens zwei Individuen in Wechselwirkung treten.

Im Vergleich zu Simmels Anstrengungen, die deutsche Soziologie um 1890 zur eigenständigen Disziplin zu erheben, zeigen sich für die Kommunikationswissenschaft ähnliche Möglichkeiten. Sie kann sich entweder durch einen exklusiven Gegenstandsbereich oder durch einen grundgelegten Kommunikationsbegriff oder durch einen problemorientierten Fragenkatalog disziplinär abgrenzen und legitimieren. Dabei wäre zweierlei zu lernen: Zum einen ist der Kommunikationsbegriff nicht so sehr als *terminus a quo*, sondern vielmehr als *terminus ad quem* zu verstehen; und zum anderen steht die Definition einer Wissenschaft nicht an ihrem Beginn, sondern erwächst erst aus ihren forschenden und theoretischen Arbeiten.

Im Zentrum von Simmels soziologischem Erkenntnisinteresse steht die Untersuchung von Genese, Funktion und Struktur von fragilen, ephemeren wie auch von stabilen, überpersönlichen Vergesellschaftungsformen. Aus seiner erkenntniskritischen Einstellung hat sich ihm die soziologische Verwendung des Form/Inhalt-Konzepts angeboten. Ziele, Wünsche, Triebe und sonstige psychische Dispositionen von individuellen Trägern, also Inhalte, bilden durch menschliche Wechselwirkungen je eigene soziale Formen aus und bringen die gesellschaftliche Wirklichkeit hervor. Das soziologische Denken hat sich dann durch Abstraktion vom Inhalt, im Modus einer analytischen Trennung, auf das rein Soziale zu konzentrieren, um zu sehen, was an der Gesellschaft tatsächlich 'Gesellschaft' ist; und diese liegt als spezielle Aggregierungsform jenseits des Menschlichen bzw. Psychischen (vgl. Simmel 1992: 15 und 863).

Für die primäre Orientierung der Kommunikationswissenschaft an mikrologischen Kommunikationsprozessen gibt Simmels Formensoziologie einen wichtigen Impuls. Sie soll die Feinstruktur zwischenmenschlicher Wechselwirkungen nach ihren Eigenschaften beschreiben, in ihren Funktionen erklären und schließlich in ihrer Vielheit als eigenständige Formen voneinander unterscheiden. Der zwischenmenschliche Tausch(verkehr) von Interessen, Gütern und Worten bildet sowohl das funktionelle Fundament von Vergesellschaftung als auch das Basismodell gesellschaftlicher Ordnung. Simmel geht weiter davon aus, dass gerade die zufälligen und vermeintlich unscheinbaren zwischenmenschlichen Wechselwirkungen – wie etwa der gegenseitige Blickkontakt, das Briefeschreiben, das gesellige Gespräch, die koordinierte Orientierung im öffentlichen Verkehr oder das gemeinsame Anstehen an der Theaterkasse – den Zusammenhang der gesellschaftlichen Einheit grundständig herstellen. Der Sozialwissenschaftler kann gerade in solchen Situationen die Gesellschaft in ihrem konkreten menschlichen Grundgewebe beobachten. Neben seinen Studien über Gruppen, soziale Differenzierung, gesellschaftliche Großbereiche (Wirtschaft, Religion, Kunst etc.) und Kulturentwicklung kann Simmel besonders aus Sicht der aktuellen soziologischen Mikroskopie der Status des ersten prominenten Interaktionstheoretikers zugewiesen werden.

4.1.2 *Aufbau und Programm der Formensoziologie*

Intensiv an der Erkenntniskritik Kants geschult – bei keinem anderen soziologischen Klassiker sticht die Abhängigkeit soziologischer Grundbegriffe von erkenntnistheoretischen Studien und Prämissen so stark ins Auge –, gilt Simmels Suche nach einem wissenschaftlich autonomen Gebiet von Vergesellschaftung: einer soziologischen Methodik, je speziellen Grundbegriffen und einem abgegrenzten Untersuchungsbereich mit spezifischen Problemstellungen. Dabei nehmen dann die wissenschaftlichen Programme von Völkerpsycho-

des" die reine Analyse sozialer Wechselwirkungen, das Form/Inhalt-Konzept, der Relativismus als Weltprinzip und das Verhältnis der Soziologie zur Philosophie im Mittelpunkt. Der Abschluss seiner soziologischen Werkphase ist spätestens mit dem Erscheinen der "Soziologie. Untersuchungen über die Formen der Vergesellschaftung' (1908) gegeben.

1909 wirkt Simmel an der Gründung der 'Deutschen Gesellschaft für Soziologie' mit, deren erste Tagung er 1910 in Frankfurt mit dem Vortrag über die "Soziologie der Geselligkeit" eröffnet. Im selben Jahr tritt er dem Herausgeberkreis der neu gegründeten Zeitschrift 'Logos' bei. 1911 erhält Simmel einen Ehrendoktortitel an der Staatswissenschaften an der Universität Freiburg. Im Alter von 56 Jahren wird Simmel 1914 an die Universität Straßburg als ordentlicher Professor berufen, nachdem er zuvor immer wieder bei Berufungen (z. B. Heidelberg) übergangen wurde. Dort entstehen, mit deutlichem Einfluss der Philosophie Henri Bergsons (1858-1941), seine metaphysischen, lebensphilosophischen und pädagogischen Spätwerke sowie mit "Grundfragen der Soziologie" (1917) eine Zusammenfassung seiner Formensoziologie.

Der soziologische Anfang ist nicht so auszurichten, "daß es unbestrittener und festumgrenzter Definitionen für die Grundbegriffe der Sociologie bedürfe, daß man z. B. von vornherein die Fragen beantworten könne: was ist eine Gesellschaft? was ist ein Individuum? wie sind gegenseitige psychische Wirkungen der Individuen auf einander möglich? u.s.w.; vielmehr wird man sich auch hier mit einer nur ungefähren Umgrenzung des Gebietes begnügen und die völlige Einsicht in das Wesen der Objekte von, aber nicht vor der Vollendung der Wissenschaft erwarten müssen [...]. Noch immer gilt die aristotelische Wahrheit, daß, was der Sache nach das Erste ist, für unsere Erkenntnis das Späteste ist." (Simmel 1989: 117)

logie, Neukantianismus und Geschichtsphilosophie besonders starken Einfluss auf Simmels Weg zur Bestimmung einer eigenständigen soziologischen Fachdisziplin. Nach seiner ersten methodologischen Diskussion über die Soziologie von 1890 in "Über sociale Differenzierung" folgt als programmatische Initialzündung "Das Problem der Sociologie" (1894); den zentralen Abschluss legt Simmel mit seiner 'großen' "Soziologie" von 1908 vor.

Anfänglich überwiegt in der soziologischen Abgrenzung ein kombinatorisches Element. Simmel sieht, dass sich verschiedene Wissenschaften, wie etwa Nationalökonomie, Statistik, Geschichtswissenschaft oder Kriminalistik, bereits mit sozialen Phänomen beschäftigen, und zieht daraus den Schluss: Soziologie wäre wohl "eine eklektische Wissenschaft, insofern die Produkte anderer Wissenschaften ihr Material bilden." (1989: 116) Sie greift deren Material noch einmal auf, betrachtet es neu und schafft dadurch andere Synthesen, so dass im Ergebnis der Unterschied der soziologischen Deutung zu einer Wissenschaft *zweiter Potenz* führt. Die vorrangige Aufgabe der Soziologie besteht darin, "die Formen des Zusammenseins von Menschen zu beschreiben und die Regeln zu finden, nach denen das Individuum, insofern es Mitglied einer Gruppe ist, und die Gruppen untereinander sich verhalten" (Simmel 1989: 118). Im Kern sieht Simmel alles Soziale – wie aber auch die Welt überhaupt – durch funktionelle, dynamische und historische Kräftebeziehungen zwischen verschiedenen Elementen hervorgebracht, vereinheitlicht und kontinuierlich sich wieder verändernd. Die anziehenden und abstoßenden, harmonischen und antagonistischen Kräftebeziehungen zwischen Menschen sind zwar allesamt als Wechselwirkungen zu beschreiben, aber in seinen frühen soziologischen Arbeiten reserviert Simmel den Gesellschaftsbegriff für jene besonderen Wechselwirkungsformen, die sich zu einem eigenständigen, beharrenden Gebilde ausgeprägt haben und damit von der lebendigen Gegenwart einzelner unabhängig sind (vgl. 1989: 133): Sprache, Verkehr, Sitte, Politik, Recht, Volksgruppen, Religionsgemeinschaften etc.

Der weitere Aufbau der Soziologie wechselt sodann von der methodischen, formalen Legitimierung hin zu einer stärker gegenständlichen und materialen. Zum einen wird die soziale Wechselwirkung kantianisch in eine Form/Inhalt-Differenz zerlegt; zum anderen wird das Dynamisch-Funktionelle in der sozialen Wechselwirkung durch den Begriff der *Vergesellschaftung* ausgedrückt. Jetzt behandelt "eine eigentliche Sociologie nur das Specifisch-Gesellschaftliche [...], die Form und Formen der Vergesellschaftung als solcher, in Absonderung von den einzelnen Interessen und Inhalten, die sich in und vermöge der Vergesellschaftung verwirklichen." (Simmel 1992a: 54) Die Formensoziologie ist aus der Taufe gehoben. Obzwar Form und Inhalt immer zusammenhängen, die gesellschaftliche Wirklichkeit die Einheit beider ist, ist es der soziologische Kunstgriff, durch gedankliche Ablösung und Einklammerung des Inhalts (menschliche Bedürfnisse, Triebe, Zwecke, Willensrichtungen) die Reinheit einer Vergesellschaftungsform zu erkennen und auf ihre Genese, Funktion, Struktur und historische Kontinuität oder Veränderung hin zu beschreiben.

"Indem die soziologische Frage auf die Abstraktion dessen geht, was an der komplexen Erscheinung, die wir soziales Leben nennen, wirklich nur Gesellschaft, d. h. Vergesellschaftung ist; indem sie aus der Reinheit dieses Begriffes alles das entfernt, was zwar nur innerhalb der Gesellschaft historisch realisiert wird, was aber die Gesellschaft *als solche*, als einzigartige und autonome Existenzform, nicht konstituiert – ist ein völlig unzweideutiger Kern von Aufgaben geschaffen" (Simmel 1992: 61f.).

Der soziologischen Formenanalyse werden dabei die beiden speziellen Methoden der *Querschnitt-* und der *Längsrichtungsanalyse* zur Seite gestellt (vgl. Simmel 1992a: 59). Die erste zielt auf die Erkenntnis der Konstitution, der Funktion und der Eigenschaften von Vergesellschaftungsformen; die zweite auf deren Genese, Geschichtlichkeit und Strukturerhaltung bzw. -veränderung. Wären einmal alle verschiedenen Formen der Vergesellschaftung erkannt und vergleichend analysiert, dann wäre das Rätsel der Gesellschaft gelöst – so die Hoffnung Simmels.

Simmel sichert seine Formensoziologie durch erkenntnistheoretische Überlegungen 'nach unten hin' ab und drängt, durch Kant motiviert, im Besonderen auf die Beantwortung folgender Fragestellungen: "welches sind nun die inneren und prinzipiellen Bedingungen, auf Grund deren die mit solchen Trieben ausgestatteten Individuen die Gesellschaft überhaupt zustandebringen, das Apriori, das die empirische Struktur des Einzelnen, insofern er Gesellschaftswesen ist, ermöglicht und formt? Wie sind nicht nur die empirisch entstehenden Einzelgestaltungen, die unter dem Allgemeinbegriff der Gesellschaft stehen, möglich, sondern die Gesellschaft überhaupt als eine objektive Form subjektiver Seelen?" (1992: 41)

Drei soziologische Apriori

Drei soziologische Apriori begründen als Bedingung der Möglichkeit das Sein der Gesellschaft, das Gesellschaftsbewusstsein der Individuen und implizit auch das soziologische Erkennen der Gesellschaft.

Das *erste soziologische Apriori* thematisiert die Bedingung der Möglichkeit des Erkennens von anderen und die daraus resultierende zwischenmenschliche Kontaktmöglichkeit. Unser Bild von den Mitmenschen ist immer fragmentarisch und in seinem Wissen von der umfassenden Individualität der anderen unvollständig. Doch das Verborgene und die Lücken ergänzen wir selbst, indem wir jeden Einzelnen als Typus verallgemeinern und ein rollenförmiges Idealbild entwerfen. Nur auf Grund dieser Voraussetzungen können wir gemeinsam Wechselwirkungen herstellen, konkrete Erwartungen in einem sozialen Kreis ausdrücken und wechselseitig sinnhaft die soziale Wirklichkeit gestalten.

"Wir sehen den andern nicht schlechthin als Individuum, sondern als Kollegen oder Kameraden oder Parteigenossen, kurz als Mitbewohner derselben besonderen Welt und diese unvermeidliche, ganz automatisch wirksame Voraussetzung ist eines der Mittel, seine Persönlichkeit und Wirklichkeit in der Vorstellung des andern auf die von seiner Soziabilität erforderte Qualität und Form zu bringen." (Simmel 1992: 50)

Das *zweite Apriori* ist auf die Bedingung der Möglichkeit der empirischen Gesellschaftsform ausgerichtet. Jedes empirische (und nicht transzendentale!) Subjekt hat das Wissen, sowohl Element der Gesellschaft zu sein als auch gleichzeitig außerhalb ihrer zu stehen und zu einem bestimmten Teil nicht-vergesellschaftet zu sein. Diese persönliche Doppelstruktur begleitet alle sozialen Beziehungen, da auch nicht-aktuelle Rollenmuster und Einstellungen in konkrete Wechselwirkungsformen eingehen und sie mitbestimmen. In einer weiteren Konsequenz meint diese Zweiheit, dass jeder sowohl *Produkt* als auch *Teil* der Gesellschaft ist (vgl. Simmel 1992: 54f.). Als physiologisch-biologisches Produkt hat jeder sein individuelles Für-sich-sein; als Mitglied der Gesellschaft hat der Einzelne ein Für-die-Gesellschaft-sein. Diese Einheit macht den Menschen zum sozialen Wesen und ermöglicht ihm ein Wissen von sich selbst im Unterschied zu anderen.

Im *dritten soziologischen Apriori* bespricht Simmel die Ordnung der Gesellschaft als Einheit, obgleich sie *"ein Gebilde aus ungleichen Elementen"* ist (1992: 57), und die Bedingung der Möglichkeit jedes Einzelnen, sich in die soziale Ordnungseinheit einfügen und Mitglied der Gesellschaft sein zu können.

"Daß jedes Individuum durch seine Qualität von sich aus auf eine bestimmte Stelle innerhalb seines sozialen Milieus hingewiesen ist: daß diese ihm ideell zugehörige Stelle auch wirklich in dem sozialen Ganzen vorhanden ist – das ist die Voraussetzung, von der aus der Einzelne sein gesellschaftliches Leben lebt und die man als Allgemeinheitswert der Individualität bezeichnen kann." (Simmel 1992: 59)

Die wesentliche Realisierungsgrundlage dafür liegt in der Kategorie des *Berufes*. Wenn in der sozialen Wirklichkeit tatsächlich harmonisch und geordnet jeder seine mögliche und gewollte Stelle und Berufung fände, so wäre die *vollkommene Gesellschaft* erreicht. Wenn dagegen ein Individuum dieses Apriori seiner sozialen Existenz nicht verwirklicht oder auf Grund der Gesellschaftsstrukturen nicht verwirklichen kann, dann steht es in diesem Sonderfall außerhalb der Gesellschaft, "ist *es eben nicht vergesellschaftet*, ist *die Gesellschaft nicht die lückenlose Wechselwirksamkeit, die ihr Begriff aussagt."* (Simmel 1992: 59)

4.1.3 Das Konzept der Wechselwirkung

Der Objektbereich der Soziologie wird von Simmel an den Formen der Vergesellschaftung orientiert und durch den Begriff der *Wechselwirkung* fundiert. Da das Konzept der Wechselwirkung aber bereits in anderen wissenschaftlichen Kontexten eingeführt wurde und sich etwa bereits mit Kant, Schleiermacher, Helmholtz und Dilthey verbinden lässt (vgl. ausführlich zum ideengeschichtlichen Kontext: Christian 1978: 115ff. und Ziemann 2000: 113ff.), ist eine genauere Darstellung von Simmels Verwendungsweise notwendig.

Jede Wechselwirkung ist auf Substanzen angewiesen, die sich durch eine räumliche und zeitliche Relationierung zu einer Einheit verbinden. Weil aber Einheit

Kernaspekte der Wechselwirkung:

a) Dynamisierung raumzeitlicher Prozesse,

b) entwicklungsgeschichtliche Veränderung und soziokulturelle Evolution,

c) relational konstituierte soziale Einheit.

immer schon Wechselwirkung meint (vgl. Simmel 1992: 18), *ist* so auch die Wechselwirkung als dynamische Kategorie in ihrem Vollzug bereits Einheit und stiftet diese nicht erst im Nachhinein zwischen den beteiligten Elementen. Im speziellen gesellschaftlichen Zuschnitt zeigt sich nun: Als Elemente fungieren zuallererst Individuen – sodann in der genetischen bzw. soziokulturellen Abfolge: Gruppen, Nationen, autonome Sozialgebilde –, die dadurch eine soziale Wechselwirkung konstituieren, dass sie sich aneinander orientieren, aufeinander Bezug nehmen oder allgemein: durch Aktion und Reaktion eine raumzeitliche Verbindung aktuell herstellen. Wenn mit dieser Zuschreibung feststeht, dass Individuen, als Elemente, durch eine beliebige Beziehung, als Struktur des Miteinander, eine Wechselwirkung als soziale Einheit ausbilden, so ist noch genauer zu klären, worin jeweils der individuelle und der soziale Anteil an der Wesenheit der Gesellschaft besteht. Zu dieser vertiefenden Einsicht verhilft uns die Form/Inhalt-Differenz.

Jede soziale Wechselwirkung ist als Vergesellschaftungsform die Einheit von Form und Inhalt. Die jeweils als psychische Disposition der Individuen angelegten Triebe, Absichten, Motive, Ziele etc. bezeichnen den Inhalt bzw. die Materie. Der aktuell zum Ausdruck drängende bzw. realisierte Inhalt bildet in der interindividuellen Einheit des Miteinander, Füreinander oder Gegeneinander die Form der sozialen Wechselwirkung. Folglich ist die Einheit der sozialen Wechselwirkung als Form zu erkennen, in der spezifische Inhalte wechselwirken und eine soziale Struktur ausprägen. Grundständig scheint hier jede soziale Wechselwirkungsform auf individuelle Träger verwiesen und von ihrer sozialen Ausformung und Bedeutung auf die psychischen Inhalte zurückführbar. Diese Sichtweise lässt sich mit Simmel jedoch nur für gesellschaftliche Ausgangsformen und einfache situative Beziehungen aufrecht erhalten; hingegen nicht mehr für soziale Kollektiv- und Großgebilde mit autonomer Funktion und Struktur.

Die Konstitutionsbedingungen der sozialen Wechselwirkung liegen originär in der Dyade vor; sie werden also von mindestens zwei Individuen und der psychisch bedingten Rückwirkung des Anderen auf die psychisch getragene Wirkung des Einen innerhalb eines raumzeitlichen Prozesses getragen. Gerade durch die Rückwirkung wird folglich eine soziale Beziehung und Einheit konstituiert. Mit dieser Einsicht in den Wechsel- und Gegenseitigkeitscharakter jeder sozialen Beziehung kann Simmel auch jenen, unbestritten sozialen, Situationen gerecht werden und sie einschließen, die ein nur vermeintlich einseitig ausgeübtes Beeinflussungs- und Wirkungsverhältnis zeigen:

"der Redner scheint der Versammlung, der Lehrer der Klasse, der Journalist seinem Publikum gegenüber der allein Führende und Beeinflussende zu sein; tatsächlich empfindet jeder in solcher Situation die bestimmende und lenkende Rückwirkung der scheinbar bloß passiven Masse" (1989b: 59).

Von hier aus zieht Simmel die Konsequenz, jede Wechselwirkung grundständig, also von ihrer interindividuellen Herkunft und Ausrichtung her, als *Tausch* zu betrachten. Im Besonderen ist aber der Tausch hier nicht als Übertragungsprinzip mit ontologischen Implikationen zu verstehen, sondern als reine Form der wechselseitigen Ausübung von Kräften, ohne dass diese selbst aufgebraucht würden. Nur unter der in der Wechselwirkung bestätigten Voraussetzung, dass die daran Beteiligten das psychische 'Material' behalten, das sie durch Symbolisierung oder Verhaltensweisen ausdrücken, können eine soziale Übereinstimmung und eine soziale Zukunft überhaupt hergestellt werden. Weil nach dieser Vorstellung für Simmel die Wechselwirkung eine Tauschform ist, gilt, dass der Tausch in seinem Vollzug bereits seine Einheitsform realisiert bzw. sie schon realisiert hat. Als soziale Einheit wirkt der Tausch wiederum auf die Tauschpartner zurück und vermittelt zwischen diesen ein gemeinsames Wertbewusstsein, so dass daraus erwartbare Orientierungsmöglichkeiten und gemeinsame Überzeugungen kondensieren können. Weder im Tausch von Worten, als Wechselwirkungsform der Rede, noch etwa im Tausch von Gefühlen, als Wechselwirkungsform der Sympathie, Liebe oder Koketterie, gibt der Eine etwas ab, das er dann nicht mehr besitzt, und gewinnt der Andere etwas Neues im Ausgleich zu einem vorherigen Besitz. Gerade für die Liebe wäre es ja mehr als tragisch, wenn die eigenen Gefühle mit ihrem Ausdrucksbekunden verloren gingen. Ebenso tragisch wäre es für das Ge-

"Wo wir Liebe um Liebe tauschen, wüßten wir mit der darin offenbarten inneren Energie sonst nichts anzufangen; indem wir sie hingeben, opfern wir [...] keinerlei Nutzen auf; wenn wir in der Wechselrede geistige Inhalte mitteilen, so nehmen diese darum nicht ab; wenn wir unserer Umgebung das Bild unserer Persönlichkeit darbieten, indem wir das der anderen in uns aufnehmen, so vermindert dieser Austausch unseren Besitz unser selbst in keiner Weise. Bei all diesen Tauschen geschieht die Wertvermehrung nicht durch Aufrechnung von Gewinn und Verlust, sondern der Beitrag jeder Partei steht entweder ganz jenseits dieses Gegensatzes, oder es ist an sich schon ein Gewinn, ihn nur hingeben zu dürfen, so daß wir die Erwiderung als ein, trotz unserer eigenen Gabe, unverdientes Geschenk empfinden" (Simmel 1989b: 60f.).

spräch, wenn keine Entäußerung mehr auf ihren Sprecher zugerechnet werden könnte und jeder Beitrag vom Sprecher vergessen werden müsste, da er jetzt nicht mehr in seinem 'Besitz' wäre.

Zur Vertiefung des soziologischen Wechselwirkungskonzepts greifen wir eine prominente Textpassage aus Simmels *Soziologie* (1908) auf:

"Ich gehe [...] von der weitesten, den Streit um Definitionen möglichst vermeidenden Vorstellung der Gesellschaft aus: daß sie da existiert, wo mehrere Individuen in Wechselwirkung treten. Diese Wechselwirkung entsteht immer aus bestimmten Trieben heraus oder um bestimmter Zwecke willen. Erotische, religiöse oder bloß gesellige Triebe, Zwecke der Verteidigung wie des Angriffs, des Spieles wie des Erwerbes, der Hilfeleistung wie der Belehrung und unzählige andere bewirken es, daß der Mensch in ein Zusammensein, ein Füreinander-, Miteinander-, Gegeneinander-Handeln, in eine Korrelation der Zustände mit andern tritt, d. h. Wirkungen auf sie ausübt und Wirkungen von ihnen empfängt. Diese Wechselwirkungen bedeuten, daß aus den individuellen Trägern jener veranlassenden Triebe und Zwecke eine Einheit, eben eine 'Gesellschaft' wird. [...] Irgend eine Anzahl von Menschen wird nicht dadurch zur Gesellschaft, daß in jedem für sich irgend ein sachlich bestimmter oder ihn individuell bewegender Lebensinhalt besteht; sondern erst, wenn die Lebendigkeit dieser Inhalte die Form der gegenseitigen Beeinflussung gewinnt, wenn eine Wirkung von einem auf das andere – unmittelbar oder durch ein Drittes vermittelt – stattfindet, ist aus dem bloß räumlichen Nebeneinander oder auch zeitlichen Nacheinander der Menschen eine Gesellschaft geworden." (1992: 17ff.)

Wir halten noch einmal fest: Die Wechselwirkung ist die soziale Einheit von Inhalt und Form; die Gesellschaft selbst ist die Einheit aller verschiedenen Einheitsgrade von sich vollziehenden und bereits vollzogenen Formen der Wechselwirkung. Die formensoziologischen Untersuchungen können unter dieser Prämisse nach zwei Richtungen erkenntnisrelevante Unterschiede feststellen: zum einen bei den Verfestigungsgraden der Vergesellschaftungsformen und zum anderen im Blick auf die Variation und soziokulturelle Veränderung der Vergesellschaftungsformen. Durch die Unterscheidung der Verfestigungsgrade einer sozialen Einheit, die durch verschiedene Wechselwirkungen ausgeprägt werden, zeigt sich etwa die Einheit des flüchtigen Kontaktes oder des Gespräches auf der Straße raumzeitlich hochgradig instabil. Dagegen besteht die Einheit einer Wirtschaftsorganisation oder Glaubensgemeinschaft (im Normalfall) unabhängig von der Teilnahme bzw. Mitgliedschaft ihrer ehemaligen Gründer fort und verfügt zudem über verfestigte Erwartungsstrukturen und formale Regelungen, die diesen Gruppenformen eine hohe Selbsterhaltung und Selbstidentifikation ermöglichen. Diese Unterscheidung der Verfestigungsgrade kann in die *Intensität* der Wechselwirkungen (Engagement und Hafttiefe) und in die *Extensität* der Wechselwirkungen (Dauer, Regelmäßigkeit und Häufigkeit) spezifiziert werden (vgl. Becher 1971: 40).

Durch die Unterscheidung der Variation und soziokulturellen Veränderung der Gesellschaft zeigt die soziologische Analyse im historischen Verlauf die Anpassung von Vergesellschaftungsformen an kulturelle Umbrüche und an veränderte psychische Dispositionen. Diese Anpassung vollzieht sich dabei natürlich weder monokausal noch ist sie einseitig; Vergesellschaftungsformen bewirken ebenso eine bestimmte Anpassungsveränderung auf Seiten der Individuen. Die Analyse zeigt zudem, welche Formen sich stabilisiert haben, und kann dadurch ein Erklärungspotenzial aufbauen, um mögliche Gründe für die Veränderungen von gesellschaftlichen Konstitutionsmechanismen, Strukturen und Funktionen aufzuführen. Diesem Anspruch ist eine gesellschaftliche Differenzierungstheorie inhärent.

Mit der differenzierungstheoretischen Logik kann die Wechselwirkung bei Simmel dreifach ausgelegt werden:

1) als mikrologische Sozialform, in der sich konkrete individuelle Inhalte im zwischenmenschlichen Kontakt verbinden; 2) als mesologische Sozialform, in der zeitstabile, objektivierte Beziehungen und Gebilde der Ausdruck und die Realisierung bestimmter Kräfte und Inhalte sind; 3) als makrologische Sozialform, in der kulturell verfestigte Träger und autonome, überpersönliche Instanzen ihren Inhalten eine Einheit geben.

Dreiteilung des soziologischen Untersuchungsgebietes und differenter Ebenen der Wechselwirkung (vgl. Ziemann 2000: 319): 1) Vergesellschaftungs*prozesse* (konkrete Interaktionen zwischen Menschen), 2) Vergesellschaftungs*gebilde* (Gruppen, Verbände, Organisationen), 3) Vergesellschaftungs*welten* (Geldwirtschaft, Religion, Wissenschaft, Kunst, Politik etc.).

Ein anderer Effekt sozialer Differenzierung ist auf der Seite der Individuen festzustellen. Und zwar nicht nur insofern, als diese Vergesellschaftung grundständig hervorbringen, sondern auch darin, dass die entwickelten Gesellschaftsstrukturen und Kulturformen auf die vergesellschafteten Individuen zurückwirken und ihnen gleichermaßen Freiheitsgrade des Handelns ermöglichen wie auch Beschränkungen auferlegen. In enger Anlehnung an Dilthey sieht Simmel den Einzelnen im Kontext der Moderne immer stärker an bestimmte soziale Kreise und Rollen gebunden. Die persönliche Individualität ist dadurch das quantitative Ergebnis der *Kreuzung sozialer Kreise*, also etwa der Schnittpunkt zwischen Beruf, familialer Vaterrolle, Wohnort, Mitgliedschaft in einer Partei und einem Sportverein, religiöser Einstellung, wirtschaftlichen, materiellen Interessen und jeweils eng damit verbundenen sozialen Kontakten.

Wirkungsgeschichtlich hat Simmels Formensoziologie, die wir im Folgenden auf Interaktion verkürzen, zentralen Einfluss auf die Konflikt- und Gruppensoziologie in den USA, auf die Beziehungslehre Leopold von Wieses sowie auf gesellschaftstheoretische Studien zur Soziologie des Raumes gehabt (vgl. exemplarisch zur Wirkungsgeschichte Dahme 1981: 102-206).

"Die Gruppen, zu denen der Einzelne gehört, bilden gleichsam ein Koordinatensystem, derart, daß jede neu hinzukommende ihn genauer und unzweideutiger bestimmt. Die Zugehörigkeit zu je einer derselben läßt aber Individualität noch einen weiten Spielraum; aber je mehrere es werden, desto unwahrscheinlicher ist es, daß noch andere Personen die gleiche Gruppenkombination aufweisen werden, daß diese vielen Kreise sich noch einmal in *einem* Punkte schneiden." (Simmel 1989: 240)

4.1.4 *Interaktionen und die Sinne*

Im Folgenden soll gezeigt werden, dass das explizite Interesse der Kommunikationsforschung für face-to-face-Situationen und ihre Binnenstruktur bereits von Simmel in besonderer Weise behandelt worden ist. Simmel hat immer einen offenen Blick für zufällige wie auch strukturell verfestigte Interaktionen gehabt. An jenen konkreten zwischenmenschlichen Wechselwirkungen interessiert ihn die je besondere Formgestaltung und der Bezug zu anderen kulturellen und gesellschaftlichen Großbereichen. Paradigmatisch bestimmt er sowohl den mikroskopischen Ausgang der Soziologie als auch den Anfang von Vergesellschaftung überhaupt dyadisch.

"Als den Ausgangspunkt aller sozialen Gestaltung können wir uns nur die Wechselwirkung von Person zu Person vorstellen. Gleichviel wie die in Dunkel gehüllten historischen Anfänge des gesellschaftlichen Lebens wirklich gestaltet waren – seine genetische und systematische Betrachtung muß diese einfachste und unmittelbarste Beziehung zum Grunde legen, von der wir doch schließlich auch heute noch unzählige gesellschaftliche Neubildungen ausgehen sehen." (Simmel 1989b: 208)

Einige grundlegende Unterschiede zwischen Zweierverbindungen und sozialen Kollektivgebilden liegen in ihrer numerischen Größe, in der Flüchtigkeit und raumzeitlichen Instabilität derjenigen Wechselwirkung, die auf konkreter Anwesenheit und wechselseitiger Perzeption basiert, sowie in der hochgradigen Abhängigkeit der Zweierbeziehung von ihren Trägern, die durch den persönlichen Austritt, die körperliche Abwendung oder die perzeptive Ablenkung eines der Beteiligten ihre Einheit und soziale Prägung verliert. In Konkretion am *empirischen Menschenmaterial* lässt sich beobachten, wie in dieser einfachen sozialen Wechselwirkungsform individuelle Bedürfnisse und Ziele mit der Orientierung auf den Anderen nach ihrer Realisierung drängen und eine soziale Form des Mit-, Für- oder Gegeneinander ausprägen. Erst in einer weiteren, darauf aufbauenden Entwicklung bilden sich dann soziale Objektivationen, Institutionen und autonome Sozialgebilde aus.

In Interaktionsprozessen tritt zentral das weiter oben thematisierte erste soziologische Apriori hervor, wonach wir den Anderen nie in dessen individueller Einheit und mit einem vollkommenen Wissen erfahren können. Wir typisieren ihn stattdessen auf eine Rolle hin und idealisieren ihn hinsichtlich bestimmter Erwartungen und eigener Vorerfahrungen. Dieses Muster thematisiert Simmel auch als allgemeines *Beziehungs-Apriori* (vgl. 1992: 384f.): Einerseits beginnt jeder Kontakt mit einem wechselseitigen Nichtwissen; andererseits formt dennoch jeder aus den beobachtbaren Fragmenten den Anderen zu einer personalen Einheit.

"Wie aller Sinn der Wirklichkeit immer in die Kategorien des Seins und des Werdens auseinandergeht, so beherrschen diese auch das, was der Mensch vom Menschen überhaupt wahrnehmen will und kann. Wir wollen wissen: was ist dieser Mensch seinem Sein nach, was ist die dauernde Substanz seines Wesens? Und: wie ist er im Augenblick, was will er, denkt er, sagt er? Dies legt im großen und ganzen die Arbeitsteilung zwischen den Sinnen fest." (Simmel 1992: 729)

Gesichtssinn

"Jede Beziehung zwischen Menschen läßt ein Bild des einen im andren entstehen und dieses steht ersichtlich in Wechselwirkung mit jener realen Beziehung: während sie die Voraussetzungen schafft, auf die hin die Vorstellung des einen vom andern so und so ausfällt und ihre für diesen Fall legitimierte Wahrheit besitzt, gründet sich andrerseits die reale Wechselwirkung der Individuen auf dem Bilde, das sie voneinander erwerben. Hier liegt einer der tiefgründigen Zirkel des geistigen Lebens vor, in denen ein Element ein zweites, dieses aber jenes voraussetzt." (Simmel 1992: 385)

Daraus leitet sich die Fragestellung ab, welchen Bedingungen sich das Beziehungs-Apriori selbst verdankt. Sie führt uns auf die Wirkung und Beteiligung der menschlichen Sinnestätigkeit im direkten sozialen Kontakt.

Als konstitutive Minimalbedingung für soziale Prozesse bestimmt Simmel mindestens zwei Individuen, die einerseits in wechselseitiger Präsenz und einem bestimmten räumlichen Verhältnis und andererseits in wechselseitig geteilter Aufmerksamkeit und damit in einem perzeptiven Verhältnis zueinander stehen. Die sinnliche Wechselwirkung als Vorbedingung für soziale Wechselwirkungen und die Verschränkung von Interaktion, Raumbezug und Wahrnehmungssinnen hat Simmel ausführlich in seiner Studie "Soziologie der Sinne" (1907) behandelt. Dabei diskutiert er die perzeptiven Wirkungen auf zwischenmenschliche Vergesellschaftung und die sozialen Rückwirkungen auf Perzeption an Hand des Gesichts-, Gehörs-, Geruchs- und Geschlechtssinns (vgl. ausführlich Ziemann 2000: 264ff.).

Alle Sinne beruhen auf der spezifischen Zweiseitigkeit des Gebens und Nehmens, und es ist das allgemeine Fundament aller Sinneseindrücke, dass sie als Gefühl in das Subjekt hinein- und als Erkenntnis zum Objekt hinausführen. Dieser Zweiseitigkeit von Gefühlswert und Erkenntnisleistung folgt auch der Gesichtssinn. Indem das Auge sieht, wird das Bewusstsein einerseits mit einem bestimmten Gefühl konfrontiert, löst das Gesehene eine innere Stimmung aus. Andererseits gewinnt der Mensch Erkenntnis vom Gesehenen, indem das Auge sich auf ein äußeres Objekt richtet, es formend zur Anschauung bringt und mit einem Begriff verbindet. Neben dieser vermittelnden Funktion von

Naturerkenntnis *"ist das Auge auf eine völlig einzigartige soziologische Leistung angelegt: auf die Verknüpfung und Wechselwirkung der Individuen, die in dem gegenseitigen Sich-Anblicken liegt. Vielleicht ist dies die unmittelbarste und reinste Wechselwirkung, die überhaupt besteht."* (Simmel 1992: 723)

Der Gesichtssinn leistet insofern eine Doppelfunktion von soziologischer Bedeutung, als sich aus dem sozialen Kontakt einerseits eine subjektive Stimmung ergibt, die der Andere in mir auslöst, und andererseits eine Kenntnis vom Anderen, die ich an ihm erschließe. Dabei vermittelt das Auge die Einheit der Fremderfahrung im Zugleich von gefühltem Eindruck und objektiviertem Ausdruck. Die Ausdrucksbedeutung manifestiert sich besonders deutlich am Gesicht des Anderen, das mir *auf einen Blick* den Anderen in seinem Sosein zeigt. Das Antlitz bietet sich im zwischenmenschlichen Kontakt *"als das erste Objekt des Blickes"* dar und ermöglicht *"das unmittelbare Ergreifen seiner Individualität"* (Simmel 1992: 725f.) und seines Charakters. Alle Erfahrungen und Erlebnisse des bisher gelebten Lebens hinterlassen im Gesicht ihre Spuren, werden dort gleichsam archiviert und dokumentiert und geben dadurch das beharrende Sein, das fixierte Wesen und die substanziellen Formen des Anderen zum Verstehen frei. Auf der einen Seite *erzählt* das Gesicht, auf der anderen bestimmt es über diesen Ausdruck den weiteren Verlauf der sozialen Begegnung und färbt sie mit Sympathie, Antipathie, nervöser Erregtheit, spannungsgeladenem Interesse etc. Diese beiden Momente verdichten sich zu den soziologischen Tatsachen, dass wir auf den ersten Blick wissen, mit wem wir es zu tun haben, und dass der erste Eindruck, als Kenntnis vom Gesichtsausdruck, beharrlich alle späteren sozialen Interaktionen begleiten und beeinflussen wird.

Eine weitere soziologische Bedeutung des visuellen Fernsinnes beschreibt Simmel an Hand der sozialen Reziprozität von Wahrnehmungen. Das Auge nimmt nicht nur den Anderen wahr, sondern der Blickende wird selbst vom Anderen erblickt. Die soziale Reziprozität ist besonders im Blick angelegt, weil die beiden Beteiligten im höchst sensiblen und intimen Modus sich gegenseitig in reinster Wechselwirkung anblicken bzw. in die Augen schauen. Jeder ist zugleich erkennendes

"Das Auge entschleiert dem Andern die Seele, die ihn zu entschleiern sucht. Indem dies ersichtlich nur bei unmittelbarem Blick von Auge in Auge stattfindet, ist hier die vollkommenste Gegenwärtigkeit im ganzen Bereich menschlicher Beziehungen hergestellt." (Simmel 1992: 724)

Gehörssinn

Subjekt und erkanntes Objekt, und beide sind damit im wechselseitigen Verstehen und Zu-Verstehen-Geben verbunden. Die Möglichkeit der sozialen Reziprozität im Blickkontakt wird von der räumlich bindenden Nähe getragen, die die perzeptive Interaktionssituation deshalb auch so unmittelbar und zugleich instabil konturiert. Zwar gehören die Anblickenden sich unmittelbar selbst, denn kein anderer hat auf dieses Geschehen Einfluss und keinerlei objektives Muster oder Gebilde entsteht aus dem Blickkontakt. Aber soziale Scham, psychische Erregung oder soziale Ablenkung gefährden diese dichte, unvergleichliche Beziehung, so dass die visuell konstituierte und getragene soziale Wechselwirkung in dem Moment stirbt, in dem einer wegschaut, die Wechselseitigkeit des Blicks unterbrochen wird oder allgemeiner: *"die Unmittelbarkeit der Funktion nachläßt"* (Simmel 1992: 724).

Da das Auge auf die räumliche Fixierung des Seins und das Erkennen des dauerhaft geprägten Ausdrucks des Anderen über dessen Gesicht ausgerichtet ist, kann es die augenblicklichen, prozessualen Veränderungen in der Welt oder beim Anderen nicht zugleich aufmerksam registrieren. Demnach muss dieser Kategorie des Werdens und des Flüchtigen in funktionaler Arbeitsteilung ein anderer Sinnesmodus zugeordnet sein. Diese soziologische Ausgleichung bedient der Gehörssinn. Er bildet mit dem Auge ein Ergänzungsverhältnis und eine soziologische *Doppelrolle* aus, indem beide differenziert das fixierte Was mit dem punktuellen Wie, das Sein mit dem Werden zur Wahrnehmungseinheit bringen. In einem Wahrnehmungsereignis können durch die funktionale Differenz von Auge und Ohr Raumdominanz und Zeitdominanz verschmelzen und wechselseitig die Stimmung und die Fremderfahrung ergänzend interpretieren, so dass das Gesehene durch das Hören und das Gehörte durch das Sehen vielfältiger und tiefer ausgelegt wird. Primär ist der Gesichtssinn auf die äußere Form des Raumes ausgerichtet und der Gehörssinn auf die innere Form der Zeit (vgl. Simmel 1992: 729).

Was nun die soziale Reziprozität angeht, so beschreibt Simmel das Ohr als das *schlechthin egoistische Organ*, das nur aufnimmt und nicht gleichzeitig, wie das Auge, auch gibt. In der soziologischen Konsequenz dieser Spezifik stellt Simmel dem Ohr den Mund zur Seite, um den wechselseitigen Akt des Gebens und Nehmens zur Einheit zu bringen. Dabei stellt sich die Besonderheit ein, dass sich Sprechen und Hören sowohl ergänzen als auch stören: Derjenige, der gerade hört, kann nicht gut gleichzeitig sprechen; und wer gerade spricht, kann nicht gleich aufmerksam (zu-)hören.

In einer weiteren Gegenüberstellung von Auge und Ohr schreibt Simmel dem Auge die jeweils individuelle Perspektive zu, während das Ohr im mit anderen geteilten Raum das Allgemeine aufnehmen muss, das in Form von Geräuschen, Sprache, Musik etc. zu ihm dringt. Keiner kann sich willentlich Geräuschen und akustischen Ereignissen entziehen, die an dem Ort stattfinden, wo sich der Einzelne befindet. Während der Einzelne sowohl seinen Mund als auch seine Augen verschließen bzw. geschlossen halten kann, um sich dadurch sozialen Kontakten zu verweigern oder einer individuell ungestörten Empfindung hinzugeben, ist das Ohr den akustischen Reizen im Wesentlichen schutzlos ausgeliefert. Von daher ist das Hören *überindividualistisch* und vermittelt in einer vornehmlich akustisch orientierten sozialen Situation, wie etwa Rundfunkansprache, Hörspiel oder Konzertbesuch, den Anwesenden denselben Gehörseindruck. Daraus kann soziologisch eine stabilere Einheit und ein höheres Gemeinschaftsgefühl abgeleitet werden, als es aus nur visuell konstituierten sozialen Situationen und Kreisen resultieren würde (vgl. Simmel 1992: 730f.).

Vor dem Hintergrund einer durch soziale Reziprozität perzeptiv gebildeten Nähe, die als Generator von (wechselseitiger) Aufmerksamkeit benötigt wird, können Auge und Ohr ihre soziierende Kraft ausüben. Dieses Merkmal perzeptiver und sozialer Reziprozität erstreckt sich auch auf den Geruchssinn, bringt aber den gewichtigen Unterschied mit sich, dass diese sensorische Nahvermittlung dissoziierend wirkt. Die Nase arbeitet hochgradig nach dem Lust- bzw. Unlustprinzip und verweigert folglich demjenigen die soziale Kontaktaufnahme, den sie – im übertragenen Sinne – *nicht riechen kann.* Mit der Feststellung, dass soziale Wechselwirkungen an der Unüberwindlichkeit der Geruchseindrücke scheitern, begründet Simmel die These, dass die soziale Frage nicht nur eine ethische und ästhetische

"Man vergleiche ein Museumspublikum mit einem Konzertpublikum; die Bestimmung des Gehörseindrucks, sich einheitlich und gleichmäßig einer Menschenmenge mitzuteilen, [...] schließt soziologisch ein Konzertpublikum in eine unvergleichlich engere Einheit und Stimmungsgemeinsamkeit zusammen, als die Besucher eines Museums." (Simmel 1992: 731)

Geruchssinn

"Der Geruchssinn ist nun von vornherein schon ein auf größere Nähe, dem Gesicht und Gehör gegenüber, angelegter Sinn, und wenn wir mit ihm nicht mehr so viel objektiv wahrnehmen können, wie manche Naturvölker, so reagieren wir subjektiv um so heftiger auf seine Eindrücke [...], und es liegt auf der Hand, daß bei gesteigerter

*Reizbarkeit gegen Geruchsein-
drücke überhaupt dies zu einer
Auswahl und einem Distanz-
nehmen führen muß, das gewissermaßen eine der sinnlichen
Grundlagen für die soziologische Reserve des modernen Individuums bildet."* (1992: 735)

Geschlechtssinn

sei, sondern vornehmlich auch eine Nasenfrage (vgl. 1992: 734).

Parallel zu der beim Auge par excellence und beim Ohr in Verbindung mit dem Mund aufgezeigten soziologischen Doppelrolle des Gebens und Nehmens muss auch der Nase als rezipierendem Organ ein gebendes zur Seite gestellt werden. Unter Einklammerung der organspezifischen Zurechnung wären dabei die Schweißdrüsen, Haut, Haare und etwa die Mundflora anzuführen, die dem Anderen angenehme oder unangenehme individualisierte Gerüche vermitteln. Dabei dürfte nach wie vor Simmels Beobachtung gelten, dass olfaktorische Zumutungen bzw. *"Chokierungen des Geruchssinnes im graden quantitativen Verhältnis der Masse steigen"* (vgl. 1992: 736) – insbesondere in beengenden und geschlossenen räumlichen Verhältnissen.

Der Geschlechtssinn lässt sich kategorial an den Geruchssinn anbinden, mit dem er (nach Simmel) eine eher niedere und eine hochgradig dem Lust- bzw. Unlustprinzip folgende Orientierung teilt. Die sensorielle Dominanz oder Gefahr der Unlust beim Geruchssinn führte zur kulturellen Einführung und Verwendung des Parfüms, um soziale Ungleichheiten auf Grund unangenehmer Geruchsempfindungen aufzufangen. Eine ähnliche soziale Entwicklung lässt sich am Geschlechtssinn festmachen – mit dem Unterschied, dass das kulturelle Korrelationsverhältnis hier das Lustprinzip regulieren soll. Da für das empfindende Begehren oder eine lustvolle Wahrnehmung räumliche Nähe konstitutiv ist, aber nicht in allen Situationen von räumlicher Nähe oder dichtem Kontakt die körperliche Begierde sozial geduldet ist, muss ein soziales Regulativ entworfen werden. Historisch ist zu vermuten, dass sowohl das sexuelle Begehren als auch die Beziehungen zwischen den Geschlechtern von einer ungeregelten, willkürlichen Form in feste Ordnungen und beschränkende Normen übergegangen sind. Der Mensch ist für sich zwar konstitutionell ein verlockbares Wesen, aber aus religiösen, politischen oder etwa auch soziobiologischen Motiven werden Normen und Institutionalisierungen der Lustentfaltung eingerichtet und notwendig die Ausdrucks- und Eindrucksvarianten lustvollen Begehrens begrenzt und modifiziert, um die Stabilität von Gemeinschaftsformen zu garantieren.

Soziologisch lässt sich daraus in erster Linie das rechtlich verbindliche Inzestverbot ableiten; und dies heißt in topografischer Formulierung: Das soziale Phänomen von räumlicher Nähe hat das Verbot der Verwandtenehe als regulatives Korrelat. Die Grundmaxime lautet: *"die Personen verschiedenen Geschlechts, die keine sexuelle Gemeinschaft pflegen dürfen, sollen sich überhaupt nicht räumlich nahe kommen. Den Zusammenhängen der Sinnlichkeit aber, die dies begründen, entspricht genau die andre Norm: den Personen verschiedenen Geschlechts, die man einmal unvermeidlich den gleichen Raum teilen, muß die Ehe absolut verboten, äußerlich und innerlich unmöglich gemacht werden"* (Simmel 1992: 739).

In Anbindung an das oben erwähnte Beziehungs-Apriori vermitteln die Sinneswirkungen Nähe oder Ferne und stiften soziale Verbindung oder Trennung. So leistet der perzeptive Kontakt auch die Bedingung der Möglichkeit der räumlich geformten Konstitution von interaktionsförmiger Vergesellschaftung. Simmel hat betont: "Alle Beziehungen von Menschen untereinander ruhen selbstverständlich darauf, daß sie etwas voneinander wissen. [...] Daß man weiß, mit *wem* man zu tun hat, ist die erste Bedingung, überhaupt mit jemandem etwas zu tun zu haben" (1992: 383).

Und wir dürfen resümieren: Dass wir etwas vom anderen wissen, wissen wir zuallererst vermittels unserer Sinne und ihrer jeweiligen Nah- oder Fernwirkung.

Zum sozialen Grund und Ziel der notwendigen Regelung der sensueller Begierde bzw. des Geschlechtssinnes expliziert Simmel:
"Alles in allem erscheint mir die räumliche Nähe für die Erregung des Geschlechtssinnes so wirksam, daß, wo Zucht und Sitte überhaupt aufrecht erhalten werden und nicht ein unübersehliches Chaos in allen rechtlichen und sittlichen Verhältnissen entstehen soll, die strengsten Trennungsmaßregeln gerade zwischen die räumlich Nächsten gestellt werden mußten." (1992: 742)

4.1.5 *Die Vergesellschaftungsform der Geselligkeit*

Innerhalb von Simmels *reiner* Formensoziologie, neben seiner *allgemeinen* und *philosophischen* Soziologie (vgl. zu dieser Dreiteilung 1999: 62-87), gilt die Geselligkeit als klassischer Untersuchungsfall. Die gesellige Vergesellschaftung wird mit der analytischen Form/Inhalt-Differenz auf ihre Genese, Funktion, Formeigenschaften und Binnenstruktur hin untersucht; und es gilt auch festzustellen, was an der Geselligkeit tatsächlich 'Geselligkeit' ist und worin Unterschiede zu anderen Vergesellschaftungsformen liegen (vgl. ausführlich Ziemann 2000: 163ff.).

In ihrer *besonderen* Form vereint die Geselligkeit die *allgemeinen* Formprinzipien der sozialen Wechselwir-

Es "löst der 'Geselligkeitstrieb' in seiner reinen Wirksamkeit aus den Realitäten des sozialen Lebens den bloßen Vergesellschaftungsprozeß als einen Wert und ein Glück heraus und konstituiert damit, was wir Geselligkeit im engeren Sinne nennen. Es ist kein bloßer Zufall des Sprachgebrauchs, daß alle Geselligkeit [...] einen so großen Wert auf die *Form* legt, auf die gute Form. Denn Form ist gegenseitiges Sich-Bestimmen, Wechselwirken der Elemente, wodurch sie eben eine Einheit bilden; und da nun für die Geselligkeit die konkreten, an die Zwecksetzungen des Lebens angeknüpften Motivierungen der Vereinheitlichung in Wegfall kommen, so muß die reine Form, der sozusagen freischwebende, wechselwirkende Zusammenhang der Individuen um so stärker und mit um so größerer Wirksamkeit akzentuiert werden." (Simmel 1999: 107)

"Aber nur die gesellige ist eben 'eine Gesellschaft' ohne weiteren Zusatz, weil sie die reine, prinzipiell über jeden spezifischen Inhalt erhobene Form all jener einseitig charakterisierten 'Gesellschaften' in einem gleichsam abstrakten, alle Inhalte in das bloße Spiel der Form auflösenden Bilde darstellt." (Simmel 1999: 107)

kungen. Bedeutsam ist dabei, wie Simmel gleich zu Anfang seiner Studie deutlich macht, dass es das Formprinzip der Geselligkeit ist, ihre Form aus bereits existierenden Vergesellschaftungsformen und mithin aus fertig geformten Wirklichkeiten herauszuziehen und sie deren Eigenheit zu entkleiden. Die Genese von Geselligkeit erfolgt also erst, nachdem verschiedene Vergesellschaftungsprozesse andere soziale Einheiten hervorgebracht und autonome Großgebilde installiert hatten. Die Strukturbildung von Geselligkeit ist dabei insofern reine Formreproduktion, als sie ihre spezifischen Strukturen so relationiert, dass weder der originäre Zweck anderer Wechselwirkungsformen, wie etwa der wirtschaftlichen, künstlerischen oder intimen, zum Tragen kommt noch sie selbst einen anderen verfolgt, als mit diesen zweckentfremdeten Formen zu spielen.

Vom analytischen Primat der Form leitet Simmel dazu über, die reine Geselligkeit als *Spielform der Vergesellschaftung* (vgl. 1999: 108) zu bezeichnen. Vorrangig werden die in der Gesellschaft angespielten Wechselwirkungen deshalb zu leeren Formen, weil ihnen der konkrete Inhalt als originäres Télos entzogen wird. Aus den üblicherweise ernsthaften zwischenmenschlichen Beziehungen baut die Geselligkeit ihre Form auf und schaltet so von Rationalität auf Spiel um. Strukturell ist damit der Modus geselliger Wechselwirkung und gepflegter, kurzweiliger Konversation angesprochen.

Aber auch funktionell wird der Geselligkeit eine Leistung zugesprochen: Durch sie erfährt einerseits der Einzelne Entspannung und Handlungsentlastung; und andererseits schimmert das Geselligkeitsideal durch, Probleme einer komplexen, abstrakten sozialen Wirklichkeit im rationalitätsfreien Raum zu lösen. Geselligkeit kann so als 'Gesellschaftsinsel im modernen Rationalisierungsmeer' begriffen werden, die zum spielerischen Testgebiet für gesellschaftliche Ideen und Utopien avanciert. Das Spiel stützt ebenso die Struktur der Geselligkeit wie es die soziale Funktion hat, zur Findung und Erprobung alternativer gesellschaftlicher Möglichkeiten und Wirklichkeiten beizutragen. Als Spielform steht die gesellige Wechselwirkung nicht nur in der Nähe der Kunst, die den spielerischen Blick und Umgang mit der (sozialen) Welt pflegt und institutionalisiert, sondern sie zieht aus dem Spielprinzip auch ihre binnenstrukturellen Fäden der Heiterkeit, Gelöstheit, zwanglosen Ungebundenheit, psychischen Entlastung etc., die das Gewebe des geselligen Selbstzwecks mustern.

Für die Konzentration auf die reine Form ohne Inhalt muss gewährleistet sein, dass jegliche inhaltliche Konkretion von Seiten der beteiligten Individuen vermieden wird. Zwar ist die gesellige Vergesellschaftung, wie jede andere soziale Form auch, auf einen personalen Unterbau angewiesen, aber dieser ist als Bedingung der Möglichkeit von Geselligkeit so radikalisiert, dass die Geselligkeit ausschließlich von ihm abhängt, weil kein rationaler Zweck, kein konkreter Inhalt, kein erwartbares Resultat noch mitgegeben ist oder latent mitlaufen darf. Alles bleibt folglich im geselligen Vollzug "in seinen Bedingungen, wie in seinem Ertrage ausschließlich auf seine personalen Träger beschränkt", und der gesellige Stil speist sich demzufolge aus der charakterlichen Fülle der Anwesenden mit ihren ganz "persönlichen Eigenschaften der Liebenswürdigkeit, Bildung, Herzlichkeit" etc. (Simmel 1999: 108).

Hieraus wird die Betonung und die Notwendigkeit des praktizierten *Taktgefühls* abgeleitet. Es macht seine Funktion aus, die persönlich gebundenen Charaktereigenschaften so ungezwungen und gleichzeitig sensibel wie möglich auf den reinen Selbstzweck hin zu bündeln, dass jeder sich wohl fühlt, vom Anderen respektiert wird und die Unterhaltung locker und zwanglos ihren Fortgang nimmt. Weil im geselligen Miteinander alles von den anwesenden Personen und deren Persönlichkeit abhängt, muss gerade die Individualisierung, das Sich-zur-Schaustellen zurückgedrängt werden.

Das *gesellige Paradoxon* lautet: Das Besondere in den Persönlichkeiten muss so eingebracht werden, dass es als persönliche Note und Färbung erscheint, ohne es zu sein. Das Individuelle muss zum Allgemeinen werden und als Allgemeines einen spielerischen Hauch an Individualität ausdrücken oder suggerieren. Zwischen diese hohe Ausdruckskunst und Spieltechnik der unpersönlichen Persönlichkeit tritt immerzu das Taktgefühl als Regulativ der Geselligkeit – und bei besonderer Empfindlichkeit als Korrektiv. Als Pedant zum Selbstzweck fungiert das Taktgefühl als Selbstregulativ. Es ist für die Formerhaltung von enormer Relevanz, "weil dies die Selbstregulierung des Individuums in seinem persönlichen Verhältnis zu andern leitet, wo keine äußeren oder unmittelbar egoistischen Interessen die Regulative übernehmen." (Simmel 1999: 108)

Von Seiten des Individuums muss alles, was nicht gerade für den aktuellen Geselligkeitskreis von zwanglosem und allgemeinem Interesse sein könnte, ausgeschaltet bleiben – aber auch all das, was sein je charakteristisches und zutiefst persönliches Wesen bestimmt. Nach diesen zwei Seiten erhebt sich für jeden die *Geselligkeitsschwelle* (vgl. Simmel 1999: 110). Die objektiven Bedeutungen und Stellungen markieren als die eine Persönlichkeitsgrenze die Negation aller sozialen Kreise bis auf den aktuell ges3lligen. Die zutiefst individuellen, intimen und stimmungsabhängigen Merkmale markieren als die andere Persönlichkeitsgrenze die Negation des Persönlichkeitszentrums. Jedem wird so in der Geselligkeit und durch Geselligkeit sowohl seine Außenseite (soziale Rollen) als auch seine Innenseite (individuelle Qualitäten) entzogen. Was bleibt, ist eine Hülle, ist die erwünschte Fassade der Persönlichkeiten als Symbol des geselligen Spiels. Würde mehr als nur die ungebundene Hülle in das gesellige Beisammensein eingehen, würde tatsächlich ein konkret objektives Interesse verfolgt oder die Stimmungslage eines Einzelnen thematisiert, dann wären die Bedingungen der Möglichkeit von Geselligkeit aufgehoben und ihre Form zerbräche an dem zugemuteten Inhalt. Gleichwohl würde mit der Realisierung eines zweckrationalen Inhalts durch eine spezifische Wechselwirkung Vergesellschaftung vollzogen, aber eben keine gesellige mehr.

Ihr Fundament hat die gesellige Vergesellschaftungsform in der taktvollen Mündlichkeit. Das alltagsweltliche Gespräch wird zumeist genauso von einem Inhalt erfüllt wie alle Sprechhandlungen im Kontext der vielen überpersönlichen Wirklichkeiten. Hinter jeder Rede steht üblicherweise ein Motiv, das eingelöst werden soll: Man redet miteinander, *um* zukünftig etwas zu erreichen, oder man hat sich miteinander verständigt, *weil* man etwas erreichen wollte. Die Form der Rede appräsentiert folglich ein außerhalb ihrer selbst liegendes Ziel, das ihren Inhalt ausmacht. Hier geht der Zweck nicht im Zuhören auf, sondern er ist auf die Handlungsannahme bzw. -umsetzung des Gehörten ausgerichtet. Das Gegenteil ist im geselligen Gespräch der Fall: in ihm wird "das Reden zum Selbstzweck" (Simmel 1999: 115). Alles Ausgesprochene, der Redestoff, dient keinem anderen Ziel als der ungezwungenen, lebendigen Selbstunterhaltung der geselligen Gemeinschaft und der Entfaltung eines reizvoll zu Gehör gebrachten Amüsements für alle Beteiligten. Dabei gilt es, den Spagat zwischen Komplimentierkunst und interessanter, fortwährend neu anknüpfbarer Themenvorgabe zu beherrschen, um das Gespräch in seinem Selbstzweck so in Bewegung zu halten, dass es nicht dem Faktum des (belanglosen) Redens um des Redens willen unterworfen wird.

All dies handelt vom sprachlichen Reiz des *Beziehungsspiels*, das den "Doppelsinn des Sich-Unterhaltens" (Simmel 1999: 115) zur Vollendung bringt: Einerseits unterhält man sich gegenseitig und führt den unendlichen, geschlossenen Selbstzweck der Geselligkeit fort, andererseits unterhält man sich miteinander und hält die Geselligkeit auf ihrem ungebundenen, lockeren und spielerischen Niveau. Wo das Gespräch auf einen Zweck und Inhalt gedrängt wird und dieser zu einem persönlichen Anliegen wird, da dreht sich die *teleologische Spitze* der Geselligkeit in eine rationale, *anti*-gesellige Gesellschaftswirklichkeit um und zerstört – bis auf weiteres – den Charakter der geselligen Unterhaltung. Prinzipiell dürfen alle sozialen Wechselwirkungen im geselligen Gespräch in ihren jeweiligen Formtypiken angespielt werden, aber niemals darf deren Substanz zum Inhalt der Rede werden.

"Nicht als ob der Inhalt der gesellschaftlichen Unterhaltung gleichgültig sei: er soll durchaus interessant, fesselnd, ja bedeutend sein – nur daß er nicht an sich den Zweck der Unterhaltung bilde, daß diese nicht dem objektiven Resultat gelte, das sozusagen ideell außerhalb der Unterhaltung bestünde. Äußerlich mögen deshalb zwei Unterhaltungen ganz gleich verlaufen, *gesellig*, dem inneren Sinne nach, ist nur diejenige, in der jene Inhalte, mit all ihrem Werte und Reize, doch nur an dem funktionellen Spiele der Unterhaltung als solcher ihr Recht, ihren Platz, ihren Zweck finden, an der Form des Redetausches mit ihrer besonderen und sich selbst nor-

So wird etwa die geldwirtschaftliche Wechselwirkungsform zum geselligen Inhalt, indem ihr Zweck nicht in einer Geldzahlung oder einem Handelsabkommen liegt, sondern in der ungezwungenen, konkurrenzlosen Thematisierung von geldwirtschaftlichen oder diese rahmenden Ereignissen, wie etwa als Witz über Unternehmer, als Anekdote von einem geplatzten Warentermingeschäft etc. Oder die politische Wechselwirkungsform, wenngleich ihre gesellige Anspielung grundsätzlich ein riskantes Unterfangen darstellt und nach Möglichkeit vermieden werden sollte, wird dadurch zum geselligen Inhalt, dass eine Politiker-Affäre oder ein allen bekanntes historisches politisches Ereignis gemeinsam mit lockerem Anspruch und unabhängig von konkreten politischen Zuständen, Auswirkungen oder Wahlmeinungen besprochen wird.

Ein prominentes literarisches Beispiel für die Umsetzung einer vollendeten geselligen Unterhaltung, das nicht zuletzt eng an tatsächlichen historischen Ereignissen orientiert ist, bietet Goethes "Unterhaltungen deutscher Ausgewanderten" (1795). Die Kunst der spielerisch unterhaltenden Rede findet sich des Weiteren in Boccaccios Novellensammlung "Decamerone" (1470) umgesetzt.

Zu den binnenstrukturellen Aspekten der Symmetrie und des Spielerischen heißt es bei Simmel ausführlich: "Wenn Vergesellschaftung überhaupt Wechselwirkung ist, so ist es deren reinster und sozusagen stilisiertester Fall, wenn sie unter Gleichen vor sich geht, wie Symmetrie und Gleichgewicht die einleuchtendsten künstlerischen Stilisierungsformen anschaulicher Elemente sind. Indem Geselligkeit also die mit dem Charakter der Kunst oder des Spieles vollzogene Abstraktion der Vergesellschaftung ist, fordert sie die reinste, durchsichtigste, am leichtesten ansprechende Art der Wechselwirkung, *die unter Gleichen* [...]. Sie ist das Spiel, in dem man 'so tut', als ob alle gleich wären, und zugleich, *als ob man jeden besonders ehrte*." (1999: 112)

mierenden Bedeutsamkeit. Darum gehört zum Wesen der geselligen Unterhaltung, daß sie ihren Gegenstand leicht und rasch wechseln könne; denn da der Gegenstand hier nur Mittel ist, kommt ihm die ganze Austauschbarkeit und Zufälligkeit zu, die überhaupt den Mitteln gegenüber dem feststehenden Zwecke eignet." (Simmel 1999: 116)

Diese Grundbeschreibung kann um das Moment des *Negationsverbots* ergänzt werden. Da die gesellige Unterhaltung sich nur kurz an ein Thema binden und sodann wieder einen schnellen Themenwechsel freigeben soll, um die Selbstgenügsamkeit und Kurzweiligkeit zu tragen, gilt es, Streit, Diskussion, Verbalakrobatik und die zutiefst persönliche Meinung zu vermeiden. Die gesellige Rede verträgt weder ein Contra noch ein Ringen um Argumente; alles in ihr ist auf Erleichterung des raschen Themenwechsels, Unverbindlichkeit der Themenfortführung und spielerisch ungehemmte Fortsetzung des angenehm unterhaltenden Kontaktes ausgelegt. Darum werden insbesondere moralische, religiöse, politische und ähnliche Themen eingeklammert, die geradezu den persönlichen Standpunkt herausfordern, überpersönlichen Geltungsanspruch erheben und sich nur zu schnell gegen das Taktgefühl, die Höflichkeit und die respektvolle Ehrerbietung richten.

Diese Dethematisierungsstruktur und damit das Konzept der *geselligen Ethik* lässt sich in folgende Imperative bringen: Sprich so anmutig und schmuckvoll wie möglich, aber dabei nicht gekünstelt überladen! Sprich nur das an, was allen bekannt ist! Und sprich so, dass dich alle verstehen können und leicht einen Redebeitrag anschließen können! Die gesellige Ethik, in der "sowohl das subjektiv Individuelle wie das objektiv Inhaltliche sich völlig in den Dienst an der reinen Geselligkeitsform aufgelöst haben" (Simmel 1999: 117), trägt zwei fundamentale Strukturmerkmale in sich: Zum einen ist ein Inhalt gefordert, der allen bekannt ist und an dem alle gleichermaßen partizipieren können. Zum anderen wird an die Fähigkeit des Sprechenden appelliert, zwar interessant und ornamental zu erzählen, aber gleichzeitig hinter seiner Erzählkunst ebenso wie hinter dem präsentierten Inhalt zu verschwinden und den Beitrag allein und völlig der Förderung des geselligen Sich-Unterhaltens zu unterstellen.

Geselligkeit ist das *Gesellschaftsspiel* par excellence (vgl. Simmel 1999: 112), dessen spielerische Bausteine von originären sozialen Fremdformen getragen werden, ohne selbst einem bestimmten Zweck zu dienen. Im geselligen Gespräch wird die Form der Gesellschaft verdoppelt: Geselligkeit ist eine besondere mikrologische Form der Vergesellschaftung neben vielen anderen; und sie greift andere Vergesellschaftungsformen parasitär auf, um sich für ihre Form einen Inhalt zu geben.

"Das Befreiende und Erleichternde aber, das gerade der tiefere Mensch in der Geselligkeit findet, ist: daß das Zusammensein und der Einwirkungstausch, in denen die ganzen Aufgaben und die ganze Schwere des Lebens sich darstellt, hier in gleichsam artistischem Spiel genossen werden, in jener gleichzeitigen Sublimierung und Verdünnung, in der die inhaltbegabten Kräfte der Wirklichkeit nur noch wie aus der Ferne anklingen, ihre Schwere in einen Reiz verflüchtigend." (Simmel 1999: 121)

4.1.6 *Literatur*

Bibliografie:

Gassen, Kurt [1958]: Georg-Simmel-Bibliographie. In: Gassen/Landmann (Hrsg.) [1958], S. 313-337.

Köhnke, Klaus Christian [1996]: Bibliographie der Schriften Simmels 1879-1893. In: ders. [1996], S. 515-522.

Online-Bibliografie zu Simmel:

www.kowi.uni-essen.de/koloss

⇨ Literatur ⇨ Simmel

Verwendete Literatur:

Becher, Heribert J. [1971]: Georg Simmel. Die Grundlagen seiner Soziologie. Stuttgart.

Bevers, Antonius M. [1985]: Dynamik der Formen bei Georg Simmel. Eine Studie über die methodische und theoretische Einheit eines Gesamtwerkes. Berlin.

Christian, Petra [1978]: Einheit und Zwiespalt. Zum hegelianisierenden Denken in der Philosophie und Soziologie Georg Simmels. Berlin.

Dahme, Heinz-Jürgen [1981]: Soziologie als exakte Wissenschaft. Georg Simmels Ansatz und seine Bedeutung in der gegenwärtigen Soziologie. 2 Teilbände. Stuttgart.

Dahme, Heinz-Jürgen/Rammstedt, Otthein (Hrsg.) [1984]: Georg Simmel und die Moderne. Neue Interpretationen und Materialien. Frankfurt a. M.

Gassen, Kurt/Landmann, Michael (Hrsg.) [1958]: Buch des Dankes an Georg Simmel. Briefe, Erinnerungen, Bibliographie. Berlin.

Köhnke, Klaus Christian [1996]: Der junge Simmel – in Theoriebeziehungen und sozialen Bewegungen. Frankfurt a. M.

Lichtblau, Klaus [1997]: Georg Simmel. Frankfurt a. M.; New York.

Simmel, Georg [1989]: Über sociale Differenzierung. Sociologische und psychologische Untersuchungen. In: ders.: Georg Simmel-Gesamtausgabe Band 2. Frankfurt a. M., S. 109-295.

Simmel, Georg [1989a]: Die Probleme der Geschichtsphilosophie. Eine erkenntnistheoretische Studie. In: ders.: Georg Simmel-Gesamtausgabe Band 2. Frankfurt a. M., S. 297-423.

Simmel, Georg [1989b]: Philosophie des Geldes. Georg Simmel-Gesamtausgabe Band 6. Frankfurt a. M.

Simmel, Georg [1992]: Soziologie. Untersuchungen über die Formen der Vergesellschaftung. Georg Simmel-Gesamtausgabe Band 11. Frankfurt a. M.

Simmel, Georg [1992a]: Das Problem der Sociologie. In: ders.: Georg Simmel-Gesamtausgabe Band 5. Frankfurt a. M., S. 52-61.

Simmel, Georg [1992b]: Die Selbsterhaltung der socialen Gruppe. Sociologische Studie. In: ders.: Georg Simmel-Gesamtausgabe Band 5. Frankfurt a. M., S. 311-372.

Simmel, Georg [1999]: Grundfragen der Soziologie (Individuum und Gesellschaft). In: ders.: Georg Simmel-Gesamtausgabe Band 16. Frankfurt a. M., S. 59-149.

Ziemann, Andreas [2000]: Die Brücke zur Gesellschaft. Erkenntniskritische und topographische Implikationen der Soziologie Georg Simmels. Konstanz.

4.2 Max Webers soziologische Theorie sinnhaften Handelns

4.2.1 Die Relevanz Max Webers für die Kommunikationswissenschaft

Max Weber hat neben seinen ausführlichen Studien auf den Gebieten der Religions-, Wirtschafts- und Herrschaftssoziologie vor allem einen wichtigen Beitrag zur methodischen und begrifflichen Grundlegung der Sozialwissenschaften geleistet. So gilt Weber mittlerweile – ganz im Gegensatz zur Anerkennung während seiner Schaffensjahre – als prominenter Vertreter, geradezu als Klassiker einer Theorie sozialen Handelns. Diese steht im Kontext eines methodologischen Individualismus einerseits; eines Rationalitätskonzepts zur Beschreibung und Erklärung von gesellschaftlichen Prozessen der Moderne andererseits.

Webers Erkenntnisinteresse richtet sich zentral auf die Rekonstruktion rationaler Entwicklungs- und Differenzierungsprozesse der Gesellschaft auf dem Weg in die Moderne; dabei nimmt er die (interdependenten) Bereiche von Religion, Recht, Wirtschaft und Politik in den Blick. Sozialstrukturelle, institutionelle, historische und kulturelle Prozesse und Dimensionen werden beleuchtet und auf ihre Bedeutung für die Ausprägung spezifischer Sozialgebilde hin untersucht. Mit diesem breiten Forschungsfeld korreliert ein Verständnis von Kulturwissenschaft, welches Gemeinschaft, Gesellschaft und individuelle Lebenswirklichkeit in ihrer wechselseitigen kulturellen Abhängigkeit und Repräsentation sieht. Dabei lehnt Weber mit seinem kulturwissenschaftlichen Programm naturalistische, positivistische und objektivistische Ansätze ab; weder könne die Kulturwissenschaft Abbilder der Wirklichkeit zeichnen, noch wert- und vorurteilsfrei argumentieren, noch schließlich kausallogische, jederzeit und allgemein gültige Gesetzesaussagen aufstellen. Da die zu erkennende Struktur nicht im Gegenstand, nicht in der sozialen und historischen Wirklichkeit selbst gegeben ist, ist es die wissenschaftliche Beobachtung, welche die Wirklichkeit strukturiert und Ordnungen festlegt. Durch den Beobachter und seine Begriffe werden also die Gegenstände der Erkenntnis konstruiert. Die entscheidende

* 21.4.1864 (Erfurt)
† 14.6.1920 (München)

Nach seinem Abitur im Jahre 1882 studiert Karl Emil Maximilian Weber Rechtswissenschaften in Heidelberg und belegt daneben Seminare zur Nationalökonomie, Geschichte (teilweise an der Universität Berlin) und Philosophie. 1888 tritt Weber dem "Verein für Socialpolitik" bei und erhält den Auftrag, die Auswertung des empirischen Materials über die Lebensverhältnisse der ostelbischen Landarbeiter, ihre Konsumveränderungen und die dortige Grundbesitzverteilung vorzunehmen. Die hieraus resultierende "Landarbeiter-Enquête" bringt ihm breite wissenschaftliche Anerkennung ein und ist von politischer Tragweite.

Im August 1889 wird Weber in Berlin mit der Arbeit "Entwickelung des Solidarhaftprinzips und des Sondervermögens der offenen Handelsgesellschaft aus den Haushalts- und Gewerbegemeinschaften in den italienischen Städten" zum Dr. jur. promoviert. Die anschließende Habilitation beendet er 1892 erfolgreich mit der vorab publizierten Arbeit "Die römische Agrargeschichte in ihrer Bedeutung für das Staats- und Privatrecht". Weber distanziert sich zunehmend von der Jurisprudenz und erhält auf Grund seiner wirtschaftshistorischen und -politischen Arbeiten 1893 einen Ruf an den Freiburger Lehrstuhl für "Nationalökonomie und Finanzwissenschaft". Hier begegnet er u. a. dem Philosophen und Begründer der südwestdeutschen Schule des Neukantianismus Heinrich Rickert (1863-1936). Dieser beeinflusst ihn nachhaltig durch die Auseinandersetzung mit logischen und methodologischen Fragen der kulturwissenschaftlichen Begriffs- und Theoriebildung.

Nach dem Wechsel an die Universität Heidelberg kündigen sich bereits 1897 psychische und physische Erschöpfungszustände an, die 1903 endgültig zum Rücktritt als ordentlicher Professor führen. Er beschäftigt sich fortan als Privatgelehrter mit kunsthistorischen, philosophischen und soziologischen Arbeiten. Unter Einbeziehung der erkenntnistheoretischen Ansätze des Neukantianismus versucht Weber, u. a. in seinem Aufsatz über "Die 'Objektivität' sozialwissenschaftlicher und sozialpolitischer Erkenntnis" (1904), die Legitimation für eine nicht naturalistisch orientierte, methodisch fundierte Sozialwissenschaft zu finden, und ent-

Integration dieses methodischen Ansatzes findet sich in Webers Konzept des *Idealtypus*.

Eine Verbindung zwischen Kommunikationstheorie und Webers Handlungstheorie lässt sich im Objektbereich mit den Begriffen *soziales Handeln* und *soziale Beziehung* insofern herstellen, als ein Kommunikationsprozess von seinen Ausgangsbedingungen vornehmlich als am anderen orientiertes Mit-, Für- und Gegeneinanderhandeln beschrieben werden kann. Das soziale Moment der Handlung entsteht aber nicht nur aus der Orientierung an der physischen Existenz des Anderen, sondern auch aus der Orientierung an dessen antizipierten bzw. nicht-intendierten Handlungen. Relevant ist also die mikrologische Sphäre von sozialen Handlungen und sozialen Beziehungen. Sowohl die Kommunikationswissenschaft als auch die verstehende Soziologie beobachten (typische) Handlungsabläufe und Beziehungsmuster zwischen Individuen und deren jeweilige Ziele. Das anvisierte Ziel selbst kann seiner typischen Art nach entweder auf Grund seines Bindungsgrades und seiner Motivstruktur als Vergemeinschaftung oder als Vergesellschaftung bestimmt werden. Oder es kann typisch unterschieden werden nach den differenziert realisierten 'Wertsphären' von (beispielsweise) wirtschaftlich, herrschaftlich, familial oder rechtlich sozialem Handeln. Damit liegt eine augenscheinliche Nähe zu der Ausrichtung einer Kommunikationsforschung vor, die zwischenmenschlich verschieden ausgeprägte Möglichkeiten an modernen Kommunikationsformen analysiert und wesens- wie strukturtypisch rekonstruiert.

Aus kommunikationswissenschaftlicher Perspektive lohnt es sich zudem, den empirischen Problembereich sozialen Geschehens und Gemeinschaftshandelns im Rekurs auf die Ausrichtung einer Sozialwissenschaft als *Wirklichkeitswissenschaft* im Sinne Webers anzugehen und sich dabei dessen Methodik zu bedienen. Denn sein Methodenpotenzial lässt sich für den kommunikationswissenschaftlichen Erkenntnisanspruch des Verstehens kommunikativer Prozesse dahingehend nutzen, dass Weber das methodische Paradigma des Verstehens und Erklärens ins Zentrum der Sozialwissenschaften gerückt und für sie fruchtbar in Anwendung gebracht hat. Das Verstehen von sozialem Handeln bzw. von Kommunikationsprozessen ist möglich, weil die dort involvierten Menschen mit ihrem Tun einen Sinn verbinden, Sinn als Mittel oder Zweck einsetzen, hervorbringen, entäußern etc. Der jeweilige Sinn wiederum kann vom Sozialwissenschaftler betrachtend erfasst, interpretativ rekonstruiert und/oder regelhaft erklärt werden.

4.2.2 Das Programm der verstehenden Soziologie

Bereits zu Georg Wilhelm Friedrich Hegels Lebzeiten setzte ein tiefgreifender Wandel im Wissenschaftsverständnis ein, der zunehmend zur Trennung in Wissenschaft auf der einen und Philosophie auf der anderen Seite führte. Spätestens mit seinem Tode im Jahre 1831 endet die idealistische Epoche, die Geschichtswissenschaft übernimmt nun die Führung von der Philosophie und stellt das herrschende Wissenschaftskonzept (vgl. Schnädelbach 1983: 49f.). Es beginnt das Zeitalter des *Historismus*, die Sensibilität für die Geschichtlichkeit des Menschen und der Gesellschaft tritt in den Vordergrund. Auf dem Boden des Historismus erwächst die grundlegende Einstellung, dass gesellschaftliche Erscheinungen, Ereignisse und Prozesse jeweils nur aus ihren historischen Bedingungen und Kontexten heraus zu erfassen und adäquat zu deuten sind. Insofern der Historismus die menschliche Lebenswelt als eine spezifisch vom Menschen geschaffene Kulturwelt deutet, um daraus die Konsequenz zu ziehen, dass im Gegensatz zu Naturerscheinungen und zu naturhaften Entwicklungen eben alle kulturellen Phänomene historisch zu verstehen und zu erklären seien, entwickelt sich von dieser Position aus die Einteilung des Wissenschaftssystems in Naturwissenschaften einerseits und Geisteswissenschaften andererseits.

Insbesondere Wilhelm Windelband, Heinrich Rickert und Wilhelm Dilthey haben wissenschaftsgeschichtlich großen Anteil daran, dass mit der Historisierung der Wissenschaften nach Maßgabe der jeweilig zu Grunde liegenden Methode die Kultur- bzw. Geisteswissenschaften abgegrenzt und eigenständig legitimiert werden. Des Weiteren sind Johann Gustav Droysen und Jacob Burckhardt zu erwähnen, denen die Ge-

wickelt in diesem Aufsatz sein Konzept des *Idealtypus*. Im selben Jahr erscheint Webers Schrift "Die protestantische Ethik und der Geist des Kapitalismus", die den Höhepunkt seiner Bemühungen um die Spezifizierung des Begriffs des modernen Kapitalismus und zugleich den Beginn seiner soziologischen Arbeiten im engeren Sinn markiert.

Im Jahre 1909 ist Weber an der Begründung der 'Deutschen Gesellschaft für Soziologie' beteiligt, aus der er wegen anhaltender Meinungsverschiedenheiten in der Frage der Werturteilsfreiheit 1912 wieder ausscheidet. 1913 erscheint sein Aufsatz "Über einige Kategorien der verstehenden Soziologie" mit der ersten Ausformulierung seiner soziologischen Kategorienlehre, die schließlich den Anfang seines posthum erschienenen Hauptwerkes "Wirtschaft und Gesellschaft" (1922) bildet. Zuletzt lehrt Weber nochmalig als Professor für Nationalökonomie an der Münchener Ludwig Maximilians-Universität.

schichtswissenschaft das methodische Konzept der *verstehenden Anschauung* verdankt. Eben diese Methode des Verstehens von historischen Einzelphänomenen in ihrer jeweiligen Einzigartigkeit wird dann von Weber innerhalb seiner Wissenschaftsauffassung der Kulturwissenschaft als sozialer Wirklichkeitswissenschaft übernommen.

Gesetzeswissenschaften (nomothetisch) versus Ereigniswissenschaften (idiographisch)

Auf Windelband geht die Unterscheidung in *Gesetzeswissenschaften* und *Ereigniswissenschaften* zurück, die er analog zu Dilthey und Rickert ebenfalls über deren je eigene Methodik bestimmt. Da es den Naturwissenschaften um das Erkennen allgemeiner Gesetzmäßigkeiten geht, sind sie Gesetzeswissenschaften und verfahren *nomothetisch*. Demgegenüber haben sich die Kultur- und Geisteswissenschaften mit Einzelerscheinungen als Besonderem zu beschäftigen und sind demzufolge Ereigniswissenschaften, die *idiographisch* verfahren. Rickert ist es dann schließlich, der den Naturwissenschaften jenen Objektbereich zurechnet, auf den Gesetze bezogen sind, und den Kulturwissenschaften den Objektbereich zurechnet, auf den Werte bezogen sind. Während Windelband und Rickert damit eine Typologie zweier unterschiedlicher wissenschaftlicher Methoden – auf der einen Seite die nomothetische bzw. generalisierende und auf der anderen die idiographische bzw. individualisierende – eingeführt haben, verfolgt Weber im Anschluss daran das Ziel, die Trennung dieser Verfahrensweisen aufzuheben und in seiner Bestimmung der Sozialwissenschaft als empirischer Kulturwissenschaft zusammenzuführen.

Zwischen 1890 und 1910 etabliert sich in Deutschland die Soziologie als eigenständige Disziplin. Wissenschaftshistorisch sind dafür drei Gründe ausschlaggebend: 1) die fortschreitende Ausdifferenzierung des Wissenschaftssystems, 2) ein aufkeimendes Problembewusstsein für die fragwürdig und fragil gewordene soziale und menschliche Wirklichkeit in der Moderne, 3) die kritische Diskussion der Lehrmeinungen und der Methodologie in der die Geisteswissenschaften dominierenden Geschichtswissenschaft.

Nach einer knappen Vorbemerkung in "Wirtschaft und Gesellschaft" (1922), welche die Soziologie als *empirische* Wissenschaft ausweist und die methodischen wie begrifflichen Inkonsistenzen von *Verstehen* anspricht, folgt in § 1 die zentrale Definition der Soziologie als Einzelwissenschaft: "Soziologie [...] soll heißen: eine Wissenschaft, welche soziales Handeln deutend verstehen und dadurch in seinem Ablauf und seinen Wirkungen ursächlich erklären will. 'Handeln' soll dabei ein menschliches Verhalten (einerlei ob äußeres oder innerliches Tun, Unterlassen oder Dulden) heißen, wenn und insofern als der oder die Handelnden mit ihm einen subjektiven *Sinn* verbinden. 'Soziales' Handeln aber soll ein solches Handeln heißen, welches seinem von dem oder den Handelnden gemeinten Sinn nach auf das Verhalten *anderer* bezogen wird und darauf in seinem Ablauf orientiert ist." (Weber 1972⁵: 1)

Als Einzelwissenschaft legitimiert Weber die Soziologie folglich zuerst material durch *soziales Handeln* und sodann formal durch *Verstehen* und *Erklären* von beobachtbarem empirischem Material. Den Zusammenhang von soziologischem Erkenntnisinteresse und kultureller Wirklichkeit, die es in deren empirischem Sosein zu verstehen gilt, greift Weber in "Die 'Objektivität' sozialwissenschaftlicher Erkenntnis" (1904) wie folgt auf:

"Ausgangspunkt des sozialwissenschaftlichen Interesses ist nun zweifellos die *wirkliche*, also individuelle Gestaltung des uns umgebenden sozialen Kulturlebens in seinem *universellen*, aber deshalb nicht minder *individuell* gestalteten, Zusammenhange und in seinem Gewordensein aus anderen [...] sozialen Kulturzuständen heraus." (1968³a: 172f.)

Dies bedeutet für die Grundlegung einer empirischen Kultur- und Sozialwissenschaft: "Die Sozialwissenschaft, die *wir* treiben wollen, ist eine *Wirklichkeits*wissenschaft. Wir wollen die uns umgebende Wirklichkeit des Lebens, in welches wir hineingestellt sind, *in ihrer Eigenart* verstehen – den Zusammenhang und die Kultur*bedeutung* ihrer einzelnen Erscheinungen in ihrer heutigen Gestaltung einerseits, die Gründe ihres geschichtlichen So-und-nicht-anders-Gewordenseins andererseits." (Weber 1968³a: 170f.)

Als zentralen Objektbereich benennt Weber *soziales Handeln*, d. h. die verstehende Soziologie knüpft ihren Forschungsbereich an menschliches Handeln, das sich in verschiedenen Varianten und Typologien an einem anderen ausrichtet. Ausgangspunkt ist mithin die sinnhafte Erwartung eines Individuums an ein Gemein-

Als Gründerväter der deutschen Soziologie als Einzeldisziplin werden neben Weber zumeist Ferdinand Tönnies und Georg Simmel genannt, weil sie alle zum einen explizit soziologische Studien betreiben (auch wenn sie sich teilweise nicht selbst als Soziologen beschreiben) und zum anderen am 3. Januar 1909 in Berlin die "Deutsche Gesellschaft für Soziologie" (DGS) konstituieren (neben Heinrich Herkner als viertem Gründungsmitglied). Die Weber-Forschung ist sich zwar mittlerweile einig, dass es einer verkürzten Rezeption und Anwendung Webers entspricht, ihn exklusiv als Handlungstheoretiker und verstehenden Soziologen zu begreifen, aber insbesondere aus kommunikationswissenschaftlicher Perspektive liegen hier die wesentlichen Anknüpfungsmomente.

Soziales Handeln und soziale Beziehung

www.kowi.uni-essen.de/
koloss/themen/weber/
handlung.htm

schaftshandeln bzw. ein gemeinschaftlich zu realisierendes Ziel – einerlei, ob diese Fremdorientierung erfüllt oder enttäuscht wird. Grundsätzlich liegt dann *kein* soziales Handeln vor, wenn es sich um ein gleichmäßiges, massenhaftes Handeln mehrerer oder um ein rein reaktiv evoziertes, nachahmendes Handeln einzelner handelt (vgl. Weber 1972[5]: 11). Dieser Objektbereich ist zwar für Vergemeinschaftung und Vergesellschaftung basal, wird aber hinsichtlich der Wechselseitigkeit mindestens zweier Handelnder durch das Konzept der *sozialen Beziehung* erweitert.

"Soziale 'Beziehung' soll ein seinem Sinngehalt nach aufeinander gegenseitig *eingestelltes* und dadurch orientiertes Sichverhalten mehrerer heißen. Die soziale Beziehung *besteht* also durchaus und ganz ausschließlich: in der *Chance*, daß in einer (sinnhaft) angebbaren Art sozial gehandelt wird, einerlei zunächst: worauf diese Chance beruht." (Weber 1972[5]: 13)

Für diese Begriffsbestimmung zentral sind die von allen Beteiligten geleistete wechselseitige Orientierung des eigenen Handelns am anderen, die sich daraufhin einstellenden Verhaltensabstimmungen und die zumeist immanente Kontinuität der Beziehung selbst. Einerseits basieren alle Ordnungsmuster und Erscheinungen der soziokulturellen Wirklichkeit auf sozialem Handeln, andererseits wird soziales Handeln dadurch hervorgerufen und ist dadurch umfassend bedingt. Träger der unterschiedlichen Formen sozialen Handelns sind dabei immer Einzelpersonen. Hier liegt insofern ein *methodologischer Individualismus* vor, als der verstehende Sozialwissenschaftler auf den subjektiv gemeinten Sinn bzw. das Motiv des Einzelakteurs zurückgreifen muss, wenn er entweder dessen (soziales) Handeln oder dessen Beteiligung an sozialen Beziehungen und Gebilden verstehend deuten und aus diesem Kontext erklären will.

Diese Richtung der verstehenden Soziologie geht also davon aus, dass von der Makro- oder Mesoebene des Sozialen auf die Mikroebene der menschlichen Wirklichkeit herunterzugehen ist, weil nur die Einzelhandlung und deren Sinngehalt verstehbar ist und damit nur die Beobachtung individuellen Handelns eine adäquate Interpretation von sozialen Beziehungen

bzw. Vergesellschaftungsgebilden zulässt. Weber hat dazu in seinen methodischen Grundlagen ausgeführt:
"Handeln im Sinn sinnhaft verständlicher Orientierung des eignen Verhaltens gibt es für uns stets nur als Verhalten von einer oder mehreren *einzelnen* Personen. [...] Für die verstehende Deutung des Handelns durch die Soziologie sind dagegen diese Gebilde [wie etwa Vereine, Wirtschaftsorganisationen oder Staaten; Anm. d. Verf.] lediglich Abläufe und Zusammenhänge spezifischen Handelns *einzelner* Menschen, da diese allein für uns verständliche Träger von sinnhaft orientiertem Handeln sind. [...] Aber an diesem Punkt *beginnt* erst die Arbeit der Soziologie (im hier verstandenen Wortsinn). Wir sind ja bei 'sozialen Gebilden' [...] in der Lage: *über* die bloße Feststellung von funktionellen Zusammenhängen und Regeln ('Gesetze') *hinaus* etwas aller 'Naturwissenschaft' (im Sinn der Aufstellung von Kausalregeln für Geschehnisse und Gebilde und der 'Erklärung' der Einzelgeschehnisse daraus) ewig Unzugängliches zu leisten: Eben das *'Verstehen'* des Verhaltens der beteiligten *Einzelnen* [...]. Diese Mehrleistung der deutenden gegenüber der beobachtenden Erklärung ist freilich durch den wesentlich hypothetischeren und fragmentarischeren Charakter der durch Deutung zu gewinnenden Ergebnisse erkauft. Aber dennoch: sie ist gerade das dem soziologischen Erkennen Spezifische." (1972[5]: 6f.; vgl. weiterhin 8f.)

Die verstehende Soziologie (vgl. auch Weber 1968[3]b: 427ff.) will die Motive und Sinnsetzungsprozesse rekonstruieren und beschreiben, die Menschen in der soziokulturellen Wirklichkeit ihrem Handeln beilegen bzw. zuschreiben. Diese deutende Interpretation kann sich entweder auf konkretes oder hypothetisches Material, auf Individuelles oder Typisches beziehen, um von dort aus zu allgemeinen soziologischen Aussagen über den Sinngehalt menschlicher Verhaltensabläufe sowie gesellschaftlicher Gebilde und Ordnungen zu gelangen. So gesehen, bildet die Soziologie als generalisierende Wissenschaft *Typenbegriffe* und stellt *generelle Regeln* sozialen Geschehens auf (vgl. Weber 1972[5]: 9), die zu begrifflicher Reinheit bzw. Eindeutigkeit führen. Daneben reflektiert sie jedoch immer auch kritisch ihre jeweils mitgeführten Werturteile und erkenntnisleitenden Annahmen, um somit dem Ideal *sozialwissenschaft-*

In der verstehenden Soziologie ist eine *reflexive Vermittlung* zwischen Individuum und Gesellschaft angelegt, da sich beide Positionen durch subjektive Sinnsetzung und objektiven Wirklichkeitszusammenhang bedingen und jeweils aufeinander verweisen (vgl. Käsler 1995: 265f.). Über diese Vermittlungsidee hinaus wird aber gerade von Käsler kritisch angemerkt, dass Weber keinen eigenständigen Problembereich der Soziologie begründet habe, keine neue soziologische Theorie entwickelt habe und seine zentralen Methoden des Verstehens und idealtypischen Erklärens zwar von ihm präzisiert wurden, aber zuvor hinlänglich bekannt waren (vgl. 1995: 261f.).

licher Objektivität gerecht zu werden. Weber fordert für die wissenschaftliche Selbstkontrolle und Legitimation, die jede Forschungstätigkeit begründende Selektion eines Wirklichkeitsausschnittes und die dafür geltenden Wertbeziehungen – also das Verhältnis zwischen den Forschungsergebnissen auf der einen und dem Standpunkt und der Wertung des Forschers auf der anderen Seite – zu reflektieren wie auch explizit auszuweisen.

4.2.3 Das Gerüst der Weberschen Methodologie

Im Kontext der rezipierten Objektbestimmung der Soziologie finden sich bereits deutliche Hinweise auf die genuine Methodik Webers. Zusammenfassend wird der Rekonstruktion des Sinnes von Sozialhandlungen die *rationalistische* Methode (vgl. Weber 1972[5]: 3) dahingehend gerecht, dass sie erstens Verstehen *und* Erklären beinhaltet, zweitens Idealtypen konstruiert und in Anwendung bringt und sich drittens dem Postulat der Werturteilsfreiheit unterstellt.

Die verstehende Soziologie Webers zielt auf die Bildung von soziologischen Typenbegriffen und Regeln ab, die dazu dienen, die soziale und historische Realität ordnend zu erfassen sowie ein kontrolliertes Verstehen historisch einmaliger Fälle sozialen Handelns zu ermöglichen. Bei der angestrebten Typenbildung ist die Soziologie demnach eine empirisch arbeitende, generalisierende Wissenschaft. Im Hinblick auf die Aufgaben, die Weber der Soziologie zugewiesen hat, nämlich soziales Handeln nicht nur deutend zu verstehen, sondern auch und *dadurch* ursächlich zu erklären, sind zwei Typen des Verstehens zu unterscheiden: das *aktuelle Verstehen* und das *motivationsmäßige* bzw. das *erklärende Verstehen*. Verstehen im Allgemeinen kann des Weiteren rational oder irrational sein. Die Unterscheidung erfolgt im Hinblick darauf, welche Typen von Handlungen Gegenstand der deutenden Erfassung sind, ob sich das Verstehen also auf rationales – *zweckrationales* oder *wertrationales* – oder irrationales – *affektuelles* oder *traditionales* – Handeln bezieht (vgl. Weber 1972[5]: 3f.).

Mit *aktuellem Verstehen* meint Weber die deutende Erfassung des Sinns einer Handlung, wenn verstanden wird, dass jemand handelt und *was* die handelnde Per-

"Die Soziologie bildet – wie schon mehrfach als selbstverständlich vorausgesetzt – *Typen*-Begriffe und sucht *generelle* Regeln des Geschehens. Im Gegensatz zur Geschichte, welche die kausale Analyse und Zurechnung *individueller*, *kultur*wichtiger, Handlungen, Gebilde, Persönlichkeiten erstrebt. [...] Sie bildet ihre Begriffe und sucht nach ihren Regeln vor allem *auch* unter dem Gesichtspunkt: ob sie damit der historisch kausalen Zurechnung der kulturwichtigen Erscheinungen einen Dienst leisten kann." (Weber 1972[5]: 9)

son gerade tut. So können wir beispielsweise aktuell verstehen, dass jemand Fahrrad fährt, einen Kuchen backt (rationales aktuelles Verstehen einer Handlung), oder wir erfassen auf Grund des Ausdrucksverhaltens (z. B. Lachen oder freudiger Gesichtsausdruck) einer Person, dass sie sich freut oder belustigt ist (irrational aktuelles Verstehen einer Handlung).

Im Unterschied zu diesem Verstehenstypus geht es im Fall des *motivationsmäßigen* bzw. *erklärenden Verstehens* nicht einfach darum zu verstehen, *was* jemand tut, wenn er sich in spezifischer Art und Weise verhält, sondern darum, die Gründe für dieses spezifische Verhalten zu erfassen. Motivationsmäßig zu verstehen heißt demnach zu erfassen, *warum* jemand eine spezifische Handlung in einer bestimmten Situation, also zu einem bestimmten Zeitpunkt und an einem bestimmten Ort, ausführt. Der Sinnzusammenhang oder Situationskontext, in dem ein aktuell verständliches Handeln steht, wird als Grund bzw. Motiv der Handlung aufgefasst.

Motivationsmäßiges Verstehen ist für Weber gleichbedeutend mit dem *Erklären* eines Handelns. *Durch* das Verstehen des *Sinnzusammenhanges*, in dem ein aktuell, seinem subjektiv gemeinten Sinn nach verständliches Handeln steht, wird es erklärt. Dies formuliert Weber mit Bezug auf seine eigenen Beispiele für motivationsmäßiges Verstehen wie folgt:

"Wir verstehen das Holzhacken oder Gewehranlegen nicht nur aktuell, sondern auch motivationsmäßig, wenn wir wissen, daß der Holzhacker entweder gegen Lohn oder aber für seinen Eigenbedarf oder zu seiner Erholung (rational), oder etwa 'weil er sich eine Erregung abreagierte' (irrational), oder wenn der Schießende auf Befehl zum Zweck der Hinrichtung oder der Bekämpfung von Feinden (rational) oder aus Rache (affektuell, also in diesem Sinn: irrational) diese Handlung vollzieht. Wir verstehen endlich den Zorn, wenn wir wissen, daß ihm Eifersucht, gekränkte Eitelkeit, verletzte Ehre zugrunde liegt (affektuell bedingt, also: irrational motivationsmäßig). All dies sind verständliche *Sinnzusammenhänge*, deren Verstehen wir als ein *Erklären* des tatsächlichen Ablaufs des Handelns ansehen. 'Erklären' bedeutet also für eine mit dem Sinn des Handelns befaßte Wissenschaft soviel wie: Erfassung des *Sinnzusammenhangs*, in den, seinem subjektiv gemein-

Beispielsweise ist das Kuchenbacken dann motivationsmäßig verstanden, wenn wir wissen, dass die betreffende Person dies tut, weil ihre Eltern zu Besuch kommen. Das Fahrradfahren ist erklärend verstanden, wenn wir wissen, dass die betreffende Person beispielsweise zur Erholung radelt oder um ihren Arbeitsplatz zu erreichen. Die Freude oder Belustigung ist motivationsmäßig verstanden, wenn wir wissen, dass die betreffende Person zuvor eine sehr gute Note für eine Seminararbeit bekommen oder einen guten Witz gehört hat. Das Backen eines Kuchens könnte ein aktuell verständliches traditionales (Teil-)Handeln in dem übergeordneten Sinnzusammenhang 'Elternbesuch' sein, das Fahrradfahren ein aktuell verständliches rationales (Teil-)Handeln in dem übergeordneten Sinnzusammenhang 'Freizeit' oder 'Arbeitstag', und das Lachen oder Grinsen ein aktuell verständliches affektuelles (Teil-)Handeln im Situationskontext der Universität oder einer lockeren Unterhaltung.

Idealtypus: "Inhaltlich trägt diese Konstruktion den Charakter einer *Utopie* an sich, die durch *gedankliche* Steigerung bestimmter Elemente der Wirklichkeit gewonnen ist. Ihr Verhältnis zu den empirisch gegebenen Tatsachen des Lebens besteht lediglich darin, daß da, wo Zusammenhänge der in jener Konstruktion abstrakt dargestellten Art [...] in der Wirklichkeit als in irgend einem Grade wirksam *festgestellt* sind oder *vermutet* werden, wir uns die *Eigenart* dieses Zusammenhangs an einem *Idealtypus* pragmatisch *veranschaulichen* und verständlich machen können. [...] Er wird gewonnen durch einseitige *Steigerung eines* oder *einiger* Gesichtspunkte und durch Zusammenschluß einer Fülle von diffus und diskret, hier mehr, dort weniger, stellenweise gar nicht, vorhandenen *Einzel*erscheinungen, die sich jenen einseitig herausgehobenen Gesichtspunkten fügen, zu einem in sich einheitlichen *Gedanken*bilde. In seiner begrifflichen Reinheit ist dieses Gedankenbild nirgends in der Wirklichkeit empirisch vorfindbar, es ist eine *Utopie*, und für die *historische* Arbeit erwächst die Aufgabe, in jedem *einzelnen Falle* festzustellen, wie nahe oder wie fern die Wirklichkeit jenem Idealbilde steht" (Weber 1968[3]a: 190f.).

ten Sinn nach, ein aktuell verständliches Handeln hineingehört." (1972[5]: 4)

Ein so konzipiertes Verstehen meint nun die deutende Erfassung a) eines von einem Handelnden in einer Situation real subjektiv Gemeinten, b) eines von mehreren Handelnden durchschnittlich subjektiv Gemeinten oder c) einer oft beobachtbaren sozialen Gegebenheit und ihres Sinnzusammenhangs durch einen sozialwissenschaftlich konstruierten Idealtypus (vgl. 1972[5]: 4f.). Primär betreibt die Soziologie als typenbildende Wissenschaft vom sozialen Handeln die dritte Form der Sinnerfassung, also die Interpretation des gemeinten Sinns in häufigen Erscheinungen durch Idealtypen. Weber grenzt die verstehende Soziologie damit zum einen von der reinen Statistik (durchschnittlich gemeinter Sinn) und zum anderen von der Geschichtswissenschaft (real subjektiv gemeinter Sinn) ab.

Idealtypisch konstruierte Begriffe und Handlungsabläufe sind letztlich die Mittel bzw. Instrumente, die es dem Sozialwissenschaftler erlauben, die soziale Wirklichkeit zu ordnen und zu verstehen. Die Typen sozialen Handelns und sozialer Prozesse sind insofern *ideale*, als sie in der sozialen Realität in der Einseitigkeit ihrer Konstruktion nicht vorkommen. Ein Sozialwissenschaftler gewinnt einen solchen Typus sozialen Handelns, indem er bestimmte Merkmale einer Vielzahl von vergleichbaren sozialen Handlungen und Prozessen der beobachtbaren Wirklichkeit heraushebt und aus diesen nach bestimmten Kriterien einen Handlungszusammenhang konstruiert. So entsteht eine *inhaltsarme*, aber auf viele konkrete Einzelfälle jeweils anwendbare abstrakte Konstruktion und gleichermaßen Ordnungsmöglichkeit sozialen Handelns, sozialer Prozesse oder sozialer Gebilde. Vor allem für soziales Handeln hat Weber folgende vier idealtypische Bedingungen und Motivationen extrapoliert: zweckrational, wertrational, affektuell und traditional (vgl. 1972[5]: 12).

Obgleich Vergemeinschaftung und Vergesellschaftung dadurch *motivationsmäßig* verstanden werden, dass sie auf der Folie eines oder mehrerer Idealtypen interpretiert werden, gilt als optimaler Idealtypus der rein zweckrationale Ablauf eines spezifischen sozialen Handelns. In diesem Fall wird ein Handlungsablauf so konstruiert, als würde der jeweilige Akteur ein bestimmtes Ziel in dem Maße verfolgen, dass er unter Kenntnis aller Bedingungen und unter Einbezug aller möglichen Nebenfolgen seines Handelns die im Hinblick auf sein Vorhaben am besten geeigneten Mittel auswählt und richtig einsetzt, um so sein Handlungsziel zu realisieren. Der so konstruierte Handlungsverlauf dient dem Sozialwissenschaftler als Muster, auf dem ein *konkretes* Handeln interpretiert wird. Der Abstand des tatsächlichen Handlungsablaufs vom zweckrational konstruierten Idealtypus erlaubt dann die kausale Zurechnung von Motiven, die den konkreten Handlungsablauf bestimmt haben. Somit können alle Gegebenheiten am realen Handlungsablauf, die von der zweckrationalen Konstruktion subtrahiert werden können, als handlungsbeeinflussende Faktoren dem konkreten Verlauf kausal zugerechnet werden.

Die Idealtypen sollen, wie jede soziologische Erklärung überhaupt, den Kriterien der Sinnadäquanz und der Kausaladäquanz genügen, um sowohl verständlich als auch erklärend zu sein. Mit der Referenz auf beide Adäquanzbegriffe werden sinnhaftes Verstehen und kausales Erklären verbunden.

Als *sinnhaft adäquat* bezeichnet Weber einen Handlungszusammenhang, also eine Abfolge von Verhalten, wenn die Beziehung der einzelnen Handlungen oder Verhaltenseinheiten untereinander "von uns nach den durchschnittlichen Denk- und Gefühlsgewohnheiten als typischer (wir pflegen zu sagen: 'richtiger') Sinnzusammenhang bejaht wird" (1972⁵: 5). Die durchschnittlichen Denk- und Gefühlsgewohnheiten sind im Allgemeinen kulturell bedingt und beruhen auf tradierten Erfahrungen einer Kultur, die sich in Wahrnehmungs-, Denk- und Verhaltensschemata manifestieren, die in verschiedener Ausprägung jedes Individuum im Laufe seiner Sozialisation lernt. Durch den Verweis auf die "durchschnittlichen Denk- und Gefühlsgewohnheiten" bestimmt Weber somit einen kulturell bedingten Wissensvorrat, der auch die kulturell typischen Denkschemata umfasst, als Kriterium, das über die Sinnadäquanz oder die Nicht-Sinnadäquanz einer Deutung entscheidet.

Als *kausaladäquat* bezeichnet Weber eine Abfolge von Handlungen, für die eine (statistisch) angebbare Wahrscheinlichkeit besteht, dass ihr Handlungszusam-

"Für die *typen*bildende wissenschaftliche Betrachtung werden nun alle irrationalen, affektuell bedingten, Sinnzusammenhänge des Sichverhaltens, die das Handeln beeinflussen, am übersehbarsten als 'Ablenkungen' von einem konstruierten rein zweckrationalen Verlauf desselben erforscht und dargestellt. Z. B. wird bei einer Erklärung einer 'Börsenpanik' zweckmäßigerweise zunächst festgestellt: wie *ohne* Beeinflussung durch irrationale Affekte das Handeln abgelaufen *wäre*, und dann werden jene irrationalen Komponenten als 'Störungen' eingetragen. [...] Die Konstruktion eines streng zweckrationalen Handelns also dient in diesen Fällen der Soziologie, seiner evidenten Verständlichkeit und seiner – an der Rationalität haftenden – Eindeutigkeit wegen, als *Typus* ('Idealtypus'), um das reale, durch Irrationalitäten aller Art (Affekte, Irrtümer) beeinflußte Handeln als 'Abweichung' von dem bei rein rationalem Verhalten zu gewärtigenden Verlaufe zu verstehen." (Weber 1972⁵: 9)

"*Sinn*haft adäquat in diesem Wortverstand ist z. B. die nach uns geläufigen Normen des Rechnens und Denkens *richtige* Lösung eines Rechenexempels. *Kausal*adäquat ist – im Umfang des statistischen Vorkommens – die nach erprobten Regeln der Erfahrung stattfindende Wahrscheinlichkeit einer – von jenen uns heute geläufigen Normen aus gesehen – 'richtigen' oder '*falschen*' Lösung, also auch eines typischen 'Rechenfehlers' oder einer typischen 'Problemverschlingung'" (Weber 1972⁵: 5).

menhang "stets in gleicher Art tatsächlich abläuft" (1972⁵: 5). Entscheidend ist in diesem Fall, dass der Handlungszusammenhang mit einer gewissen Regelmäßigkeit und Ordnungskonstanz abläuft. Wenn ein Handeln x gegeben ist, wird die Wahrscheinlichkeit unterstellt, dass darauf ein bestimmtes Handeln y folgt und diese Abfolge kein historisch einmaliges Vorkommnis ist.

Die kausale Deutung *typischen* Handelns bezeichnet Weber auch als verständlichen Handlungstypus oder im Falle eines sozialen Handlungstypus als *soziologische Regel*: "Nur solche statistische Regelmäßigkeiten, welche einem *verständlichen* gemeinten Sinn eines sozialen Handelns entsprechen, sind [...] verständliche Handlungstypen, also: 'soziologische Regeln'. Nur solche rationalen Konstruktionen eines sinnhaft verständlichen Handelns sind soziologische Typen realen Geschehens, welche in der Realität wenigstens in irgendeiner Annäherung beobachtet werden können." (Weber 1972⁵: 6)

Eine ausführliche Fallanalyse betreibt Richard Münch (vgl. 1982: 550ff.) mit den Konzepten der Kausal- und Sinnadäquanz am Beispiel von "Die protestantische Ethik und der Geist des Kapitalismus", in der Weber den Einfluss des "asketischen Protestantismus" (Calvinismus) auf die Entwicklung der spezifischen Ausprägung des modernen Kapitalismus in der westlichen Welt untersucht.

Vorerst kann nun zusammengefasst werden, dass Max Weber seine verstehende Soziologie methodisch von den naturwissenschaftlichen und den geisteswissenschaftlichen Disziplinen abgrenzt, indem er eine Methode entwickelt, die Verstehen und Erklären integriert. Mit Hilfe von Idealtypen, die sinnadäquat und in je besonderem Maße kausaladäquat konstruiert sind, kann der Sozialwissenschaftler die soziale Realität ordnend erfassen und auf Grund des Abstandes der realen Phänomene vom Idealtypus auch ursächlich erklären. Soziologische Regeln gewinnt die verstehende Soziologie durch die kausale Deutung typischen Handelns, d. h. durch die Konstruktion eines sinnadäquaten idealtypischen Sinnzusammenhangs, der statistisch kausaladäquat festgestellt werden kann.

4.2.4 *Webers allgemeine Handlungstheorie und die besonderen Ordnungsformen von Herrschafts- und Wirtschaftshandeln*

Menschliches Handeln ist stets in eine gegenständliche Naturwelt und in einen gesellschaftlich objektivierten Wirklichkeitszusammenhang eingebettet. Wenn von daher individuelles wie soziales Handeln nicht solipsis-

tisch motiviert sind, dann hat der beobachtende Sozialwissenschaftler grundständig die wechselseitige Vermittlung von Handlung und Situation zu berücksichtigen. Intentionen und Handlungsabläufe sind von gesellschaftlichen und geschichtlichen Gegebenheiten abhängig, nehmen von dort ihren möglichen Ausgang,
aber wirken auch wieder auf soziale und kulturelle
Strukturen zurück und können diese praktisch (um-)
gestalten.

In aller Allgemeinheit liegt immer dann ein Handeln
vor, wenn es von einer bewussten Sinnsetzung begleitet
wird, also Motive und Zwecke feststellbar sind und diese dem Handelnden zugerechnet werden können. Ein-
schränkend hält Weber aber fest:

Analytische Stufenabfolge:
Verhalten → Handeln → so-
ziales Handeln → soziale
Beziehung

"Das *reale* Handeln verläuft in der großen Masse seiner Fälle in dumpfer Halbbewußtheit oder Unbewußt-
heit seines 'gemeinten Sinns'. Der Handelnde 'fühlt' ihn
mehr unbestimmt, als daß er ihn wüßte oder 'sich klar
machte', handelt in der Mehrzahl der Fälle triebhaft
oder gewohnheitsmäßig. Nur gelegentlich, und bei
massenhaft gleichartigem Handeln oft nur von Einzelnen, wird ein (sei es rationaler, sei es irrationaler) Sinn
des Handelns in das Bewußtsein gehoben." (1972[5]: 10)

Als Kriterium, mit dem Handeln und Verhalten unterschieden werden, fungiert der *gemeinte Sinn*, den ein
Handelnder mit seinem Tun verbindet. Im Unterschied
dazu meint *Verhalten* jedes Tun, Unterlassen oder Dulden, mit dem kein gemeinter Sinn seitens des Handelnden verbunden ist; der Kardinalfall sind alle Reaktionen auf äußere Reize.

Ein schlichtes *Verhalten* ist
beispielsweise dann gege-
ben, wenn ein Mensch in-
stinktiv einem Hund aus-
weicht, der unerwartet um
die Ecke gelaufen kommt.
Ein *Handeln* läge beispielsweise dann vor, wenn je-
mand seinen Hund ruft oder
zurückpfeift, weil hierbei
das Tun an dem Zweck
orientiert ist, einen Spazier-
gang zu beenden, Gehorsam
einzufordern etc.

Soziales Handeln ist nun bestimmt durch die Bezogenheit des gemeinten Sinns auf andere und die Orientierung des Handlungsablaufs am Verhalten der jeweiligen anderen. Wesentlich ist bei dieser Definition, dass
es lediglich *eines* Handelnden bedarf, der in Bezug auf
andere handelt, damit soziales Handeln stattfindet. Es
ist nicht notwendig, dass die anderen, an denen das jeweilige Handeln orientiert ist, auch handeln. Es reicht,
wenn sie sich in irgendeiner Form verhalten und dieses
Verhalten orientierend für das soziale Handeln des Einzelnen ist. Soziales Handeln ist somit ein von einem Einzelnen ausgehendes Handeln, das auf einen oder mehrere andere sinnhaft bezogen und in seinem Ablauf

www.kowi.uni-essen.de/
koloss/themen/weber/
fahrrad_2.htm

www.kowi.uni-essen.de/
koloss/themen/weber/
regen_2.htm

orientiert ist. Zur Verdeutlichung kann hier ein bekanntes Beispiel von Max Weber herangezogen werden:

"Nicht jede Art von Berührung von Menschen ist sozialen Charakters, sondern nur ein sinnhaft am Verhalten des andern orientiertes eigenes Verhalten. Ein Zusammenprall zweier Radfahrer z. B. ist ein bloßes Ereignis wie ein Naturgeschehen. Wohl aber wäre ihr Versuch, dem andern auszuweichen, und die auf den Zusammenprall folgende Schimpferei, Prügelei oder friedliche Erörterung 'soziales Handeln'." (1972[5]: 11)

Des Weiteren grenzt Weber soziales Handeln auch von dem "*gleichmäßigen* Handeln mehrerer" ab. Als Beispiel dient der Fall, in dem mehrere Menschen bei Regen gleichzeitig ihren Regenschirm aufspannen. Dort liegt kein soziales Handeln vor, da das Handeln der Einzelnen sich nicht am Verhalten eines anderen orientiert. Wenn nun aber jemand in der Menschenmenge seinen Schirm öffnet und ihn über den Kopf seiner Begleitung hält, um sie vor der Nässe zu schützen, so handelt er sozial.

Die anderen, an denen das soziale Handeln sinnhaft orientiert ist, müssen dabei dem Akteur nicht bekannt sein oder ihm gegenwärtig gegenüberstehen. Soziales Handeln kann auch an einem vergangenen (z. B. Rache) oder an einem zukünftigen Verhalten anderer orientiert sein. "'Geld' z. B. bedeutet ein Tauschgut, welches der Handelnde an der Erwartung orientiert, daß sehr zahlreiche, aber unbekannte und unbestimmt viele Andere es ihrerseits künftig in Tausch zu nehmen bereit sein werden." (Weber 1972[5]: 11)

Im Hinblick darauf, dass ein Handeln durch den mit ihm verbundenen subjektiv gemeinten Sinn orientiert bzw. bestimmt wird, unterscheidet Weber grundlegend vier *Idealtypen* von (sozialem) Handeln je nach dem orientierenden Motiv: es kann a) zweckrational, b) wertrational, c) affektuell oder d) traditional orientiert sein, respektive so beobachtet werden.

Ein Akteur handelt *zweckrational*, wenn er sein Tun auf einen bestimmten Zweck bzw. ein Handlungsziel insofern ausrichtet, als er bewusst und absichtsvoll die geeigneten Mittel unter Berücksichtigung alternativer möglicher Mittel auswählt und einsetzt. Der jeweilige Akteur entwirft demnach zweckrational einen Handlungsplan, indem er die am besten geeigneten Mittel zur Erreichung des gesetzten Zieles nach Maßgabe seiner Erfahrungen und seiner daraus resultierenden Erwartungen an die als Mittel dienenden Gegenstände auswählt (z. B. einen Hammer, um einen Nagel in die Wand zu schlagen); Gleiches gilt auch bei der geeigneten Auswahl von Menschen (z. B. einem Klempner, um einen Rohrbruch zu beheben). Jemand handelt *wertrational*, wenn er sich in einer bestimmten Art und Weise verhält, weil er "an den – ethischen, ästhetischen, religiösen oder wie immer sonst zu deutenden – unbedingten *Eigen*wert eines bestimmten Sichverhaltens rein als solchen" (Weber 1972[5]: 12) glaubt und es ihm allein um dessen Realisierung geht. *Affektuelles* Handeln liegt dann vor, wenn aktuelle, spontane Gefühle oder Stimmungslagen das Handeln bestimmen. *Traditional* ist ein Handeln bestimmt, wenn der jeweilige Akteur ein bestimmtes Verhalten aus verinnerlichter Erziehung oder reiner Gewohnheit vollzieht.

Vom Grundbegriff des sozialen Handelns aus gewinnt Weber seine weiteren zentralen soziologischen Kategorien der *sozialen Beziehung* sowie der *legitimen* (und rationalen) *Ordnung*. Diese wiederum lassen sich näher hin spezifizieren zum einen in verschiedene Formen sozialer Beziehung überhaupt (Kampf, Vergemeinschaftung, Vergesellschaftung, offene oder geschlossene soziale Beziehung, Macht, Herrschaft etc.) und zum anderen in ihre jeweilig typische Ordnung bzw. organisierte Verfasstheit (Verband, Verwaltung, Verein, Betrieb, Anstalt etc.).

Nachdem wir eingangs schon die soziale Beziehung als Grundbegriff eingeführt hatten, wollen wir sie nun inhaltlich auffüllen. Im Kern verweist sie auf die Chance, dass zwei oder mehr Handelnde ihre soziale Orientierung wechselseitig an einem gemeinsamen Sinngehalt ausrichten. Inhaltlich kann eine soziale Beziehung ihrem Sinn nach etwa in Freundschaft, Zuneigung, Feindschaft oder Konkurrenz bestehen, wobei die Wahrscheinlichkeit eines diesen Sinngehalten entsprechenden, aufeinander bezogenen Handelns über das Bestehen, Nicht-Bestehen und die Kontinuität der jeweiligen Sozialbeziehung entscheidet.

Soziale Beziehung

Dass die aufeinander eingestellten Handelnden in jedem Einzelfall subjektiv den gleichen Sinn mit der jeweiligen sozialen Beziehung verbinden, ist aber keine

www.kowi.uni-essen.de/
koloss/themen/weber/
b_1.htm

"Nur das Vorliegen dieser Chance: – der mehr oder minder großen *Wahrscheinlichkeit* also, daß ein sinnentsprechendes Handeln stattfindet, und *nichts* darüber hinaus – bedeutet der '*Bestand*' der sozialen Beziehung [...]. Daß eine 'Freundschaft' oder daß ein 'Staat' *besteht* oder bestand, bedeutet also ausschließlich und allein: *wir* (die *Betrachtenden*) urteilen, daß eine *Chance* vorliegt oder vorlag: daß auf Grund einer bestimmt gearteten Einstellung bestimmter Menschen in einer einem *durchschnittlich gemeinten* Sinn nach angebbaren Art *gehandelt* wird, und sonst gar nichts" (Weber 1972[5]: 14).

notwendige Bedingung für ihr Bestehen. Zwei Handlungen können auch wechselseitig sinnhaft aufeinander bezogen sein, ohne dass die Beteiligten mit ihnen subjektiv den gleichen Sinn verbinden. Beispielsweise kann einer mit seinem Tun Liebe verbinden und der andere lediglich Freundschaft, oder einer kann freundschaftlich dem anderen gegenüber eingestellt sein, während dieser eine Abneigung gegen ihn empfindet. Eine soziale Beziehung besteht in solchen Fällen dennoch, solange die jeweiligen Handlungen der Beteiligten aufeinander bezogen sind. So können zwei Individuen jeweils unterschiedliche subjektive Sinngehalte mit der Beziehung verbinden und trotzdem ein Gespräch (Sinngehalt der sozialen Beziehung) führen, das in der wechselseitigen Bezogenheit der einzelnen Mitteilungshandlungen aufeinander besteht und beispielsweise das Wetter zum Thema hat. In diesem Sinne können soziale Beziehungen Weber zufolge *objektiv einseitig* sein.

Objektiv beiderseitig ist eine soziale Beziehung dann, wenn die Beteiligten mit ihr jeweils subjektiv den gleichen Sinn verbinden und dieser somit den Erwartungen des jeweils anderen entspricht. Wenn zwei Individuen zum Beispiel eine Liebesbeziehung haben und sich dementsprechend verhalten (z. B. zusammen wohnen, Zärtlichkeiten austauschen etc.), ist die soziale Beziehung solange objektiv beiderseitig, wie beide Partner dem anderen in Liebe zugeneigt sind. Die Wahrscheinlichkeit, dass sich ein aufeinander bezogenes Handeln zweier Akteure sinnentsprechend wiederholt, kann dabei hoch oder niedrig und das *Bestehen* einer sozialen Beziehung somit flüchtig oder dauerhaft sein. Das beiläufige Gespräch zweier Personen, die sich nur zufällig begegnen, über die Fußballergebnisse des letzten Wochenendes reden und sich höchstwahrscheinlich nicht wiedersehen werden, konstituiert für kurze Zeit eine Sozialbeziehung, während beispielsweise im Fall einer vertraglich geregelten Geschäftsbeziehung die Wahrscheinlichkeit der Wiederholung eines sinnentsprechenden, aufeinander bezogenen Handelns größer und die Sozialbeziehung somit eher dauerhaft ist. Der Inhalt einer sozialen Beziehung kann dabei wechseln, so beispielsweise, wenn eine Liebe sich tatsächlich in Hass umwandelt und das Handeln sich an diesem neuen Sinngehalt orientiert. Dass eine soziale Beziehung Bestand hat, heißt lediglich, dass es wahrscheinlich ist, dass immer wieder in bestimmter Art und Weise von mehreren sinnentsprechend aufeinander bezogen gehandelt wird.

An zwei Ordnungsformen typischer Sozialhandlungen und Sozialbeziehungen soll nun die Handlungstheorie Webers ihre Anwendung erfahren: zum einen beim herrschaftlichen und zum anderen beim wirtschaftlichen Handeln. Diese Auswahl erfolgt nicht zuletzt vor dem Hintergrund, dass die meisten Vergemeinschaftungs- und Vergesellschaftungsformen gerade zu Herrschaft und Wirtschaft eine offensichtliche Beziehung haben, wie auch in ihren Formen und Strukturen von diesen geprägt werden.

Herrschaftshandeln

Die Herrschaftssoziologie Webers untersteht dem Komplex von Handeln und Ordnung und ist, modern gesprochen, nicht so sehr gesellschaftstheoretisch als vielmehr organisationstheoretisch zu lesen. Bei der sozialen Konstellation von *Macht* kann jeder Mensch in beliebigen Situationen unter verschiedenen Bedingungen seinen Willen durchsetzen. Macht ist also weder dauerhaft noch ist sie spezifisch personengebunden, sondern kann wechselweise potenziell von jedem ausgeübt werden. Demgegenüber wird *Herrschaft* präziser enggeführt und zielt nicht nur darauf ab, einen Willen aktuell durchzusetzen, sondern vielmehr von einem anderen Individuum oder einer Gruppe für diesen Willen Fügsamkeit bzw. Gehorsam entgegengebracht zu bekommen. Herrschaft ist damit an die aktuelle Existenz eines erfolgreich Befehlenden gebunden und darüber hinaus oftmals (aber nicht zwingend) an die Existenz eines Verwaltungsstabes oder Verbandes, der als Apparat die Herrschaft legitimiert und für die Einhaltung von besonderen Anordnungen und Regeln steht.

Den Zusammenhang zwischen sozialem Handeln bzw. sozialer Beziehung und den drei Formen von Macht, Herrschaft und Disziplin formuliert Weber folgendermaßen:

"*Macht* bedeutet jede Chance, innerhalb einer sozialen Beziehung den eigenen Willen auch gegen Widerstand durchzusetzen, gleichviel worauf diese Chance beruht. *Herrschaft* soll heißen die Chance, für einen Be-

"Unter 'Herrschaft' soll hier also der Tatbestand verstanden werden: daß ein bekundeter Wille ('Befehl') des oder der 'Herrschenden' das Handeln anderer (des oder der 'Beherrschten') beeinflussen will und tatsächlich in der Art beeinflußt, daß dies Handeln, in einem sozial relevanten Grade, so abläuft, als ob die Beherrschten den Inhalt des Befehls, um seiner selbst willen, zur Maxime ihres Handelns gemacht hätten ('Gehorsam')." (Weber 1972⁵: 544)

fehl bestimmten Inhalts bei angebbaren Personen Gehorsam zu finden; *Disziplin* soll heißen die Chance, kraft eingeübter Einstellung für einen Befehl prompten, automatischen und schematischen Gehorsam bei einer angebbaren Vielheit von Menschen zu finden." (1972[5]: 28)

Während nun die sozialen Erscheinungen von Macht und Disziplin von Weber nur skizzenhaft beschrieben werden, präzisiert er sowohl das Begriffsfeld zu Herrschaft als auch ihre soziologische Form und Funktion und fügt dem das wichtige Konzept der Geltungs- bzw. Legitimitätsgründe zu. Von daher erscheint es Weber zweckmäßig und analytisch notwendig, je nach zu Grunde liegendem Legitimitätsanspruch die Formen von Herrschaft unterschiedlich zu beschreiben (vgl. 1972[5]: 122). Legitimität und Herrschaft korrelieren insofern, als von Seiten des Herrschers die Art der beanspruchten Legitimität den Typus des Gehorchens und des Verwaltungsstabes bestimmt. Mithin bindet der Herrscher die Form seiner Befehlsausübung an seine Erwartungen der (bereitwilligen) Übernahme bzw. Folgsamkeit jener Anweisungen durch die Untertanen bzw. Beherrschten an. Sicherlich ist die soziale Beziehung der Herrschaft von ihrer Struktur her asymmetrisch aufgebaut, aber dennoch muss der Herrscher seine Befehlsinteressen in gewisser Weise mit den Gehorsamsinteressen seiner Gefolgschaft abstimmen, um weiterhin seine Position behalten und ausüben zu können und für sie Rückhalt zu finden. Schließlich kann der Herrscher nur dann Herrschaft ausüben, wenn eine Anzahl von Menschen sich entweder unter angebbaren Interessen oder unter dem Diktat des Zwangs und der Gewalt beherrschen lässt. Die eine dieser beiden konträr zueinander stehenden Formen von Herrschaft findet ihre Legitimitätsgeltung in einer (z. B. wirtschaftlichen oder politischen) Interessenkonstellation, die andere hat ihre Legitimitätsgeltung durch Autorität (z. B. politische Diktatur).

Legitime Herrschaft

Genau jenes Moment der Legitimität und damit der Geltung einer Herrschaft überführt Weber in sein Idealtypenkonzept legitimer Herrschaft. Mit Blick auf die Methode der Idealtypenkonstruktion bestimmt Weber drei Grundformen legitimer Herrschaft nach dem Prinzip von Rationalität oder Tradition oder Charisma. Diese Grundformen sind – der methodischen Vorgehensweise folgend – auf Grund abstrahierender und einseitig gesteigerter Konstruktion gewonnen. So bleibt zu berücksichtigen, dass zum einen empirisch durchaus Übergänge oder Mischformen von Herrschaftsverhältnissen festzustellen sind; und dass zum anderen Weber mit diesem reinen Begriffsfeld keine systematische Ableitung und Interpretation der historischen Gesamtrealität (vgl. 1972[5]: 124) verfolgt.

www.kowi.uni-essen.de/
koloss/themen/weber/
herrschaft.htm

Die idealtypische Einteilung sieht so aus: "Es gibt drei *reine* Typen legitimer Herrschaft. Ihre Legitimitätsgeltung kann nämlich primär sein: 1. *rationalen* Charakters: auf dem Glauben an die Legalität gesatzter Ordnungen und des Anweisungsrechts der durch sie zur Ausübung der Herrschaft Berufenen ruhen (legale Herrschaft), – oder 2. *traditionalen* Charakters: auf dem Alltagsglauben an die Heiligkeit von jeher geltender Traditionen und die Legitmität der durch sie zur Autorität Berufenen ruhen (traditionale Herrschaft), – oder endlich 3. *charismatischen* Charakters: auf der außeralltäglichen Hingabe an die Heiligkeit oder die Heldenkraft oder die Vorbildlichkeit einer Person und der durch sie offenbarten oder geschaffenen Ordnungen ruhen (charismatische Herrschaft)." (Weber 1972[5]: 124)

1) Bei der rational begründeten Herrschaft wird der Gehorsam nicht einer bestimmten Person, sondern den Satzungen und Regeln entgegengebracht, die sich eine Institution bzw. Organisation (zumeist schriftlich fixiert) gegeben hat. Die Überprüfung der Einhaltung jener Satzungen und Regeln wiederum wird personal zugerechnet, also typischerweise vom Vorgesetzten vorgenommen. Diese rational strukturierte und ausgeübte Herrschaftsform ist paradigmatisch in bürokratisch organisierten Verwaltungsapparaten gegeben, wie etwa in Behörden, Regierungseinrichtungen, Universitäten.

2) Bei der traditional begründeten Herrschaft wird der Gehorsam einer persönlichen Autorität entgegengebracht, welche aus gewohnter Sitte oder aus Konvention die Befehls- und Führungsgewalt inne hat. Insgesamt vollzieht sich die individuelle gehorsame Orientierung der Geführten und Gehorchenden vor einem zeitlich gewohnten oder ethisch oder religiös begründeten Weltbild. Dieses Konzept der traditionalen Herrschaft dürfte wohl für die Mehrzahl von Herrschaftsformen gelten, wenn berücksichtigt wird, dass zum einen

"Die Schöpfung einer charismatischen Herrschaft in dem geschilderten 'reinen' Sinn ist stets das Kind ungewöhnlicher äußerer, speziell politischer oder ökonomischer, oder innerer seelischer, namentlich religiöser Situationen, oder beider zusammen, und entsteht aus der, einer Menschengruppe gemeinsamen, aus dem Außerordentlichen geborenen Erregung und aus der Hingabe an das Heroentum gleichviel welchen Inhalts."
(Weber 1972[5]: 661)

die rationale Herrschaft entwicklungsgeschichtlich sich sehr spät herausgebildet hat und zum anderen die charismatische Herrschaft als außeralltägliche von sich aus eine seltene Form darstellt. Die traditionale Herrschaftsbildung und -ausübung lässt sich insbesondere am Patriarchalismus, dessen Keim in der Autorität des Hausherrn innerhalb einer familialen Hausgemeinschaft liegt, und am Patrimonialismus verdeutlichen, dessen Keim in der Treue an einen Herrn vor einer dezentralisierten Besitzlage zu sehen ist. Bei beiden Herrschaftsgebilden besteht das Gehorsams- und Abhängigkeitsverhältnis auf Grund eines Pietäts- und Treueverhältnisses (vgl. Weber 1972[5]: 580ff.).

3) Bei der charismatisch begründeten Herrschaft wird der Gehorsam aus Hingabe und Glaube an bestimmte Eignungs- und Führungsqualitäten einer Person geleistet. Auf Grund außeralltäglicher, ungewöhnlicher Begabungen wird eine Person als charismatisch erlebt, und dieses Erleben wird sodann im Vertrauen auf Heldentum, Offenbarung oder Gnadengabe jener Autoritätsperson als Gehorsam und absolute Gefügsamkeit ausgedrückt. Das typische Herrschaftsverhältnis gestaltet sich hierbei zwischen einem *Führer* und seiner *Gemeinde*. Äquivalent zur Besonderheit der Person stellt auch die Besonderheit der raumzeitlichen und sozialen Umstände eine wesentliche Gelingensbedingung des Aufkommens und der Anerkennung eines charismatischen Führers dar. Besonders in Situationen der Not, der politischen Unordnung oder der emotionalen Erregung heftet sich die Hoffnung auf Besserung und Ordnung der Zustände an Revolutionäre, Helden, Schamanen, Propheten und ähnliche 'Führergrößen'.

"Der Bestand der charismatischen Autorität ist ihrem Wesen entsprechend spezifisch *labil*: der Träger kann das Charisma einbüßen, sich als 'von seinem Gott verlassen' fühlen, wie Jesus am Kreuz, sich seinen Anhängern als 'seiner Kraft beraubt' erweisen: dann ist seine Sendung erloschen, und die Hoffnung erwartet und sucht einen neuen Träger. Ihn aber verläßt seine Anhängerschaft, denn das reine Charisma kennt noch keine andere 'Legitimität' als die aus eigener, stets neu bewährter Kraft folgende. Der charismatische Held leitet seine Autorität nicht wie eine amtliche 'Kompetenz' aus Ordnungen und Satzungen und nicht wie die patrimoniale Gewalt aus hergebrachtem Brauch oder feudalem Treueversprechen ab, sondern er gewinnt und behält sie nur durch *Bewährung* seiner Kräfte im Leben. Er muß Wunder tun, wenn er ein Prophet, Heldentaten, wenn er ein Kriegsführer sein will. Vor allem aber muß sich seine göttliche Sendung darin 'bewähren', daß es denen, die sich ihm gläubig hingeben, *wohlergeht.*" (Weber 1972[5]: 656)

Im Anschluss an die Entstehung und Legitimierung der charismatischen Autorität behandelt Weber das strukturelle Moment der Labilität dahingehend, dass es nach verschiedenen Ursachen und Zielen hin überwunden werden will, um zur dauerhaften Sicherstellung und damit zur *Veralltäglichung* der charismatischen Herrschaft zu führen. Der Wunsch nach Garantie des Charismas entspringt entweder den Interessen des Herrschers, seine Nachfolge sicherzustellen, oder den Interessen der Jünger bzw. Gefolgschaft, weiterhin durch bestimmte Führungsqualitäten und nach spezifischen Ordnungs- und Weltbildmustern beherrscht zu werden. Zumeist wird die irrationale und auf schlechthin gültiger Heiligkeit ruhende Herrschaftsform des Charismas dann dem Modus der traditionalen Regeln angepasst (vgl. Weber 1972[5]: 662). Auf der einen Seite wird zwar die charismatische Herrschaft in Anbindung an Traditionalität auf Dauer gestellt und institutionalisiert, aber auf der anderen Seite verliert sie dadurch ihren spezifischen inneren Charakter, da sie ja nunmehr in den Alltag fest eingebunden wird, obwohl sie eine genuin außeralltägliche soziale Beziehung darstellt. Insofern "ist es das Schicksal des Charisma, mit zunehmender Entwicklung institutioneller Dauergebilde zurückzutreten" (Weber 1972[5]: 670).

Für das Gebiet der Herrschaftssoziologie sei abschließend noch einmal die Verflechtung der Weberschen Grundbegriffe betont, finden doch darin die abstrakten Kategorien von sozialem Handeln, sozialer Beziehung, Legitimität und Idealtypus eine inhaltsreiche Auffüllung und Anwendung (vgl. weiterführend Breuer 1991). Insbesondere das Konzept der sozialen Beziehung tritt in den unterschiedlichen Formen von Herrschaft auf. Es manifestiert sich, indem Herrschaft dahingehend eine Vergemeinschaftungsfunktion übernimmt, dass die wechselseitige Einstellung zwischen

www.kowi.uni-essen.de/ koloss/themen/weber/ legitimation.htm

Herrscher und Gefolgschaft, respektive Verwaltungs-stab, auf einer spezifischen Zusammengehörigkeit aller Beteiligten ruht, die entweder einer konkreten Interessenlage oder einer konkreten Machtlage entspringt. Die Legitimität ihrer Geltung besteht für die Herrschaft in der Garantie und Überprüfung ihrer Form und Struktur auf Grund von: entweder satzungsmäßiger Ordnung oder seit jeher bestehender traditionaler Ordnung oder treuem Glauben an die Heiligkeit und ungewöhnliche Begabung einer autoritären Persönlichkeit.

Wirtschaftshandeln

Wir kommen nun auf die zweite angekündigte Ordnungsform sozialen Handelns zu sprechen: wirtschaftliche Vergemeinschaftung und Vergesellschaftung. Wirtschaftliches Handeln wird häufig entweder genetisch erläutert und dann in die Phasen des Tauschverkehrs und des Geldverkehrs eingeteilt. Oder es wird der Einheit der modernen ökonomischen Tatbestände unterstellt, mit den beiden Seiten von Produktion und Angebot versus Konsum und Nachfrage. Weber dagegen schlägt eine viel allgemeinere Bestimmung vor, die all das in sich aufnimmt und nicht vorab zu speziell ist. So sei zuerst von einem *Begehren* auszugehen und dann von verschiedenen Handlungsmöglichkeiten und technischen wie sozialen Mitteln, die auf die *Deckung* des Begehrens abzielen. "'Wirtschaftlich *orientiert*' soll ein Handeln insoweit heißen, als es seinem gemeinten Sinne nach an der Fürsorge für einen Begehr nach Nutzleistungen orientiert ist. 'Wirtschaften' soll eine *friedliche* Ausübung von Verfügungsgewalt heißen, welche *primär* [...] wirtschaftlich orientiert ist." (Weber 1972[5]: 31) Jene Nutzleistungen sind sowohl sachlicher Natur, also Güter, als auch menschlicher Natur, also (Dienst-)Leistungen und Arbeit.

"Jede innerhalb einer Menschengruppe typische Art von wirtschaftlich orientiertem sozialem Handeln und wirtschaftlicher Vergesellschaftung bedeutet in irgendeinem Umfang eine besondere Art von Verteilung und Verbindung menschlicher Leistungen zum Zweck der Güterbeschaffung. Jeder Blick auf die Realitäten wirtschaftlichen Handelns zeigt eine Verteilung verschiedenartiger Leistungen auf verschiedene Menschen und eine Verbindung dieser zu gemeinsamen Leistungen in höchst verschiedenen Kombinationen mit den sachlichen Beschaffungsmitteln." (Weber 1972[5]: 62)

Wirtschaftliche Vergemeinschaftung ist das Ergebnis menschlicher Interessenkämpfe zum allgemeinen Zwecke von Bedürfnisbefriedigung und Bedarfsdeckung. Deshalb will Weber Wirtschaft darauf eingegrenzt wissen, "wo einem Bedürfnis oder einem Komplex solcher, ein [...] *knapper* Vorrat von Mitteln und möglichen Handlungen zu seiner Deckung gegenübersteht und dieser Sachverhalt Ursache eines spezifisch mit ihm rechnenden Verhaltens wird. Entscheidend ist dabei für zweckrationales Handeln selbstverständlich:

daß diese Knappheit *subjektiv* vorausgesetzt und das Handeln daran orientiert ist." (1972[5]: 199) Aus der Knappheit der Güter resultiert die primäre Form des Wirtschaftens: Deckung des individuellen Bedarfs. Im Weiteren gibt es jene Form der *Wirtschaft zum Erwerb*, welche die Knappheit begehrter Güter selbst ausnutzt, um durch ihren Handel, ihre Produktion und die Verfügungsgewalt über ihre Verteilung Profit zu erzielen. Damit einher geht, gegenüber dem Wettbewerb um individuell lebensnotwendige Bedürfnisinteressen, der Wettbewerb um rein ökonomische Chancen und mithin die Installierung von zunehmend kapitalistischen Konkurrenzverhältnissen und wirtschaftsrechtlichen Konkurrenzprinzipien. Als engere Motivlagen und entscheidende Antriebsfaktoren für Wirtschaftshandeln nennt Weber (vgl. 1972[5]: 60): das Risiko völliger Unversorgtheit für den Nichtbesitzenden und seine Familie, die persönliche Einstellung zur Erwerbs- und Lohnarbeit als identisch mit der gewünschten Lebensform ("Leben, um zu arbeiten"), Vermehrung einer privilegierten Besitzausstattung, die werthafte Einschätzung der wirtschaftenden Tätigkeit als *Beruf* qua Berufung, Machtausübung durch kontrollierte Versorgungsmöglichkeiten einer bedürfenden Vielheit von Menschen.

Mit Bezug auf die Idealtypen sozialen Handelns ist die wirtschaftliche Orientierung als traditional und zweckrational vorstellbar. Die Entwicklung nimmt dabei den Weg von einer reinen Naturalwirtschaft ohne Tauschformen mit stark traditionaler Ausprägung über die Naturaltauschwirtschaft mit gelegentlicher Geldrechnung und gleichermaßen traditionalen wie rationalen Ausprägungen hin zu einer (kapitalistischen) Geldverkehrswirtschaft mit stark zweckrationaler Ausprägung. Das wirtschaftliche Tauschhandeln beruht auf der freiwilligen Vereinbarung des gegenwärtigen oder zukünftigen wechselseitigen Darbietens von Nutzleistungen für Gegenleistungen.

"Konventionale Tauschakte waren der Geschenkaustausch unter Freunden, Helden, Häuptlingen, Fürsten [...]. Der rationale Tausch ist nur möglich, wenn entweder *beide* Teile dabei Vorteil zu finden hoffen, oder eine durch ökonomische Macht oder Not bedingte Zwangslage für einen Teil vorliegt. Er kann entweder: naturalen Versorgungs- oder Erwerbszwecken dienen,

Konsequenzen typischen Geldgebrauchs (vgl. Weber 1972[5]: 41f.): Trennung des begehrten Objektes vom eingetauschten und damit Erhöhung an Tauschmöglichkeiten in örtlicher, zeitlicher, persönlicher und quantitativer Hinsicht; Messbarkeit von Leistungen (und Schulden) in Beträgen; künftige Wertbewahrung in der Währungsform; Erwerb beliebiger Güter und Leistungen und damit qualitative Steigerung der Wirtschaft; Geldrechnung; Geldkredit; Bankenwesen; Geld- und Kapitalmarkt.

also: an der persönlichen Versorgung des oder der Eintauschenden mit einem Gut oder: an Marktgewinnchancen orientiert sein." (Weber 1972[5]: 37)

In seiner naturalen Bedarfsdeckung ist der Tausch hochgradig individuell bestimmt und kann so auch irrational sein (in Notlagen ist ein Glas Wasser 5 Barren Gold wert). Mit dem Entstehen von Marktlagen, verschiedenen Marktformen und einer Erwerbswirtschaft dominiert schließlich das Rationalitätsprinzip im Tauschhandel. Die formale Rationalität der Wirtschaft manifestiert sich dann besonders deutlich im Geldgebrauch und der Geldrechnung: Geld ist "das 'vollkommenste' wirtschaftliche Rechnungsmittel, das heißt: das formal rationalste Mittel der Orientierung wirtschaftlichen Handelns. Geld*rechnung*, nicht: aktueller Geld*gebrauch*, ist daher das spezifische Mittel zweckrationaler Beschaffungswirtschaft." (Weber 1972[5]: 45)

Die Entwicklung der Geldwirtschaft verändert nicht nur das partizipierende Wirtschaftshandeln – im Sinne der aktuellen Bedürfnisbefriedigung oder Vorsorge künftiger Knappheiten einerseits sowie der Erwerbswirtschaft und Kapitalbildung andererseits – auf Seiten der arbeitenden, produzierenden, verkaufenden und konsumierenden Menschen. Vielmehr wandeln sich auch die wirtschaftenden Gemeinschaften selbst, und zwar besonders in ihrer ökonomischen Bestandserhaltung und Leistungsregelung. Es bildet sich eine wirtschaftsregulierende Eigenlogik in den verschiedenen Wirtschaftsgebilden aus, die der zukünftigen Bedarfsdeckung und gemeinschaftsinternen Stabilität geschuldet ist. Mit Weber sind wesentlich vier reine Typen ökonomischer Leistungsaufbringung zu nennen (vgl. 1972[5]: 207f.):

1) Auf Grund einer natural- bzw. gemeinwirtschaftlichen Satzung die Einforderung von Naturalabgaben (z. B. Ernte) oder die Auferlegung von persönlichen Naturalleistungen der Gemeinschafter (z. B. Wehrdienst). 2) Geldförmige Abgaben, insbesondere auferlegte Steuern, regelmäßige Beiträge (z. B. Miete) oder je verschiedentlich aktuelle, vorgangs- und leistungsbezogene Geldzahlungen (z. B. Gebühren). 3) Erwerbswirtschaftliche Gewinne eines Betriebes bzw. Unternehmens durch Rentabilitäts- und Profitstrategien mit eigenen Produkten oder Dienstleistungen. 4) Mäzenatisch aus-

geprägte freiwillige Geldbeträge von zumeist Wohlhabenden mit materiellen oder ideellen Interessen, insbesondere Spenden an Religionsgemeinschaften, Stiftungen und Parteien.

Dieser kurz umrissene wirtschaftsgeschichtliche Prozess zeigt nicht zuletzt, dass Vergemeinschaftung und Vergesellschaftung nicht nur durch menschliches soziales Handeln entstehen und strukturiert werden, sondern auch als eigenständiger Wirklichkeitszusammenhang auf die Möglichkeiten und Formen von Handlungen und Sozialbeziehungen rückwirken. Im positiven Sinne zeigt diese Kulturentwicklung nach Weber:

"Die Geldwirtschaft ergibt einerseits die objektive *Berechenbarkeit* der individuellen Erwerbsleistungen der Einzelnen und ihres Verbrauchs und eröffnet ihnen nach der anderen Seite – durch die Entfaltung des geldvermittelten 'indirekten Tauschs' – überhaupt erst die Möglichkeit, individuelle Bedürfnisse frei zu befriedigen." (1972[5]: 227)

4.2.5 *Literatur*

Bibliografie:

Chronologisches Verzeichnis der Originalpublikationen, unveröffentlichten Arbeiten und posthumen Publikationen bzw. Sammelwerke Max Webers 1889-1974. In: Käsler [1995], S. 270-292.

Online-Bibliografie
zu Weber:

**www.kowi.uni-essen.de/
koloss**

⇨ Literatur ⇨ Weber

Verwendete Literatur:

Breuer, Stefan [1991]: Max Webers Herrschaftssoziologie. Frankfurt a. M.; New York.
Käsler, Dirk [1995]: Max Weber. Eine Einführung in Leben, Werk und Wirkung. Frankfurt a. M.; New York.
Münch, Richard [1982]: Theorie des Handelns. Zur Rekonstruktion der Beiträge von Talcott Parsons, Emile Durkheim und Max Weber. Frankfurt a. M.
Schnädelbach, Herbert [1983]: Philosophie in Deutschland 1831-1933. Frankfurt a. M.

Schütz, Alfred [1974]: Der sinnhafte Aufbau der sozialen Welt. Eine Einleitung in die verstehende Soziologie. Frankfurt a. M.

Tenbruck, Friedrich H. [1959]: Die Genesis der Methodologie Max Webers. In: Kölner Zeitschrift für Soziologie und Sozialpsychologie. 11. Jg., S. 573-630.

Wagner, Gerhard/Zipprian, Heinz (Hrsg.) [1994]: Max Webers Wissenschaftslehre. Interpretation und Kritik. Frankfurt a. M.

Weber, Max [1968³]: Gesammelte Aufsätze zur Wissenschaftslehre. Herausgegeben von Johannes Winckelmann. Tübingen.

Weber, Max [1968³a]: Die "Objektivität" sozialwissenschaftlicher und sozialpolitischer Erkenntnis. In: ders. [1968³], S. 146-214.

Weber, Max [1968³b]: Über einige Kategorien der verstehenden Soziologie. In: ders. [1968³], S. 427-474.

Weber, Max [1972⁵]: Wirtschaft und Gesellschaft. Grundriß der verstehenden Soziologie. Besorgt von Johannes Winckelmann. Studienausgabe. Tübingen.

Weiß, Johannes (Hrsg.) [1989]: Max Weber heute. Erträge und Probleme der Forschung. Frankfurt a. M.

4.3 Die sozialphänomenologische Handlungstheorie von Alfred Schütz

4.3.1 *Die Relevanz Alfred Schütz' für die Kommunikationswissenschaft*

Edmund Husserl mit seinen sozialphänomenologischen Betrachtungen und Max Weber mit der Grundlegung einer verstehenden Soziologie sowie seinem sinnfundierten Handlungsbegriff geben eine sozialwissenschaftliche Ausrichtung vor, auf die sich Alfred Schütz bezieht und die er schließlich erweitert. Zum erkenntnisleitenden Hauptproblem wird ihm die Sinnhaftigkeit des (sozialen) Handelns in der Alltagswelt, und zwar sowohl von seiner Genese als auch von seiner Struktur her. Damit sind gleichermaßen die individuelle und die intersubjektive Konstitution von sinnhaften Handlungen, Wissensvorräten und Kulturwelten angesprochen. Einen Kernpunkt finden jene Konstitutionsanalysen in ihrer zeittheoretischen Rahmung. Die Verbindung der alltagsweltlichen (mundanen) Sozialtheorie mit einer Zeittheorie hat es ermöglicht, fundamental die Temporalschichten und die Ereignishaftigkeit von Handlungen und Kommunikationen zu erkennen. Der Wechsel zwischen situationaler Flüchtigkeit und struktureller Dauer, die Aufschichtung einer gegenwärtigen und zukünftigen Ordnung aus der Vergangenheit oder zeitlich je verschiedene Wirkmöglichkeiten und Wirkzonen in intersubjektiver Beziehungen und im gesellschaftlich-kulturellen Leben sind durch Schütz einsichtig geworden.

Insgesamt liegt mit seinem Werk eine umfassende Beschreibung von sozialen Handlungsweisen, Strukturen und Typisierungen vor, wie sie sich in der Alltagswelt vollziehen bzw. wie sie das gemeinsame Leben in der Alltagswelt regeln. Insofern sich Kommunikations- bzw. Sozialwissenschaften mit den Bedingungen, dem Aufbau und dem Prozess von Kommunikation als wesentlich alltagsweltlichem Ereignis beschäftigen, bietet die Sozialtheorie von Schütz dafür ein wichtiges Beschreibungskonzept und Begriffsinstrumentarium an. Dabei ist in erster Linie an seine Handlungstheorie zu denken, an die verstehende Rekonstruktion sozialer

* 13.4.1899 (Wien)
† 20.5.1959 (New York)

Alfred Schütz studiert von 1918-21 Rechtswissenschaften, Ökonomie und Soziologie an der Universität Wien und promoviert dort 1921 zum Dr. jur. Nach Studienabschluss bleibt Schütz in Wien und beginnt seine berufliche Laufbahn als Finanzjurist beim Österreichischen Bankverein; 1929 wechselt er zum Bankhaus Reitler & Co., für das er auch nach seiner Emigration in die USA (1939) in New York tätig ist. Neben der Ausübung seines Hauptberufes verfolgt Schütz seine wissenschaftlichen Interessen nur privat; erst mit seinem Ausscheiden aus der Bank im Jahre 1956 widmet er sich ausschließlich seinen sozialphilosophischen und alltagssoziologischen Studien.

Sein wissenschaftliches Wirken steht während seiner Studienzeit und in den 1920er Jahren unter dem Einfluss Max Webers (1864-

1920) und Henri Bergsons (1859-1941). Vor diesem Hintergrund schließt er 1927 einen ersten Entwurf zu "Lebensformen und Sinnstruktur" ab. Danach setzt er sich mit Edmund Husserls (1859-1938) phänomenologischen Denkansätzen auseinander und legt als Ergebnis der fruchtbaren Verbindung zwischen Weber, Bergson und Husserl 1932 ein fundamentales Werk vor: "Der sinnhafte Aufbau der sozialen Welt. Eine Einführung in die verstehende Soziologie". Damit vertritt Schütz eine radikale Gegenposition zu dem zu dieser Zeit vorherrschenden positivistischen Welt- und Wissenschaftsverständnis, welches vor allem durch den Logischen Empirismus ("Wiener Kreis") zum Ausdruck gebracht wird.

Nach dieser Veröffentlichung lernt Schütz Husserl kennen und pflegt mit ihm fortan einen dauerhaft persönlichen Kontakt. Das Angebot Husserls, als dessen Assistent nach Freiburg zu kommen, lehnt Schütz allerdings ab und bereitet 1937 seine Emigration über Paris (Bekanntschaft mit Aron Gurwitsch) in die USA vor. 1939 kommt er in New York an, bestreitet seinen Arbeitsalltag weiterhin als Finanzjurist und versucht, ganz im Sinne eines Privatgelehrten, Kontakt zu den dortigen Sozialwissenschaftlern aufzunehmen. Er trifft auf Talcott Parsons (1902-1979), mit dem er zunächst einen regen Diskurs führt, der aber letztlich in unproduktiven Auseinandersetzungen über die gegensätzlichen Positionen endet. Als Vorstandsmitglied

Sinnkonstitutionen und an seine Studien zum Fremdverstehen und zu kommunikativen zeichenvermittelten Verständigungsprozessen in der Alltagswelt. Die Möglichkeit wechselseitiger Verständigung führt Schütz zum einen auf die *Generalthesis der Alltagswelt* und zum anderen auf die *Generalthesis der Reziprozität der Perspektiven* zurück.

Nach Schütz kann das soziologische Denken alles, was mit sozialer Wirklichkeit zusammenhängt, weder selbstverständlich hinnehmen noch voraussetzen (vgl. 1971a: 61), sondern Intersubjektivität, Kommunikation und alle weiteren besonderen *Mechanismen des Handelns* in der gemeinsamen Wirk- und Lebenswelt müssen grundständig – und zwar mit einem anthropologischen und pragmatischen Ansatz (vgl. dazu Srubar 1988) – untersucht und erklärt werden. Sind dies doch schließlich die elementaren Prozesse, welche die Sozialwelt gleichermaßen fundieren wie zusammenhalten. Von daher entwickelt Schütz ein Modell, das die Genese von gesellschaftlichem Wissen, Sinnprovinzen und Kulturwelten aus der Eigendynamik sozialer Beziehungen und kommunikativer Handlungen ableitet.

"Handlungstheorie und Lebenswelttheorie müssen als eine Einheit begriffen werden und werden auch so in dieser Einheit ausgeführt. Nur so läßt sich zeigen, wie soziales Handeln seine Regulative aus sich selbst hervorbringt." (Srubar 1988: 252)

Interessanterweise werden die vielfältigen Formen der intersubjektiven Wirkensbeziehung und der Kommunikation vom umweltlichen, konkreten Anderen hergeleitet. Das basale Kommunikationstheorem lautet: *wir altern zusammen.* Und das kommunikative Urszenario gründet in der raumzeitlich geteilten face-to-face-Situation. Kontinuierlich kommt es dann zu einer Spaltung dieser höchst persönlichen Zweierbeziehung, wird der *Mit*-Mensch zum *Neben*-Menschen, und es zeigen sich verschiedene Abstufungen der anonymen, typisiert geregelten Lebensbereiche. Diesem Befund stellt Schütz schließlich eine eigenständige Analyse des Zeichengebrauchs und der erfolgreichen Kommunikation zwischen Menschen zur Seite.

4.3.2 *Sozialwissenschaftliche Methodologie und der Ansatz der mundanen Soziologie*

Sehr grundsätzlich hat Schütz die Sozialwissenschaften immer wieder auf ihre Methodologie und Theoriebildung hin befragt. So bearbeitet er das Fundierungsproblem der Sozialwissenschaften hinsichtlich ihres genuinen Gegenstandes und Forschungsobjektes. Diese Suchbewegung ist gegen die Vorstellung gerichtet, dass natur- und sozialwissenschaftliche Methoden kompatibel, ja erstere die einzig legitimen seien und zu gesichertem, wahrem Wissen führten. Pointiert spricht Schütz von einem *monopolistischen Imperialismus* der naturwissenschaftlichen Methoden, von dem die speziellen Probleme der Sozialwissenschaftler weder erkannt noch behandelt werden, so dass diese bei der Untersuchung menschlichen Zusammenlebens auf sich allein gestellt waren, aber ihre Erkenntnisse noch nicht argumentativ belegen bzw. absichern konnten (vgl. 1971a: 57). Zudem wendet er sich, später insbesondere an den Strukturfunktionalismus (Parsons) adressiert, gegen reduktionistische und positivistische Forschungs- und Theoriearbeiten innerhalb der modernen Sozialwissenschaften.

Wer sozialwissenschaftlich tätig ist, hat es nach Schütz mit lebenden, denkenden und handelnden Menschen zu tun. Menschliches Handeln ist typischerweise sinnhaft; und als Produkt menschlicher Sozialhandlungen ist die soziale Wirklichkeit immanent sinnhaft. Diese menschlich geschaffene soziale Wirklichkeit mit all ihren Handlungsmöglichkeiten, Sinnprovinzen, Wissensvorräten und Wirkstrukturen soll der spezifische Objektbereich der Soziologie sein. Schütz selbst hält zum Gegenstandsgebiet und Verfahren seiner verstehenden (Alltags-)Soziologie fest:

"Aufgabe dieser Wissenschaft ist zunächst und vor allem die Beschreibung der Sinndeutungs- und Sinnsetzungsvorgänge, welche die in der Sozialwelt Lebenden vollziehen. Diese Deskription kann eine empirische oder eidetische sein, sie kann Individuelles oder Typisches zum Gegenstand nehmen, sie kann zu konkreten Situationen der mundanen Sozialität oder in einem hohen Allgemeinheitsgrad durchgeführt werden. Darüber hinaus aber will die verstehende Soziologie mit

der 'International Society of Phenomenology' und seit 1940 Mitherausgeber der Zeitschrift "Philosophy and Phenomenological Research" ist er einem Forum assoziiert, von dem aus er Beiträge und Diskussionen zur amerikanischen Sozialphilosophie gleichermaßen rezipiert wie auch liefert.

1943 beginnt seine erste akademische Tätigkeit als Lecturer an der 'New School of Social Research' in New York, ab 1944 wirkt er dort als Gastprofessor, und 1952 erhält er den Ruf auf den Lehrstuhl für Soziologie und Sozialpsychologie. Ab 1957 wird Schütz mit dem Aufbau eines selbständigen philosophischen Departments beauftragt, dabei entsteht u. a. der intensive Kontakt zu Peter L. Berger (*1929), Thomas Luckmann (*1927) und Maurice Natansor (1924-1996).

www.kowi.uni-essen.de/
koloss/themen/schuetz/
memory.htm

den so gewonnenen Deutungsschemata an eben jene Kulturobjekte herantreten, die sich in den Sinnsetzungs- und deutungsvorgängen in der sozialen Welt konstituierten, und diese Kulturobjekte durch Rückfrage nach dem sie konstituierenden Sinn 'verstehen'." (1974: 348f.)

Die Paten dieser wissenschaftlichen Ausrichtung sind Husserl und Weber. In Husserls Phänomenologie sieht Schütz eine (zeit-)philosophische Fundierung und Erläuterung von *Sinn* und sinnhaftem Handeln auf Seiten des individuellen Ego gegeben. Wegen der Struktur der *Intentionalität* ist jedes Einzelbewusstsein immer Bewusstsein *von etwas* (vgl. Husserl 1950: 74ff.). Durch dieses Gerichtetsein im Erleben von etwas vollzieht sich Sinngebung, wobei das Bewusstsein in immanenten Akt und transzendentes Thema zu differenzieren ist und einen noetischen (Wie) wie auch einen noematischen Pol (Was) aufweist. Dementsprechend ist Sinn immer *Sinn-für-ein-Subjekt* (vgl. Coenen 1985: 32), konstituiert sich immer durch ein Ego hindurch und meint dann bei Schütz in besonderer Weise die Explikation einer Einstellung zur Welt bzw. *"die Bezeichnung einer bestimmten Blickrichtung auf ein eigenes Erlebnis"* (1974: 54). Die bei Husserl vorprädikative und präreflexive Möglichkeit der Sinngebung modifiziert Schütz mit Verweis auf die Zeitstruktur des Erlebens. Von Henri Bergson übernimmt er die Unterscheidung von kontinuierlichem Hinleben im inneren Erlebnisstrom (*durée*) einerseits und dem Leben in der begrifflichen Raum-Zeit-Welt (*attention à la vie*) andererseits. Der letzteren sind wir im alltäglichen Leben verhaftet, und dort ist sowohl der Ort für Reflexion als auch für sinnhaftes Denken und Handeln. Sinn konstituiert sich also im Ego nur in dessen Einstellung auf Vergangenes, nur durch dessen Zäsur der *durée* im reflexiven Akt, nur durch dessen spezifische Deutung eines herausgehobenen, wohlumgrenzten Erlebnisses, nur auf der begrifflichen, aufmerksamen Bewusstseinsebene der (alltäglichen) Raum-Zeit-Welt.

Von Weber bezieht Schütz das Programm seiner verstehenden mundanen Soziologie und spielt darauf auch explizit im Untertitel seines ersten Hauptwerkes von 1932 an: "Eine Einleitung in die verstehende Soziologie". Genauerhin übernimmt Schütz von Weber zum einen den Gegenstandsbereich und erkenntnisleitenden Horizont der Soziologie: Sie habe sich mit der Deutung sozialen, also am Anderen orientierten Handelns insofern zu beschäftigen, als der jeweils Handelnde damit einen subjektiv gemeinten Sinn verbindet. Zum anderen folgt er Weber in dessen Methoden des interpretierenden Verstehens und des Erklärens durch Idealtypenbildung bzw. Konstruktion von allgemeinen Mustern an Handlungen und Handelnden. Und schließlich greift er grundlegend auf dessen Unterscheidung zwischen Verhalten, Handeln, sozialem Handeln und sozialer Beziehung zu und schreibt den Entwurf einer allgemeinen soziologischen Handlungstheorie fort, die schließlich eine Strukturanalyse der Sozialwelt ermöglicht.

Das *Verstehen* soll wieder zur Grundlage aller Sozialwissenschaften werden. Schließlich ist es originär die besondere sinnfundierte Einstellung und Erfahrungsweise von Menschen und ihrem Alltagsverstand im Verhältnis zu Mitmenschen und zur soziokulturellen Welt. Von daher ist es in zweiter Linie die adäquate *wissenschaftliche Technik* für die Behandlung und Untersuchung menschlicher Situationen, sozialer Beziehungen und kultureller Objektivationen. In der (alltäglichen) Sozialwelt geht es um das Erleben von Sinn, in den Sozialwissenschaften um die deutende und ordnende Betrachtung desselben. Die sozialen Beziehungen und die soziale Wirklichkeit sind hinsichtlich ihres Sinngehaltes vollkommen unabhängig von einem Beobachter, sie sind das Resultat gemeinsamer alltagsweltlicher Konstruktionen. Jede sozialwissenschaftliche Interpretation und Erklärung hat diesen Konstruktionen zu folgen und baut auf diesen auf. Es handelt sich also um Konstruktionen zweiten Grades, "das heißt Konstruktionen von Konstruktionen jener Handelnden im Sozialfeld, deren Verhalten der Sozialwissenschaftler beobachten und erklären muß, und zwar in Übereinstimmung mit den Verfahrensregeln seiner Wissenschaft. Es ist darum die erste Aufgabe der Methodologie der Sozialwissenschaften, die allgemeinen Prinzipien zu erforschen, nach denen der Mensch im Alltag seine Erfahrungen und insbesondere die der Sozialwelt ordnet." (Schütz 1971a: 68; vgl. auch 1971a: 7f.)

"Aber eben diese Welt, welche wir als sinnhafte erleben, ist auch als Gegenstand der sozialwissenschaftlichen Deutung sinnhafte Welt. Nur daß der Sinnzusammenhang, in welchen die wissenschaftliche Deutungsweise diese Welt einzuordnen unternimmt, nicht einer des lebendigen Erlebens, sondern einer der ordnenden Betrachtung ist. [...] So ist allen Sozialwissenschaften ein Material vorgegeben, das die Eigenart besitzt, bereits in einer vorwissenschaftlichen Stufe jene Elemente des Sinns und Verstehens zu enthalten, welche innerhalb der deutenden Wissenschaft selbst mit dem Anspruch auf kategoriale Geltung mehr oder minder explizit auftreten." (Schütz 1974: 17f.)

Gerade mit dem Postulat der Adäquanz verbindet Schütz die Bedingung der Möglichkeit, subjektiv gemeinten Sinn objektiv gültig festzulegen. An anderer Stelle führt er deswegen aus, dass notwendigerweise jede typische Konstruktion zweiten Grades "mit der Totalität sowohl unseres täglichen Lebens als auch unserer wissenschaftlichen Erfahrung übereinstimmen muß" (1972: 49).

Siehe zur Tätigkeit des Sozialwissenschaftlers, der am praktischen Sozialleben *desinteressiert*, aber an dessen ordnend verstehender Beobachtung *höchst*interessiert ist: Schütz 1971a: 46f. und 73f.

Die wissenschaftlich gültigen Verfahrensregeln, die zur legitimierten Konstruktion von typischen Verhaltensmustern, Motiven und Rollen in der sozialen Welt und zum objektiven Verstehen des subjektiv gemeinten Sinns führen, bestimmt Schütz als die vier Postulate der *Relevanz*, der *Adäquanz*, der *logischen Konsistenz* und der *Übereinstimmung* (vgl. 1972: 21; vgl. in modifizierter Form die drei Postulate von logischer Konsistenz, subjektiver Interpretation und Adäquanz, die allesamt unter dem *Postulat der Rationalität* stehen: 1971a: 49ff.). Vor allem die Adäquanz gilt für die verstehenden Sozialwissenschaften, während die anderen drei allgemein wissenschaftlicher Natur sind.

1) Das Postulat der Relevanz sieht vor, dass die Konstruktion der Idealtypen nur dem gewählten Problembezug des Sozialwissenschaftlers entspringt bzw. sich darauf bezieht und alles andere vernachlässigt bzw. einklammert, was außerhalb dieses erkenntnisleitenden Bezugsschemas liegt. 2) Das Postulat der Adäquanz zielt auf die Entsprechung der Begriffe und Sinnkonstruktionen zwischen alltagsweltlich Handelnden und theoretischer Beobachtung. Die wissenschaftlich idealtypisierte Beschreibung muss für jeden praktisch Handelnden verständlich und vernünftig nachvollziehbar sein. 3) Nach dem Postulat der logischen Konsistenz müssen alle idealtypischen Konstruktionen und Begriffe den Prinzipien der formalen Logik folgen, also in sich stimmig und widerspruchsfrei sein. 4) Das Postulat der Übereinstimmung verlangt die Berücksichtigung bereits anerkannter bzw. gesicherter wissenschaftlicher Erkenntnisse und Methoden bei der Bildung oder Modifikation je aktuell interessierender Idealtypen sowie deren Verifizierungsmöglichkeit auf Grund theorieinterner oder empirischer Bestätigung.

Schütz' Ansatz einer 'konstruktiven Soziologie der alltäglichen Typik' (vgl. Grathoff 1989: 31) beinhaltet einige wesentliche Grundannahmen, die für die typische, nämlich hellwache und naiv unproblematische, Einstellung des Menschen in der Alltagswelt gelten (vgl. Schütz 1971a: 265 und Schütz/Luckmann 1979: 27). Hierbei geht es um die sinnhaften Motive und Deutungsmuster, welche Menschen ihrem Handeln beilegen, ohne dabei grundlegend die Typik oder Logik zu explizieren bzw. zu reflektieren, auf Grund derer sie gerade so handeln, wie sie handeln. Auch die sozialen Strukturen und Wirklichkeitsbereiche, die typisches Handeln jeweils ermöglichen oder begrenzen, werden in der natürlichen Weltanschauung nicht hinterfragt. Zusammenfassend impliziert die Typik der alltäglichen Lebenswelt, die allem Handeln und ebenso aller sozialwissenschaftlichen Beobachtung vorausgeht, folgende Gewissheiten:

Natürliche Einstellung in der alltäglichen Lebenswelt

1) Es besteht die Gewissheit der körperlichen Existenz von anderen Menschen.
2) Ich weiß, dass die Anderen ebenfalls über ein Bewusstsein verfügen, das meinem strukturell ähnlich ist und dessen innere Abläufe wir durch Aufmerksamkeit aneinander binden können.
3) Ich weiß, dass die Dinge der Außenwelt bzw. die soziale Umwelt prinzipiell für alle einerseits gleich wahrnehmbar und andererseits mit identischer Bedeutung versehen sind.
4) Ich weiß, dass ich mit meinen Mitmenschen in Kontakt treten und Wechselbeziehungen zu ihnen unterhalten kann, die einer zeitlichen und räumlichen Logik folgen.
5) Ich weiß, dass ich mich mit anderen Menschen, insbesondere unter dem Einsatz sprachlicher Zeichen, (problemlos) verständigen und verstehen kann.
6) Ich weiß, dass uns allen als gemeinsamer Bezugs- und Deutungsrahmen eine gegliederte Sozial- und Kulturwelt vorgegeben ist, die eine Geschichte hat und Zukunft haben wird.
7) Ich weiß, dass meine Situation, auf die ich mich hin entwerfe oder in der ich mich befinde, eine soziale ist; und damit nur zu einem geringen Teil eine private, eine rein von mir geschaffene.

4.3.3 Grundlagen der Handlungstheorie

Wir hatten bereits ausgeführt, dass die Konzeption der verstehenden Soziologie von Max Weber (vgl. 1972[5]: 1ff.) den Ausgangspunkt für Alfred Schütz' handlungstheoretische Überlegungen bildet. Konkret schließt Schütz daran an, indem er zum einen mit der Unterscheidung von Verhalten, Handeln und sozialem Han-

Handeln: Prozess, Ablauf; sich vollziehendes sinnhaftes Verhalten

Handlung: Ereignis, Einheit; vollzogenes sinnhaftes Verhalten

Wenn ich beispielsweise die Absicht habe, ein Haus zu bauen, entwerfe ich ausgehend von diesem Ziel die Teilhandlungen, die mein Ziel in der Zukunft verwirklichen sollen. Ich plane die Größe und Raumaufteilung, kalkuliere die Baukosten und meinen Kreditrahmen, überlege, welche Materialien ich benötige und welchen Architekten ich beauftrage etc.

www.kowi.uni-essen.de/ koloss/themen/schuetz/ bau.htm

deln die handlungstheoretische Grundlegung übernimmt und zum anderen die Problemstellung, soziales Handeln in einem verstehenden Zugriff zu erklären. Er kritisiert jedoch, dass Weber seine handlungstheoretischen Grundbegriffe nicht ausreichend fundiert und abgegrenzt habe, so dass er verschiedene Phänomene unter denselben Terminus fasst, die Termini also mehrdeutig sind. Schütz geht es darum, das Begriffsinstrumentarium so zu präzisieren, dass eine differenzierte Erfassung sozialen Handelns und des damit verbundenen Sinnes möglich wird.

Schütz unterscheidet zunächst aus zeittheoretischer Perspektive zwischen *Handeln* als Prozess und *Handlung* als einem abgeschlossenen Ereignis. Handeln bestimmt Schütz als einen aktuell ablaufenden Verhaltensprozess, dem ein Entwurf bzw. Plan des jeweils Handelnden zu Grunde liegt (vgl. 1974: 74ff. und 1971a: 77ff.). Der jeweilige Handlungsplan gliedert sich in einzelne Teilhandlungen, mit denen ein bestimmtes Ziel, das Handlungsziel, realisiert werden soll. Demnach bestimmen sich die einzelnen Phasen und Teilhandlungen ausgehend von dem Handlungsziel, das der Handelnde in seiner Phantasie vorwegnimmt. Handeln ist somit im Hinblick auf die Zeitdimension immer an einem in der *Zukunft* zu verwirklichenden Zustand orientiert. Es richtet sich nach der Handlung, die *modo futuri exacti* (vgl. Schütz 1974: 81) vorweg genommen wird. Damit nun der Entwurf umgesetzt, die vorweg genommene Handlung also verwirklicht wird, muss der Handelnde die Ausführung seines Entwurfs *wollen*. Der Handelnde muss die Absicht entwickeln, seinen Entwurf auszuführen. Weil das Handeln immer auf einem Entwurf, auf konkreten Bewusstseinsabläufen des Handelnden beruht, ist es *subjektbezogen* und kann deshalb auch nur an dem jeweils Handelnden *beobachtet* werden, wobei allein dem Handelnden selbst der Handlungsplan zugänglich ist.

Im Unterschied zum Handeln bestimmt Schütz *Handlung* als ein abgeschlossenes Ereignis bzw. als das Ergebnis des Handelns. Erst wenn ein Handlungsentwurf *ausgeführt worden ist,* kann eine Handlung betrachtet werden. Die Handlung ist im Hinblick auf die Zeitdimension immer in der *Vergangenheit* gegründet. Der Handelnde selbst kann sich erst, nachdem er seinen

Handlungsentwurf vollzogen hat, seiner Handlung reflexiv bzw. in der Erinnerung an die abgelaufenen Ereignisse zuwenden (vgl. Schütz 1974: 50). Eine Handlung ist im Gegensatz zum Handeln insofern nicht subjektbezogen, als das *Erzeugnis* des Handelns unabhängig von dem *Prozess des Erzeugens* in den Blick genommen und gedeutet werden kann. So kann das von mir entworfene und gebaute Haus als ökologisch funktional, als schön oder hässlich bewertet werden, ohne dass der Betrachter wissen muss, wer hier gebaut hat.

In weiterer kritischer Auseinandersetzung mit Weber legt Schütz den *Motivationszusammenhang* des Handelns aus (vgl. 1974: 115ff.), da dieser nicht zwischen dem gemeinten Sinn und dem Motiv eines Handelns unterschieden habe sowie den Terminus *Motiv* mehrdeutig verwende. Zum einen bezeichnet Weber als Motiv des Handelns die Orientierung an einem *zukünftig* zu verwirklichenden Ereignis und zum anderen die Konstituierung des Handelns auf Grund einer *vergangenen* Erfahrung. Schütz unterscheidet deswegen zwischen dem *Um-zu-Motiv* des Handelns und dem *Weil-Motiv* der Handlung.

Das Um-zu-Motiv bezeichnet das in einem Handlungsentwurf vorweg genommene Handlungsziel, den Zweck des Handelns. Es bildet somit für den Handelnden, der die Teilhandlungen bzw. Phasen seines Entwurfes aktuell vollzieht, den *Motivationszusammenhang* für sein Verhalten. Der Handelnde handelt in bestimmter Art und Weise, *um* das von ihm antizipierte Ziel *zu* erreichen. Indem das Um-zu-Motiv so auf die zukünftig zu verwirklichende Handlung bezogen ist, *motiviert es die Verwirklichung und Konstituierung der Handlung,* wobei das tatsächliche Handeln im Hinblick auf den Entwurf "im Verhältnis der Erfüllung oder Nichterfüllung" (Schütz 1974: 119) steht. Es besteht immer die Möglichkeit, dass sich beim tatsächlichen Vollziehen des Handelns einzelne vorentworfene Teilhandlungen nicht umsetzen lassen, so dass die angestrebte Handlung entweder mit anderen Mitteln oder gar nicht realisiert wird. Die antizipierte Handlung steht demnach im Modus der *Ungewissheit* (vgl. Schütz 1974: 119). Indem sich das Um-zu-Motiv durch die vom Handelnden antizipierte Handlung bestimmt, ist es wesentlich subjektiv und allein dem Handelnden zugänglich, *wenn* er sein

Grunderfahrung, die alles Handeln begleitet, und inneres Urmotiv, das den Einzelnen antreibt, Handlungspläne zu entwerfen und auch durchzuführen, ist die *grundlegende Sorge* als Einsicht in das begrenzte Dasein sowie Furcht vor dem Tod.

Um-zu-Motiv:
a) Ausrichtung in Zukunft; b) motiviert das vorweg genommene, vorphantasierte Handlungsziel; c) modo futuri exacti.

Weil-Motiv:
a) Ausrichtung in Vergangenheit; b) hat die Abschnitte des Handlungsentwurfs motiviert; c) modo plusquamperfecti.

www.kowi.uni-essen.de/
koloss/themen/schuetz/
relevanz.htm

Verhalten in Bezug auf seinen Handlungsentwurf betrachtet. Der vorentworfene Zweck bildet den *subjektiven Sinn* des jeweiligen Handelns (vgl. Schütz 1974: 126ff.).

Im Unterschied zum Um-zu-Motiv veranlasst das *Weil-Motiv* den *Entwurf des Handelns* selbst und nicht den Vollzug der Handlung. Das Handeln eines Einzelnen wird Schütz zufolge durch frühere Erfahrungen des Handelnden bestimmt. Dass jemand ein bestimmtes Handlungsziel und bestimmte Mittel auswählt, mit denen es zu erreichen ist, hängt jeweils von seiner individuellen Biografie und dem daraus resultierenden *Relevanzsystem* ab. Die Lebenserfahrungen und der Wissensvorrat des Handelnden bestimmen, welche Handlungen für ihn relevant sind und welche nicht (vgl. Schütz 1971b: 78ff.). Somit sind das Weil-Motiv wie auch die Handlung in zeitlicher Hinsicht auf die *Vergangenheit* bezogen. Während des Handelns sind dem Handelnden die Weil-Motive seines Handelns nicht zugänglich, da er sich allein an seinem zukünftig zu realisierenden Handlungsziel, an dem Um-zu-Motiv seines Handelns orientiert. Erst nachdem das Handeln abgeschlossen ist, kann er sich seiner Handlung reflexiv zuwenden und nach den Weil-Motiven seines Handelns fragen, also nach den Gründen, die ihn dazu bewogen haben, so und nicht anders zu handeln.

Jene reflexive Zuwendung vom abgeschlossenen Handeln bzw. der Handlung aus auf die Weil-Motive nennt Schütz *ein Denken modo plusquamperfecti* (vgl. 1974: 125). Demnach motiviert das Weil-Motiv sowohl den Handlungsentwurf als auch das Um-zu-Motiv als *subjektiven Sinn* des Handelns. Diese Unterscheidung erlaubt es Schütz, den subjektiven Sinn des Handelns (Um-zu), dem sich allein der Handelnde zuwenden kann, und den objektiven Sinn der Handlung (Weil), der entweder vom Handelnden aus seiner Situation und Biografie im Nachhinein interpretiert oder der von einem Beobachter idealtypisch rekonstruiert werden kann, als notwendige analytische Trennung in seine Handlungstheorie einzuführen.

Den Unterschied zwischen den Um-zu- und den Weil-Motiven verdeutlicht Schütz an folgendem Beispiel: "In der Umgangssprache bezeichnet das Wort 'Motiv' zwei verschiedene Begriffsgruppen, die man unterscheiden muß. a) Wir können sagen, daß es das

www.kowi.uni-essen.de/
koloss/themen/schuetz/
pizza1.htm

Motiv eines Mörders war, das Geld seines Opfers zu bekommen. Hier bezeichnet 'Motiv' den Zustand, den Zweck, der durch dieses Handeln hervorgebracht werden soll. Wir werden diese Motivart ein 'Um-zu-Motiv' nennen. Vom Standpunkt des Handelnden verweist diese Klasse von Motiven in die Zukunft. Der in zukünftigem Handeln zu erbringende Zustand – vorphantasiert im Entwurf – ist das Um-zu-Motiv für den Vollzug des Handelns. b) Wir können auch sagen, daß der Mörder zu seiner Tat motiviert worden ist, da er in dieser oder jener Umgebung aufwuchs, diese oder jene Erfahrungen in der Kindheit machte etc. Diese Klasse von Motiven, die wir (echte) 'Weil-Motive' nennen, verweisen vom Standpunkt des Handelnden auf seine vergangenen Erfahrungen; sie bestimmen ihn, so zu handeln, wie er gehandelt hat. Was ein Handeln in der Form des 'Weil' motiviert, ist der Entwurf des Handelns selbst (zum Beispiel einen Mann zu töten, um eine finanzielle Notlage zu beheben)." (1971a: 24f.)

Der subjektive Sinn des Handelns ist allein und nur dann dem Handelnden zugänglich, wenn er seine Aufmerksamkeit auf seinen Handlungsentwurf richtet. Ein Beobachter kann im Fall aktuell ablaufenden Handelns lediglich das äußere Verhalten des Handelnden, das seiner Wahrnehmung zugänglich ist, deuten und diesem somit einen Sinn zuschreiben. Dieser zugeschriebene Sinn wird aber nie mit dem Sinn identisch sein, den der Handelnde selbst mit seinem Handeln verbindet, also mit dem subjektiven Handlungsentwurf. Im Unterschied zum wesentlich subjektiven Um-zu-Motiv kann jedoch ein (sozialwissenschaftlicher) Beobachter, ausgehend von der Handlung als abgeschlossenem Ereignis, den Motivationszusammenhang rekonstruieren, der zu der beobachtbaren Handlung geführt *hat*. Der Beobachter kann so die Weil-Motive des Handelns erschließen. Die Differenzierung des Sinnes, den ein Handelnder mit seinem Handeln selbst verbindet, von dem Sinn, der dessen Handeln von einem Beobachter zugeschrieben wird, führt letztlich zum Problem des Fremdverstehens. Dieser Prozess des Fremdverstehens wird aus dem Wechselspiel zwischen beobachtbarem Verhalten bzw. äußeren Ausdrucksleistungen des Handelnden und innerer Selbstauslegung vor dem Hintergrund eigener Erfahrungen des Beobachters ermög-

"Es wurde gezeigt, daß das Um-zu-Motiv auf die Einstellung des im Prozeß seines ablaufenden Handelns lebenden Handelnden verweist. Dies ist daher eine wesentlich subjektive Kategorie [...]. Das echte Weil-Motiv ist jedoch, wie wir gesehen haben, eine objektive Kategorie, die dem Beobachter zugänglich ist, der die Einstellung des Handelnden auf sein Handeln von der ausgeführten Handlung her rekonstruieren muß, das heißt, von dem Zustand her, der durch das Handeln des Handelnden in der äußeren Welt geschaffen wurde." (Schütz 1971a: 82)

licht. Der Sozialwissenschaftler rekonstruiert folglich das Weil-Motiv einer Handlung einerseits in Richtung der Vergangenheit aus einem vorliegenden, beobachtbaren Kontext, der die ehemals abgelaufenen Handlungsphasen sinnhaft begleitet und begründet hat, und andererseits vor dem Hintergrund theoretischer Typisierungen und Modellkonstruktionen.

4.3.4 Intersubjektivität, Zeichen und Kommunikation

www.kowi.uni-essen.de/
koloss/themen/schuetz/
alltagswelt.htm

Die Welt des Alltags ist nach Schütz immer schon eine intersubjektive, geschichtliche Kulturwelt (vgl. 1971a: 155f.). Ich lebe und handle nicht allein in meiner privaten Welt, sondern gemeinsam mit Anderen in der gegenwärtigen Lebenswelt, in der gleichen gesellschaftlichen Wirklichkeit. Zudem ist meine Biografie von einer Vor- und Nachwelt gerahmt. Und es haben sich vor und unabhängig von mir bestimmte Traditionen abgelagert, Sinnbezüge verfestigt und gesellschaftliche Einrichtungen herausgebildet, die allesamt Kultur ausmachen und das Ganze des gesellschaftlich objektivierten Wissensvorrates bilden. Mit Anderen unterhalte ich verschiedene soziale Beziehungen, d. h. unsere Handlungen sind wechselseitig aufeinander bezogen. Indem ich mein Handeln auf einen Anderen ausrichte und dadurch auf ihn wirke, veranlasse ich ihn dazu, eine bestimmte Handlung auszuführen. Umgekehrt wirken auch Andere auf mich und veranlassen mich ihrerseits, mit bestimmten (erwarteten) Verhaltensmustern zu reagieren. Die Grundform aller sozialen Beziehungen und somit auch der kommunikativen Beziehung ist für Schütz die *face-to-face-relation* bzw. die *unmittelbare* soziale Begegnung, in der sich die Welt der aktuellen Reichweite von Ego, sein faktischer Wahrnehmungsbereich, mit der Welt der aktuellen Reichweite von Alter Ego überschneidet. Dieser Andere, der mir in der unmittelbaren sozialen Beziehung gegenübersteht, ist mein Mitmensch.

Jedes kommunikative Ausdruckshandeln, das zeichenhaft am Anderen orientiert und auf eine gemeinsame Zielverwirklichung ausgerichtet ist, wird wesentlich durch ein *pragmatisches Motiv* bestimmt. Ich bin mit Mit- oder Nebenmenschen in der Alltagswelt praktisch eingestellt, will also weder Sachverhalte problematisieren noch theoretische Konstrukte aufstellen, sondern mit Anderen konkrete, reale Pläne umsetzen und mit beobachtbaren Handlungen auf die Welt und die Anderen einwirken. Strukturell ist den Beteiligten einer kommunikativen face-to-face-relationship in *räumlicher* Hinsicht ein bestimmter Bereich der Außenwelt mit seinen Gegenständen gemeinsam zugänglich. In *zeitlicher* Hinsicht erleben sie gleichzeitig bestimmte Ereignisse in der gemeinsamen Außenwelt wie auch ihre wechselseitigen Verhaltensweisen bzw. Leibmodifikationen. Indem sie dabei einen Zeitabschnitt teilen, altern sie zusammen.

Damit die Handelnden kommunikative Erfahrungen machen und eine gemeinsame Um- bzw. Mitwelt herstellen können, müssen einige Voraussetzungen erfüllt sein. Prinzipiell fungiert *Intersubjektivität* als Bedingung der Möglichkeit für Kommunikation – und ist keineswegs das Resultat von Kommunikation! Konkret bestimmt Schütz die *Generalthese der Reziprozität der Perspektiven* als "Voraussetzung für eine Welt der gemeinsamen Gegenstände und dadurch der wechselseitigen Verständigung." (1971a: 365) Diese Generalthese beinhaltet zwei Idealisierungen: a) die Vertauschbarkeit der Standorte und b) die Kongruenz der Relevanzsysteme.

> Generalthese der *Reziprozität der Perspektiven*

In der Alltagswelt, als ausgezeichneter Wirklichkeit, höchster Sinnprovinz, geschlossenem Sinnbereich par excellence (vgl. Schütz 1971a: 395), bin ich als Handelnder der *Nullpunkt meines Koordinatensystems* (vgl. Schütz 1971a: 354) und unterstelle in fester Gewissheit, jederzeit mein *Hier* ins Dort des Anderen verlegen zu können. Hypothetisch nehmen die miteinander Handelnden immer einen Perspektivenwechsel und eine räumliche Personenvertauschung vor. Zudem teilen die Mitmenschen oder Zeitgenossen die Lebenswelt und die darin befindlichen Gegenstände und Sachverhalte, also ihre (thematischen und motivierenden) Relevanzsysteme. Vermittels sozialer Beziehungen und kommunikativer Ausdruckshandlungen orientieren wir uns aneinander und wirken mit- oder gegeneinander. Diese Welt des Handelns, Wirkens und Wollens ist die gemeinsame pragmatische Alltagswirklichkeit, "in der Kommunikation und das Wechselspiel gegenseitiger Motivation ins Werk gesetzt werden." (Schütz 1971a: 260f.)

> Geschlossene Sinnbereiche:
>
> Alltagswelt
> ↙ ↓ ↘
> Religion, Kunst, Wissenschaft, Politik, Traum, Phantasie, Spiele, Witze, Wahnsinn

Ich stelle diese Frage, *um* eine Antwort *zu* erhalten. Und er antwortet, *weil* ich eine Fragehandlung ausgeführt habe.

www.kowi.uni-essen.de/ koloss/themen/schuetz/ motive.htm

Im Hinblick auf den Erfolg kommunikativer Handlungen ist zwischen Ego und Alter Ego eine Anbindung der Motivketten zu erzielen. Das Um-zu-Motiv meines Handelns muss zum Weil-Motiv meines Handlungspartners werden (vgl. Schütz 1971a: 250). Wenn ich einem sozialen Handlungsmotiv folge, dann muss ich im Anderen eine Reaktion auf meinen Entwurf hervorrufen, die ihn dazu veranlasst, mit mir das antizipierte Handlungsziel zu realisieren. In der dialogischen Frage/Antwort-Verknüpfung orientiert sich etwa der Unkundige am Anderen und will/muss in ihm die thematische wie motivierende Relevanz auslösen, dass diesem die Frage etwas bedeutet und so auf ihn wirkt, dass er antwortet und die aktuelle Wissenslücke schließt. Die (kommunikativen) Sozialhandlungen sind folglich bedingt durch das – oder resultieren aus dem – Wechselspiel der Abstimmung und Abhängigkeit von Um-zu- und Weil-Motiven.

Mit sozialen Beziehungen und Kommunikationen geht nach Schütz auch die Tatsache einher, dass die Handelnden typische Erwartungen konstruieren, nach denen sie sich richten und mit denen sie die Anderen sehen und qualifizieren. Komplementarität und zureichende Kongruenz der wechselseitigen Standardisierung und Typisierung werden zum Garanten für erfolgreiche Ausdrucksprozesse und Verhaltensanpassung. Das Gelingen von sozialen Absichten und Zielen ist um so wahrscheinlicher, je stärker ein Verhaltensmuster institutionalisiert und standardisiert ist, "also in sozial anerkannten Weisen typisiert ist, wie in Gesetzen, Regeln, Vorschriften, Sitten, Gewohnheiten etc." (Schütz 1971a: 29)

Der Sprache kommt im vernetzten Bereich von Intersubjektivität, Ausdruckshandeln und gesellschaftlichem Wissensvorrat eine besonders wichtige Funktion zu. Sie leistet die Objektivierung und Institutionalisierung von zwischenmenschlich und gesellschaftlich festgelegten Bedeutungen und Typisierungen und ermöglicht die Bezugnahme auf Abwesendes bzw. Appräsentiertes und die Vermittlung von Transzendenzen.

"Die Muttersprache kann als ein Gefüge von Verweisungen angesehen werden, die mit der von der Sprachgemeinschaft gebilligten relativ-natürlichen

Weltanschauung übereinstimmend im voraus festlegen, welche Einzelheiten der Welt es verdienen, sprachlich ausgedrückt zu werden, und somit auch, welchen ihrer Eigenschaften und wechselseitigen Beziehungen man Aufmerksamkeit schenken soll, welche Typisierungen, Begriffsbildungen, Abstraktionen, Verallgemeinerungen und Idealisierungen von Belang sind, wenn man mit typischen Mitteln typische Erfolge erzielen will. Nicht nur der Wortschatz, sondern auch die Morphologie und die Syntax einer Umgangssprache spiegeln das sozial gebilligte Relevanzsystem der Sprachgemeinschaft." (Schütz 1971a: 402f.)

Den allgemeinen Zeichengebrauch, dessen Sonderfall die Sprachverwendung ist, begreift Schütz im Rekurs auf Husserl als *Appräsentationsverweisung*. Ein Zeichen steht für etwas, außerhalb seiner selbst; und zwar entweder für das, was es bezeichnet (Bedeutung), oder für das, was es ausdrückt (Bewusstsein). Im einen Fall hat das Zeichen die *Bedeutungsfunktion*, im anderen die *Ausdrucksfunktion* (vgl. Schütz 1974: 167ff.). Die von Schütz unterschiedenen Typen von Zeichen, mit denen das handelnde Ego über unmittelbare Erfahrung hinaus auf Transzendentes Bezug nehmen oder Verständigungsprozesse mit Anderen vollziehen kann, sind: *Merkzeichen, Anzeichen, Zeichen* und *Symbole* (vgl. 1971a: 355ff. und 396ff.). Sie verweisen allesamt von etwas gegenwärtig Gegebenem auf etwas gleichzeitig Nichtgegebenes, Nichterfahrbares.

1) *Merkzeichen* ermöglichen die Orientierung in der subjektiven Welt der wiederherstellbaren Reichweite. Sie dienen als subjektive Erinnerungshilfen, die weder in einem natürlichen noch in einem sozialen Kontext stehen, sondern absichtsvoll als sinnverweisendes Interpretationsschema für etwas beliebig eingesetzt werden.

2) *Anzeichen* helfen, die Transzendenzen unseres eingeschränkten Wahrnehmungsbereiches zu bewältigen, indem sie Erfahrungen von allem ermöglichen, was nicht direkt zugänglich ist oder raumzeitlich außerhalb der aktuellen Reichweite liegt.

3) Den Begriff *Zeichen* reserviert Schütz für Ereignisse, die für Gedankenoperationen des Anderen stehen. Sie sind ein Sonderfall von Anzeichen, indem sie in Form von Körperausdruck und Leibveränderungen auf

Der Mensch als *animal symbolicum* (Ernst Cassirer): Merkzeichen, Anzeichen, Zeichen, Symbole.

Beispiel für Merkzeichen bei einer Wegskizze und Autofahrt:

www.kowi.uni-essen.de/koloss/themen/schuetz/weg.htm

Anzeichen: Rauch → Feuer; stark gerundeter weiblicher Unterbauch → Schwangerschaft

das Unzugängliche par excellence hinweisen: auf Fremdseelisches, auf die Bewusstseinsprozesse des wahrgenommenen Anderen. Mit Zeichen(deutung) wird die Transzendenz des Anderen überwunden.

4) *Symbole* sind die Sinnklammer zwischen der Alltagswelt und einem anderen außeralltäglichen, geschlossenen Wirklichkeitsbereich. Sie haben als abstrahierte Bedeutungsträger je ihre gesellschaftliche Geschichte und ermöglichen insbesondere die Überwindung der Transzendenz der verschieden gegebenen Aufstufungen der Kulturwelt.

Mit zwei Kernaussagen wollen wir das kommunikationstheoretische Grundgerüst von Schütz abrunden: Zentral ist für ihn die Erkenntnis, "daß Mitteilungen immer von Geschehnissen in der Außenwelt abhängen, die vom Mitteilenden erzeugt worden und dem Deutenden zugänglich sind. Mit anderen Worten, *Kommunikation kann nur innerhalb der Wirklichkeit der Außenwelt stattfinden* [...]: Kommunikation setzt voraus, daß die Deutungsschemata, die der Mitteilende und der Deutende an die Zeichen der Mitteilung ansetzen, im *wesentlichen* übereinstimmen. [...] Das Höchstmaß an Übereinstimmung der Interpretationsschemata wird in hochformalisierten und standardisierten Sprachen erreicht, wie zum Beispiel in Fachterminologien. Diese anscheinend bloß theoretischen Überlegungen sind von großer praktischer Bedeutung: erfolgreiche Kommunikation ist nur zwischen Personen, sozialen Gruppen, Nationen usw. möglich, die im wesentlichen die gleichen Relevanzsysteme besitzen. Je größer der Unterschied zwischen ihren Relevanzsystemen, je geringer die Möglichkeit für eine erfolgreiche Kommunikation." (Schütz 1971a: 372f.)

4.3.5 *Das Problem des Fremdverstehens*

Sowohl für eine Sozialwissenschaft, die sich auf das am Anderen orientierte Handeln bezieht, als auch für eine Kommunikationswissenschaft, die sich auf den Prozess zwischenmenschlicher Verständigung, auf das (sprachliche) Mitteilungshandeln zwischen Ego und Alter Ego bezieht, stellt sich das Problem des Anderen bzw. der Alterität des Anderen. Konstitutiv haben diese Wissen-

Symbole: Bühne und Vorhang → Kunstwelt des Theaters; Kirche, Kreuz → religiöse Wirklichkeit; Krönung → politische Wirklichkeit

Grundstruktur der Kommunikation: Wirklichkeit der *Außenwelt* sowie *Kongruenz* von Interpretations- und Relevanzsystemen.

schaften die Frage nach dem Anderen zu klären, um
von dort aus zu zeigen, wie sich soziale Prozesse mit
dem Anderen konstellieren, welche sozialen Verhältnisse Ego und Alter Ego miteinander oder auch gegeneinander eingehen und wie Fremdverstehen möglich
ist. In diesem Sinne ist eine Verstehenstheorie erst dann
zureichend und komplettiert, wenn sie eine *Fremd*-Ver-
stehenstheorie beinhaltet.

Besonders sollte eine allgemeine Kommunikationstheorie die Beteiligung von menschlichem Bewusstsein
am Kommunikationsprozess einerseits sowie die Relevanz zwischenmenschlicher Erwartungen und Einstellungen für den Kommunikationsprozess andererseits
beschreiben und erklären können. Wenn Kommunikation grundlegend als soziales Ereignis zu verstehen ist,
an dem mindestens zwei Subjekte beteiligt sind, bezieht
sich die Tiefenanalyse der Binnenstruktur kommunikativer Prozesse wesentlich auch auf das Problem des Anderen bzw. des Nebenmenschen und mithin auf die
Möglichkeit des Fremdverstehens. Ohne den Anderen
kann keine Kommunikation zustande kommen. Und
ohne erfolgreiche Verstehensleistung und wechselseitige Typisierung kann Kommunikation auch nicht durch
den Anderen fortgesetzt werden.

Schütz ist auf dieses Problem in der Auseinandersetzung mit Webers Soziologie aufmerksam geworden,
der er vorhält, den Anderen zwar zu thematisieren, die
Erfahrungsmöglichkeit von ihm sowie die spezifische
Einstellung zu ihm aber nicht zu berücksichtigen und
zu erklären. Mit der Einsicht, dass das Problem der Intersubjektivität bzw. des Alter Ego ein Zentralproblem
sowohl jeder transzendentalen Philosophie als auch jeder Sozialwissenschaft markiert, diskutiert Schütz insbesondere die Lösungsversuche von Husserl, Scheler,
Sartre und Gurwitsch (vgl. 1957: 81ff. und 1971a:
162-234). Aus der kritischen Besprechung dieser jeweils
transzendentalphilosophisch argumentierenden Theorien, die seines Erachtens allesamt eine kohärente und
plausible Antwort zum Anderen – insbesondere zum
konkreten Verstehen eines konkreten Anderen – schul-
dig bleiben, ergibt sich für Schütz (vgl. 1974: 56 und 138)
die Konsequenz, den Nachweis der Existenz Anderer
und mithin das Problem der Intersubjektivität aus der

transzendentalen Sphäre in die mundane Sphäre der Lebenswelt zu verlegen.

Die alltagssoziologische Alternative besteht darin, die natürliche Einstellung jedermanns mit der *Generalthesis* des Alter Ego in der mundanen Sphäre zu ergänzen. In der natürlich gegebenen Alltagswelt, die immer schon als soziale, kulturelle und geschichtliche erlebt wird, ist jedem die Existenz und die Kontaktmöglichkeit des Anderen genauso gewiss wie die Seinsweise der Welt und der Umgang mit Gegenständen. Weder erscheint es problematisch, Erfahrungen mit Mit- bzw. Nebenmenschen zu machen, noch werden diese sozialen Erfahrungen selbst in Frage gestellt.

"Es besteht für den naiv Dahinlebenden kein Grund, die transzendentale Frage nach der Wirklichkeit der Welt oder nach der Realität des alter ego zu stellen und den Sprung in die reduzierte Sphäre zu tun. Vielmehr setzt er *in einer Generalthesis* diese Welt als ihm sinnhaft geltend mit allem, was er darin vorfindet, also mit allen Naturdingen, mit anderen Lebewesen (vor allem, mit anderen Menschen), mit sinnhaften Erzeugnissen aller Art (Werkzeugen, Symbolen, Sprachsystemen, Kunstwerken etc.) als gegeben an. Hierbei hat der naiv Dahinlebende – wir sprechen immer vom gesunden erwachsenen Menschen höchster Wachheitsstufe – die ihm geltenden Sinnzusammenhänge sozusagen 'im Griff'. Aus Tradiertem und Gelerntem, aus den mannigfaltigen Sedimentierungen von Tradition, Habitualität und eigenen früheren Sinnkonstitutionen, die festgemacht und reaktiviert werden können, baut sich sein *Erfahrungsvorrat* von seiner Lebenswelt als eines geschlossenen Sinnzusammenhanges auf, der für ihn normalerweise fraglos ist und für ihn in dem Sinne beherrschbar bleibt, als sein jeweiliges Interesse aus diesem Erfahrungsvorrat das zur Beherrschung der Situation Relevante hervorhebt." (Schütz 1971a: 157f.)

Zwar wird der Andere als gewiss behandelt, aber das sozialwissenschaftliche Interesse will gerade dessen je spezifische Verhaltensweisen und die konstitutiven Möglichkeiten des Fremdverstehens ergründen. Dies führt zur Erläuterung der Generalthesis des Alter Ego, die aus unserer unmittelbaren und ursprünglichen Erfahrung des Anderen in der mundanen Sphäre erwächst. Diese Erfahrung schichtet Schütz im Rekurs auf

Scheler in eine Zeitdimension und im Rekurs auf Husserl in eine Raumdimension auf.

Zeitlich gesehen, ist der Andere ursprünglich in konkreter, lebendiger Gleichzeitigkeit gegeben. Während ich in dauernder wacher Einstellung auf etwas gerichtet bin, entgeht mir in diesem Moment mein eigenes Selbst. Erst in reflexiver Einstellung kann ich sowohl einem vergangenen Gedankenstrom nachspüren oder eine Vorstellung in den Blick nehmen als auch feststellen, dass *ich* es war, der seine Gedanken auf etwas gerichtet hatte oder so und so gehandelt hatte. Während Selbstbewusstsein immer nur in vergangener Zeitform, *modo praeterito*, gegeben ist, bin ich mit dem Anderen in lebendiger Gegenwart verbunden und kann ihn unmittelbar erfahren. Ich erfahre den Anderen im Jetzt und in seinem Sosein, kann seine Körperbewegungen, seinen Gesichtsausdruck genauso lebendig erfahren wie seine sprachlichen Äußerungen, während ich ihm zuhöre. In diesem Kontext teilen wir die lebendige Gleichzeitigkeit, was Schütz zu der Feststellung veranlasst, dass wir *gemeinsam altern* und jeder der Beteiligten in ursprünglicher Unmittelbarkeit auch um dieses gemeinsame Altern weiß.

"Diese Erfahrung des Bewußtseinsstroms des Anderen in lebendiger Gleichzeitigkeit nenne ich *die Generalthese der Existenz des alter ego*. Hiermit wird angenommen, daß der Gedankenstrom des Anderen die gleiche Grundstruktur wie mein Bewußtsein aufweist. Der Andere ist also wie ich des Handelns und Denkens fähig; sein Gedankenstrom weist den gleichen durchgängigen inneren Zusammenhang auf wie meiner; sein Bewußtseinsleben weist in Analogie zu meinem die gleichen zeitlichen Strukturen einschließlich der damit verbundenen spezifischen Erfahrungen der Retention und Reflexion, Protention und Erwartung auf. Ferner weist es Erinnerung und Aufmerksamkeit, Kern und Horizont des Gedachten und all seine Modifikationen auf. Die These sagt weiter, daß der Andere wie ich entweder in seinen Handlungen und seinen Gedanken leben kann, auf ihre Gegenstände ausgerichtet, oder sich seinem eigenen Handeln und Denken zuwenden kann. Dabei erfährt er sein eigenes Selbst nur *modo praeterito*, aber er kann meinen Bewußtseinsstrom in lebendiger Gegenwärtigkeit erleben. Folglich erlebt er in ursprüng-

Echte Gleichzeitigkeit der Du-Einstellung → *zeitliche* Koexistenz in der (reinen) Wir-Beziehung → wir altern zusammen (vgl. Schütz 1974: 227ff.)

licher Unmittelbarkeit, daß ich mit ihm älter werde, ebenso wie ich um unser gemeinsames Altern weiß." (Schütz 1971a: 201)

Diese wechselseitige lebendige Gegenwart und dieser gemeinsame Alterungsprozess bilden als sozialer Kontext die reine Sphäre des *Wir* aus. Da sich jeder seinen eigenen Gedanken und Handlungen nur in der Reflexion und damit als vergangenen zuwenden kann, ist jedem der Andere immer näher, ist vom Anderen aktuell immer mehr erfahrbar als von mir selbst. Diese Erfahrung des Alter Ego verweist auf eine immanente Wahrnehmung und ist als solche gewiss. Demgegenüber verweisen die Gedanken des Anderen auf eine transzendente, mir prinzipiell unzugängliche Ebene. Damit gilt es, das Wissen von der Existenz des Anderen streng vom Wissen um dessen Gedanken zu trennen. Die Wahrnehmung des Anderen als Mitmenschen ist gewiss, die Annahme der Existenz spezifischer Gedanken des Anderen ist dagegen zweifelhaft. Der Inhalt eines fremden Gedankenstroms ist nur insofern erlebbar, als er körperlich entäußert wird und somit am Ausdrucks- bzw. Mitteilungsgeschehen wahrnehmbar bzw. erlebbar ist. Dies führt uns zur räumlichen Dimension der Generalthesis der Existenz des Anderen.

Hypothetischer Personenwechsel im Hier und Dort

Am Körper des Anderen werden bestimmte Ausdrucksbewegungen oder -handlungen beobachtet, die in einem räumlichen Feld stattfinden. Während mein *Hier* mein absolutes Orientierungszentrum in der Welt darstellt, erfahre ich den Anderen in einem räumlichen *Dort*, das nie mit meinem Standpunkt identisch sein kann. Jeder Körper verfügt über sein eigenes Hier und kann erst von da aus entweder mittels kinästhetischer Bewegungen oder mittels imaginärer Entwürfe sich an das Dort des Anderen begeben, um es in ein modifiziertes Hier zu verwandeln. In der alltagsweltlichen Erfahrung schreibt nun wechselseitig jeder dem Anderen dieselbe Perspektive zu, die er haben würde, wenn er statt im Hier sich im Dort befinden würde. So können die jeweiligen Interaktionspartner in Gemeinsamkeit auf die gleichen Gegenstände der äußeren Welt einwirken und in der Ausrichtung auf ein soziales Handlungsziel in der gemeinsam geteilten Gegenwart das zeitlich reine Wir im intersubjektiven Raum erfahren und sich damit aneinander orientieren und wechselseitig verstehen.

Alles Fremdverstehen ist in den Leibesbewegungen und Äußerungen des Anderen fundiert, die von seiner Körperlichkeit als zeichenhafte Ausdrucksleistung herrühren. Die sinnhafte Interpretation dieser Ausdrucksleistung ist daneben in meiner inneren Selbstauslegung fundiert, indem der Ausdruck des Anderen als Eindruck auf mich von meinem Erfahrungshintergrund und Deutungsrahmen her nachvollzogen und verstanden wird. Echtes Fremdverstehen vollzieht sich zwar in jenen Akten der Aufmerksamkeit, die dem *Erlebnisprozess* des Anderen gelten (vgl. Schütz 1974: 153), aber doch bleibt der Andere mit seinen Zeichensetzungen und Kundgabeprozessen rückbezogen auf egologische Deutungsschemata und persönliches Vorwissen aus gemeinsamen Erlebnissen. An der äußerlich zugänglichen Wahrnehmung des Anderen werden dessen innere Gedanken dadurch als sinnhafte erschlossen, dass angenommen wird, seine beobachtbaren Handlungsweisen repräsentieren spezifische Bewusstseinstätigkeiten. Es wird insofern vom leiblichen Ausdrucksfeld des Anderen auf dessen innere fremdseelische Begleitprozesse verstehend zugerechnet, als die Entäußerungen und Bewegungen nicht als gegenständliche, sondern als motivierte Signa gedeutet werden.

"Wesentlich für diese Erfassungsweise fremder Erlebnisse ist also, daß Bewegungen des fremden Leibes als *Anzeichen* für Erlebnisse des Anderen aufgefaßt werden [...]. Die beobachtete fremde Leibesbewegung ist daher ein Signum nicht nur für ein Erlebnis des Anderen schlechtweg, sondern für ein solches, mit welchem der Andere 'gemeinten Sinn verbindet'. [...] [Es ist] wichtig hervorzuheben, daß es sich bei der *signitiven Erfassung des fremden Leibes* als Ausdrucksfeld der fremden Erlebnisse keineswegs um ein wie immer geartetes Schließen oder Urteilen handelt, sondern vielmehr um den *besonderen intentionalen Akt eines fundierten Auffassens*, bei welchem wir nicht auf das Angeschaute, nämlich den Leib, sondern durch dessen Medium auf die fremden Erlebnisse selbst gerichtet sind." (Schütz 1974: 142)

Alle Formen des echten Fremdverstehens resultieren aus dem reinen Wir, also aus persönlichen face-to-face-Beziehungen. Von dort aus werden alle weiteren Umgangsweisen und Verstehensleistungen des Ande-

Für das Fremdverstehen ohne Kundgabefunktion des Anderen arbeitet Schütz mit dem Beispiel des Holzfällers (vgl. 1974: 152f.). Ich verstehe entweder 1) den äußeren Hergang ohne Bezug auf den beteiligten Menschen: es wird Holz gehackt; oder 2) die menschliche fremdseelische Tätigkeit ohne Bezug auf ihre innere Sinnhaftigkeit und Zwecksetzung: ein Mensch handelt als Holzfäller; oder 3) die leiblichen Bewegungen als Anzeichen für zu rekonstruierende Um-zu-Motive: dieser Mensch fällt Holz, um später in seiner Hütte ein Kaminfeuer zu machen und damit der Winterkälte zu trotzen.
Siehe zum Fremdverstehen von *kommunikativen* Kundgabehandlungen: Schütz 1974: 155f.

Du-Einstellung → Wir-Be-
ziehung → Ihr-Beziehung

konkreter Mitmensch (so-
ziale Umwelt) → anonymer
Nebenmensch (soziale Mit-
welt)

Zeitgenosse als Typus und
die unpersönliche, erwar-
tungsspezifische Ihr-Ein-
stellung in der sozialen Mitwelt: Kontrolleur / Reisen-
der, Richter / Angeklagter,
Hautarzt / Allergiepatient.

Die Schützsche These, dass
alles Fremdverstehen ego-
zentrisch fundiert ist und
dann im Modus der Person-
vertauschung durch Selbstauslegung betrieben wird,
hat Waldenfels (vgl. 1979:
1ff.) dem sozialen Prinzip
der Verständigung gegen-
übergestellt. Die von ihm
diskutierten Begriffspaare
lauten: Verstehen versus
Verständigung; egozentri-
scher versus polyzentri-
scher Aufbau der sozialen
Welt; einsame versus ge-
meinsame Sinndeutungs-
prozesse und Sinnbezugs-
systeme.

ren abgeleitet und in anonyme soziale Situationen überführt. Hier vollzieht sich dann ein Sprung des Fremdverstehens vom Mitmenschen zum Nebenmenschen
bzw. Zeitgenossen. Die Erlebnisse der konkreten Umwelt mit ihrer dichten Symptomfülle werden auf die
einzelnen Sphären der entfernten, anonymisierten Mitwelt übertragen, innerhalb derer der Andere nicht als
individueller, konkreter Anderer von Interesse ist, sondern lediglich als ein allgemeiner, typisierter Anderer
mit einer spezifischen Funktion oder Rolle; und dies gilt
von seiner Seite auch für mich. Auf dieser abstrahieren-
den Typen- bzw. Rollenzuschreibung gründet sich die
Möglichkeit alltagsweltlichen Fremdverstehens und erfolgreicher Sozialhandlungen, weil wechselseitig die
Eigenschaften und Erwartungen der jeweiligen Typenbildung als gemeinsam geteilter Wissensvorrat zu
Grunde liegen.

"Es ist also für die mitweltliche soziale Beziehung
charakteristisch, daß nicht nur *ich* mein Verhalten an
dem als typisch vorausgesetzten fremden Verhalten
orientiere, sondern daß ich dabei auch voraussetze, *jener personale Idealtypus des mitweltlichen alter ego* [...]
'orientiere' sich *seinerseits* an meinem Verhalten als einem typischen, wofern ich mich nur überhaupt jenem
Idealtypus entsprechend verhalte, den er von mir in seiner Erfahrung vorfindet [...]. *In der mitweltlichen sozialen
Beziehung bin ich also ebenso anonym für meinen Partner,
wie er für mich.*" (Schütz 1974: 283)

In weitem Umfang fungieren die – im Sozialisationsprozess vermittelten, gelernten oder selbst erfahrenen –
mundanen Typisierungsmuster, Umgangsformen und
Ausdrucks- wie Auslegungsschemata als Basis aller sozialen Handlungen. Sie garantieren strukturell die
Möglichkeit des Fremdverstehens durch gegenseitige
Anpassung an Wissensvorräte und an sozial geltende
und zumeist legitimierte Erwartungen. Dadurch wird
ein identischer Interpretationsrahmen geschaffen, innerhalb dessen der Kundgebende und der Kundnehmende ihre Relevanzsysteme in Übereinstimmung
bringen und gemeinsame Interessen zielgerichtet und
unproblematisch verfolgen können.

Hier schließt sich nun der Kreis zu der oben einge-
forderten Problemerhellung des Anderen und des
Fremdverstehens mit Referenz auf eine allgemeine

Kommunikationstheorie. Der Erfolg von Kommunikation ist nach Schütz wesentlich von sozial generierten, gemeinsam geteilten Zeichen-, Deutungs- und Typisierungsschemata abhängig. Wo intersubjektive Konstruktionen die private Gedankenwelt als typisierte ersetzen, kann es zu einer (als eindeutig unterstellten) Übereinstimmung des Handlungszieles und des sozial konstituierten Sinnes von Handlungen bzw. Handlungsabsichten kommen. Zu dieser Verbindung von Kommunikation, dem Anderen und dem Modus des Fremdverstehens können wir mit Schütz abschließend zusammenfassen:

"Das Kommunikationssystem ermöglicht es mir in bestimmten Grenzen, durch Gebrauch von Zeichen die *cogitationes* des Anderen zu erfassen und, unter bestimmen Umständen, sogar den Strom meiner inneren Zeit mit dem seinen in vollständigen Einklang zu bringen. Wie wir aber gesehen haben, ist eine vollkommen erfolgreiche Kommunikation nicht möglich. Eine unzugängliche Zone im Eigenleben des Anderen bleibt und transzendiert alle meine möglichen Erfahrungen. Für die praktischen Erfordernisse des täglichen Lebens ist aber dieses Problem im Alltagsverstand so weit gelöst, daß wir uns mit unseren Mitmenschen im Bedarfsfall fast immer verständigen und einigen können. Wir haben bereits kurz darauf hingewiesen, daß dies nur möglich ist, wenn der Mitteilungsvorgang auf einer Grundlage von Typisierungen, Abstraktionen und Standardisierungen beruht." (1971a: 376f.)

Augenscheinlich ist hier eine Überschneidung gegeben mit Gerold Ungeheuers Theorem der *Fallibilität* aller Kommunikationen und ihrer alltagspragmatischen Bewältigung (vgl. Kap. 4.6.5).

4.3.6 Literatur

Bibliografie:

Vollständiges Werkverzeichnis von Alfred Schütz. In: Grathoff [1989], S. 439-444.

Verwendete Literatur:

Coenen, Herman [1985]: Diesseits von subjektivem Sinn und kollektivem Zwang. Schütz – Durkheim – Merleau-Ponty. Phänomenologische Soziologie im Feld des zwischenleiblichen Verhaltens. München.

Online-Bibliografie zu Schütz:

www.kowi.uni-essen.de/koloss

⇨ Literatur ⇨ Schütz

Grathoff, Richard [1989]: Milieu und Lebenswelt. Einführung in die phänomenologische Soziologie und die sozialphänomenologische Forschung. Frankfurt a. M.

Husserl, Edmund [1950]: Ideen zu einer reinen Phänomenologie und phänomenologischen Philosophie. Erstes Buch. Allgemeine Einführung in die Phänomenologie. Husserliana Band III. Herausgegeben von Walter Biemel. Den Haag.

Schütz, Alfred [1957]: Das Problem der transzendentalen Intersubjektivität bei Husserl. In: Philosophische Rundschau. 5. Jg., S. 81-107.

Schütz, Alfred [1971a]: Gesammelte Aufsätze I. Das Problem der sozialen Wirklichkeit. Mit einer Einführung von Aron Gurwitsch und einem Vorwort von H. L. van Breda. Den Haag.

Schütz, Alfred [1971b]: Das Problem der Relevanz. Herausgegeben und erläutert von Richard M. Zaner. Mit einer Einleitung von Thomas Luckmann. Frankfurt a. M.

Schütz, Alfred [1972]: Gesammelte Aufsätze II. Studien zur soziologischen Theorie. Herausgegeben von Arvid Brodersen. Den Haag.

Schütz, Alfred [1974]: Der sinnhafte Aufbau der sozialen Welt. Eine Einleitung in die verstehende Soziologie. Frankfurt a. M.

Schütz, Alfred/Luckmann, Thomas [1979]: Strukturen der Lebenswelt. Band I. Frankfurt a. M.

Srubar, Ilja [1988]: Kosmion. Die Genese der pragmatischen Lebenswelttheorie von Alfred Schütz und ihr anthropologischer Hintergrund. Frankfurt a. M.

Waldenfels, Bernhard [1979]: Verstehen und Verständigung. Zur Sozialphilosophie von A. Schütz. In: Sprondel, Walter M./Grathoff, Richard (Hrsg.): Alfred Schütz und die Idee des Alltags in den Sozialwissenschaften. Stuttgart, S. 1-12.

Weber, Max [1972⁵]: Wirtschaft und Gesellschaft. Grundriß der verstehenden Soziologie. Besorgt von Johannes Winckelmann. Studienausgabe. Tübingen.

4.4 George Herbert Meads sozialbehavioristische Kommunikationstheorie

4.4.1 *Die Relevanz George Herbert Meads für die Kommunikationswissenschaft*

George Herbert Mead hat sich im Laufe seiner Schaffenszeit mit einer Vielzahl unterschiedlicher Themenbereiche auseinandergesetzt. So hat er u. a. Arbeiten zu philosophischen, psychologischen, pädagogischen und ethischen Problembereichen verfasst. Den Hauptteil seines fragmentarischen Gesamtwerks bildet eine funktionalistische Sozialpsychologie, in der er vornehmlich der Frage nachgeht, wie das Verhalten und Denken des Einzelnen vom sozialen Kontext her zu erfassen ist. Am Anfang der Untersuchung steht dabei nicht das individuelle Verhalten, sondern der "social act". Meads Interesse richtet sich sodann im Speziellen auf die soziale Konstitution von spezifisch menschlichen Eigenschaften oder Fähigkeiten, wie (reflexives) Bewusstsein, Intelligenz und Identität. Seine Argumentation beginnt weder bei einem isolierten Organismus und dessen individuellen Reiz-Reaktions-Abläufen noch beim vernunftbegabten, mit Selbstbewusstsein ausgestatteten Subjekt, um dann von dort her zu erklären, wie sich Gemeinschaft, sozialer Sinn und organisierte Strukturen zwischenmenschlichen Zusammenlebens gebildet haben. Ganz im Gegenteil: Weil menschliches Verhalten und Bewusstsein immer schon in Gemeinschaft eingebunden sind, ist vom gesellschaftlichen Ganzen her der Einzelne mit all seinen Aktivitäten als Teil dieses Ganzen zu untersuchen.

Mit einem radikal evolutionstheoretischen, auf Darwin rekurrierenden Ansatz erklärt Mead die Entstehung der hochentwickelten menschlichen Gesellschaft aus der sozialen Abstimmung und Spezifizierung von biologischen Impulsen und physiologischen Trieben. Menschliche Beziehungen weisen mit Blick auf den Sexualtrieb, den Elternimpuls, die koordinierte Nahrungssuche bzw. -aufnahme etc. einerseits offensichtliche Parallelen zu Tiergemeinschaften auf; andererseits organisieren und entwickeln sie sich aber nicht weiter auf Grund physiologischer Differenzierung, sondern durch

* 27.02.1863 (South Hadley)
† 26.04.1931 (Chicago)

George Herbert Meads wissenschaftliches Wirken und die Entwicklung seiner sozialpsychologischen und interaktionstheoretischen Grundannahmen stehen unter dem Einfluss verschiedener zeitgenössischer Wissenschaftsströmungen: insbesondere Behaviorismus, Darwinismus und Pragmatismus. Bereits in seiner Collegezeit, die er 1883 beendet, setzt Mead sich mit Charles Darwins (1809-1882) Evolutionstheorie auseinander, aus der er später das Grundmodell eines notwendig umweltangepassten Organismus übernimmt. Mit Beginn seines Philosophiestudiums 1887 an der Harvard University und geprägt von dem Philosophen und christlichen Neuhegelianer Josiah Royce (1855-1916) hat dann der deutsche Idealismus entscheidenden Einfluss auf Meads geistige Entwicklung. Seinen Unterhalt verdient er zu dieser Zeit als Hauslehrer der Kinder von William James (1842-1910). 1888 entscheidet sich Mead, das Studium der physiologischen Psychologie aufzunehmen. Während seiner Auslandssemester 1888-91 in Leipzig und Berlin vertieft er seine Auseinandersetzung mit der deutschen Philosophiegeschichte und interessiert sich darüber hinaus für die Psychologie der frühen moralischen Entwicklung des Kindes. Er steht dabei in direktem Kontakt mit Wilhelm Wundt (1832-1920), Hermann Ebbinghaus (1850-1909) und Wilhelm Dilthey (1833-1911). Zwischenzeitlich plant Mead, bei Dilthey eine kant-kritische Dissertation über Raumwahrnehmung, Raumkonstitution und die basale Hand-Auge-Koordination zu schreiben. Zum Wintersemester 1891/92 übernimmt Mead ein Lehrangebot für Psychologie an der University of Michigan. Er hält dort Kurse zur physiologischen Psychologie, Philosophiegeschichte, Evolutionstheorie und zu Kant. 1894 wechselt Mead als Assistenzprofessor von John Dewey (1859-1952) an die University of Chicago in die Abteilung für Philosophie und Psychologie. 1900 hält er dort seine erste Veranstaltung über Sozialpsychologie; aus den Vorlesungsmitschriften wird postum die Monografie "Mind, Self, and Society" (1934) veröffentlicht. 1902 wird Mead zum Associate Professor ernannt. Nachdem er zuvor hauptsächlich Rezensionen verfasst hatte, publiziert Mead 1903 seinen

soziokulturelle Evolution und gesellschaftliche Differenzierung. Eine entscheidende Rolle für den Aufbau von menschlichen Institutionen und hochentwickelten Gemeinschaftsformen wie auch für Intelligenz und Selbstbewusstsein spielt die Entwicklung der Sprache.

Meads Kommunikationstheorie stellt insofern einen wichtigen Bestandteil seiner Sozialpsychologie dar und zeigt plausibel die Entwicklung von unbewusster, gebärdenvermittelter Kommunikation hin zu bewusster, intentionaler, selbstkontrollierbarer Kommunikation mittels signifikanter (Sprach-)Symbole. Das entscheidende Koorientierungs- und Kooperationsprinzip der menschlichen Gesellschaft ist die *signifikante vokale Geste*. Aus dem sozialen Kontakt mit Anderen und der Fähigkeit zur symbolvermittelten Interaktion resultieren schließlich Selbstbewusstsein und Identität eines jeden Einzelnen. Meads Arbeiten, Erklärungsansätze und Begrifflichkeiten sind insgesamt als wichtiger Beitrag für die anthropologische Fundierung einer allgemeinen Kommunikationstheorie zu qualifizieren. Weiterhin erklärt Mead kommunikatives Geschehen als grundlegend *sozialen Kooperationsprozess* zwischen mindestens Zweien, der sowohl nichtsprachliches Verhalten als auch bewusste Sprachverwendung beinhaltet. Ein basaler Mechanismus kooperativer Tätigkeiten wird dabei pragmatistisch hergeleitet, indem Handeln und Denken in Abhängigkeit gestellt werden. Soziales Ausdrucksverhalten und Handeln ist durch bestimmte Probleme und Umweltreize motiviert und löst wiederum je adäquate kognitive Prozesse aus. Kognitive und psychische Vorgänge sind originär also den Erfahrungen des Organismus in seiner Umwelt(anpassung) nachgängig und dienen der erfolgreichen Bewältigung von Verhaltenswiderständen und Handlungsproblemen. Pointiert meint diese pragmatistische Argumentation: Das Handeln bestimmt das Denken (und nicht das Denken das Handeln).

Das basale Handlungsmodell, das nicht zuletzt soziale Kontakterfahrungen und Koordinierungen fundiert, weist nach Mead folgende vier Phasen auf: Handlungsimpuls, (Distanz-)Wahrnehmung, instinktreduzierte Manipulation und schließlich bedürfnisbefriedigende Handlungsvollendung (vgl. 1969: 102-129). Eine Handlung ist dann vollzogen, wenn eine spezifische

Reaktionsbereitschaft als Handlungsimpuls auftritt, die eine Phase selektiv aufmerksamer Objektwahrnehmung der Umwelt auslöst, worauf eine Phase der (taktilen) Manipulation des seligierten Objektes folgt und diese schließlich in die Phase der (strategischen) Handlungsrealisierung übergeht. Eine wichtige Rolle kommt dabei der Auge-Hand-Koordination zu, denn letztlich sind die Wirklichkeit der Sinneswahrnehmung und die Objektkonstitution in der Kontakterfahrung fundiert.

"Wir nähern uns dem entfernten Reiz schon mit der Bereitschaft zur Manipulation. Wir sind bereit, den Hammer zu ergreifen, noch bevor wir ihn erreicht haben, und die Einstellung der manipulatorischen Reaktion steuert dabei die Annäherung an das Objekt. Was wir zu tun vorhaben, bestimmt die Richtung und in gewissem Sinne auch die Art und Weise der Annäherung. Daraus also, daß dieser im Zentralnervensystem bereits angeregte spätere Vorgang den früheren steuert, resultiert der teleologische Charakter der Handlung. In diese Situation gehen die alternativen Manipulationen ein, die der entfernte Reiz auslöst. Für eine bestimmte Zeit inhibieren sie einander und damit die Handlung überhaupt. Verschiedene Reize versuchen gleichzeitig, die Handlung auszulösen. Wenn man einen Nagel einschlagen muß und keinen Hammer hat, dann wandert das Auge von einem Stein zu einem Stiefelabsatz oder einer Eisenstange. Schließlich erlangt der eine oder andere die Kontrolle über die Handlung, die dann eben von diesem entfernten Reiz statt von einem anderen gesteuert wird. So sieht der Mensch physische Dinge, d. h. die ausgelöste manipulatorische Reaktion in dem entfernten Stimulus, welcher die Aktivität des Organismus freisetzt. Eine derart hervorgerufene zukünftige Handlung hat immer hypothetischen Charakter. Die Realität dieser Handlung ist solange nicht sicher, wie die inhibierte Reaktion nicht ausgeführt ist." (Mead 1969: 128f.)

In kommunikationstheoretischer Engführung liegt die maßgebliche und immer noch aktuelle Relevanz von Meads Gesamtwerk in seiner Theorie der Gebärde als Teil einer Sozialhandlung, in seiner Theorie der Genese von Sinn und Bedeutung, in seiner Theorie der Sprachentstehung in Form einer Theorie signifikanter Symbole und mithin einem Erklärungsansatz zur Lösung des Problems der (sprachlichen) Intersubjektivität

grundlegenden Beitrag zur funktionalistischen Psychologie: "The Definition of the Psychical". Diese Studie stellt eine Vorstufe für die Entwicklung seiner anthropologischen Theorie symbolvermittelter Interaktion und der darauf basierenden Sozialpsychologie dar. Mead sieht hierbei grundsätzlich nicht mehr das Individuum als Voraussetzung für die Gesellschaftsbildung. Vielmehr ist er der Auffassung, das Individuum könne sich als selbstbewusstes Subjekt nur auf der Grundlage gesellschaftlich organisierter Lebensprozesse, d. h. in der Gemeinschaft handelnder und kommunizierender Menschen entfalten. Meads wissenschaftliche Beschäftigung mit diesem Thema ist begleitet von seinem eigenen praktischen Engagement für soziale Probleme und seinen demokratischen, sozialreformerischen Aktivitäten.

Obwohl zu Lebzeiten nur bei einem kleinen Kreis in Chicago bekannt und geschätzt, spielt Mead ab Ende der 1960er Jahre eine immer wichtigere Rolle in der Sozialpsychologie und soziologischen Handlungstheorie. Herbert Blumer (1900-1987) begründet schließlich als Schüler Meads und von dessen Theoriegrundlagen her die Wissenschaftsströmung des *Symbolischen Interaktionismus*.

sowie in seiner sozialbehavioristisch begründeten Identitätstheorie.

4.4.2 Grundlagen der Sozialtheorie Meads

Meads Forschungsprogramm lässt sich allgemein mit folgenden Fragen umreißen: Auf Grund welcher Mechanismen haben sich Gesellschaft, Bewusstsein, Intelligenz und Ich-Identität ausgebildet? Welche Prozesse führen zu sozialer Ordnung? In welchem Verhältnis stehen tierische bzw. menschliche Gemeinschaften und ihre Mitglieder? Wie lässt sich (zwischen-)menschliches Verhalten in Bezug auf das organisierte Verhalten der gesellschaftlichen Gruppe(n) erklären? Was charakterisiert die menschliche Sozialhandlung und den menschlichen Kommunikationsprozess? Wie entsteht Bedeutung, und was leistet Sprache?

Adäquat zur Beantwortung jener Fragen scheint Mead der Standpunkt des Sozialbehaviorismus. Dieser wiederum basiert, genauer besehen, auf einem breit gemischten Theorien- und Methodenfundament, das sich einerseits maßgeblich an die funktionalistische Psychologie, an Darwins Evolutionstheorie und an Whiteheads Naturphilosophie und Zeittheorie anlehnt und andererseits vom Behaviorismus Watsonscher Prägung, von dessen Verhaltens- bzw. Gebärdentheorie und etwa auch von der Ausdruckstheorie Darwins abgrenzt. Bei der Freilegung einiger Stützpfeiler von Meads Sozialtheorie legen wir unsere Schwerpunkte im Folgenden erstens auf Erläuterungen zur funktionalistischen Sozialpsychologie, zweitens zur Evolutionstheorie Charles Darwins; abschließend gehen wir kurz auf die Vereinnahmung Meads durch den *Symbolischen Interaktionismus* ein.

Funktionalistisch ist Meads Sozialpsychologie insofern (vgl. 1980a und dazu exemplarisch Joas 1989: 67ff. sowie Wenzel 1990: 47f.), als sie die Eigenschaften und Fähigkeiten von Organismen immer als funktional für den umweltbezogenen Anpassungsprozess beschreibt. Für menschliche Organismen heißt dies zudem, dass auch geistige Fähigkeiten als funktional für die problemorientierte Bewältigung des natürlichen wie so-

Insofern Verhalten durch die Bewältigung der Welt im Sinne von Problemlösung ausgelöst bzw. motiviert wird, *hat* das Individuum in diesem Augenblick vollkommen jene Funktion. "Wie die Funktion der Welt ganz offensichtlich darin besteht, Daten für eine Lösung bereitzustellen, so besteht offenbar die Funktion des Individuums darin, eine Hypothese für diese Lösung zu bilden." (Mead 1980a: 141)

zialen Lebens angesehen werden. Bewusstsein und menschliche Intelligenz entstehen auf biologischer wie auch gesellschaftlicher Basis, indem der Organismus reflexiv und aktiv an seine Umwelt angepasst wird und in adäquater Weise auf Widerstände bzw. Problemstellungen reagiert. Dem Geist bzw. Bewusstsein kommt dabei die Funktion zu, sich zwischen Handlungsmöglichkeiten und problemorientierten Hypothesen zu entscheiden. Ein solcher sozialpsychologischer Ansatz setzt die Sozialität von Lebensformen immer schon voraus, und zwar auch auf subhumaner Ebene; deswegen wird das Verhalten und Rollenhandeln des Einzelnen in Relation zu sozialen Situationen und anderen Gesellschaftsmitgliedern gesetzt und von dorther untersucht.

Der maßgebliche Antipode dieses Ansatzes ist John B. Watson mit seinem behavioristischen Reiz-Reaktions-Modell und dem Prinzip der Konditionierung, die zunächst aus dem Forschungsbereich der Tierpsychologie gewonnen und später einfach auf die Verhaltensforschung bei Kleinkindern übertragen wurden. Watson selbst rekurriert auf die von Pawlow begründete Forschungsrichtung der Reflexologie, d. h. einer mechanistisch orientierten Psychologie, die Verhalten ausschließlich als Abfolge von Reflexen ansieht. Während sich die (introspektiv verfahrende) Bewusstseinspsychologie allein auf intrapsychische Erfahrungen und Zustände konzentriert, isoliert der Behaviorismus die von außen beobachtbaren Verhaltensweisen. Das ganze Gebiet der inneren Erfahrung soll durch die äußerliche, körperbezogene Beobachtung erklärt werden. Eine nach Mead fatale Konsequenz liegt dabei jedoch in dem Umstand, dass alles, was nicht direkt beobachtbar ist, als unwissenschaftlich abgelehnt wie auch substanziell negiert wird: Bewusstsein, Geist, Vorstellungen, private Empfindungen – das alles gibt es bei Watson eben nicht (vgl. Mead 1968: 48ff.).

Im Allgemeinen meint *Behaviorismus* für Mead "einfach eine Methode, die Erfahrung des Individuums vom Standpunkt seines Verhaltens aus zu untersuchen, insbesondere, jedoch nicht ausschließlich jenes Verhalten, das von anderen beobachtet werden kann" (1968: 40).

Meads Argumentation gegen Watson besteht nun darauf, dass auch innere Erfahrungen und Bewusstseinsprozesse via Beobachtung zugänglich sind – kardinaler Ansatzpunkt ist die menschliche Reaktionsverzögerung auf einen Reiz. Die vielfältigen Formen des körperlich angezeigten Nachdenkens oder des äußerlich erschließbaren Wählens zwischen Verhaltensmöglichkeiten oder Sprechpausen stellen allesamt *beobachtbare*

"Ich möchte jedoch betonen, daß wir auch bei der Diskussion solcher 'inneren' Erfahrung den behavioristischen Standpunkt beibehalten können, vorausgesetzt, daß wir ihn nicht zu eng fassen. Man muß nur darauf bestehen, daß objektiv sichtbares Verhalten seinen Ausdruck im Individuum findet, und zwar nicht so, als ob es in einer anderen, subjektiven Welt stattfände, sondern innerhalb seines Organismus. Etwas von diesem Verhalten zeigt sich bei dem, was wir 'Haltungen' nennen können, die Anfänge von Handlungen sind." (Mead 1968: 43)

Reaktionsverzögerungen bzw. Handlungsunterbrechungen dar, obwohl sie im "Inneren" des Menschen fundiert sind. "Ein Teil der Handlung liegt aber innerhalb des Organismus und wird erst später ausgedrückt; diese Seite des Verhaltens hat Watson meiner Meinung nach ignoriert. Es gibt innerhalb der Handlung selbst einen nicht-äußerlichen Bereich, der aber zur Handlung gehört, und es gibt Merkmale dieses inneren organischen Verhaltens, die sich in unseren eigenen Haltungen, besonders den mit der Sprache verbundenen, verdeutlichen." (Mead 1968: 44)

Statt so wie Watson absurderweise "alle 'geistigen' Phänomene auf bedingte Reflexe und ähnliche physiologische Mechanismen zu reduzieren" (1968: 48), erweitert Mead also seine sozialpsychologische Methodologie, indem er menschliches Bewusstsein und Handeln funktional versteht, es in einen sozialen Kontext einreiht und maßgeblich innere Erfahrungen wie auch die Abläufe des Zentralnervensystems als Korrelate bzw. Voraussetzungen für Verhaltensreaktionen und kooperativ organisierte Sozialhandlungen begreift. Dementsprechend fasst er seinen sozialbehavioristischen Standpunkt so zusammen: "In der Sozialpsychologie erfassen wir den gesellschaftlichen Prozeß sowohl von innen als auch von außen her. Die Sozialpsychologie ist in dem Sinne behavioristisch, daß sie mit einer beobachtbaren Aktivität beginnt – dem dynamischen gesellschaftlichen Prozeß und den ihn konstituierenden gesellschaftlichen Handlungen –, die untersucht und wissenschaftlich analysiert wird. Sie ist jedoch nicht in dem Sinne behavioristisch, daß die innere Erfahrung des Individuums – die innere Phase dieses Prozesses oder dieser Aktivität – ignoriert wird. Ganz im Gegenteil, sie befaßt sich vornehmlich mit dem Entstehen dieser Art von Erfahrung innerhalb des Prozesses als Ganzem. [...] Die Handlung und nicht der Nervenstrang ist also das grundlegende Datum" (Mead 1968: 46).

Die Idee der Evolutionstheorie

Ein weiterer zentraler Theoriebaustein innerhalb von Meads Sozialpsychologie ist die Evolutionstheorie Darwins (und Lamarcks), die wir im Nachstehenden skizzieren werden. Gegen Aristoteles, Kant, das Dogma der Theologie und gegen die mechanistische Wissenschaftslehre überhaupt interessiert sich Mead für Darwins Forschungsprogramm, um Antworten auf die Frage zu finden, woher die vielfältigen Formen des Lebens und des Universums stammen. Weder die christliche Schöpfungslehre noch ein physikalischer Reduktionismus, der die Welt aus der Summe letzter Teilchen beschreibt, noch eine metaphysische Entwicklungs- und Formenlehre, nach der die ideale Form allem Dasein, aller Natur der Dinge bereits vorausgeht und in diesen angelegt ist, erscheinen ihm plausibel. Aber der Gedanke einer dynamischen, prozesshaften Veränderung von einst Ungeformtem zu bestimmten Formen, die dann weiter variieren, fasziniert Mead – nicht zuletzt, weil es Darwin um die Entwicklung der Natur im Ganzen und nicht nur um Einzelwesen geht sowie um die Beweisführung, dass keineswegs eine ideale, präexistente Form das natürliche Leben bestimmt, sondern vielmehr aus dem Lebensprozess selbst die Bedingungen und Variablen für mögliche Formbildungen hervorgehen.

Eine solche Konzeption schien mehr als geeignet, die Funktionalität physiologischer bzw. organischer Differenzierung ebenso ausführlich und präzise erklären zu können wie Bewegung und Wandel von Humangesellschaften und mithin die Differenzierungsprozesse auf kulturell-geschichtlicher Ebene. Besonderen Wert legt Mead auf die durch Darwin vermittelte Einsicht, dass einerseits Lebewesen relativ zu ihrer Umwelt zu begreifen sind und deshalb Artenvielfalt herrscht und dass andererseits die Erscheinungen bzw. Formen des Lebens einem kontinuierlichen Prozess unterliegen und sich von daher verändern bzw. Neues hervorbringen. Eine Facette von Meads *Kosmologie*, gewonnen aus der Verbindung von Darwins Evolutionstheorie und Whiteheads Relativitätsprinzip, spiegelt folgende Passage wider:

"Das auffallendste Merkmal an der Erscheinung des Lebens ist, daß der Prozeß, der die Realität eines Lebewesens ausmacht, ein Prozeß ist, der sich über das Lebewesen selbst hinaus erstreckt und für seine Äußerung die Welt braucht, in der dieses Lebewesen lebt. Die Realität des Prozesses gehört also zur Welt in ihrer Relation zum Lebewesen. Dies meinen wir mit den Begriffen Lebewesen und Umwelt, und Relativität drückt sich darin in Begriffen des Lebens aus. Die Welt ist offensichtlich für die Pflanze und das Tier etwas [vollkommen] verschiedenes, und ebenso für die verschiedenen Pflan-

"Meads Ausbildung fällt in eine Zeit, in der naturwissenschaftliche Inhalte sich ersten Einzug in den religiös dominierten Unterricht verschaffen konnten, dabei aber in Konflikt mit den dogmatischen Welterklärungsansprüchen der Religion gerieten. Die Auseinandersetzung mit der Darwinschen Evolutionslehre als dem zwingenden Nachweis des bloß mythologischen Charakters der christlichen Schöpfungslehre wird dabei zum generationstypischen Schlüsselerlebnis." (Joas 1989: 21)

zen- und Tier-Arten. Sie haben verschiedene Umwelten." (Mead 1969: 269)

Als Kurzfassung der Forschungsergebnisse Darwins kann mit Bezug auf sein Hauptwerk "On the Origin of Species by Means of Natural Selection, or the Preservation of Favoured Races in the Struggle for Life" (1859) festgehalten werden, dass das Leben nicht ursprünglich zu einem festen Zeitpunkt erschaffen wurde bzw. existierte. Es hat sich vielmehr in einem Millionen Jahre andauernden Prozess aus einer anorganischen Phase die organische ausgeformt, welche schließlich subhumane, humane und zuletzt hochzivilisierte bis moderne Gesellschaftsformen entstehen ließ. Eine Grundthese Darwins besagt weiterhin, dass die existierenden Arten keineswegs unabhängig voneinander erschaffen worden sind, sondern als Varietäten einer langen Geschlechtsfolge von gemeinsamen anderen Arten abstammen (vgl. 1989: 26). Die natürliche Zuchtwahl stellt dabei ein Hauptkriterium, wenn auch kein ausschließliches, der Abänderung und Umweltanpassung von Organismen dar. Darwins Selektionstheorie wird nun aus sechs zentralen Aspekten gebildet:

1) Geometrisches Verhältnis der Zunahme von organischen Wesen bzw. Nachkommenüberschuss als Folge des Strebens aller Lebewesen sich zu vermehren; 2) gleichbleibende Populationsgrößen der Arten durch natürliche Hemmnisse; 3) Aussterben minder angepasster Formen des Nachkommenüberschusses; 4) Überleben der besser Angepassten bzw. Erhaltung vorteilhafter, individueller Unterschiede bzw. Veränderungen; 5) Vererbung von vorteilhaften Modifikationen und Divergenz der nachfolgenden Charaktere als Folge der natürlichen Zuchtwahl; 6) Entwicklung immer neuer Varietäten als Folge der Veränderlichkeit der Arten und als Fortschritt der Organisation körperlicher und geistiger Fähigkeiten.

Die Übernahme Darwins in Meads Sozialtheorie ist sodann mit der Idee verbunden, dass auch Gemeinschaft und soziales Handlungsstreben (statt zur Konstanz) zur Selektion und Dominanz bestimmter Mechanismen, Interessen und Kooperationsprinzipien tendieren, welche eindringlicher verfolgt werden, während andere – in Analogie zum "Aussterben" – zunehmend vernachlässigt und verdrängt werden. Für gesellschaft-

---

Die Gesetze der Artentwicklung lauten zusammengefasst:
"Wachstum mit Fortpflanzung; Vererbung (die eigentlich schon in der Fortpflanzung enthalten ist); Veränderlichkeit infolge indirekter und direkter Einflüsse der Lebensbedingungen und des Gebrauchs oder Nichtgebrauchs; so rasche Vermehrung, daß sie zum Kampf ums Dasein führt und infolgedessen auch zur natürlichen Zuchtwahl, die ihrerseits wieder die Divergenz der Charaktere und das Aussterben der minder verbesserten Formen veranlaßt. Aus dem Kampf der Natur, aus Hunger und Tod geht also unmittelbar das Höchste hervor, das wir uns vorstellen können: die Erzeugung immer höherer und vollkommenerer Wesen." (Darwin 1989: 678)

liche Evolution bilden insbesondere die sozio-physiologischen Impulse des Hunger-, Sexual-, Herden- und Fürsorgetriebs die naturgeschichtliche Basis, aus der neue bzw. höhere Formen gesellschaftlicher Organisation und sprachlicher Verständigungssysteme entstehen. Auch wenn ein Teleologieprinzip dem Evolutionsgedanken widerspricht, so sieht Mead dennoch eine wesentliche Besonderheit im Verhältnis zwischen Gesellschaft, Mensch und Natur: "Diese Kontrolle der eigenen Evolution ist das Entwicklungsziel der menschlichen Gesellschaft." (1968: 297)

Zuletzt wollen wir noch die übliche Zuordnung Meads zum *Symbolischen Interaktionismus* kurz kommentieren. Joas (vgl. 1989: 11ff.) hat die Verschiedenheit möglicher Rezeptionsvarianten von Meads Werk genauer aufgeschlüsselt und dabei sechs Hauptrichtungen festgestellt, von denen eben der Symbolische Interaktionismus eine darstellt. Unbestritten korreliert dieser Theorie- und Forschungsansatz mit einigen von Meads Grundaussagen, Begriffen und Erkenntniszielen; er stellt aber gleichzeitig auch eine klare Verkürzung seines Gesamtwerks dar. Namentlich ist dieser Ansatz auf Herbert Blumer zurückzuführen, der als Schüler und Lehrstuhlnachfolger Meads in Chicago gewirkt hat. Seine spezielle Fortführung der Gedanken Meads stellt das Konzept symbolfundierter menschlicher Kommunikation und die dem inhärente soziale Funktionalität von Lautgebärden und signifikanten Symbolen ins Zentrum. Obgleich sich bei Mead selbst kein Terminus jener Prägung findet, haben sowohl die von Blumer inaugurierte und von ihm selbst als "barbarische Wortschöpfung" bezeichnete "symbolic interaction" als auch die Variante der "symbolvermittelten Interaktion" (Habermas) allgemein Anklang gefunden und sich in vielen Mead-Rezeptionen durchgesetzt.

Blumer selbst hat den *Symbolischen Interaktionismus* so definiert: Er "beruht letztlich auf drei einfachen Prämissen. Die erste Prämisse besagt, dass Menschen 'Dingen' gegenüber auf der Grundlage der Bedeutungen handeln, die diese Dinge für sie besitzen. Unter 'Dingen' wird hier alles gefasst, was der Mensch in seiner Welt wahrzunehmen vermag – physische Gegenstände, wie Bäume oder Stühle; andere Menschen, wie eine

Keineswegs ist nach Joas der Symbolische Interaktionismus "als *die* autoritative Interpretation von Meads Werk anzusehen. Im Verständnis gesellschaftlicher Organisation wie in dem menschlicher Bedürfnisse, in der Reduktion des Handlungsbegriffs auf den der Interaktion, in der sprachtheoretischen Verdünnung des Bedeutungsbegriffs und im Fehlen jedes Bezugs zu Evolution und Geschichte liegen gewaltige Abweichungen von Mead, die zudem durch eine äußerst fragmentarische Kenntnisnahme von Meads Werk erkauft werden." (1989: 12)

Einige sozialwissenschaftliche Kernpunkte Blumers:
"In der Beschäftigung mit Gesamtheiten und mit gemeinsamem Handeln kann man leicht in eine irrige Position gelockt werden, indem man nicht bedenkt, dass das verbundene Handeln der Gesamtheit eine Verkettung einzelner Handlungen der Teilnehmer ist. Diese Unterlassung bringt einen dazu, die Tatsache zu übersehen, dass eine gemeinsame Handlung immer einen Entwicklungsprozess durchlaufen muss; selbst wenn es eine dauerhaft bestehende und wiederkehrende Form sozialen Handelns ist, muss jede einzelne Wiederholung von neuem gebildet werden. [...] Es ist der soziale Prozess des Zusammenlebens, der die Regeln schafft und aufrechterhält, und es sind nicht umgekehrt die Regeln, die das Zusammenleben schaffen und erhalten. [...] Ein Netzwerk oder eine Institution funktioniert nicht automatisch aufgrund irgendeiner inneren Dynamik oder aufgrund von Systemerfordernissen; sie funktionieren, weil Personen in verschiedenen Positionen etwas tun – und zwar ist das, was sie tun, ein Ergebnis der Art und Weise, in der sie die Situation definieren, in der sie handeln müssen. [...] Sowohl das Funktionieren wie die weitere Entwicklung von Institutionen werden durch diesen Interpretationsprozess bestimmt, wie er zwischen den verschiedenen Gruppen von Teilnehmern stattfindet." (1973: 143ff.)

Mutter oder einen Verkäufer; Kategorien von Menschen, wie Freunde oder Feinde; Institutionen, wie eine Schule oder eine Regierung; Leitideale wie individuelle Unabhängigkeit oder Ehrlichkeit; Handlungen anderer Personen, wie ihre Befehle oder Wünsche; und solche Situationen, wie sie dem Individuum in seinem täglichen Leben begegnen. Die zweite Prämisse besagt, dass die Bedeutung solcher Dinge aus der sozialen Interaktion, die man mit seinen Mitmenschen eingeht, abgeleitet ist oder aus ihr entsteht. Die dritte Prämisse besagt, dass diese Bedeutungen in einem interpretativen Prozess, den die Person in ihrer Auseinandersetzung mit den ihr begegnenden Dingen benutzt, gehandhabt und abgeändert werden." (1973: 81)

Es wird also der individuelle, nicht durch Normen und Regeln vorgegebene Anteil des menschlichen Handelns in Interaktionssituationen hervorgehoben. Menschen schaffen und verändern demnach ihre Wirklichkeit durch Interaktionen ständig neu, indem sie gemeinsame Symbole produzieren, die als Orientierungs-, Koordinierungs- und Regelgrundlage dienen, aber auch jederzeit revidiert und neu bestimmt werden können. Zudem wird die jeweilige Definition einer sozialen Situation immer wieder neu aus-*gehandelt*; und die Sozialwissenschaften haben diesen interpretativen Prozess aufzugreifen und in einem neuerlichen, adäquaten Deutungsprozess zu rekonstruieren und zu verstehen. Mit der Betonung der Kreativität der an Interaktionsprozessen beteiligten Individuen bezieht sich Blumer einerseits dezidiert auf Meads Einsicht, dass Handeln die jeweilige Bedeutung von Erfahrungen, Dingen, sozialen Ereignissen und Kultur erzeugt sowie originär weder durch äußere noch durch innere Strukturen determiniert ist; andererseits argumentiert er jedoch höchst subjektivistisch und nivelliert dabei die Bedeutung gesellschaftlicher, situativ relevanter, kulturell eigenständiger (und mithin von Individuen unabhängiger) Symbole, Werte und Normen ebenso wie die Geschichtlichkeit und Evolution von "symbolic interaction" und Gesellschaft überhaupt.

4.4.3 Die sozialbehavioristische Kommunikationstheorie

Einige Sozial- und Kommunikationstheorien setzen zur Erklärung von Mitteilungshandeln, von erfolgreicher Koordination von Absichten und Zielen oder von zwischenmenschlicher Bedeutungsübereinstimmung Sprache und (reflexives) Bewusstsein bereits voraus. Ein solcher Argumentationsaufbau wäre für Mead zu voraussetzungsvoll und nach logischen Kriterien angreifbar, weil das Erklärte eine Ableitung aus selbst noch zu Erklärendem darstellt. Von daher versucht er, die Anfänge von Kommunikation mit der Naturgeschichte in Verbindung zu setzen und erst einmal keinen Unterschied zwischen subhumanen und humanen Gemeinschaftsformen anzunehmen. Fundamental ist dann erstens, dass sich die soziale Entwicklung und Ordnung von menschlichen Gemeinschaften prinzipiell ebenso wie bei Tierarten vollzieht, nämlich durch Anpassung an vorgefundene Probleme und sich verändernde Umweltverhältnisse. Fundamental ist zweitens, dass aller Kommunikation ein Kooperationsmechanismus zu Grunde liegt. Bevor Mead also den typisch menschlichen Kommunikationsprozess darstellt, untersucht er soziale Kooperationsaktivitäten überhaupt, die bei allen lebenden Organismen von soziophysiologischen Impulsen ausgelöst werden.

Bereits bei Tieren ist es eine funktionale Notwendigkeit, zu kooperieren und arbeitsteilig eine gemeinschaftliche Ordnung aufzubauen. Typische Ausformungen sind in dieser Hinsicht: Liebeswerbung und Sexualbeziehungen zum Zwecke der Fortpflanzung und Arterhaltung, Elternschaft zur Fürsorge und erfolgreichen Aufzucht des Nachwuchses, Kampfimpulse zur Herstellung von Hierarchie und Verteidigung bzw. Überlebensstreben in der je natürlichen wie auch feindlichen und gefährlichen Umwelt sowie schließlich der Herdentrieb bzw. die Rudelbildung zum Zwecke des Schutzes und der gemeinsamen Nahrungsaufnahme. Generell werden jene Impulse durch soziale Reaktionen befriedigt und von physiologischer Differenzierung begleitet. Am Beispiel der Insektenstaaten von Bienen und Ameisen erläutert Mead (vgl. 1968: 277ff.) zur physiologischen Differenzierung, dass dort etwa

"Es gibt keinen lebenden Organismus, der so beschaffen wäre, daß er sich in völliger Isolierung von allen anderen Organismen am Leben halten könnte oder daß bestimmte Beziehungen zu anderen lebenden Organismen [...] nicht eine notwendige und unersetzliche Rolle in seinem Leben spielten. Alle lebenden Organismen sind in eine allgemeine gesellschaftliche Umwelt oder Situation eingebettet, in einen Komplex gesellschaftlicher Wechselwirkungen und Einflüsse, von denen ihre weitere Existenz abhängt. Unter diesen fundamentalen sozio-physiologischen Impulsen [...] ist der Sexual- oder Reproduktionstrieb beim menschlichen gesellschaftlichen Verhalten am wichtigsten." (Mead 1968: 274)

der gesamte Fortpflanzungsprozess für die ganze Gemeinschaft von einer einzigen Königin mit hoch entwickelten Sexualorganen übernommen wird, während bei den anderen Insekten die Fortpflanzungsorgane degenerieren. Weiterhin differenziert sich zum Gesamtschutz der Insektengemeinschaft eine Gruppe von Kriegern aus, die aber wiederum als Konsequenz der Arbeitsteilung und der damit verbundenen physiologischen Unterschiede sich nicht selbst ernähren können. Wenn damit angedeutet ist, dass bei Tieren soziales Impulsverhalten und gemeinschaftliche funktionale Umweltanpassung gegeben sind, so ist jedoch noch nicht die Eigenart wechselseitiger Verhaltensanpassung und koordinierter Handlungsabfolgen geklärt. Dies führt Mead auf das Gebiet der subhumanen Gebärdenkonversation und zur Bestimmung der Geste.

Gestenvermittelte Kommunikation

Als Definition führt Mead ein: "Der Begriff 'Geste' kann mit jenen Anfängen gesellschaftlicher Handlungen gleichgesetzt werden, die als Reize für die Reaktionen anderer Wesen dienen." (1968: 82f.)

Und an anderer Stelle heißt es: "Die Geste ist jene Phase der individuellen Handlung, der sich andere innerhalb des gesellschaftlichen Verhaltensprozesses befindliche Wesen anpassen." (Mead 1968: 85)

Die wesentliche Funktion einer Geste bzw. Gebärde besteht demnach in einer orientierenden Anpassung und wechselseitigen Abfolge von Reizimpulsen und Reaktionsverhalten zwischen mehreren Lebewesen innerhalb einer gemeinsamen Situation. Die Geste ist insofern der Anfang einer Sozialhandlung, als ein Anderer darauf reagiert und seine Verhaltensmodifikation selbst wiederum als Reiz und Folgeanzeichen für den Ersten wirkt, ebenfalls sein Verhalten zu ändern usw. In der Gebärdenkommunikation sind also mindestens zwei oder mehrere Lebewesen involviert, das Verhaltensmuster ist eine je soziophysiologisch bedingte Reiz-Reaktions-Kooperation, und das Ziel der gestenvermittelten Sozialhandlung liegt im Lebensprozess der (Tier-)Gruppe und keineswegs im Einzelorganismus. Weil diese Gebärdenkommunikation instinktiv abläuft und von Reiz-Reaktions-Mechanismen determiniert ist, spricht Mead hier von *unbewusster Kommunikation*, von einem nicht-intentionalen Gestenaustausch.

"Als Beginn einer sozialen Tätigkeit ruft eine Gebärde eine bestimmte Reaktion auf seiten eines anderen Lebewesens hervor. Im Kampf und bei der Werbung faßt sie bestimmte Reize zusammen, die als Reaktion Feindseligkeit oder ein bestimmtes Paarungsverhalten erzeugen. Dieses Wechselspiel von einleitenden und vorbereitenden Verhaltensabläufen, das selbst für unterhalb des Menschen stehende tierische Lebewesen gilt, setzt die Tiere zueinander in Beziehung. [...] Es gibt mithin im Sozialverhalten der Tiere eine Verständigung durch Gebärden, eine Sphäre des Palavers. Auch hier wiederum sind die Bewegungen, die dieses Gebiet des Verhaltens begründen, nicht selbst die vollständigen Handlungen, als deren Anfang sie auftreten." (Mead 1980b: 211)

Am Beispiel sich begegnender Hunde kann studiert werden, dass die äußere Haltung des Einen (Aufstellen der Nackenhaare) als Impuls für eine Gegenhaltung des Anderen fungiert (Knurren), dieser Reiz wiederum zu einer Verhaltensanpassung des Ersten führt (Zähne fletschen und bellen), und an diese Geste sich möglicherweise die Fluchtbewegung des Zweiten anschließt, womit dann die Sozialhandlung "Hundekampf" abgeschlossen wäre. An Hand der verschiedenen Handlungsphasen lässt sich jeweils die Haltung der beteiligten Tiere erkennen, d. h. die Geste hat für einen menschlichen Beobachter die Bedeutung der Haltung, selbstredend aber nicht auch für die sich wechselseitig *gebärdenden* Hunde. Es werden zwischen den Hunden zwar Gesten ausgetauscht, diese bedeuten aber nicht die bewusste Absicht der Hunde zum Angriff, zum Kampf oder zur Flucht; ihre Gesten sind weder mit mentalen Repräsentationen versehen noch reflektiert. Des Weiteren sind diese Gebärden qua Unbewusstheit *nicht-signifikant*:

www.kowi.uni-essen.de/
koloss/themen/mead/
hund.htm

"Im Gegensatz zum Menschen löst ein Tier nicht in sich selbst das gleiche Objekt oder den gleichen Sinn aus, wenn es einem anderen Tier etwas anzeigt oder es auf einen Sinn hinweist; denn es ist ohne Geist, es kann nicht denken, deshalb gibt es hier keinen signifikanten oder bewußten Sinn. Eine Geste ist dann nicht-signifikant, wenn die Reaktion eines anderen Organismus auf sie dem ersteren Organismus nicht anzeigt, worauf der andere reagiert." (Mead 1968: 121)

Schließlich sei noch angemerkt, dass für Mead – etwa im Gegensatz zu Royce – bei gebärdengebundener Tierkommunikation kein Nachahmungsprinzip aufzufinden ist. Nachahmung setzt vielmehr Bewusstsein und signifikante Symbole voraus und ist von daher eine hoch entwickelte Technik, die sich nur unter Menschen findet. Für den Hundekampf ist also klarzustellen, dass es dort keine Nachahmung gibt, weil die Hunde bis zum Ziel der Sozialhandlung nur gegenseitig ihre Positionen anpassen und dabei weder in sich selbst die identische Reaktion wie im anderen Hund hervorrufen noch zu irgend einem Zeitpunkt die Haltung des je Anderen einnehmen.

Aus sozialbehavioristischer Perspektive kann nun auch auf die Phase der Bedeutungskonstitution auf der

Meads Ausführungen zur Funktion der Gebärde im Kontext kooperativer Tätigkeiten und sein Ansatz einer umfassenden Kommunikationstheorie implizieren eine klare Abgrenzung gegenüber den Ausdrucks-, Gebärden- und Verhaltenstheorien von Wundt, Darwin und Royce. Zwei diesbezüglich wichtige Referenztexte sind Meads Aufsatz "Soziales Bewußtsein und das Bewußtsein von Bedeutungen" (1910) und die §§ 3,7 und 8 aus seinem Nachlasswerk "Geist, Identität und Gesellschaft" (1934). Zur vertiefenden Auseinandersetzung und dem sukzessiven Aufbau von Meads anthropologischer Kommunikationstheorie sei verwiesen auf: Joas 1989: 96ff.

Ebene unbewusster, nicht-intentionaler Kommunikation eingegangen werden. Bedeutung bzw. Sinn ist hierbei insofern ein objektives Strukturmerkmal subhumaner Sozialhandlungen, als sie bzw. er zunächst aus der Reaktion eines Organismus B auf die vorangegangene, eine komplexe Sozialhandlung anzeigende Gebärde eines weiteren Organismus A resultiert. Die Reaktion seitens des zweiten Organismus interpretiert die Gebärde, auf die sie bezogen ist; Bedeutung ist somit in die gesamte Sozialhandlung eingelassen wie auch Produkt der Reaktionen. Der im Vollzug einer umfassenden Sozialhandlung objektiv entstehende Sinn verweist genauer auf drei Relationen der Gebärde als Teil derselben. Erstens steht die Gebärde in Relation zu Organismus A, zweitens in Relation zu Organismus B und dessen Reaktion, und drittens steht sie in Relation zur sozialen Gesamthandlung, deren Teil oder Anfang sie darstellt: "diese dreiseitige Beziehung ist die Grundsubstanz von Sinn oder zumindest die Substanz, aus der sich Sinn entwickelt" (Mead 1968: 116). Weil hierbei weder Reflexion noch Intentionalität für das Hervorbringen von Sinn notwendig sind – *"Bedeutung entsteht bereits mit Kommunikation und nicht erst mit Bewußtsein"* (Wenzel 1990: 69) –, kann Mead ein weiteres Beispiel aus der Tierwelt heranziehen:

"So ist z. B. die Reaktion des Kükens auf das Glucken der Henne eine Reaktion auf den Sinn des Gluckens; das Glucken weist je nachdem auf Gefahr oder Nahrung hin und hat für das Küken diesen Sinn oder diese Bedeutung." (1968: 116)

Um noch einmal zu betonen, dass sich Sinn bereits aus tierischen Kommunikationsprozessen ableitet und in vor-bewussten Verhaltensabfolgen konstituiert, ziehen wir eine weitere Textstelle von Mead heran: "Die Geste eines Organismus ruft in jeder gesellschaftlichen Handlung eine Reaktion eines anderen Organismus hervor, die zur Handlung des ersten Organismus und ihrem Ergebnis in direkter Beziehung steht; und sie ist ein Symbol für das Ergebnis der jeweiligen gesellschaftlichen Handlung eines Organismus (des Organismus, der sie setzt), insoweit ein anderer Organismus (der dadurch auch in diese Handlung hineingezogen wird) darauf reagiert und somit auf das Ergebnis hinweist. Der Mechanismus des Sinnes ist also in der gesellschaftlichen Handlung vor dem Auftreten des Bewußtseins des Sinnes gegeben. Die Handlung oder anpassende Reaktion des zweiten Organismus gibt der Geste des ersten Organismus ihren jeweiligen Sinn." (1968: 117)

Im Weiteren will Mead die Frage nach der Entstehung menschlicher und bewusster Kommunikation angehen und von subhumanen Vorformen ableiten. Menschliche Kommunikation sei dadurch ausgezeichnet, dass die an ihr beteiligten Individuen ihre Handlungen bzw. kooperativen Tätigkeiten auf Grund der Antizipation einer spezifischen Anschlussreaktion eines zweiten Individuums auswählen, somit bewusst kontrollieren und für aktuelle Erwartungen eindeutige Symbolisierungen verwenden. Ein solcher Prozess muss nach Mead auf signifikanten Symbolen basieren, die für die kommunizierenden Individuen die identische Bedeutung bzw. den gleichen Sinn haben. Das maßgebliche, genuin menschliche Instrumentarium, welches die Gebärdenkommunikation transzendiert und Symbolisierung ermöglicht, ist die Sprache bzw. als Teil derselben: die *Lautgebärde* (vocal gesture) – im Übrigen ein Begriff, den Mead von Wundt übernimmt.

Symbolvermittelte bzw. sprachliche Kommunikation

Vorweg lassen sich mit Mead das Grundmuster sprachlicher Kommunikation unter Einsatz von Lautgebärden und ihre evolutionäre Basis so angeben: "Vornehmlich war es jedoch die vokale Geste, welche in der menschlichen Gemeinschaft das Medium sozialer Organisation abgab. Historisch gehört sie in die Anfangsphase der Handlung, denn sie entwickelt sich aus den Veränderungen im Atemrhythmus, die mit der Vorbereitung zu plötzlichem Handeln einhergehen, worauf die anderen Lebewesen besonders gut eingestellt sein müssen. Wenn also eine vokale Geste in dem Individuum, welches diese Geste macht, eine Tendenz zu der gleichen Reaktion auslöst, die sie in einem anderen hervorruft, und wenn dieser Beginn einer Handlung des anderen in ihm selbst in seine Erfahrung eingeht, so wird das Individuum feststellen, daß es dazu tendiert, sich selbst gegenüber sich so zu verhalten, wie die anderen sich ihm gegenüber verhalten. In unserer selbst-bewußten Erfahrung verstehen wir, was der andere tut oder sagt. Die Möglichkeit dafür, daß dies in seine Erfahrung eingeht, ergibt sich [...] aus [der Struktur] der Großhirnrinde des menschlichen Gehirns. Dort können

Für Sprache und die damit verbundene Möglichkeit der wechselseitigen gezielten Anpassung zwischen Menschen ist nach Mead Folgendes fundamental: "wenn das, was man sagt, Sprache sein soll, muß man selbst es verstehen, muß man sich selbst ebenso beeinflussen wie andere" (1968: 115).

www.kowi.uni-essen.de/
koloss/themen/mead/
boxer_1.htm

www.kowi.uni-essen.de/
koloss/themen/mead/
boxer_2.htm

die einer unbegrenzten Anzahl von Handlungen entsprechenden Koordinationen hervorgerufen werden und dadurch, daß sie sich gegenseitig blockieren, in den neuralen Prozeß der Anpassung eingehen, welcher dann schließlich zum manifesten Verhalten führt. [...] Wo eine von einem Individuum geäußerte vokale Geste bei einem anderen Individuum zu einer Reaktion führt, können wir von ihr als dem Symbol dieser Handlung sprechen; wenn sie in dem, der sie äußert, die Tendenz zu der gleichen Reaktion hervorruft, sprechen wir von einer signifikanten Geste." (1969: 94f.)

Im Gegensatz zu Mimik und anderen körperlichen Ausdrucksvarianten hat die Lautgebärde die besondere Eigenschaft, dass sie vom verwendenden Individuum genau so und zur selben Zeit wahrgenommen wird wie von dem, an den sie gerichtet ist. Wir hören unsere Lautgebärde in (fast) identischer Weise wie andere sie hören. Deshalb können wir auch auf uns reagieren, um etwa eine fehlerhafte Aussprache zu korrigieren oder die soziale Bedeutungsherstellung zu optimieren. Ein sprachlicher Ausdruck wird genau dann zu einem signifikanten Symbol, wenn er im Handelnden – und auch Sprechen ist eine Form des sozialen Handelns – die Tendenz auslöst, in der gleichen Art und Weise zu reagieren, wie das zweite an der Sozialhandlung beteiligte Individuum tatsächlich reagiert. Die physiologischen Bedingungen dafür liegen in der Entwicklung des menschlichen Zentralnervensystems mit seinen unendlichen und kontrollierbaren Kombinationsmöglichkeiten verschiedener Reize, des Weiteren in der Großhirnrinde und schließlich in der gleich strukturierten Anlage und Ausbildung von Kehlkopf, Stimmbändern, auditiver Sensitivität etc. Menschen sind also untereinander gerade *nicht* physiologisch verschieden und können sich deswegen mit vokalen Gesten gezielt wechselseitig beeinflussen und durch intersubjektive Symbolisierung bzw. sozial gelernte Bedeutungsverwendung identisch verstehen. Durch Sprache selbst und dadurch vielfältigere und komplexer strukturierte Kooperationstätigkeiten ergibt sich zudem das einzigartige Differenzierungsprinzip menschlicher Gesellschaft: *funktionale Differenzierung*; und darunter fallen etwa Arbeitsteilung und Rollenvielfalt.

Für die Gebärdenkommunikation haben wir bereits betont, dass Bedeutung nicht an Bewusstsein und Intentionalität geknüpft ist, sondern aus der triadisch strukturierten kommunikativen Sozialhandlung selbst resultiert. Signifikante Symbole jedoch sind an ein Bewusstsein, oder genauer: an ein *Bewusstsein von Bedeutungen* (vgl. ausführlich Mead 1980b) gebunden. Dieses entsteht, wenn ein menschlicher Organismus als Teilnehmer einer gesellschaftlichen Handlung bemerkt, dass er sein Verhalten an dem von ihm erwarteten Verhalten des Anderen orientiert. Die erste bewusste Erfahrung seines Handelns, die ein Individuum machen kann, ist somit eine Erfahrung der Reaktion des Anderen auf die selbst entäußerte Lautgebärde, die in der Verbindung mit der eigenen ausgelösten Reaktionsbereitschaft ihre bewusste Bedeutung erlangt. Im Fortgang eines solchen Prozesses, bei dem die Beteiligten ihre eigenen Reaktionen im Hinblick auf die Gebärden der Interaktionspartner fortlaufend reflektieren und interpretieren, entstehen für sie gemeinsame, intersubjektive Bedeutungen vieler verschiedener Gebärden. Aus dieser sprachlichen Intersubjektivität entsteht also sukzessive ein gesellschaftlicher und universal anwendbarer Vorrat signifikanter Symbole, ein je komplexes Wörter-, Sprach-, Schrift- und Wissenssystem.

Unter der Annahme, dass ein Individuum *tendenziell* dieselbe Reaktion in sich wie in Anderen auslöst, kommt der *Einstellung* auf eine spezifische Reaktionsbereitschaft eine entscheidende Rolle zu. Bewusste Kommunikation lässt sich so von außen nach innen, vom beobachtbaren sozialen Handeln her erklären. Denn das Bewusstsein der Bedeutung eines signifikanten Symbols besteht in jenem Bewusstsein der Einstellung, die den Beginn der Reaktion eines Interaktionspartners bezeichnet. Jemand übernimmt folglich die Einstellung des Anderen, indem er dessen Folgeverhalten im Hinblick auf seine eigenen Absichten reflektiert und für seine Planung adäquat auswählt.

Wenn ich – aus welchen Gründen auch immer – mit meinem Wagen gegen einen Baum gerast bin und diesen Unfall einigermaßen glimpflich überstanden habe, aber dennoch ärztliche Versorgung und anderweitige Unterstützung benötige, kann ich entweder vor Ort um Hilfe schreien oder mit meinem Mobiltelefon Hilfe er-

Mit Blick auf Meads englischen Terminus der "attitude" empfiehlt sich im Deutschen die Unterscheidung von einerseits *Einstellung* (psychische 'attitudes') und andererseits *Haltung* (körperliche 'attitudes').

www.kowi.uni-essen.de/koloss/themen/mead/baywatch_1.htm

Denken und reflektive Intelligenz

"Denken besteht darin, sich selbst am Handeln zu hindern, ausgelöste Reaktionsbereitschaften zu hemmen und als Reiz für weitere ins Bewußtsein zu holende Handlungskomplexe zu betrachten."
(Wenzel 1990: 75)

bitten. Der Hilfe-Ruf als signifikante Geste und Teil einer symbolvermittelten Interaktion setzt in mir die Erwartungseinstellung frei, dass ich zum einen jedem Anderen, der um Hilfe schreien würde, selbst genauso helfen würde; zum anderen, dass ich in meiner speziellen Situation und Einstellung von jedem, der mich hört, Hilfeleistung erwarte, weil er durch den sozialen Sinn meiner Handlung und seine verinnerlichte, universalisierte Sichtweise ableiten kann, dass sich jemand in einer ausweglosen, gefährlichen etc. Situation befindet, in der er notwendig auf jemand anderen angewiesen ist – und dass es sich keineswegs um einen Scherzausdruck, eine Flirtofferte oder anderes handelt.

Im Anschluss an seine Ausführungen zu Kommunikation mittels signifikanter Symbole untersucht Mead dezidiert den Prozess des Denkens und das Wesen der reflektiven Intelligenz. Zentral sind dabei ein nach innen verlagerter Kommunikationsakt – Denken als *Selbstgespräch* – und die Momente der Reaktionsverzögerung und Antizipation von Handlungen. Im internalisierten Kommunikationsprozess ruft der Einzelne in sich die Reaktionen anderer hervor und transformiert sie in einen kontrollierten Reiz für eine potenzielle (Sozial-)Handlung. Für diesen allgemeinen Mechanismus des Denkens sind typischerweise vokale Gesten notwendig, weil Menschen nur so sich selbst hemmen bzw. kontrollieren und verschiedene Handlungsmöglichkeiten denkend abwägen können, indem jeweilige Folgen für ein bestimmtes Ziel antizipiert und die geeignetsten ausgewählt werden. Prägnant hält Mead dazu fest: "Wenn man denkt, zeigt man sich selbst die Merkmale auf, die bestimmte Reaktionen auslösen – und das ist auch schon alles." (1968: 133)

Die angesprochene Verzögerung bzw. Hemmung von Reaktionen ist nach Mead die Bedingung für intelligentes Verhalten überhaupt; jener originär menschlichen Fähigkeit, die auf einem hochentwickelten Zentralnervensystem gründet und sich dadurch auszeichnet, dass wir (aus-)wählen können (vgl. 1968: 139). Der Mensch reagiert qua Intelligenz eben nicht unvermittelt auf Reize, sondern kann zwischen Reiz und Reaktion denkenderweise, also mit signifikanten Gesten oder Wörtern, sein Verhalten und zukünftiges Wirken kontrollieren, planen und adäquat funktional an die je sozial oder physisch gegebene Umwelt anpassen.

Der Denkprozess ist aber nicht nur eine aus sozialen Erfahrungen abgeleitete und in Verbindung mit dem Zentralnervensystem fundierte menschliche Möglichkeit der gezielten Reaktionshemmung und erwartbaren, (rational) vorentworfenen gemeinschaftlichen Handlungskoordinierung, sondern er ist auch jene typisch menschliche Haltung und mithin Grundvoraussetzung, aus der schließlich Selbstbewusstsein und Identität hervorgehen (vgl. Wenzel 1990: 78). Diesen Komplex zwischen Kommunikation, Intelligenz und Identität in Relation zum verallgemeinerten Anderen vorwegnehmend, heißt es bei Mead über den denkenden Einzelnen:

"Aber nur indem er die Haltung des verallgemeinerten Anderen gegenüber sich selbst auf die eine oder andere Weise einnimmt, kann er überhaupt denken; nur so kann Denken – oder die nach innen verlegte Übermittlung von Gesten, die das Denken ausmacht – stattfinden. Und nur dadurch, daß einzelne Individuen die Haltung oder die Haltungen des verallgemeinerten Anderen gegenüber sich selbst einnehmen, ist ein logisches Universum möglich, jenes System gemeinsamer oder gesellschaftlicher Bedeutungen, das jeder Gedanke als seinen Kontext voraussetzt." (1968: 198)

"Intelligenz entsteht in jenem frühen Stadium der Kommunikation, in dem der Organismus in sich selbst die Einstellung des anderen hervorruft, so zu sich Stellung nimmt und damit sich selbst zum Objekt, mit anderen Worten eine Ich-Identität wird, wobei derselbe Inhalt der Handlung den anderen wie auch die eigene Identität konstituiert. Aus diesem Prozeß entsteht Denken, d. h. Konversation mit der eigenen Identität, zunächst in der Rolle des spezifischen Anderen und dann [...] in der Rolle des generalisierten Anderen." (Mead 1983b: 218f.)

4.4.4 *Die soziale Konstitution des Selbst*

Eng mit dem behandelten Themen- und Argumentationskomplex von Kommunikation und Denken hängt der – oftmals isoliert betrachtete – Bereich von personaler Identität und Selbstbewusstsein zusammen. Weil nach Mead Identität nur vom Sozialen her zu erklären ist und mithin immer als *soziale* Identität zu qualifizieren ist, müsste konsequentermaßen die Titelfolge seines sozialbehavioristischen *Hauptwerks* in Richtung "Gesellschaft, Geist und Identität" gewendet werden. Wenn sich in einem einfachen Schema individualistische und gesellschaftliche Erklärungen von Identität gegenüberstellen lassen, dann vertritt Mead entschieden letztere und stellt sowohl genetisch als auch logisch Sozialität und gesellschaftliche Kooperationsprozesse,

"Wir können sehr genau zwischen Identität und Körper unterscheiden. Der Körper kann vorhanden und sehr intelligent tätig sein, ohne daß Identität in der Erfahrung auftritt. Für die Identität ist es typisch, daß sie für sich selbst ein Objekt ist, und dieses Merkmal unterscheidet sie von anderen Objekten wie vom Körper." (Mead 1968: 178)

"Identität entwickelt sich; sie ist bei der Geburt anfänglich nicht vorhanden, entsteht aber innerhalb des gesellschaftlichen Erfahrungs- und Tätigkeitsprozesses, das heißt im jeweiligen Individuum als Ergebnis seiner Beziehungen zu diesem Prozeß als Ganzem und zu anderen Individuen innerhalb dieses Prozesses." (Mead 1968: 177)

insbesondere jene der physiologischen und biologischen Abstimmung (Fortpflanzungstrieb, Fürsorge- und Schutzimpuls, Verteidigungs- oder Kampfhaltung etc.), vor den Einzelnen und dessen je individuelles Erfahren bzw. Erleben (vgl. 1968: 266ff.). Im Folgenden soll uns also interessieren, wie aus der Beziehung zwischen menschlichem Organismus und seiner Umwelt bzw. aus dem relativen Verhältnis zwischen Individuum und Gemeinschaft Ich-Identität, oder besser: das *Selbst* – gegenüber Identität eine adäquatere Übersetzung von Meads Begriff des "Self" – entsteht.

Zunächst macht Mead darauf aufmerksam, dass das Selbst nicht identisch mit dem Körper eines Individuums und die Wahrnehmung des Selbst nicht identisch mit der eigenen Körperwahrnehmung ist. Körperlichkeit ist immer nur perspektivisch und mithin fragmentarisch zugänglich, und die einzelnen Körperteile werden wie Objekte wahrgenommen. Jeder kann seinen eigenen Fuß oder Unterarm betrachten und berühren, ebenso wie ein beliebiges physisches Objekt außerhalb des Körpers. Aber die Feststellung, dass dieser Fuß oder Unterarm "zu mir" gehört, erfordert das Bewusstsein von einem über diese Wahrnehmung hinaus bestehenden Selbst, von einem einheitlichen Erfahrungszentrum, auf das die isolierten Körperwahrnehmungen bezogen werden können.

"Der Körper erfährt sich selbst nicht in dem Sinn als ein Ganzes, in dem die Identität in die Erfahrung eintritt." (Mead 1968: 178) Deswegen ist es ein entscheidendes Merkmal des Selbst, dass es ein Verhältnis der Einheit sowohl zu anderem als auch zu sich selbst herstellen und sich entsprechend selbst als ein Objekt betrachten kann. Pointiert ließe sich bereits an dieser Stelle sagen, dass der Mensch in der ausgezeichneten Lage ist, gleichermaßen Subjekt und Objekt zu sein und sich in dieser Doppelung zu erfahren.

Es läge nun die Unterscheidung von "biologischem Individuum" versus "gesellschaftlich-selbstbewusstem Individuum" nahe und mithin von impulsiven, reizbedingten versus denkfundierten und reflektierten Verhaltensweisen. Dabei wäre es nach Mead jedoch "falsch anzunehmen, der Mensch sei ein biologisches Wesen *plus* Vernunft, wenn wir mit dieser Definition ausdrücken wollen, daß er zwei voneinander trennbare Leben führt, eines aufgebaut auf Impuls oder Instinkt, das andere auf Vernunft" (1968: 397). Stattdessen sind die Prozesshaftigkeit und Entwicklung des Selbst zu berücksichtigen und so mit einer genetischen Argumentation zu verbinden, dass einsichtig wird, wie das Selbst sukzessive aus natürlichen Umweltkontakten, aus sozialen Umwelterfahrungen und aus dem Bewusstsein *von sich* gebildet wird.

Die Genese des Selbst vollzieht sich auf zwei nachgeordneten Ebenen: der des Spielens (*play*) einerseits und jener des Wettkampfes (*game*) andererseits. Im *Spiel* **Play** agieren Kinder in der Phantasie *mit* je einem Rollengefährten und *als* ein bestimmter Rollenträger; das Puppenspiel symbolisiert dies in zentraler Weise und darf als der allgemeine Typus des kindlichen Spielverhaltens überhaupt gelten. In Form der *endlosen Imitation* (vgl. Mead 1969: 91) werden bekannte, an konkreten Bezugspersonen erlebte Rollen übernommen. Das Kind spielt "Mutter", "Vater", "Lehrerin", "Polizist", "Bäcker" etc., indem es deren Haltungen und Einstellungen einnimmt, je nach Laune die Rollen wechselt und fortwährend in sich Reaktionen auslöst, die einerseits im Ansatz in ihm stecken und andererseits als typische, erwartbare nachgeahmt und organisiert werden. Streng genommen, *tut* das Kind nicht so, als ob es ein Anderer wäre; vielmehr *ist* es in diesem Moment ganz der Andere – es verfügt noch über keine Möglichkeit der dreifachen Distanznahme zu sich als Persönlichkeit, zu sich als Spielendem und zu dem Gespielten. Auf dieser sozialen Entwicklungsstufe werden die Rollen und typischen Reaktionen weder in einen logischen noch einen zeitlichen Gesamtbezug gestellt.

"Das Kind ist im einen Moment dieses, im anderen jenes. Was es in diesem Moment ist, entscheidet nicht darüber, was es im nächsten Moment sein wird. Das macht sowohl den Charme als auch die Mängel der Kindheit aus. [...] Es ist nicht in ein Ganzes organisiert. Das Kind hat keinen definitiven Charakter, keine definitive Persönlichkeit." (Mead 1968: 201)

Für das Entwicklungsstadium des *Wettkampfes* ist es **Game** charakteristisch, dass das Rollenhandeln nicht mehr beliebig und isoliert vollzogen wird, sondern mit den Rollen aller am organisierten Spiel Beteiligten koordiniert wird, mit Regelerwartungen und Regelbefolgungen

Bei einfachen Wettspielen, wie Verstecken oder Fangen, sind es im Prinzip nur zwei unterschiedliche Rollen, die das Kind antizipieren muss; bei komplexeren Spielen können es unbegrenzt viele sein. Beim Fußballspiel etwa muss jeder Spieler in den verschiedenen Aufgaben und Positionen von Verteidigern, Mittelfeldspielern und Stürmern kundig sein. Gerade Kleinkinder können sich noch nicht in dem organisierten Ganzen des Fußballspielens verorten und neigen deshalb dazu, sich grundsätzlich gemeinsam dorthin zu bewegen, wo der Ball ist, um vom Verteidiger bis zum Stürmer alle Rollen selbst auszuüben.

www.kowi.uni-essen.de/ koloss/themen/mead/ pass.htm

Hinter Meads Konzept der Identität und des Selbstbewusstseins steht einmal mehr die Unterscheidung zwischen *physiologischer Differenzierung* bei wirbellosen Tiergemeinschaften versus *sozialer Differenzierung* bei Wirbeltieren und Menschen.

versehen ist und gemeinsam auf ein identisches Gruppenziel hin betrieben wird. Nur wenn das Kind die Rollen und Erwartungen aller Gruppenmitglieder einnimmt, kann es sein eigenes Handeln adäquat steuern und die Logik der organisierten Situation mitverwirklichen. Im Wettspiel muss jeder alle daran beteiligten Rollen miteinander in einen logischen und funktionalen Bezug setzen und für sich organisieren; gleichzeitig wird vorausgesetzt, dass auch die anderen Mitspieler ihr Verhalten so organisieren. Ansonsten kann der Einzelne nicht teilnehmen und das gemeinsame Ziel realisieren.

"Das Wettspiel repräsentiert im Leben des Kindes den Übergang von der spielerischen Übernahme der Rolle anderer zur organisierten Rolle, die für das Identitätsbewußtsein im vollen Wortsinn entscheidend ist." (Mead 1968: 194)

Entscheidend sind demnach für die vollständige Ausbildung von Identität zwei Stadien: "Im ersten bildet sich die Identität des Einzelnen einfach durch eine Organisation der besonderen Haltungen der anderen ihm selbst gegenüber und zueinander in den spezifischen gesellschaftlichen Handlungen, an denen er mit diesen teilhat. Im zweiten Stadium dagegen wird die Identität des Einzelnen nicht nur durch eine Organisation dieser besonderen individuellen Haltungen gebildet, sondern auch durch eine Organisation der gesellschaftlichen Haltungen des verallgemeinerten Anderen oder der gesellschaftlichen Gruppe als Ganzer. Diese gesellschaftlichen oder Gruppenhaltungen werden in den direkten Erfahrungsbereich des Einzelnen gebracht und als Elemente in die Struktur der eigenen Identität ebenso eingefügt wie die Haltungen der anderen. Der Einzelne erarbeitet sie sich, indem er die Haltungen bestimmter anderer Individuen im Hinblick auf ihre organisierten gesellschaftlichen Auswirkungen und Implikationen weiter organisiert und dann verallgemeinert." (Mead 1968: 200f.)

Identität entsteht also durch einen gesellschaftlichen Prozess und ist in individueller Hinsicht von der Existenz anderer Identitäten und deren Erfahrung abhängig. In evolutionärer Hinsicht ist dies erst sehr spät sowohl durch soziale Differenzierung als auch durch die Ausbildung der Großhirnrinde ermöglicht worden.

Frühestens dem Gehirnmechanismus menschlicher Wirbeltiere schreibt Mead die Leistung zu, verschiedene innere Einstellungen einzunehmen und bei der Gestaltung von Einzelhandlungen bzw. deren sozialer Koordination Rollenübernahmen zu praktizieren. Insofern wir Fremdeinstellungen übernehmen und uns dadurch als Objekt erfahren, erleben wir uns letztlich auch als Selbst, werden wir unserer selbst bewusst; und dann ist schließlich von *Selbstbewusstsein* zu sprechen (vgl. Mead 1969: 82ff. und 88ff.). Mögen also einige affektuelle, emotionale und körperliche Reaktionen dem Selbstbewusstsein vorausgehen und sein Entstehen begleiten, Selbstbewusstsein für sich ist originär ein *kognitives Phänomen*. Mead betont deshalb noch einmal:

"Durch die Übernahme oder das Erfühlen der Haltung des anderen gegenüber sich selbst entsteht Selbst-Bewußtsein, nicht lediglich durch die organischen Empfindungen, deren sich der Einzelne bewußt ist und die in seine Erfahrungen eintreten. Bis zum Auftreten eines Selbst-Bewußtseins im gesellschaftlichen Erfahrungsprozeß erfährt der Einzelne seinen Körper – dessen Gefühle und Empfindungen – nur als unmittelbaren Teil seiner Umwelt, nicht als zu ihm gehörig, nicht im Rahmen eines Selbst-Bewußtseins. Erst wenn sich Identität und ihr Bewußtsein entwickelt haben, können diese Erfahrungen eindeutig mit der Identität verknüpft oder dieser zugeschrieben werden. Um dieses Erbe der Erfahrung antreten zu können, muß sich die Identität zunächst einmal innerhalb des gesellschaftlichen Prozesses, aus dem es sich ableitet, entwickelt haben." (1968: 214f.)

Um die Ausbildung von Identität in ihrem dialektischen Verhältnis zwischen gesellschaftlicher Prägung und organischer Abhängigkeit genauer zu beschreiben, führt Mead (vgl. 1968: 215ff. und 1980c: 241ff.) die Begriffe von *I* ("Ich") und *Me* ("ICH") ein. Als gesellschaftliches Individuum verfügt jeder über konkret oder allgemein erlernte sowie typisiert anerzogene bzw. vermittelte Erfahrungen, Einstellungen, Rollen, Werte und Normen. Dieser Komplex ist das *Me*, die verinnerlichte Ordnung der sozialen Gemeinschaft oder in Meads Worten: "die organisierte Gruppe von Haltungen anderer, die man selbst einnimmt" (1968: 218). Nun findet zwar die Selbstwahrnehmung immer in der *Me*-Form

Für Mead ist *Selbstbewusstsein* "definitiv um ein gesellschaftliches Individuum organisiert, und zwar nicht nur deshalb, weil man Mitglied einer gesellschaftlichen Gruppe ist, von anderen beeinflußt wird und diese wiederum beeinflußt, sondern weil [...] die eigene Erfahrung als eine Identität etwas ist, das man von seinen Handlungen gegenüber anderen übernimmt." (1968: 214) Und deswegen betont er auch an anderer Stelle, "daß der gesellschaftliche Prozeß zeitlich und logisch vor dem bewußten Individuum besteht, das sich in ihm entwickelt." (1968: 230)

I, Me und Self

Mead weist jenen organisierten "attitudes" der Anderen im *Me* auch den Begriff der verinnerlichten Einstellung des "generalisierten Anderen" zu: "Die organisierte oder gesellschaftliche Gruppe, die dem Einzelnen seine einheitliche Identität gibt, kann 'der (das) verallgemeinerte Andere' genannt werden. Die Haltung dieses verallgemeinerten Anderen ist die der ganzen Gemeinschaft." (1968: 196). Der ebenfalls in der Sekundärliteratur häufig verwendete Komplementärbegriff des "signifikanten Anderen" kommt dagegen bei Mead selbst an keiner Stelle vor, sondern wurde vielmehr von dem amerikanischen Psychiater Harry Stack Sullivan eingeführt – als Pedant zu den Erfahrungen mit konkreten Bezugspersonen in der Entwicklungsphase des *play*.

statt, aber das Selbst besteht zugleich aus einem organischen, unberechenbaren Moment, das individuelle Eigenheiten und Unterschiede, spontane Reaktionen und nicht zuletzt soziale Veränderungen bzw. Wandlungen ermöglicht und prägt: jenem *I*. Das *Me* gibt die Einstellungen, Haltungen und Rollenformen vor, in denen sich Handeln verwirklichen kann und soll; die aktuelle Reaktion und der konkrete Handlungsvollzug ist jedoch vom *I* beeinflusst und mitgetragen. Das *I* ist die teils unmittelbare, teils irrationale, teils wenig bestimmte Reaktion des individuellen Organismus auf die Haltungen und Erwartungen der Anderen. Das *Me* definiert die Situation, auf die das *I* reagiert. Wie diese Reaktion aber ausfällt, ist weder für den Handelnden noch für seine soziale Umwelt vollständig bestimmbar und prognostizierbar. Von daher sorgt das *I* in jeder Situation für ein gewisses Maß an Kontingenz; es ist geradezu die Instanz für Spontaneität und Kreativität.

Im Selbst spielt sich die dauerhafte Wechselwirkung zwischen gesellschaftlich Allgemeinem und individuell Besonderem ab, so dass das aktuelle Selbst auch je dialektisches Produkt zwischen Normativität und Konventionen versus reaktiver Bestätigung oder kreativ-spontaner Selbstbehauptung ist. Diesem dialektischen Aspekt ist eine bestimmte zeitliche Logik immanent. Im gegenwärtigen Prozess des Handelns und Denkens sind *Me* und *I* untrennbar miteinander verflochten, davor und danach aber je getrennt. Wenn "Ich" etwa über "mich" als Objekt nachdenke, dann kann ich nicht gleichzeitig das nachdenkende "Ich" denken; mein *I* wird mir erst im Nachhinein zugänglich und selbst-bewusst: es ist immerzu eine *historische Figur* (vgl. Mead 1968: 218). Gleiches betrifft die Reaktion des *I* als Antwort auf das soziale *Me*. Erst nach einer vollzogenen Handlung kann ich sagen, dass "Ich" so und so gehandelt habe; nur nach einer Rollenübernahme und abgelaufener Tätigkeit erkennen wir, was realiter geschehen ist und wie wir tatsächlich gehandelt haben (vgl. Mead 1968: 220f. und 240).

Nachdem Mead *Me* und *I* als zwei Phasen und Instanzen der Selbstwerdung bzw. Identitätsentwicklung beschrieben hat, ist es ihm im Weiteren wichtig, Identität und Gesellschaft so in ein Verhältnis zu setzen, dass gesellschaftlicher Wandel nebst individueller Selbstbehauptung erklärbar werden. Grundlegend läuft dabei jene Vorstellung von Evolution mit, dass "der Einzelne seine eigene Umwelt genauso beeinflußt, wie er von ihr beeinflußt wird" (Mead 1968: 259). Wegen der Wechselbeziehung zwischen der Gemeinschaft und dem Einzelnen wirkt also jede Reaktion eines *I* nicht nur auf die Identität, sondern immer auch auf die gesellschaftliche Umwelt und ermöglicht mithin Wertewandel, Rollendifferenzierung, neue Einstellungen etc.

In historischer Hinsicht ist zu erkennen, dass primitive Gemeinschaftsformen sehr viel weniger Entfaltung für die Einzigartigkeit ihrer Mitglieder und deren Originalität oder Kreativität bieten als zivilisierte. "In der zivilisierten Gesellschaft manifestiert sich die Individualität weit mehr durch die Ablehnung oder die modifizierte Verwirklichung der jeweiligen gesellschaftlichen Typen als durch Konformismus. Sie neigt dazu, viel differenzierter und einzigartiger als in der primitiven Gesellschaft zu sein. Doch selbst in den modernsten und entwickeltsten Spielarten der menschlichen Zivilisation nimmt der Einzelne, wie originell und schöpferisch er in seinem Denken oder Verhalten auch sein mag, immer und notwendigerweise eine definitive Beziehung zum allgemein organisierten Verhaltens- oder Tätigkeitsmuster ein und reflektiert es in der Struktur seiner eigenen Identität oder Persönlichkeit, ein Muster, das den gesellschaftlichen Lebensprozeß manifestiert, in den er eingeschaltet ist und dessen schöpferischer Ausdruck seine Identität oder Persönlichkeit ist." (Mead 1968: 266)

Im Hinblick auf moderne Gesellschaftskulturen lassen sich westliche eher typisch als solche beschreiben, die Individualisierungsprozesse freistellen und den verschiedenen *I's* ihren Freiraum geben, während etwa arabische oder einige asiatische das organisierte *Me* über den Einzelnen stellen und auf die Identität stärker als überpersönlicher Zensor wirken. Für den zweiten Fall spricht Mead (vgl. 1968: 244) von *konventionellen* Personen, ihr Verhalten ist fast ausschließlich ein *Me*, die gesellschaftliche Kontrolle bestimmt und begrenzt das Verhalten des Einzelnen. Im Gegensatz dazu stehen jene Personen, in deren Aktionen das *I* dominiert und die auf Grund ihrer künstlerischen, politischen oder wissenschaftlichen Einstellung und mit ihrem persönlichen Ausdruck qualitative Unterschiede zu durchschnittlichen, konventionellen Reaktionen und Strukturen setzen und Neues repräsentieren. An paradigmatischen Persönlichkeiten, die mit ihrem Denken und Auftreten gesellschaftliche Veränderungen initiieren und neue Werte durchsetzen, nennt Mead Jesus, Buddha und Sokrates.

"Ihre einzigartige Bedeutung liegt darin, daß sie die Haltung des Lebens im Hinblick auf eine größere Gesellschaft einnahmen. Diese größere Ordnung war schon mehr oder weniger in den Institutionen der Gemeinschaft angedeutet, in der sie lebten. Ein solcher Mensch teilt die Vorurteile seiner Gemeinschaft nicht; andererseits aber drückt er die Prinzipien der Gemeinschaft vollständiger aus als jedes andere ihrer Mitglieder." (Mead 1968: 262; vgl. weiterführend zur Diskussion verschiedener allgemeiner Strukturen des Subjekts: Wagner 1993: 136ff.)

Jene besonderen Persönlichkeitstypen können eine partikulare, regional begrenzte Idealform menschlichen Zusammenlebens hervorbringen. Das umfassende *Ideal der menschlichen Gesellschaft* wäre für Mead (vgl. 1968: 358f.) aber erst dann erreicht, wenn alle Menschen über ein identisches *Me* verfügen, so dass alle kommunikativen Bedeutungen und gesellschaftlichen Situationen gleich interpretiert würden, und wenn alle am *universalen Gespräch* (vgl. 1968: 376) gleichberechtigt teilnehmen könnten und sich dadurch weltweit die Form der Demokratie verwirklicht hätte.

Wie das *Self* ein immer Prozesshaftes im Wechselwirken zwischen *I* und *Me* ist, so ist auch Gesellschaft im fortwährenden Werden zwischen bestehenden Strukturen, Konventionen, Regeln, Rollenvorgaben, Sprachsystemen etc. und neuen Impulsen von Seiten ihrer Mitglieder. Bei allen damit gegebenen Möglichkeiten für den Einzelnen an Einstellungsvarianten, Handlungsformen und Rollentypen und auch neben allen gegenwärtigen soziologischen wie sozialpsychologischen Diskussionen um die Selbstbehauptung und Individualisierung des modernen Subjekts bleibt aber nach Mead eine fundamentale Konstante bestehen: "Wir müssen andere sein, um wir selbst sein zu können." (1969: 100) Und wer dem literarischen Kontext gegenüber aufgeschlossen ist, der lese nach bei Arthur Rimbaud: *Je est un autre!*

4.4.5 Literatur

Bibliografie:

Werkverzeichnis George Herbert Meads. In: Joas [1989], S. 236-241 und 256.

Verwendete Literatur:

Online-Bibliografie zu Mead:

www.kowi.uni-essen.de/ koloss

⇨ Literatur ⇨ Mead

Blumer, Herbert [1973]: Der methodologische Standort des Symbolischen Interaktionismus. In: Arbeitsgruppe Bielefelder Soziologen (Hrsg.) [1973]: Alltagswissen, Interaktion und gesellschaftliche Wirklichkeit. Band 1: Symbolischer Interaktionismus und Ethnomethodologie. Reinbek, S. 80-146.

Darwin, Charles [1989]: Die Entstehung der Arten durch natürliche Zuchtwahl. Stuttgart.

Joas, Hans [1989]: Praktische Intersubjektivität. Die Entwicklung des Werkes von G. H. Mead. Erweiterte Taschenbuchausgabe. Frankfurt a. M.

Mead, George Herbert [1968]: Geist, Identität und Gesellschaft aus der Sicht des Sozialbehaviorismus. Mit einer Einleitung herausgegeben von Charles W. Morris. Frankfurt a. M.

Mead, George Herbert [1969]: Philosophie der Sozialität. Aufsätze zur Erkenntnisanthropologie. Vorwort von Hansfried Kellner. Frankfurt a. M.

Mead, George Herbert [1980]: Gesammelte Aufsätze Band 1. Übersetzt von Klaus Laermann und anderen. Herausgegeben von Hans Joas. Frankfurt a. M.

Mead, George Herbert [1980a]: Die Definition des Psychischen (1903). In: ders. [1980], S. 83-148.

Mead, George Herbert [1980b]: Soziales Bewußtsein und das Bewußtsein von Bedeutungen (1910). In: ders. [1980], S. 210-221.

Mead, George Herbert [1980c]: Die soziale Identität (1913). In: ders. [1980], S. 241-249.

Mead, George Herbert [1983]: Gesammelte Aufsätze Band 2. Übersetzt von Hans Günter Holl, Klaus

Laermann und anderen. Herausgegeben von Hans Joas. Frankfurt a. M.

Mead, George Herbert [1983a]: Eine pragmatische Theorie der Wahrheit (1929). In: ders. [1983], S. 185-210.

Mead, George Herbert [1983b]: Die objektive Realität der Perspektiven (1927). In: ders. [1983], S. 211-224.

Wagner, Hans-Josef [1993]: Strukturen des Subjekts. Eine Studie im Anschluß an George Herbert Mead. Mit einem Vorwort von Lothar Krappmann. Opladen.

Wenzel, Harald [1990]: George Herbert Mead zur Einführung. Hamburg.

4.5 Erving Goffmans Studien und Theorieansatz zu Interaktion

4.5.1 *Die Relevanz Erving Goffmans für die Kommunikationswissenschaft*

Seinen eigenen Forschungsgegenstand hat Erving Goffman über 30 Jahre hinweg als 'face-to-face-interaction' unter der Bedingung von physischer Kopräsenz, oder allgemeiner: als *interaction order* bestimmt. Dementsprechend gilt er als Begründer der empirischen Interaktionsforschung, der die konkreten zwischenmenschlichen Kontakte, die alltäglich-öffentlichen Routinebegegnungen und die verschiedenen Praktiken sozialer Ordnung mitsamt ihren evidenten Schwierigkeiten, Risiken und Hindernissen ausführlich untersucht und auf ihre Grundregeln hin befragt hat. Dabei geht es ihm um eine allgemeine Soziologie der Interaktionsordnung jenseits der Unterscheidung von Mikro- und Makrotheorie. Interaktionen sind als eigenständige soziale Gebilde und Handlungswelten zu begreifen, die weder nur aus gesellschaftlichen Makrostrukturen und Kulturformen noch durch die Handlungen und Absichten Einzelner allein hinreichend zu erklären sind.

Ganz im Gegensatz zum dominierenden Strukturfunktionalismus (Parsons) und anderen Strömungen 'harter' Soziologie in den 60er und 70er Jahren einerseits und zu reduktionistischen Mikrosoziologien (Collins) oder entschiedenen Verfechtern eines methodologischen Individualismus andererseits richtet Goffman seine wissenschaftliche Leidenschaft auf die subtile empirische Analyse sozialen Geschehens, auf die teilnehmende Beobachtung der vielfältigen konkreten Alltagssituationen und Alltagspraktiken in deren natürlicher Einbettung. Er spricht sich gegen 'reines' reduktionistisches Theoretisieren wie auch gegen die Ansprüche einer 'grand theory' überhaupt aus.

Fraglos ist Goffman mit seinen vielfältigen Interaktionsstudien einer der bekanntesten und meistgelesenen Sozialwissenschaftler der Nachkriegszeit, der nicht nur die Soziologie, sondern auch Nachbardisziplinen wie Psychologie, Linguistik, Pädagogik, Psychiatrie und eben die Kommunikationswissenschaft beeinflusst hat. Insgesamt lässt sich sein Werk aber weder eindeu-

* 11.7.1922 (Manville, Kan.)
† 20.11.1982 (Philadelphia)

Nach seinem Soziologiestudium von 1942-1949 in Toronto und Chicago, u. a. bei Everett C. Hughes (1897-1983) und W. Lloyd Warner (1898-1970), geht Erving Goffman für zwei Jahre nach Schottland. Dort führt er im Auftrag des Department of Social Anthropology der University of Edinburgh eine Feldstudie über die soziale Interaktion im Alltag der Bewohner der Shetland Inseln durch. Jenes Material bildet die Grundlage für "Communication Conduct in an Island Community", mit der er 1953 an der University of Chicago zum Doktor der Philosophie (Ph.D.) promoviert wird. Ein Betreuer dieser Arbeit ist Anselm L. Strauss (1916-1996); und während Goffman zu diesem Zeitpunkt in der Tradition der Chicagoer Schule und deren engagierter (mikrologischer) Feldforschung steht, hat er später alle Etikettierungen und Zuordnungen zu Schulen bzw. Theorierichtungen kategorisch abgelehnt. Von 1954 bis 1957 führt Goffman als 'visiting scientist' am Laboratory of Socio-Environmental Studies des National Institute of Mental Health (NIMH) in Bethesda (Maryland) Studien in einer psychiatrischen Klinik durch, deren Ergebnisse in "Interaction Ritual" (1967) zusammengefasst werden. Auch in "Asylums" (1961) hatte er auf diese Studien zurückgegriffen und von dorther das Konzept der 'totalen Institution' entwickelt. Wie Goffman selbst ausgeführt hat, war es sein damaliges ethnographisches Forschungsinteresse, das soziale Milieu und die Bedingungen des Isoliertseins von Klinikinsassen aus deren Perspektive zu verstehen; deren subjektive Deutung ihrer eigenen Lebenssituation bildet also das Ziel soziologischer Erkenntnis. 1956 erscheint als erste Buchpublikation "The Presentation of Self in Everyday Life". Darin entwickelt er eine Theatermetaphorik zur Beschreibung menschlicher Verhaltensweisen und sozialer Alltagssituationen. Mit dieser und allen weiteren Studien macht Goffman den Interaktionsprozess zu einem autonomen Forschungsgegenstand, wobei er grundlegende Ansätze von Georg Simmel (1858-1918), Gregory Bateson (1904-1980) und Ray L. Birdwhistell (1918-1994) aufnimmt und weiterführt. Im Jahre 1958 wechselt er an die University of California in Berkeley, an der auch Herbert Blumer (1900-1987)

tig einer soziologischen Tradition zuordnen noch bildet es ein umfassendes und einheitliches Theoriegebäude. Weil Goffmans vielfältige Studien nicht in ein 'substanzielles Ganzes' münden und auf vermeintlich heterogenen Begriffen und Konzepten basieren, ist seine Rezeptionsgeschichte eine Geschichte der Uneinigkeit seiner Rezipienten. Als einführende Annäherung bietet sich deswegen die Charakterisierung seiner soziologischen Arbeiten vom Gegenstandsbereich her an.

Als erster gemeinsamer Nenner ist in seinen Werken das durchgängige Zentralthema der *Interaktionsordnung* zu erkennen. Goffmans gleichnamige, verschriftlichte Präsidentenansprache für die 'American Sociological Association' (ASA) ist geradezu der Schlüsseltext, die nachträgliche Programmschrift, die die mikrologische Sphäre als soziologischen Gegenstand legitimiert, in verschiedene Formen differenziert, auf ihre Grundeinheiten und Abstufungen hin auslegt sowie schließlich zu sozialen Makrostrukturen und Statuskategorien in Beziehung setzt. Rückblickend betont Goffman: "My concern over the years has been to promote acceptance of this face-to-face domain as an analytically viable one – a domain which might be titled [...] the *interaction order* – a domain whose preferred method of study is microanalysis." (1983: 2)

Die Interaktionsordnung selbst scheint ihm eine besondere Sphäre des sozialen Handelns und Zusammenlebens, und er betont: "that this orderliness is predicated on a large base of shared cognitive presuppositions, if not normative ones, and self-sustained restraints." (Goffman 1983: 5) Im Allgemeinen studiert Goffman, wie Menschen sich wechselseitig wahrnehmen, Handlungen koordinieren und soziale Situationen strukturieren wie auch diese Strukturen reproduzieren. Hier wird von den Einzelnen aus auf Interaktion und soziale Ordnung abgezielt. Des Weiteren behandelt und diskutiert er die Strukturen des Selbst bzw. die persönliche Inszenierung von Menschen bei Zusammenkünften, bei Gesprächen, in sozialen Situationen etc. Wie konstruieren und präsentieren sie dort ihr Selbst, wie kontrollieren Menschen ihren Ausdruck, welchen Gefahren ist ihr Image ausgesetzt? Dabei geht die Erkenntnisrichtung von Interaktionen und Gesellschaftsstrukturen auf das Subjekt zu.

Der zweite gemeinsame Nenner in Goffmans Gesamtwerk ist eine Methodik im Sinne einer *naturalistischen* Sozialforschung und 'extendend metaphorical description' (vgl. ausführlich zu Goffmans Arbeitsweisen: Lenz 1991: 48ff. und Willems 1997: 337ff.). Statt Theoriebildung vom Schreibtisch aus zu gestalten oder Theorie um ihrer selbst willen zu betreiben oder künstliche Laborszenarien aufzubauen, sucht er die Nähe zu und erfahrbare Konfrontation mit seinem Gegenstandsbereich und taucht in die Kernzonen wie auch Randbereiche der alltäglichen sozialen Welt ein – im Übrigen ein soziologisches Selbstverständnis, bei dem Georg Simmel als Pate fungiert. Wenn Goffman ausführt: "For myself I believe that human social life is ours to study naturalistically, sub specie aeternitatis" (1983: 17), dann verweist er auf die Notwendigkeit, Interaktionen in ihrer natürlichen Einbettung und aus der subjektiven Perspektive der Beteiligten zu studieren. Methodisch leistet er dabei eine Verbindung zwischen der naturalistischen Vorgehensweise der Feldforschung mit Schwerpunkt auf der teilnehmenden Beobachtung einerseits, Interviews und schriftlichen Befragungen andererseits sowie schließlich, in der Formulierung von Robin Williams, dem *konzeptuellen Konstruktivismus*. Letzteren differenziert Lenz (vgl. 1991: 56ff.) in Burkes Strategie der 'perspective by incongruity' und Drew/ Woottons Strategie der 'investigation of the normal through the abnormal'. Dazu gehört maßgeblich die Verwendung von Analogien als Forschungsverfahren. Deren Zweck, wie besonders deutlich in "Wir alle spielen Theater" (1969) erprobt, besteht darin, "durch die Anwendung 'fremder' Modelle auf das Selbstverständliche und Alltägliche sichtbar zu machen, was unter dieser wohlvertrauten Oberfläche vor sich geht, und aufzuzeigen, wie sich unser Eindruck des Selbstverständlichen und Alltäglichen immer wieder herstellt." (Lenz 1991: 57) Insgesamt manifestiert sich bei Goffman also ein ausgeprägter, in der alltäglichen Sozialwelt verankerter Induktionismus (vgl. Knoblauch 1994: 17) unter Zuhilfenahme vieler verschiedener Strategien, heuristischer Konzepte und kontrastierender Beispiele.

Aus diesem methodischen Arsenal resultieren schließlich der *dramaturgische Ansatz*, bei dem eine Analogie zwischen der Welt des Theaters und jener der so-

lehrt, und ist dort zunächst für ein Jahr als Assistant Professor, dann als Associate Professor und ab 1962 als Full Professor für Soziologie und Anthropologie tätig. Nach einer Gastprofessur an der Harvard University (1967) nimmt Goffman 1969 die Benjamin Franklin Professur an der University of Pennsylvania in Philadelphia an. Während er bei seinen soziologischen Kollegen eher auf Ablehnung stößt, entwickelt sich eine enge Zusammenarbeit mit dem Linguisten Dell Hymes (*1927), mit dem er unter anderem die Zeitschrift "Language in Society" herausgibt.

Neben dem in seinem Hauptwerk "Frame Analysis" (1974) formulierten Interesse an der Organisation und den Interpretationsschemata von Alltagserfahrungen verlegt sich Goffman in den 70er Jahren zunehmend auf Fragen des Geschlechterverhältnisses ("Gender Advertisements", 1979) sowie die Analyse von Gesprächen. Gerade bei letzterer nimmt er auf die von seinen Schülern Harvey Sacks und Emanuel A. Schegloff begründete Konversationsanalyse Bezug, distanziert sich auf der anderen Seite jedoch auch deutlich von deren Forschungsansatz, der ihm zu mechanistisch erscheint. Aus diesem Kontext entsteht sein letztes Buch "Forms of Talk" (1981) – eine Aufsatzsammlung über Aspekte des Redens, die nicht so sehr die Sprache selbst betreffen, sondern vielmehr ihre begleitenden und indizierenden Momente wie etwa: Charaktere und Rollen

der Sprechenden bzw. Zuhörer, das persönliche Verhältnis der Interaktionspartner, Ritualisierungen und Konventionen von Kommunikation, Formen von Äußerungen etc.
Obzwar ein Jahr vor seinem Tod zum Präsidenten der 'American Sociological Association' (ASA) gewählt, bleibt Goffman die breite und ernste soziologische Anerkennung von vielen Fachkollegen zu Lebzeiten verwehrt.

zialen Alltagswirklichkeit mit den Begriffen wie Bühne, Rolle, Fassade, Ensemble etc. hergestellt wird, sodann das *Rahmenkonzept*, das zur Beschreibung von Interpretationsschemata und Organisationsgraden menschlicher Erfahrung bzw. sozialer Situationen dient, und schließlich die *Interaktionstypologie*, in der zwischen zentrierten und nicht-zentrierten Handlungsfeldern, zwischen Begegnungen, Zusammenkünften und feierlichen Situationen und auch zwischen Ausdruckskommunikation und Ausdrucksverhalten unterschieden wird.

Eine Kommunikationswissenschaft, die sich grundlagentheoretisch ihres Gegenstandes und ihrer Forschungsrichtungen vergewissern will, kann insofern an Goffmans Werk fruchtbar partizipieren, als er sowohl tragfähige Konzepte und Theoreme als auch einen fast unendlichen empirischen Beispielreichtum für die Beobachtung, Beschreibung und Erklärung alltagsweltlicher Kommunikationsprozesse anbietet. Zudem berücksichtigt er, und auch davon sollte sich die Kommunikationswissenschaft beeinflussen lassen, die Relation zwischen Interaktionen und komplexen Organisationen bzw. gesellschaftlichen Makrostrukturen einerseits sowie zwischen Interaktionen und kognitiven Ressourcen, physischen Bedingungen, individuellen Absichten, Selbstdarstellungen und Imagekorrekturen der beteiligten Menschen andererseits. Das zentrale und durchgängige triadische Bezugssystem lautet in aller Kürze: (Struktur der) Gesellschaft – (soziale) Interaktion – (individuelle) Persönlichkeit.

4.5.2 Die frühe dramaturgische Perspektive – Interaktion als Rollenhandeln und Eindrucksmanipulation

Sobald Menschen mit ihrer physischen Präsenz in ein gemeinsames Wahrnehmungs- und Handlungsfeld treten, ist diese Begegnung Anlass gegenseitiger Reaktionen und Verhaltenskoordination. Diese Konstellation der Kopräsenz ist grundständig sozial, und daraus ergeben sich zwangsläufig bestimmte Folgen für die Beteiligten. Eine brisantes Moment ist etwa das wechselseitige Sich-Zeigen und Sich-Beobachten. Jeder nimmt sensibel Hinweise des Anderen wahr, um dessen Charakter, Rolle, Status, Stimmung etc. einzuschätzen und für die aktuelle Situation bzw. zukünftige Erwartungen und Ziele zu beurteilen. Mag vielleicht das Leben kein Glücksspiel sein, die Interaktion ist es allemal (vgl. Goffman 1969: 222). Um deswegen das Risiko der Fehleinschätzung durch andere, des Misslingens von Handlungskoordinationen, des Getäuschtwerdens oder der persönlichen Beleidigung bzw. Diskreditierung zu minimieren, entwickeln Menschen spezielle Strategien. Viele dieser Strategien beruhen auf *Techniken der Eindrucksmanipulation*, also des gezielten Einsatzes von Ausdrucksformen, um einen bestimmten Eindruck bei den Interaktionspartnern zu erwecken oder zu hinterlassen. Alle Aspekte, die im weiten Sinne unter Eindrucksmanipulation und ihren raumzeitlichen Kontext fallen, bilden Goffmans dramaturgisches Modell als eigenen Weg der soziologischen Untersuchung von mikrologischen Handlungssphären.

Weil sich in heuristischer Einstellung theatralische und wirkliche Darstellungszüge und Eindrucksmanipulationen sehr ähnlich sind, verfolgt Goffman eine dramaturgische Analyse zwischenmenschlicher Begegnungen. Sein Ziel, mit Analogien aus der Theaterwelt die soziale Welt, ihre Strukturen und ihre Mitglieder zu verstehen, umreißt Goffman so:

"Ich werde darauf eingehen, wie in normalen Arbeitssituationen der Einzelne sich selbst und seine Tätigkeit anderen darstellt, mit welchen Mitteln er den Eindruck, den er auf jene macht, kontrolliert und lenkt, welche Dinge er tun oder nicht tun darf, wenn er sich in seiner Selbstdarstellung vor ihnen behaupten will." (1969: 3)

Den heuristischen Gebrauch der Theatermetapher will Goffman allerdings mit folgender Einschränkung verstanden wissen: "Die Behauptung, die ganze Welt sei eine Bühne, ist so abgegriffen, daß die Leser ihre Gültigkeit richtig einschätzen und ihrer Darstellung gegenüber tolerant sein werden, weil sie wissen, daß sie nicht zu ernst genommen werden darf. [...] Unser Bericht hat es nicht mit Aspekten des Theaters zu tun, die ins Alltagsleben eindringen. Er hat mit der Struktur sozialer Begegnungen zu tun – mit der Struktur der Einheiten im sozialen Leben, die entstehen, wann immer

"Zusammenfassend läßt sich sagen, daß ein Einzelner, wenn er vor anderen erscheint, zahlreiche Motive dafür hat, den Eindruck, den sie von dieser Situation empfangen, unter Kontrolle zu bringen [...]; ich werde hier ausschließlich die dramaturgischen Probleme des Gruppenmitglieds bei seiner Darstellung vor anderen untersuchen. Die Fragen, mit denen sich Schauspielkunst und Bühnentechnik befassen, sind manchmal trivial, aber sie sind allgemeingültig; sie treten offenbar überall im sozialen Leben auf und bilden einen klar abgegrenzten Rahmen für die formale soziologische Analyse." (Goffman 1969: 171.)

Bei der Überzeichnung der sozialen Wirklichkeit mit Metaphern der Bühnenwelt ist anzumerken, dass Menschen keine Schauspieler *sind*, sondern von Goffman aus methodischen Gründen als solche beobachtet werden (vgl. Lenz 1991: 77). Ähnlich qualifiziert auch Hitzler nicht jeden Handelnden als *Goffmenschen* im Sinne: Was *ist* der Goffmensch? Vielmehr lautet seine Fragestellung: "Aufgrund welcher Merkmale können wir einen Interaktionspartner als 'Goffmenschen' bezeichnen?" (Hitzler 1992: 458)

Personen anderen Personen unmittelbar physisch gegenwärtig werden. Der Schlüsselfaktor in dieser Struktur ist die Erhaltung einer einzigen Bestimmung der Situation" (1969: 232f.).

Trotz einiger Einschränkungen der Vergleichsmöglichkeit zwischen Theater und Alltag – einerseits auf der Realitätsebene: inszenierte versus faktische Situation; andererseits auf der Strukturebene: Trias von einem Schauspieler gegenüber einem Zweiten vor einem Publikum versus Dyade des Alltags, in dem das Publikum entfällt oder mit dem zweiten Interaktionspartner zusammenfällt – sind die je situativen Orientierungen und Gestaltungstechniken des Ein- und Ausdrucks in funktionaler und pragmatischer Hinsicht so ähnlich bis identisch, dass die dramatologische Terminologie tiefe Einsichten in die Interaktionsordnung zulässt.

Um einen bestimmten Eindruck bei einem Publikum zu erwecken, ist ein Darsteller darauf angewiesen, dasjenige, was er mitteilen möchte, auch auszudrücken. Dazu stehen prinzipiell zwei Typen von Ausdrucksvarianten zur Verfügung. Goffman unterscheidet einen Ausdruck, den jemand sich selbst gibt, von jenem, den dieser ausstrahlt (vgl. 1969: 6). In einer anderen Formulierung könnten wir von bewusster Ausdruckskommunikation einerseits und begleitendem Ausdrucksverhalten andererseits sprechen.

"Die erste Art umfaßt Wortsymbole und ihre Substitute, die der Einzelne eingestandenermaßen und ausschließlich dazu verwendet, diejenigen Informationen zu vermitteln, die er und die anderen mit diesen Symbolen verknüpfen. Hier haben wir es mit Kommunikation im traditionellen und engeren Sinne zu tun. Die zweite Art umfaßt einen weiten Bereich von Handlungen, die von den anderen als aufschlußreich für den Handelnden aufgefaßt werden, soweit sie voraussetzen können, daß diese Handlungen aus anderen Gründen als denen der Information unternommen wurden." (Goffman 1969: 6)

Wenn Goffman primär am *Ausdruck* interessiert ist, *den jemand ausstrahlt*, will er jene vielfältigen Verhaltensweisen klassifizieren, die nicht auf eine Mitteilungsabsicht seitens des Darstellers schließen lassen, dem Publikum aber dennoch offensichtliche Hinweise über seine Person geben können. Hierunter fällt deutbares Verhalten wie: Intonation, Zittern, Gesichtsröte, (scheinbar) unkontrollierte Körperbewegung oder Mienenspiel. Diese Verhaltensweiser. dienen nicht zuletzt als Indikator, mit dem das Publikum prüft, ob die Rolle, die ein Darsteller inszeniert, glaubhaft ist.

Im Hinblick auf die beiden möglichen Ausdrucksvarianten und deren unterschiedlichen Kontrollgrad beschreibt Goffman den Kommunikationsprozess als grundlegend asymmetrisch, weil das Publikum mehr beobachten und deuten kann, als der Darsteller bewusst vermitteln will. Exemplarisch dient eine Beobachtung auf der Shetland-Insel zur Verdeutlichung:

"Kam ein Nachbar auf eine Tasse Tee zu Besuch, dann zeigte er meist wenigstens andeutungsweise ein erwartungsvolles Lächeln, wenn er die Kate betrat. Da man aber, weil nichts die Sicht versperrte und es in der Kate verhältnismäßig dunkel war, den Besucher schon, während er sich noch dem Haus näherte, unbemerkt beobachten konnte, sahen die Inselbewohner gelegentlich mit Vergnügen, wie der Besucher erst beim Eintreten eine gesellige Miene aufsetzte. Einige Besucher jedoch, die darüber Bescheid wußten, nahmen auf gut Glück schon in großer Entfernung vom Haus einen geselligen Gesichtsausdruck an und sicherten so, daß ihr Bild in den Augen der anderen konstant blieb. Diese Art von Kontrolle, die der Einzelne ausübt, stellt die Symmetrie des Kommunikationsprozesses wieder her und schafft die Bühne für so etwas wie ein Informationsspiel – einen potentiell endlosen Kreislauf von Verheimlichung, Entdeckung, falscher Enthüllung und Wiederentdeckung." (Goffman 1969: 11f.)

Jede Darstellung kann zusammenbrechen, wenn die verschiedenen Ausdruckstypen keinen stimmigen Eindruck bei dem betreffenden Publikum erzeugen. Also sind die jeweiligen Darsteller darum bemüht, die Situation zu kontrollieren, indem sie diejenigen Verhaltensweisen und Informationen unterdrücken bzw. geheim halten, die die Situation stören könnten. Für Goffman ist die *Kontrolle* über die Situation somit das zentrale Anliegen der Darsteller, das erfüllt werden muss, damit die umfassende Bestimmung der Situation und die Übereinkunft aller Gruppenmitglieder in ihr erfolgreich ist. Die Mittel des Ausdrucks erschöpfen sich nun nicht in sprachlichen und sprachähnlichen Zeichen so-

Mit Blick auf eine standardisierte räumliche Anordnung sind zum Beispiel Arztpraxen (aber auch Apotheken, Großküchen etc.) in der Regel recht karg eingerichtet, mit modernen medizintechnischen Apparaturen ausgestattet und in hellen Farben gestrichen, um beispielsweise den Eindruck von Sauberkeit, Sachlichkeit, Kompetenz, Vertrauenswürdigkeit bei dem spezifischen Publikum (Patienten, Käufer, Beamte des Ordnungsamtes etc.) hervorzurufen.

www.kowi.uni-essen.de/koloss/themen/goffman/ruj.htm

wie der Vielzahl der nicht intendierten, aber deutbaren Verhaltensweisen, die jemand in Gegenwart anderer produziert. Sie umfassen auch die Gestaltung der *Räumlichkeit*, in der die Aufführung stattfindet.

Die Gestaltung der Räumlichkeit, die in dramaturgischer Terminologie als *Bühne* bezeichnet wird, und das Verhalten mitsamt der Erscheinung (z. B. Kleidung, Frisur) des Darstellers fasst Goffman unter den Terminus *Fassade*, wenn es sich bei den verwendeten Ausdrucksmitteln um *standardisierte* Elemente handelt. Standardisiert ist das Ausdrucksrepertoire, wenn und weil es "in einer allgemeinen und vorherbestimmten Art dazu dient, die Situation für das Publikum der Vorstellung zu bestimmen" (Goffman 1969: 23). Es gilt also typischerweise in einem Kulturbereich, wird bewusst angewendet und überführt prinzipiell verschiedene Raum-Zeit-Konstellationen in eine eindeutige Situationsbestimmung.

Zur Fassade selbst gehören zum einen das *Bühnenbild* und zum anderen die *persönliche Fassade*. Das Bühnenbild umfasst die szenischen Komponenten bzw. die ganze räumliche Anordnung einer Situation, inklusive der Requisiten und Kulissen des Handelns. Die persönliche Fassade umfasst demgegenüber die Ausdrucksmittel, die identifizierend mit dem Darsteller verbunden werden und die er mit sich führt (vgl. Goffman 1969: 25). Hierzu gehören zum Ersten seine physische Erscheinung, also Größe, Figur, Physiognomie, und die Kennzeichen der sozialen Position, wie beispielsweise 'Rangmerkmale' (z. B. Uniformen, Orden, Abzeichen) und Berufskleidung. Zum Zweiten fallen hierunter die Haltung, Sprechweise, Gestik und Mimik der betreffenden Person. Diejenigen Ausdrucksmittel der persönlichen Fassade, die etwas über die soziale Position des Darstellers mitteilen, fasst Goffman unter *Erscheinung*; jene, mit denen der Einzelne seine kommunikative Rolle anzeigt (z. B. dominanter, arroganter oder devoter Interaktionsteilnehmer), die er im Rahmen einer Interaktion spielen will, nennt Goffman *Verhalten* (vgl. 1969: 25).

Hier lässt sich der Rollenbegriff einschieben, oder genauer: die Unterscheidung zwischen Rolle und Person. *Rollen* sind im soziologischen Sinne ein Bündel von Verhaltenserwartungen, die an bestimmte soziale Positionen geknüpft sind. Goffman (vgl. 1969: 18) definiert 'Rolle' ähnlich als die *Ausübung* von Rechten und Pflichten, die mit einem bestimmten sozialen Status verbunden sind. Im Unterschied zur klassischen soziologischen Definition lenkt er damit die Aufmerksamkeit stärker auf die konkreten, situativ eingebetteten Verhaltensweisen als auf sozial verteilte Erwartungen (vgl. auch Lenz 1991: 43) und kann so stärker die individuelle Ausgestaltung einer Rolle berücksichtigen. An alle Rollen (Vater, Mutter, Briefträger, Lehrer, Schüler, Richter, Anwalt, Bankangestellter etc.), die in bestimmten Situationen gespielt werden, sind nun spezifische Verhaltensweisen geknüpft. Goffmans Interesse zielt allerdings über die für eine solche institutionalisierte Rolle wesentlichen Verhaltensweisen hinaus. Ihm geht es auch um die Beschreibung des *Selbst* des Darstellers in einer Situation. Das Selbst versteht er als situatives Produkt, das ein Einzelner in einer gestalteten Situation auf Grund des Eindrucks, den er bei den Anderen durch seinen Ausdruck hervorgerufen hat, zugeschrieben bekommt (vgl. Goffman 1969: 230ff.). Das situativ erzeugte Selbst bezeichnet Goffman mit dem Ausdruck *Selbst als Rolle* (vgl. 1969: 230) und unterscheidet es von der *Person* des Darstellers, also von dem biografisch bestimmten Individuum, das aktuell eine bestimmte Rolle spielt und nicht total in ihr aufgeht bzw. diese *ist*.

Mit dem *Bühnenbild*, der *Erscheinung* in der Rolle und dem *Verhalten* als Person sind nun die grundlegenden Ausdrucksmittel benannt, die eine Situation im Rahmen einer Darstellung definieren. Goffman geht davon aus, dass die drei Komponenten insofern untereinander in einer Abhängigkeitsbeziehung stehen, als die Darsteller ihr Verhalten an das Bühnenbild und die Erscheinung, die den sozialen Status und somit auch eine bestimmte Rolle markiert, anpassen. Dies lässt sich mit folgendem Beispiel verdeutlichen:

"Außer der vermuteten Übereinstimmung zwischen Erscheinung und Verhalten erwarten wir natürlich auch noch eine gewisse Kohärenz zwischen Bühnenbild, Erscheinung und Verhalten. Eine solche Kohärenz bildet den Idealtypus, der uns dazu anregt, daß wir unser Augenmerk und Interesse auf die Ausnahme davon richten. Hier steht dem Forscher der Journalist zur Seite, denn die Abweichungen von der erwarteten Ko-

"Eine bestimmte Art von Person sein, heißt also nicht nur, die geforderten Attribute zu besitzen, sondern auch, die Regeln für Verhalten und Erscheinung einzuhalten, die eine bestimmte soziale Gruppe mit diesen Attributen verbindet. Die unreflektierte Leichtigkeit, mit der Darsteller ständig derartige Rollen der Aufrechterhaltung sozialer Maßstäbe erfolgreich spielen, besagt nicht, daß er keine Rolle darstellt, sondern nur, daß die Teilnehmer sich dessen nicht bewußt geworden sind. Ein Status, eine Stellung, eine soziale Position ist nicht etwas Materielles, das in Besitz genommen und dann zur Schau gestellt werden kann; es ist ein Modell kohärenten, ausgeschmückten und klar artikulierten Verhaltens. Ob es nun geschickt oder ungeschickt, bewußt oder unbewußt, trügerisch oder guten Glaubens dargestellt wird, auf jeden Fall ist es etwas, das gespielt und dargestellt [...], das realisiert werden muß." (Goffman 1969: 69f.)

härenz zwischen Bühnenbild, Erscheinung und Verhalten bedingen Glanz und Pikanterie zahlreicher Karrieren und die Publikumswirksamkeit vieler Zeitschriftenartikel. So vermerkt etwa ein Porträt des erfolgreichen Grundstücksmaklers Roger Stevens in der Zeitschrift 'The New Yorker' die verblüffende Tatsache, daß Stevens ein kleines Haus, ein bescheiden eingerichtetes Büro und kein Briefpapier mit Monogramm besitzt." (Goffman 1969: 26)

Vorderbühne/Hinterbühne

Wir sind bisher Goffmans Beschreibung gefolgt, dass Darsteller und Publikum wechselseitig eine eindeutige Situation konstituieren und aufrecht erhalten (wollen). Dieser Gesichtspunkt lässt sich aber auch umdrehen, und dann ist zu beobachten, von welchen konkreten räumlichen Regionen welches adäquate Anpassungsverhalten und Ausdruckrepertoire erwartet oder normativ festgelegt wird. Solche verhaltensbestimmenden, durch Wahrnehmungsschranken begrenzte und sozial abgeschlossenen Orte differenziert Goffman in *Vorder-* und *Hinterbühne* (und ergänzend in *Außenregion*, in der die Außenseiter, von beiden Bühnenbereichen ausgeschlossen, stehen).

Das *Bühnenbild* als Teil der Fassade gehört in räumlicher Hinsicht der Vorderbühne an. Die Vorderbühne ist der Ort, an dem die Darstellung stattfindet. Hier sind alle Ausdrucksmittel des Bühnenbildes zum Zweck einer erfolgreich ablaufenden Darstellung angeordnet, und die Darsteller verhalten sich so, dass sie den Eindruck, den sie hervorrufen wollen, mit großer Wahrscheinlichkeit auch realisieren. Dabei folgen sie spezifischen Regeln, die Goffman (vgl. 1969: 100ff.) zum einen als *Höflichkeitsregeln* und zum anderen als *Anstandsregeln* ausweist. Höflichkeitsregeln beziehen sich auf das Verhalten des Darstellers, das er gegenüber seinem Publikum zeigt, während er mit ihm mittels Sprache oder sprachähnlicher Gesten kommuniziert. Anstandsregeln bezeichnen die Verhaltensweisen, die ein Darsteller vollzieht, wenn er sich nicht in 'direkter' Kommunikation mit dem Publikum befindet, aber dennoch von letzterem beobachtet werden kann. So spricht ein Darsteller in der Regel nicht schlecht über eine Person, die sich in Hörweite befindet, und er zieht auch keine Grimassen oder verhält sich herablassend gegenüber einer Person, die ihn sehen kann. Die Vorderbühne ist somit die eigentliche Bühne, zu der das Publikum uneingeschränkten Zugang hat.

Im Unterschied dazu ist die *Hinterbühne* für Goffman "der zu einer Vorstellung gehörige Ort, an dem der durch die Darstellung hervorgerufene Eindruck bewußt und selbstverständlich widerlegt wird" (1969: 104). Die Hinterbühne dient vor allem dazu, die Vorstellung vorzubereiten. Die Darsteller können sich an diesem Ort von oder vor ihrer Vorstellung entspannen, zurecht machen bzw. die Kleidung wechseln oder eine Taktik des Auftretens überlegen. Sie können des Weiteren an diesem Ort die Requisiten aufbewahren, herstellen oder pflegen, die sie für ihre Darstellung benötigen, sowie Einzelheiten ihrer Darstellung absprechen, wenn mehrere Darsteller als Ensemble an einer Aufführung beteiligt sind. Entscheidend ist an dieser Stelle, dass die Darsteller auf der Hinterbühne aus ihrer 'offiziellen' Rolle fallen. Wenn beispielsweise der Gastgeber einer Party sich kurzfristig in sein Schlafzimmer zurückzieht, das er dem Publikum nicht zugänglich macht, wird er sich anders verhalten, als in der Gegenwart seiner Gäste. Er kann seine Haltung und Mimik verändern und möglicherweise vor einem Spiegel grimassieren, um sein Mienenspiel für sein Publikum zu prüfen oder auch um sich vor sich selbst über einige Gäste lustig zu machen. So wie in einer Privatwohnung das Schlaf- und Badezimmer häufig die Hinterbühne bildet, so übernehmen in einem Restaurant die Küche, in einer Firma das Archiv oder die Toilette und in Wohnsiedlungen ein Hinterhof diese Funktion. Goffman macht darauf aufmerksam, dass der Wechsel eines Darstellers von der Vorder- zur Hinterbühne und vice versa der interessanteste Zeitpunkt ist, um die *Eindrucksmanipulation* zu beobachten (vgl. 1969: 112ff.).

Auch in der sozialen Dimension und im Umgangston innerhalb eines Ensembles sind wesenhafte Merkmale der Hinterbühne festzustellen. "Da Hinterregionen normalerweise den Zuschauern nicht zugänglich sind, dürfen wir hier Vertrautheit im Umgang erwarten, während auf der Vorderbühne ein förmlicher Ton angeschlagen wird. [...] Die Sprache der Hinterbühne schließt ein die Anrede mit dem Vornamen, gemeinsame Entscheidungen, Vulgarität, offene sexuelle Anspielungen, Nörgeln, Rauchen, zwanglose Kleidung,

"Sehr häufig liegt die Hinterbühne am Ende des Ortes, an dem die Vorstellung gegeben wird, und ist durch eine Zwischenwand und einen behüteten Zugangsweg von ihm getrennt. [...] Da die entscheidenden Geheimnisse des Schauspiels hinter der Bühne sichtbar werden, und weil Darsteller aus der Rolle fallen, solange sie dort sind, muß man erwarten, daß der Zugang von der Vorderbühne zur Hinterbühne dem Publikum verschlossen ist oder daß der gesamte Bereich hinter der Bühne vor dem Publikum verborgen wird." (Goffman 1969: 105f.)

www.kowi.uni-essen.de/
koloss/themen/goffman/
k1.htm

'schlampiges' Sitzen und Stehen, Verwendung von Dialekt oder Umgangssprache, Murmeln und Schreien, spielerische Aggression und 'Neckereien', Rücksichtslosigkeit gegenüber dem anderen in kleineren, aber potentiell symbolischen Handlungen, geringfügige physische Reaktionen wie Summen, Pfeifen, Gummikauen, Rülpsen und Windlassen. In der Vorderbühnensprache fehlt das alles." (Goffman 1969: 117f.)

Auf Grund der Diskrepanz zwischen der Vorder- und Hinterbühne (im Hinblick auf das Verhalten der Darsteller und der räumlichen Gestaltung) ist es für die Darsteller wichtig, den Zugang zur Hinterbühne zu kontrollieren, damit die Darstellung erfolgreich vollzogen werden kann. In ähnlichem Maße ist es für die Darsteller aber auch relevant, die Vorderbühne zu kontrollieren. In diesem Fall geht es nicht darum, Informationen oder Verhaltensweisen vor dem Publikum geheim zu halten, die für die Vorführung zwar relevant sind, aber nicht unmittelbar zu ihr gehören, sondern darum, die Darstellung vor dem richtigen Publikum zu spielen. Diese Kontrolle der Vorderbühne wird durch *Zuschauersegregation* ausgeübt (vgl. Goffman 1969: 126f.).

Die Vorderbühne ist von der Hinterbühne nicht unbedingt durch materielle Wahrnehmungsbeschränkungen wie Wände oder Fenster abgegrenzt. Nach Goffman kann prinzipiell jeder Ort zu einem bestimmten Zeitpunkt zur Hinterbühne werden, der zu einem anderen Zeitpunkt als Vorderbühne fungiert, sobald sich die Darsteller in Abwesenheit ihres rollenspezifischen Publikums befinden und ihrem Verhalten nach aus ihrer Rolle fallen (vgl. 1969: 116). Vorder- und Hinterbühne sind also vornehmlich durch einen Themenschwerpunkt, ein typisches Verhalten des Ensembles und eine räumliche Ordnung charakterisiert sowie je nach Anwesenheit oder Abwesenheit des Publikums variabel.

Mit Goffman lässt sich abschließend über seine Elementaranalyse und Begriffsfundierung von (dramatischen) Interaktionen und manipulierendem Rollenhandeln hinaus ein Bezug zu gegenwärtigen Szenarien der Medienlandschaft im Besonderen sowie zu sozialer Differenzierung im Allgemeinen herstellen (vgl. dazu Willems 1997: 230f.). Die moderne Rollenpluralität scheint zu einer Vermehrung von individualisierten Vorderbühnen mit entsprechender (exhibitionistischer) Darstellungslust geführt zu haben. Gleichzeitig nimmt damit die Bedeutung von Hinterbühnen zum Zweck der psychischen, emotionalen und klatschdiskursiven Verarbeitung bzw. Kompensation zu. Des Weiteren ist mit der quantitative Zunahme individueller Geheimnisse und deren medialer Vervielfältigung der Verlust der Selbstkontrolle ebenso zu diskutieren wie überhaupt "eine erhöhte Anfälligkeit 'offizieller' Images und Selbstdarstellungen für störende Informationen und Entlarvungen." (Willems 1997: 231)

Als Abschlussgedanke wäre hier das Verhältnis von Daily-Talk-, Hochzeits-, Kuppel-, Rache-, Verzeih- oder Big Brother-Formaten der privaten wie öffentlichen Fernsehsender zu ihrem aktiven und passiven Publikum näher zu studieren; oder auch die Wechselwirkung zu erklären zwischen inszenierungswütigen Selbstdarstellern und vermarktungsfähigen Medien- bzw. Showbühnen.

4.5.3 Regeln der Interaktion

Alle Beziehungen zwischen Handelnden scheinen von *orientierenden* Grundregeln bestimmt zu sein. Wenn Menschen sich begegnen, bedienen sie sich sozialer Rituale, Normen und Praktiken; sie vollziehen also insgesamt eine mehr oder minder strukturierte Anpassung an vorherrschende und bekannte Regeln. Die Gesamtheit an Grundregeln und erwartbaren Verhaltensmustern bezeichnet Goffman als *soziale Ordnung* (vgl. 1974: 11). Bei Interaktionen im öffentlichen Raum, zwischen Unbekannten und Bekannten gibt es Regeln der angemessenen Kleidung, für den Beginn und das Ende des Gesprächs, Verhaltenspraktiken der anständigen Körperkontrolle, Normen des Anblickens und Erblicktwerdens, Vorschriften des persönlichen Respekts; und für alle diesbezüglichen Missverständnisse oder Fehlhandlungen gibt es entsprechende Korrekturmöglichkeiten, wie z. B. Rechtfertigungen, Entschuldigungen oder Ausgleichsentschädigungen.

Diese Regeln werden nicht erst in der Interaktionssituation von den Beteiligten erzeugt, sondern sind ihnen vorgegeben. Das bedeutet allerdings nicht, dass sie das Verhalten automatisch bestimmen oder strikt festlegen. Regeln haben "keine determinierende Wirkung auf Handlungsabläufe. Es sind immer Individuen – nicht Regeln – die handeln, und sie können absichtlich oder oftmals auch unabsichtlich gegen die vorhandenen Regeln verstoßen." (Lenz 1991: 39) Die soziale Ordnung wird also nach Goffman nicht durch sture Regelbefolgung der Gesellschaftsmitglieder gewährleistet, sondern kommt durch ständige Aushandlungs- und Balan-

Den Begriff des *sozialen Kontaktes*, synonym mit *Interaktion*, belegt Goffman wie folgt: "Zu Kontakten im weitesten Sinne kommt es, wenn Individuen sich gleichzeitig aneinander wenden, und wenn dies von ihnen gleichzeitig erkannt wird und erkannt wird, daß es erkannt wird. Zu den Charakteristika des sozialen Kontakts gehört die Orientierung von Angesicht zu Angesicht, ferner der Umstand, daß der Kontakt Bestandteil von etwas Komplexerem, nämlich einer sozialen Begegnung ist, die eine Austausch von Wörtern oder anderen Erkennungsritualen und die Bestätigung wechselseitiger Partizipation an einer offenen Gesprächssituation impliziert." (1974: 106f.)

ceprozesse zwischen Regeln und ihren Aktualisierungen im tatsächlichen Verhalten zustande. Gleichwohl reproduzieren und bestätigen die an einer Interaktion Beteiligten diese Regeln ständig, indem sie sich auf sie beziehen und sich gegenseitig ihrer Gültigkeit versichern.

Die Regeln, die ein Individuum befolgt, unterscheiden sich in erster Linie nach dem jeweiligen Bezugs- bzw. Handlungssystem, in dem es agiert. Nach Goffman muss bei der Analyse von Interaktionen auch das Individuum selbst als etwas jeweils anderes untersucht werden, je nachdem in welches Handlungssystem es eingebunden ist. Dementsprechend gibt es zwei Typen: Regeln für einfache und oft flüchtige Kontaktsituationen, insbesondere im Straßenverkehr und auf öffentlichen Plätzen, betreffen das Individuum als *Fortbewegungseinheit*. Regeln, die für soziale Begegnungen gelten, betreffen es als *Partizipationseinheit* von Gruppen oder etwa feierlichen Anlässen (vgl. Goffman 1974: 23ff.).

Die Hauptfunktion der Regeln, die das Individuum als *Fortbewegungseinheit* betreffen, ist die Vermeidung von Zusammenstößen jeglicher Art. Goffman definiert eine Fortbewegungseinheit als "ein Gehäuse, das (gewöhnlich von innen) von einem menschlichen Piloten oder Navigator gelenkt wird" (1974: 27). Das betrifft nicht nur Fahrzeuge aller Art (Autos, Fahrräder, Züge etc.), denn natürlich "läßt sich auch das Individuum selber, das Fahrbahnen überquert und die Straßen entlanggeht – das Individuum als Fußgänger –, als ein Pilot ansehen, der in eine weiche und empfindliche Schale eingeschlossen ist, nämlich in seine Kleider und seine Haut" (Goffman 1974: 27f.). Die Straßenverkehrsregeln stellen für Goffman einen "Idealfall" für die Eigenschaften von Grundregeln dar, wobei es entscheidende Unterschiede zwischen der Regelung des Fahrbahnverkehrs und der des Verkehrs auf Gehwegen gibt. Während es bei ersterem meist lediglich darauf ankommt, möglichst schnell von einem Punkt zum anderen zu kommen und sein Funktionieren relativ formell geregelt ist, verfolgen Fußgänger häufig andere Ziele (z. B. Einkaufen, Spazieren, Plaudern), die an andere soziale Regeln geknüpft sind, und es überwiegen informelle Übereinkünfte.

Um einen reibungslosen Ablauf des Fußgängerverkehrs zu ermöglichen, geht man auf Gehwegen in der Regel in zwei Richtungen, wobei die (gedachte) Trennlinie ungefähr in der Mitte liegt, es sei denn der Verkehr in eine Richtung ist besonders stark. Aufeinander zukommende Fußgänger tendieren dazu, rechts zu gehen, um einander auszuweichen. Die wechselseitige Koordination der Gehrichtungen funktioniert darüber hinaus mittels *Externalisation* und *Abtastung* (vgl. Goffman 1974: 32ff.). *Externalisation* oder *leibgebundene Kundgabe* eines Individuums meint die gestische Vermittlung von Informationen über seine Situation und seine Intentionen. So lassen etwa Art und Geschwindigkeit seiner Bewegung auf die weitere Gehrichtung schließen, sein Verhalten wird vorhersehbar und bietet anderen die Möglichkeit, sich darauf einzustellen.

Mit *Abtastung* ist gemeint, dass die Umgebung "im Auge behalten" wird. Bewegungsrichtung und -geschwindigkeit der anderen Fußgänger im Abtastbereich werden kontrolliert und eingeschätzt. *Abtastung* findet natürlich nicht nur auf Gehwegen, sondern in allen öffentlichen Situationen statt. Dabei erfolgt die "Leibeskontrolle" meist bereits aus größerer Distanz mittels eines flüchtigen Blicks, so dass den Personen in unmittelbarer Nähe keine Aufmerksamkeit mehr geschenkt werden muss. Im Hinblick auf das kommunikative Verhalten der Beteiligten handelt es sich hier um eine *nicht-zentrierte* Interaktion (vgl. Goffman 1971: 35). Ein zu langes Anschauen von Personen, die sich in nächster Nähe befinden, wäre zwar keine Verletzung der Verkehrsregeln, aber eine der Anstandsregeln, die mit den *Territorien des Selbst* zusammenhängen.

Als *Territorien des Selbst* bezeichnet Goffman (vgl. 1974: 54ff.) Bereiche oder *Reservate*, die ein Individuum beansprucht oder verteidigt. Einige sind 'ortsgebunden' und räumlich wie juristisch festgelegt (Felder, Häuser); andere sind 'situationell' verankert (Parkbank, Restauranttisch); wieder andere sind 'egozentrisch' und hängen mit dem persönlichen Raum sowie der leiblichen Fortbewegung zusammen. Bei den Regeln, die die Territorien des Selbst betreffen, handelt es sich im Allgemeinen nicht um klar festgeschriebene Gesetze, die offen zutage liegen und den Handelnden in jeder Situation bewusst sind. Es sind vielmehr internali-

www.kowi.uni-essen.de/ koloss/themen/goffman/ fussgaenger.htm

"Der Abtastbereich hat deshalb nicht den Umriß eines Kreises, sondern eines verlängerten Ovals, das sich zu den beiden Seiten des Individuums hin verengt und vor ihm am längsten ist, und das ein ständig wechselndes Feld umschließt, je nachdem, wie dicht der Verkehr um es herum ist. Genauso wie das Individuum die in seinen Abtastbereich geratenden Personen kontrolliert, wird natürlich umgekehrt auch es selber von jenen gemustert. Das bedeutet, daß Personen, die aufeinander zugehen, sich etwa in demselben Augenblick ansehen, und daß dieser Augenblick im Kurs beider Seiten ähnlich lokalisiert ist; jedoch spielt sich dieser Akt fast unbewußt ab." (Goffman 1974: 34f.)

Klassifikation der *Reservate*:

a) persönlicher Raum,

b) Box,

c) Benutzungsraum,

d) Reihenposition in der Warteschlange,

e) Hülle,

f) Besitzterritorien,

g) Informationsreservate,

h) Gesprächsreservat.

www.kowi.uni-essen.de/ koloss/themen/goffman/ handtuch.htm

www.kowi.uni-essen.de/ koloss/themen/goffman/ pissoir.htm

sierte und meist unbewusst wirkende, normative Grundlagen der sozialen Ordnung, gegen die – absichtlich oder unabsichtlich – auch verstoßen werden kann. In solchen Fällen kommt es zu sozialen Aushandlungsprozessen und korrektiven Handlungsroutinen.

Zur Kennzeichnung des Anspruchs auf ein Reservat werden *Markierungen* benutzt, (z. B. ein Namensschild an einem Koffer, der Trennstab auf dem Einkaufsband im Supermarkt, das Handtuch am Strand etc.), die nach Goffman auch darin bestehen können, dass jemand seinen Anspruch gestisch oder verbal äußert. Die *Territorien des Selbst* sind nicht auf extrakorporale Gegenstände und Räumlichkeiten beschränkt, sie betreffen auch den Körper des Individuums selbst. Dementsprechend gibt es viele unterschiedliche Arten der Territoriumsverletzung – von schweren Gewaltverbrechen bis zu (oft nur Sekundenbruchteile dauernden) Verletzungen der 'Blickdisziplin'.

Gerade letztere treten in Goffmans Untersuchungen immer wieder in den Vordergrund. Beispielhaft führt er zum Problem der Territorialität unter physischer Anwesenheit von Angesicht zu Angesicht an: "die öffentlichen Pissoirs in Amerika bringen Männer in engen Kontakt zueinander, und zwar unter Bedingungen, die sie vorübergehend dazu zwingen, sich partiell zu entblößen. An solchen Orten ist man mit seinen Blicken sehr vorsichtig, damit die Privatsphäre nicht mehr als notwendig verletzt wird. Wenn zwei Männer nebeneinanderstehen und urinieren, bleibt für ihre Blicke nur ein kleines Flächenterritorium, das unverdächtig ist." (Goffman 1974: 93)

Goffman geht davon aus, dass die Interaktionsteilnehmer im Normalfall daran interessiert sind, direkte Regelverletzungen von sich aus zu vermeiden. Da sie sich jedoch ständig auf verschiedenartige Situationen einstellen müssen, die dauernde Verhaltensanpassungen notwendig machen, droht stets die Gefahr von unabsichtlichen Regelverstößen. Was in der einen Situation als adäquates Verhalten angesehen wird, kann in einer anderen eine Regelverletzung darstellen. Es kommt daher entscheidend darauf an, dass die Interaktionsteilnehmer den gleichen *Rahmen* für die Situation verwenden, dass sie also richtig einschätzen, was vor sich geht, und außerdem "eine hinlänglich richtige Vorstellung von den Vorstellungen der anderen, einschließlich deren Vorstellung von seiner eigenen Vorstellung" (Goffman 1977: 369) haben. Bei einem unabsichtlichen Regelverstoß, den der Andere nicht unbedingt sofort als unabsichtlich erkennt, ist es also wichtig, die eigene Position klar zu machen und gegebenenfalls richtig zu stellen – wofür wiederum oft kleinste gestische Hinweise ausreichen; denn es steht immer mehr auf dem Spiel als nur der aktuelle Verstoß, der dem Handelnden angelastet wird. Auf Grund der "Tendenz der Individuen, einzelne Handlungen als etwas Symptomatisches aufzufassen, erhalten sogar Handlungen ganz eigenständiger Art eine beträchtliche indikatorische Bedeutung" (Goffman 1974: 141). Von einzelnen Regelverstößen eines Individuums wird auf seine Beziehung zu dem dazugehörigen *Normenkodex*, zu Regeln überhaupt und schließlich auf seinen 'moralischen Charakter' geschlossen.

Soziale Regeln und Normen wirken auf zweierlei Weise: als *Verpflichtung* – man muss bestimmte Dinge tun oder unterlassen – und als *Erwartung* – man ist berechtigt, ein bestimmtes Verhalten anderer in Bezug auf die eigene Person zu antizipieren. Mit Ausnahme von Gesetzen müssen sie nicht explizit formuliert sein. Ihre Einhaltung wird mit Hilfe *sozialer Sanktionen* – positiver (Belohnungen) wie negativer (Bestrafungen) – kontrolliert und untermauert. "Soziale Sanktionen sind Metanormen – geltende Techniken für die Absicherung von Konformität" (Goffman 1974: 138). Sie kommen nicht automatisch zur Anwendung, sobald eine Regel verletzt wird – wo kein Kläger, dort kein Richter –, sondern nur dann, wenn dem Verursacher auch die *Verantwortung* für seine Tat zugesprochen werden kann. Genauerhin sind in der Bedeutung der moralischen Verantwortlichkeit folgende vier Momente vereinigt: "warum das Individuum so handelte, wie es *handelte*; wie es *hätte* handeln *können*; wie es *hätte* handeln *sollen*; und wie es zukünftig handeln *sollte*." (Goffman 1974: 143)

Der Verantwortlichkeitsgrad eines Handelnden nach Maßgabe jener vier Beobachtungs- und Urteilsmöglichkeiten ist entscheidend für das gesamte Verständnis und die Beurteilung einer sozialen Situation. Auch in einem Gerichtsprozess, in dem es ebenfalls um die Durchsetzung sozialer Normen mit Hilfe von Sank-

"Regeln, sofern sie effektiv sind, sind dies deshalb, weil diejenigen, für die sie gelten, sie für richtig und berechtigt halten und sich selber im Hinblick darauf begreifen, wer und was die Unterwerfung unter die Regel ihnen zu sein erlaubt und was Abweichungen für sie implizieren. Das mit einer Regel verknüpfte Sanktionierungssystem ist, sofern es effektiv ist, dies deshalb, weil es Erfolg und Versagen des Individuums bei der Realisierung dessen, was es nach seinem Gefühl und dem anderer sein sollte, zum Ausdruck bringt, und, sehr abstrakt und allgemein formuliert, die Übereinstimmung oder Abweichung des Individuums in bezug auf Regeln überhaupt zum Ausdruck bringt. Diesen Bedingungen der Wirksamkeit und des Geltens liegt die fundamentale Idee der Verantwortlichkeit zugrunde" (Goffman 1974: 141).

tionen geht, werden nicht nur das Ergebnis einer Handlung, sondern auch und vor allem die Einstellung des Täters zu seiner Tat, seine Ziele und Motive, mit anderen Worten: der Grad seiner Verantwortlichkeit, zur Beurteilung herangezogen. Bei Verstößen im Rahmen von face-to-face-Interaktionen laufen laut Goffman *Miniaturversionen* eines kompletten Justizverfahrens ab (vgl. 1974: 154).

Da die Intentionen eines Individuums immer nur diesem selbst zugänglich sind, ist es im Falle eines Vorwurfs mit eventuell drohenden Sanktionen darauf angewiesen, seine Auffassung der Situation, seine 'Sicht der Dinge' mitzuteilen, um eine nachteilige Beurteilung seitens der anderen abzuwenden. Die grundsätzliche Undurchsichtigkeit der Intentionen der jeweils anderen eröffnet natürlich auch alle Möglichkeiten der Täuschung. Gerade im Falle von Täuschungen ist der Akteur bemüht, sich an soziale Regeln zu halten, um in seinem Verhalten möglichst normal zu wirken und keine unnötigen Verdachtsmomente zu liefern (vgl. Goffman 1977: 98ff.).

Ein Individuum kann, wenn eine seiner Handlungen den Anschein einer Territoriumsverletzung oder persönlichen Diskreditierung erweckt, mittels *korrektiver Handlungen* eine Deutungsänderung bzw. adäquate Akzeptanz der Situation ermöglichen. Dafür stehen ihm drei Hauptformen zur Verfügung: *Erklärungen, Entschuldigungen* und *Ersuchen* (vgl. Goffman 1971: 21ff. und 1974: 157ff.). In jedem Fall gehen die Interaktionspartner bei einer potenziellen Regelübertretung zunächst von einem "virtuellen Vergehen" (vgl. Goffman 1974: 156) aus, d. h. von der schlimmstmöglichen Deutung eines Verhaltens, auf das es zu reagieren und das es zu entkräften gilt, wofür eine Reihe ritualisierter Verhaltensweisen zur Verfügung stehen. Wer jemandem versehentlich auf den Fuß tritt, wird unwillkürlich eine Entschuldigung folgen lassen – auch dann, wenn die Unabsichtlichkeit etwa in einem Gedränge oder bei Massenveranstaltungen offensichtlich ist. Es wird also nicht auf eine 'realistische' Einschätzung der Situation reagiert (man könnte sich ja denken, dass der andere schon wissen wird, dass man nicht mit Absicht gehandelt hat), sondern auf die schlimmste anzunehmende Situationsinterpretation, also in diesem Fall ein absicht-

"In all diesen Fällen ist, wie materiell auch immer die Folgen der Regelverletzung sein mögen, die korrektive Handlung [...] weitgehend expressiv. Und darin liegt eine offensichtliche Logik. Ist es zu einem Vergehen gekommen, so besteht die Aufgabe des Missetäters darin, zu zeigen, daß diese Handlung kein zutreffender Ausdruck seiner Einstellung war, oder aber, wenn sie es unleugbar war, zu zeigen, daß er seine Einstellung zu der übertretenen Regel geändert hat. Im zweiten Fall hat er zu zeigen, daß, gleichgültig, was vorher geschah, er nun ein richtiges Verhältnis – eine anerkennende Einstellung – zu der fraglichen Regel hat. Dabei handelt es sich um die Demonstration einer Beziehung, und nicht um die Kompensation eines Verlustes." (Goffman 1974: 168)

liches, offensives Verletzenwollen des anderen. Generell sind im öffentlichen Raum dementsprechend alle Beteiligten an einem *Arbeitskonsens* gegenseitiger Anerkennung interessiert, bzw. damit zufrieden (vgl. Goffman 1971: 17).

Einerseits ist damit das Leben in der Interaktion bzw. die Interaktionsordnung eine relativ autonome Angelegenheit. Andererseits konstituiert sie aber keineswegs überpersönliche Kulturformen oder makrologische Sozialgebilde oder ist diesen gar vorgängig. Weiterhin wäre es nach Goffman ein Irrtum, Interaktionsordnungen als starr und unveränderlich anzusehen. Schließlich haben alle verschiedenen Phänomene und Strukturen des Sozialen ihre Geschichte, verändern sich und stehen in Abhängigkeit zu einer je spezifischen Kultur (vgl. Goffman 1983: 9).

"In sum then, although it is certainly proper to point to the unequal distribution of rights in the interaction order (as in the case of the segregative use of the local communities of a city), and unequal distribution of risk (as, say, across the age grades and between the sexes), the central theme remains of a traffic of use, and of arrangements which allow a great diversity of projects and intents to be realized through unthinking recourse to procedural forms. And of course, to accept the conventions and norms as given (and to initiate one's action accordingly), is, *in effect*, to put trust in those about one. Not doing so, one could hardly get on with the business at hand; one could hardly have any business at hand." (Goffman 1983: 6)

Siehe zur Rekonstruktion von interaktionsförmiger Raumorganisation, Reflexivität der persönlichen und sozialen Kontrolle oder auch Serialität von Zusammenkünften: Giddens 1988, der nicht zuletzt mit Goffman die *Konstitution der Gesellschaft* im Allgemeinen sowie Sozialintegration oder soziale Strukturierung im Besonderen diskutiert.

4.5.4 *Die Rahmenanalyse des Gesprächs*

In seinen späteren Werken – mindestens ab *Relations in Public* (1971), aber zentral in *Frame Analysis* (1974) und *Forms of Talk* (1981) – berücksichtigt Goffman immer stärker zwischenmenschliche Gesprächssituationen und dialogförmige Interaktionen, die *sprachliche* Interaktionsordnung wird zu einem Schwerpunktthema. Gespräche sind schließlich auch ein Paradebeispiel für zentrierte Interaktion ('focused encounter'), weil ein Aufmerksamkeitsschwerpunkt auf ein gemeinsames Thema gegeben ist.

Üblicherweise ist jeder Gesprächsteilnehmer besonders *engagiert*, das Thema steht im Mittelpunkt der kognitiven und der Sprecher im Mittelpunkt der visuellen Aufmerksamkeit. Dieses (teils spontane, teils selbst kontrollierte) Engagement ist von wechselseitigen Erwartungen getragen, d. h. ich soll mit ganzer Aufmerksamkeit dem Gesprächsverlauf folgen, ebenso alle anderen Beteiligten, und jeder sollte den anderen ermöglichen, ihr Engagement aufrechtzuerhalten. Nur wenn dieses fundamentale Prinzip befolgt wird, kann der Interaktionstyp der Konversation gelingen bzw. erfolgreich sein. "Die Bereitschaft des Sprechers, seine Ausdrucksweise auf die Zuhörer abzustimmen, und deren Bereitschaft, ihr Interesse auf ihn abzustimmen [...], schlagen jene Brücke zwischen den Menschen, die ihnen die Möglichkeit gibt, sich für den Augenblick eines Gesprächs auf der Ebene eines wechselseitig aufrechterhaltenen Engagements zu begegnen. Diese Solidarität ist es – und nicht die offensichtlichen Formen der Liebe –, durch die sich soziale Welt konstituiert." (Goffman 1971: 128) Aus der Verpflichtung zu Aufmerksamkeit und Engagement ergeben sich weitere besondere Direktiven, deren Verletzung zu Fehlverhalten oder gar zum Abbruch der Konversation führen. Zu vermeiden sind deswegen (vgl. Goffman 1971: 129ff.): 1) *Ablenkung von außen*, 2) *Ich-Befangenheit*, 3) *Interaktionsbefangenheit*, 4) *Fremd-Befangenheit* und 5) *geheucheltes Engagement*.

Wir konzentrieren uns für die weitere Gesprächsanalyse auf das Rahmenkonzept und schicken einige wenige grundbegriffliche Erläuterungen voraus, bevor wir dann exklusiv auf die strukturierenden Elementarmerkmale des Gesprächs eingehen.

"Ich gehe davon aus, daß wir gemäß gewissen Organisationsprinzipien für Ereignisse – zumindest für soziale – und für unsere persönliche Anteilnahme an ihnen Definitionen einer Situation aufstellen; diese Elemente, soweit mir ihre Herausarbeitung gelingt, nenne ich 'Rahmen'. [...] Mein Ausdruck 'Rahmen-Analyse' ist eine Kurzformel für die entsprechende Analyse der Organisation der Erfahrung." (Goffman 1977: 19)

Seiner Rahmenanalyse unterlegt Goffman die Prämisse, dass die sowohl an Handlungen als auch an Gesprächen Beteiligten sehr genau (wenn oft auch nur intuitiv bzw. implizit) wissen, in welcher Situation sie sich befinden, was dem aktuellen Wirklichkeitsbereich angemessen bzw. unangemessen ist und wie sie gemeinsam alle weiteren Vorgänge zu koordinieren haben. Um nun die Organisation der Alltagswelt zu bestimmen und das Wissen der daran Beteiligten freizulegen, nimmt Goffman deren Perspektive ein und konzentriert sich auf die fundamentale Frage: "Was geht hier eigentlich vor?" (1977: 16)

Diese soziologische Betrachtungsweise beruht (neben einer versteckten Nähe zu Georg Simmel) zum einen auf dem *Thomas-Theorem* – "Wenn die Menschen eine Situation als wirklich definieren, dann ist sie ihren Auswirkungen nach wirklich" (nach Goffman 1977: 9) – und zum anderen auf Gregory Batesons Rahmen-Definition. Nach dessen anthropologisch-psychologischem Verständnis ist ein Rahmen weder physisch-plastisch noch logisch-mathematisch. Bateson geht vielmehr davon aus, dass der Rahmen eine Menge von Mitteilungen oder sinnhaften Handlungen ist bzw. diese abgrenzt; und dass er eine Menge von Regeln für das Herstellen und Verstehen der Mitteilungen selbst bereitstellt (vgl. 1981: 252f.; vgl. auch Hettlage 1991: 104ff. und Willems 1997: 30ff.). Solche psychologischen Rahmen liegen manchmal im Unbewussten eines Subjekts, manchmal sind sie nicht-sprachlicher Natur, aber häufig werden sie bewusst erkannt und zugleich sprachlich dargestellt (Film, Spiel, Witz, Beruf). Zudem sind sie in Kommunikationsprozesse eingebettet oder durch diese fundiert. Hierbei zeigt sich ein *exklusiver* Aspekt: bestimmte Mitteilungen sind in einem Rahmen nicht möglich; ein *inklusiver* Aspekt: bestimmte Mitteilungen sind gerade durch den Ausschluss anderer möglich und erwartbar; und schließlich ein doppelter *metakommunikativer* Aspekt:

www.kowi.uni-essen.de/
koloss/themen/goffman/
handlungsrahmen.htm

1) "Jede Mitteilung, die explizit oder implizit einen Rahmen definiert, gibt dem Empfänger *ipso facto* Anweisungen oder Hilfen bei seinem Versuch, die Mitteilungen innerhalb des Rahmens zu verstehen."

2) "Jede metakommunikative oder metasprachliche Mitteilung definiert explizit oder implizit die Menge von Mitteilungen, über die sie kommuniziert, d. h. jede metakommunikative Mitteilung ist ein psychologischer Rahmen oder definiert einen solchen." (Bateson 1981: 255)

Das erste Organisationsprinzip von Handlungen und Mitteilungen, das Goffman zumindest bei westlichen Gesellschaften ausfindig macht, ist die Einordnung eines Ereignisses in *primäre Rahmen* im Sinne von Interpretationsschemata, die als ursprünglich erlebt und zumeist nicht bewusst angewandt werden. Primäre Rahmen ermöglichen ein unmittelbares Erkennen und Identifizieren von Situationen und Ereignissen aller Art, sie gewährleisten die Vorstellung von Normalität und die Unterstellung, dass sich alles, was der Fall ist, auf irgendeine Weise in dieses Bezugssystem einordnen lässt. Ausnahmen bestätigen hierbei die Regel, denn auch bei Vorgängen, die nicht unmittelbar in einen primären Rahmen zu passen scheinen, wird dieser nicht grundsätzlich in Frage gestellt. Vielmehr gibt es spezielle Kategorien, die einen Umgang mit solchen Situationen 'im Rahmen des Normalen' erlauben: Es wird eine Erklärung konstruiert oder etwas wird beispielsweise als Zufall entschuldigt.

Primäre Rahmen unterscheidet Goffman (vgl. 1977: 31f.) in zwei Klassen: *natürliche* und *soziale Rahmen*. Die einen werden als nicht-intentional und vollständig auf natürliche Ursachen zurückführbar erlebt, als bloße Ereignisse (Naturphänomene, physikalische Reaktionen etc.). Die anderen betreffen alle verschiedenen Arten von menschlichen Handlungen, also zielgerichtete, willentliche und wechselseitig orientierende Ereignisse. Weil die individuelle Einordnung in einen primären Rahmen und die situative Orientierung weder per se vorgegeben noch starr sind, kann es einerseits zu kommunikativen Aushandlungen der 'richtigen' Situationsbedeutung kommen, andererseits können die Interaktionspartner die inhaltliche Ausgestaltung des Rahmens ändern, oder es können schließlich einseitig Fehlinformationen und Täuschungsmanöver eingebracht werden. Hierbei ist entweder von *Modulation* (*keying*) oder von *Täuschung* (*fabrication*) zu sprechen (vgl. Goffman 1977: 52ff. bzw. 98ff.). Beide stellen Transformationen primärer Rahmen dar, aber während die Transformation bei einer Modulation allen Beteiligten ersichtlich ist, liegt bei Täuschungen ein unterschiedliches, asymmetrisches Rahmungswissen vor: Nicht alle wissen, was gerade vor sich geht, und sollen es selbstredend auch nicht wissen.

www.kowi.uni-essen.de/
koloss/themen/goffman/
klammern.htm

Eine weitere Organisationseigenschaft von Rahmen sind *Klammern* (vgl. Goffman 1977: 278ff.). Sie markieren eine konventionelle Abgrenzung von raumzeitlichen Episoden und sind dementsprechend selbst entweder zeitlicher (Schulglocke, Regieklappe, Anpfiff des Schiedsrichters) oder räumlicher Natur (Klassenzimmer, Operationssaal, Theaterbühne). Klammern sind also Modulationssignale, die die Beteiligten auf Rah-

mentransformationen hinweisen. Wie es Mehrfachmo-
dulationen, Rahmen in Rahmen gibt, so kommen auch
mehrfach ineinander verschachtelte Grenzziehungen
bzw. Klammerzeichen vor. Entsprechend ist die Orientierung in der Alltagswelt hochkomplex und trotz der
verschiedenen genannten Ordnungs- und Anwen-
dungsprinzipien ein grundsätzlich offenes Geschehen,
das ständig Umdefinitionen von Rahmen, Rückversi-
cherungen und Arbeitskonsens erfordert.

Die bisher behandelten Rahmungsmerkmale liegen
unbestritten auch sprachlichen Äußerungen und Ver-
stehensprozessen zu Grunde; dort wird falsch geant-
wortet, gelogen, über Rahmengestaltungen gestritten
etc. Doch für die Analyse einer speziellen Form sprachlicher Äußerungen, nämlich die Konversation bzw. Unterhaltung, ist nach Goffman damit noch nichts erreicht,
einzig: "daß die Unterhaltung eine Art struktureller
Mischmasch ist, ein Abfallhaufen, wo sich Bruchstücke
und Überreste aller möglichen Rahmungsmethoden
finden, die es in der Kultur gibt." (1977: 534) Eine weitere Annäherung zeigt nun, dass im direkten Gespräch
ein optischer und akustischer Kontakt zwischen den
Teilnehmern erforderlich ist. Und weiter:

"Die Organisation jedweder sinnvollen Rede muß
den Regeln einer Sprache entsprechen, deren Beherrschung ein Teilnehmer in die Momente seines Redens
und Hörens ebenso einbringen muß wie den nötigen
akustischen Apparat. Diese Fähigkeit hängt eng mit einer anderen zusammen, die ganz spezifisch mit der aktuellen sozialen Situation zu tun hat, in der sie zur Geltung kommt, denn man muß 'Indexausdrücke' gebrauchen, z. B. solche der Zeit, des Ortes und der Person, die
ihre Bedeutung von dieser Situation – der Sprechsituation – her gewinnen und sich nicht auf die Situation beziehen, *über* die gesprochen wird. Außerdem sind die
Beteiligten den Normen der guten Sitten unterworfen:
durch die Häufigkeit und Länge der Gesprächsbeiträge, durch die Vermeidung bestimmter Themen, durch
Zurückhaltung beim Sprechen über die eigene Person,
durch eifrig oder widerwillig gewährte Aufmerksamkeit" (Goffman 1977: 535f.).

Jedoch betreffen auch diese Aspekte eher alle Gesprächsformen und vornehmlich ihre Rand- bzw. Ent-
stehensbedingungen. Für die Binnenstruktur von Kon-

versationen sind diese Feststellungen zu allgemein. Deswegen will Goffman mit der konkreten Frage: "was die Menschen beim Sprechen wirklich tun" (1977: 549), die eigene Wesenhaftigkeit und Organisationstypik informeller Gespräche extrapolieren und rekonstruieren.

Ein erstes Merkmal zeigt einen spielerischen Umgang mit Themen und eine lockere Beziehung zur Welt bzw. sozialen Umwelt. In der Unterhaltung fehlt das Ziel einer bestimmten Sozialhandlung, und dementsprechend hoch ist für die Beteiligten der Spielraum an Anschlussmöglichkeiten. Der jeweilige Sprecher wird weniger auf die authentische Ausdrucksform und rationale Logik seiner Mitteilungen festgelegt, und auch der Hörer bleibt hinsichtlich seiner Verstehensinterpretation ungebundener als in formellen Interaktionsordnungen. Daraus ergibt sich aber auch eine erhöhte Anfälligkeit jeder plaudernden, zweckfreien Interaktionssequenz für Modulationen und Täuschungen vielfältigster Art (vgl. Goffman 1977: 537f.).

Noch in anderer Hinsicht ist der Ausdrucksmodus in Unterhaltungen interessant. Es werden weniger Berichte angefertigt oder sachliche Informationen mitgeteilt, als vielmehr Hinweise auf die individuelle Befindlichkeit, auf das eigene Erleben des Gesagten gegeben, kurz: es findet das *Nachspielen* von Szenen statt, die dramatische Darstellung von Ereignissen (vgl. Goffman 1977: 539f.). Um eine entsprechend erwartbare Reaktion der Zuhörer zu erzielen, Anerkennung, Sympathie, Freude etc., muss der Sprecher verschiedene Schritte vollziehen und Strukturmomente berücksichtigen. Zuallererst muss ein Spannungsaufbau erzeugt werden, die Zuhörer müssen in Unkenntnis ob des Inhalts und der intendierten Wirkung der Erzählung bleiben. Zur Einstimmung erfolgt deshalb oft eine ritualisierte Absicherung ('ticket'): "Haben Sie schon gehört, dass ...?" "Wussten Sie eigentlich ...?" "Wenn Sie mich vielleicht hinzufügen lassen ..." Nach dieser einführenden Klammersetzung verfolgt der Erzähler solcher Art eine Dramatisierung, als ob er das Erlebnis das erste Mal darbieten würde, und diese gebotene Spontaneität wirkt wiederum von den Zuhörern her, für die es ein erstes und neuartiges Kundnehmen ist. Dabei geht es dann – analog zur Theaterinszenierung – für die beteiligten Hörer

"Nun ist die Frage: Wieviel Planung waltet im Gespräch, das heißt, wie weit stellt man eine Antwort (oder eine erste Äußerung) darauf ab, daß die wahrscheinliche Reaktion auf sie die Möglichkeit schafft, als natürlichen nächsten Schritt das zu tun, worauf man es die ganze Zeit abgesehen hatte? Im Idealfall sollte das in der Konversation oder Unterhaltung überhaupt nicht vorkommen. In der Praxis ist [...] die Vorausplanung um *einen* Zug weit verbreitet; man angelt nach Komplimenten, 'steuert' ein Gespräch, bringt ein Thema herein, das in eine gewünschte Richtung zu führen verspricht, und ähnliches." (Goffman 1977: 546f.)

um den Genuss der Geschichte wie auch der Darstellung und um das mitvollziehende Nacherleben.

Des Weiteren walten in der Organisation von Unterhaltungen aus dramaturgischen Gründen spezifische *Erkennungszeichen*: sie geben an, "wer das sagt oder tut, was gerade gesagt oder getan wird" (Goffman 1977: 575). Zur Orientierung und zum adäquaten Rahmenverständnis stehen sich in der Konversation nicht einfach zwei Seiten, der Erzähler und die Hörerschaft, gegenüber, sondern vielmehr ist am jeweils Sprechenden zu unterscheiden zwischen: maßgebendem Subjekt bzw. Urheber, Stratege, Gestalter und Figur. Je nach Perspektive und Zurechung verschiebt sich dabei der aktuelle Rahmen, es wird eine Trennung zwischen eigener und dargestellter Meinung möglich, und schließlich lassen sich von einem 'Urheber' verschiedene Figuren spielen; kurz: ein ausgesprochenes "ich" kann vielerlei Referenzpunkte aufweisen. Goffman selbst illustriert die personalen Erkennungszeichen im 'Rahmen' der Unterhaltung wie folgt:

"Wenn jemand sagt: 'Ich habe das Gefühl, ich muß dir sagen, daß ich an diesem Abend recht durcheinander war und Marie alles gesagt habe', dann kommen drei ganz normale Wesen ins Spiel. Da ist der Gestalter (eine rein situative Übertragungsmaschine); da ist das 'sprechende Ich', von dem der Sprecher als dem zur Zeit Verantwortlichen und dem Hörer zur Verfügung Stehenden spricht, das Ich, das der Sprecher bis zu diesem Augenblick geworden ist und jetzt ist, und das übrigens in enger Verbindung mit der Eigenschaft seines Trägers als Gestalter zu sehen ist; und da ist das Ich als Figur, als maßgebendes Subjekt der eingeschachtelten, berichteten Handlung, eine Person, die der Sprecher vielleicht gar nicht mehr als demjenigen ähnlich empfindet, in dessen Namen er jetzt spricht." (1977: 557f.)

In die Rahmenstruktur des Gesprächs sind zusätzlich bestimmte, kulturabhängige Arten von Figuren eingebettet, mit denen der Urheber seine eigene oder fremde Perspektive vermittelt. Goffman (vgl. 1977: 562ff.) zählt hierunter: natürliche, gespielte, gedruckte und zitierte Figuren sowie den Aspekt der Teilnachahmung in Sprache oder Geste (Dialekte, Nationalitätsak-

Einige Strukturmomente des Konversationsrahmens (vgl. dazu Willems 1997: 355ff., der insbesondere eine Abgrenzung zu therapeutischen Gesprächen leistet):
1) Konversation kann prinzipiell jederzeit, überall und von verschiedenen Personen betrieben werden.
2) Konversation ist an physische und kognitive Zugänglichkeit gebunden. Einerseits kann dadurch die Absicht signalisiert werden, nicht angesprochen werden oder keine Unterhaltung pflegen zu wollen. Andererseits ist es nach dem Aufbau eines Konversationsrahmens entscheidend, dass die Unterhaltung kontinuierlich von bestimmten Themen weitergetragen wird und nicht unvermittelt abbricht.
3) Konversationen unterliegen in doppelter Weise bestimmten Sprechverboten. Der eine Aspekt verbietet, den Interaktionspartner bzw. seine Selbstdarstellung kommunikativ zu verletzen oder zu desavouieren. Der andere Aspekt sieht vor, bestimmte Themen aus der Kommunikation auszuschließen; insbesondere solche, die geradezu eine persönliche Stellungnahme und Wertung provozieren (Religion, Geschmack, Geld, Sexualität etc.).
4) In der Konversation fehlt üblicherweise sowohl eine Sprecherreihenfolge als auch ein Zeitlimit der Beiträge; es gibt keine explizite Ordnung durch sozialen Status und "Schweigeampeln".

5) In zeitlicher Hinsicht fällt für Konversationen weiterhin auf, dass ihr Anfang und Ende nicht klar gerahmt ist. "Es gibt zumeist fliegende Starts und ein 'open end'. Man muß zwar irgendwann aufhören, aber das Ende darf nicht wie Abbruch erscheinen, muß selbst in der Konversation begründet werden und kann jedenfalls nicht einfach mit dem Hinweis auf die Uhrzeit als solche herbeigeführt werden." (Willems 1997: 374)

zente, Babysprache, geschlechtsrollenspezifisches Verhalten etc.).

Aber in der Unterhaltung sind nicht nur sprecherbezogene Strukturmerkmale relevant, auch die anderen Anwesenden verhalten sich typisch und haben Pflichten (vgl. Goffman 1977: 579f.). Sie müssen zeigen, dass sie am Geschehen beteiligt sind und ein Mitvollziehen bzw. Nacherleben betreiben. Weiterhin sollen sie eine Wertschätzung sowohl gegenüber dem Sprecher als auch gegenüber dem gesamten Arrangement bzw. Szenario expressiv bekunden. Zumeist geschieht dies durch Zwischenlaute, Kopfnicken und sonstige Verhaltensbekundungen von Aufmerksamkeit und Anteilnahme. Ebenso können aber von der Rezipientenseite, bei aller Selbstkontrolle, Inszenierungskunst und Strategie des Sprechers, Rahmenmodulationen und Konversationsbrüche erzeugt werden. Schließlich haben auch die Hörer einen Gestaltungsfreiraum, und entsprechend liegt der Rahmensinn nicht ausschließlich in den Händen des Sprechhandelnden.

"Denn bei der – wenn auch noch so genauen – Wahrnehmung dessen, was der Sprecher hervorrufen möchte, kann sich der Zuhörer dem Angerührtsein entziehen und statt dessen das Gehörte hinaufmodulieren, es in ein Ganzes auflösen, er kann die Aussage allein von der Seite nehmen, daß sie lediglich eine versteckte Selbsterhöhung ist, oder ein müder Versuch der Schmeichelei, oder die x-te Wiederholung einer Geschichte, die man von dem Sprecher schon oft gehört hat, oder ein interessanter Versuch, sich einen vornehmen Akzent zuzulegen. [...] So kann den rasch wechselnden Rahmen in jemandes Rede ein weiteres System von Rahmenwechseln überlagert sein, die der Zuhörer hineinbringt – manchmal auch nur für sich selbst. Was der Polymorphie die Perversion hinzufügt." (Goffman 1977: 588)

In der mehrmals erwähnten Programmschrift "The Interactional Order" findet sich ein persönliches Statement, das besser als jedes Resümee unsererseits Goffmans Perspektive prägnant zum Ausdruck bringt. Jene Präsidentenansprache vor der ASA hat Goffman mit der Frage ausklingen lassen, warum und zu welchem Zweck die Gesellschaft (und die Kultur der Interaktionsordnung) untersucht werden sollte, um dann die schlichte Antwort zu geben: "because it is there." (1983: 17)

4.5.5 *Literatur*

Bibliografie:

Publikationen von Goffman. In: Hettlage/Lenz (Hrsg.) [1991], S. 445-447.

Verwendete Literatur:

Bateson, Gregory [1981]: Ökologie des Geistes. Anthropologische, psychologische, biologische und epistemologische Perspektiven. Frankfurt a. M.

Collins, Randall [1981]: On the Microfoundations of Macrosociology. In: American Journal of Sociology. Vol. 86, No. 5, S. 984-1014.

Giddens, Anthony [1988]: Die Konstitution der Gesellschaft. Grundzüge einer Theorie der Strukturierung. Mit einer Einführung von Hans Joas. Frankfurt a. M.; New York.

Goffman, Erving [1969]: Wir alle spielen Theater. Die Selbstdarstellung im Alltag. München; Zürich.

Goffman, Erving [1971]: Interaktionsrituale. Über Verhalten in direkter Kommunikation. Frankfurt a. M.

Goffman, Erving [1972]: Asyle. Über die soziale Situation psychiatrischer Patienten und anderer Insassen. Frankfurt a. M.

Goffman, Erving [1974]: Das Individuum im öffentlichen Austausch. Mikrostudien zur öffentlichen Ordnung. Frankfurt a. M.

Goffman, Erving [1977]: Rahmen-Analyse. Ein Versuch über die Organisation von Alltagserfahrungen. Frankfurt a. M.

Goffman, Erving [1981]: Forms of Talk. Philadelphia.

Goffman, Erving [1983]: The Interaction Order. In: American Sociological Review. Vol. 48, No. 1, S. 1-17.

Goffman, Erving [1994]: Interaktion und Geschlecht. Herausgegeben und eingeleitet von Hubert A. Knoblauch. Mit einem Nachwort von Helga Kotthoff. Frankfurt a. M.; New York.

Online-Bibliografie zu Goffman:

www.kowi.uni-essen.de/ koloss

⇨ Literatur ⇨ Goffman

Hettlage, Robert [1991]: Rahmenanalyse – oder die innere Organisation unseres Wissens um die Ordnung der Wirklichkeit. In: ders./Lenz (Hrsg.) [1991], S. 95-154.

Hettlage, Robert/Lenz, Karl (Hrsg.) [1991]: Erving Goffman – ein soziologischer Klassiker der zweiten Generation. Bern; Stuttgart.

Hitzler, Ronald [1992]: Der Goffmensch. Überlegungen zu einer dramatologischen Anthropologie. In: Soziale Welt. Jg. 43, H 4, S. 449-461.

Knoblauch, Hubert A. [1994]: Erving Goffmans Reich der Interaktion. In: Goffman [1994], S. 7-49.

Lenz, Karl [1991]: Erving Goffman – Werk und Rezeption. In: Hettlage/ders. (Hrsg.) [1991], S. 25-93.

Willems, Herbert [1997]: Rahmen und Habitus. Zum theoretischen und methodischen Ansatz Erving Goffmans: Vergleiche, Anschlüsse und Anwendungen. Mit einem Vorwort von Alois Hahn. Frankfurt a. M.

4.6 Gerold Ungeheuers anthropologische Kommunikationstheorie

4.6.1 *Die Relevanz Gerold Ungeheuers für die Kommunikationswissenschaft*

Gerold Ungeheuers kommunikationswissenschaftliche Arbeiten zeichnen sich durch einen sehr eigenständigen wissenschaftlichen Charakter aus, der im Gegensatz zu vielen Ansätzen der Kommunikationsforschung steht, die oftmals Kommunikation zu eng oder zu weit fassen, abstrakten Modellcharakter aufweisen und den Menschen als in Kommunikation involvierten Faktor ignorieren. Außerdem fehlt ihnen in der Regel die Einbettung der Kommunikation in lebensweltliche Situationen sowie die praktische Bedeutung kommunikativen Handelns.

Von daher kommt Ungeheuer zu dem Schluss, dass Kommunikation nur als *Ganzes* in einer noch zu erarbeitenden Theorie zu erfassen sei (vgl. zu einer frühen Perspektive auf den breiten Forschungskatalog einer Kommunikationswissenschaft: 1972[2]: 216). Seine Maxime ist, die spezifischen Strukturen von Kommunikation und den in sich zusammenhängenden Umkreis von sozialen Phänomenen in seiner Einheitlichkeit und Eigenart aus dem Ganzen der menschlichen Erfahrung herauszuarbeiten. Dementsprechend fasst er Kommunikation als eigenständigen Bereich in der Überzeugung auf, dass sie als einheitliches Ganzes keiner der vorhandenen und benachbarten Wissenschaften zugänglich sei. Disziplinen wie Allgemeine Sprachwissenschaft, Phonetik, Linguistik, Philosophie, Psychologie, Soziologie und Systemtheorie partizipieren, unter jeweils anderer Blickrichtung und Methodik, nur am Objekt der Kommunikation.

Der aus diesem Zustand resultierenden inneren Zerrissenheit der Kommunikationswissenschaft setzt er seinen formal auf viele Abhandlungen verstreuten, inhaltlich aber in sich geschlossenen Entwurf einer Kommunikationstheorie entgegen. Er folgt nicht dem in der übrigen Kommunikationswissenschaft weit verbreiteten *Ausdrucksmodell* der Kommunikation, sondern wendet sich dem *Hörer* in der *face-to-face-Situation* zu. Letztere ist für Ungeheuer die grundlegende Situation mensch-

* 6.6.1930 (Karlsruhe)
† 12.10.1982 (Bonn)

Gerold Ungeheuer studiert zunächst bis 1951 Mathematik, Philosophie und Musikwissenschaft in Heidelberg. Nach dem Wechsel an die TH Karlsruhe widmet er sich dem Studium der Physik und Nachrichtentechnik. Nach seinem Abschluss als Diplomingenieur geht Ungeheuer an die Universität Bonn, um Kommunikationsforschung, Phonetik, Musikwissenschaft, Philosophie und Linguistik zu studieren. Mit der Arbeit "Untersuchungen zur Vokalartikulation" wird er dort 1958 bei Werner Meyer-Eppler (1913-1960) zum Dr. phil. promoviert. Ungeheuer beschäftigt sich in dieser Zeit vorrangig mit Fragen der Akustischen und Linguistischen Phonetik.

Nachdem er 1961 eine Professur an der Cauca-Universität in Popayán (Kolumbien) angenommen hatte, habilitiert er sich 1962 in

Bonn für 'Allgemeine Phonetik und Kommunikationsforschung' (Habilitationsschrift: "Phonetische Aspekte beim Sprachverstehen"). 1963 als Dozent nach Bonn zurückgekehrt, nimmt er 1967 den Ruf auf den Bonner Lehrstuhl für 'Kommunikationsforschung und Phonetik' an und wird gleichzeitig Leiter des Instituts für Phonetik und Kommunikationsforschung. 1969 veranlasst Ungeheuer die Umbenennung des Instituts in "Institut für Kommunikationsforschung und Phonetik" (IKP) und markiert damit die Erforschung zwischenmenschlicher Kommunikation als Forschungsschwerpunkt des Instituts.

Bis zu seinem Tod 1982 verfasst Ungeheuer zahlreiche einflussreiche Schriften zu verschiedenen Themen, wie etwa Phonetik, Linguistik, Linguistische Datenverarbeitung, Nonverbale Kommunikation, Kommunikationstheorie, Gesprächsanalyse und Semiotik. Seine kommunikationstheoretischen Arbeiten sind zunächst von den in den 50er und Anfang der 60er Jahre gängigen informationstheoretischen und nachrichtentechnischen Kommunikationsmodellen beeinflusst. Ungeheuer setzt sich jedoch später von diesen reduktionistischen Ansätzen ab und entwickelt eine eigene sozialwissenschaftlich orientierte Kommunikationstheorie, die eine Handlungstheorie, Kommunikationssemantik und Problemtheorie zur Grundlage hat. Die Auseinandersetzung mit den sprachtheoretischen Arbeiten Karl Bühlers (1879-

licher Kommunikation. Mit der Begründung, dass der Hörer das vom Sprecher Hervorgebrachte durch eigene aktive Tätigkeit zu seinem *Eindruck* (versus Ausdruck) mache, hat er das alternative Bild einer *Eindruckskommunikation* geschaffen. Die im Ausdrucksmodell postulierte Vorrangigkeit des Sprechers wird als nicht adäquat abgelehnt. Hierdurch umgeht Ungeheuer die Aufteilung bzw. den Zerfall der Kommunikation in personenbezogene Partialhandlungen und gewinnt die *kommunikative Sozialhandlung,* in der Sprecher und Hörer gleichrangig miteinander agieren und zu einer Einheit werden.

Ungeheuer nimmt die Eigenschaften menschlicher Erfahrung zum Ausgangspunkt seiner Theorieentwicklung und versucht zu zeigen, dass Kommunikation durch die spezifische Konstitution des Menschen bedingt ist. Die *Innen-Außen-Dichotomie* sowie die *individuelle Welttheorie* werden dabei als die grundlegenden Merkmale herausgestellt. Einerseits geben diese erst Veranlassung zur Kommunikation, da den handelnden Individuen die Innenwelt des jeweils anderen nicht direkt und unmittelbar zugänglich ist, andererseits bedingen sie den *prinzipiell falliblen* Charakter der Kommunikation.

Kommunikative Sozialhandlungen werden als *vermittelte* Interaktionen verstanden, deren Handlungsziel die zwischenmenschliche Verständigung ist, die durch die Verwendung von Zeichen und Symbolen in verbalen und nonverbalen Handlungen bestimmt ist. Ungeheuer versteht die kommunikative Handlung als Lösung eines *praktischen Problems,* so dass einer allgemeinen Kommunikationstheorie eine *Problemlösungstheorie* zu Grunde gelegt werden muss.

Gerold Ungeheuer hat der heutigen Kommunikationswissenschaft eine Kommunikationstheorie hinterlassen, die auf einer allgemeinen Handlungstheorie und dem Grundmodell des Dialogs basiert. Diese Darstellung orientiert sich an einer Gliederung in drei Kategorien, mit denen versucht wird, das menschliche Kommunikationsphänomen unter Berücksichtigung einer anthropologischen, einer soziologischen und einer semiotischen Komponente zu fassen (vgl. Ungeheuer 1987e: 300f.). Die anthropologische Komponente setzt sich mit dem kommunizierenden Menschen und der fundamentalen Eigenschaft seiner individuellen Erfahrungsbildung auseinander. Das Phänomen der elementaren Sozialhandlung 'Kommunikation und Interaktion' wird von der soziologischen Komponente her thematisiert. Der semiotische Aspekt erläutert schließlich die Problematik wie auch die Funktionalität der kommunikativen Zeichenverwendung.

4.6.2 Die 'individuelle Welttheorie' als Bedingungsfaktor des menschlichen Kommunikationsphänomens

Das menschliche Individuum nimmt in Gerold Ungeheuers Kommunikationstheorie einen zentralen Stellenwert ein. Dies ist insofern berechtigt, als Kommunikation eine Sozialhandlung zwischen Menschen benennt. Der Mensch mit seinen Fähigkeiten und Eigenschaften ist als Träger und Autor einer jeden (Kommunikations-)Handlung in diese Theorie integriert. Gerade die Eigenschaften und Fähigkeiten des Menschen sowie dessen Möglichkeit einer individuellen Erfahrungsbildung haben für Ungeheuer fundamentale Bedeutung. Fundamental deshalb, weil Menschen sich im Kommunikationsakt mit ihren individuell ausgebildeten Erfahrungssystemen wechselseitig fremd gegenüberstehen und dabei das Problem entsteht, wie und warum Kommunikation und Verstehen dennoch prinzipiell möglich sind bzw. von den Kommunikationspartnern als prinzipiell möglich erfahren werden.

Ausgangspunkt seiner Überlegungen ist, dass Menschen in der Lage sind, etwas zu erfahren und dass dieses *menschliche Erfahren* spezifische Eigenschaften aufweist, die unmittelbare Folgen für die Beschreibung von Kommunikationsprozessen haben, welche in einer Kommunikationstheorie erfasst werden müssen.

Prozesse des Erfahrens sind mit einer Reihe von Merkmalen ausgestattet (vgl. Ungeheuer 1987e: 304ff.): sie sind *comprehensiv*, das bedeutet, dass in jeder Erfahrung ein gewisser Inhalt, ein *Etwas* erfahren wird. Dies können Objekte, Gegenstände, Vorstellungen oder ähnliches sein. Außerdem können dieselben Dinge mehrmals erfahren werden, was auf eine begriffliche Trennung von *Erfahrungsakt* und *Erfahrungsinhalt* schließen

1963) sind richtungsweisend für seine Kommunikationstheorie. In seinen letzten Lebensjahren beschäftigt sich Ungeheuer in Auseinandersetzung mit Autoren wie Christian Wolff (1679-1754), Johann Heinrich Lambert (1728-1777), Gottlob Frege (1848-1925), Friedrich Nietzsche (1844-1900), Platon (427-347 v.Chr.) und Gottfried Wilhelm Leibniz (1646-1716) mit der Tradition der *cognitio symbolica*, dem Problem zeichenvermittelter und symbolischer Erkenntnis, um seine Kommunikationstheorie philosophisch zu grundieren.

Anthropologische Dimension der Kommunikation

Erfahrungsprozesse und ihre Eigenschaften:

– comprehensiv

– reflexiv

–· dichotom

– individuell

– theoretisch

– koërzitiv

– quaesitiv

Zur Unterscheidung quaesitiver und koërzitiver Erfahrung siehe:

www.kowi.uni-essen.de/koloss/themen/ungeheuer/regen.htm

Innen-Außen-Dichotomie

"Das von mir im Umriß beschriebene, vielgliedrige und in der ständigen Bewegung des Aufbaus und Abbaus sich befindliche, manchmal als in mir strömend erlebte Erfahrungssystem, das ich bin, nenne ich in begrifflicher Repräsentation meine *individuelle Welttheorie.*"
(Ungeheuer 1987e: 312)

lässt. Mit der *Reflexivität* als weiterem Merkmal von Erfahrung wird auf die Tatsache hingewiesen, dass der Mensch erfahren kann, *dass* er etwas erfährt. Der bedeutsamste Aspekt menschlicher Erfahrung ist die Unterscheidung zwischen *koërzitiver* und *quaesitiver Erfahrung.* Einerseits erfahren Menschen etwas *koërzitiv,* d. h. erzwungenermaßen, ob sie wollen oder nicht; andererseits streben sie aber auch Erfahrung an und führen sie mit Absicht (*quaesitiv*) und zielorientiert herbei. Wenn der Mensch sich mögliche Erfahrung absichtsvoll als Ziel setzt, muss er über die Gabe der Antizipation verfügen, d. h. er entwirft probeweise eine Erfahrung, die er noch nicht in seinem Besitz hat, und strebt danach, diese Vorwegnahme zu realisieren.

Des Weiteren hebt Ungeheuer die prinzipiell *dichotome* Eigenschaft von Erfahrung hervor, die sie in eine *äußere* und eine *innere* Erfahrung zerlegt. Eine *äußere Erfahrung* können mehrere Menschen über denselben Weltausschnitt in gleicher Weise machen, sie basiert auf sinnlicher Wahrnehmung. Eine *innere Erfahrung* bezieht sich hingegen auf den inneren Bereich des Menschen und ist in ihrer Eigenart nur dem erfahrenden Individuum zugänglich. Wenn die Erfahrung und die erfahrenen Inhalte zur *inneren Erfahrung* gehören, die von anderen Individuen unmittelbar nicht nachzuvollziehen ist, kann man von einer *Individualität* menschlicher Erfahrung sprechen. Die jedem menschlichen Individuum zu eigene *personelle Erfahrungstheorie,* welche die Gesamtheit der vollzogenen Erfahrungen darstellt, wird von Ungeheuer nun weiter ausgebaut zum umfassenderen Konstrukt der *individuellen Welttheorie.* Diese wird zum Kern der kommunikationstheoretischen Überlegungen erklärt.

Erworbene Erfahrung ist zentraler Bestandteil der *individuellen Welttheorie.* Sie ist individuell, weil die jeweilige Erfahrung in spezifischen, biografisch je einmaligen und unwiederholbaren sozialen Situationen vollzogen werden muss. Die *individuelle Welttheorie* ist jedoch nicht nur eine Ansammlung von gemachter Erfahrung, sie hat auch die Funktion, Erfahrungen zu *erklären,* ähnlich einer wissenschaftlichen Theorie. Vor allem aber steuert sie den Erwerb neuer Erfahrung in Form einer breiten Schicht von Annahmen über die Welt. Diese sehr breite Schicht von Annahmen über die

Welt kann als Komplex von *Vor-Urteilen* (vgl. Ungeheuer 1987e: 299 und 310) verstanden werden, weil die auf Erfahrung basierenden Annahmen über die Welt individueller Natur sind und nicht intersubjektiv als richtig oder adäquat beurteilt werden können. Jeder erfährt immer nur nach vorhandenen *Vor-Urteilen* die Welt bzw. etwas über die Welt. Diese sind gewissermaßen Filter von Erfahrung, können aber auch von der einströmenden Erfahrung verändert werden. Dies führt auf die fundamentale Problematik von *Bestand* und *Prozess* einer *individuellen Welttheorie*. Dem in erfahrender Lebenspraxis zusammengefügten, weitverzweigten System der *Wissenskomplexe, Wirklichkeitsentwürfe* und *Ordnungskategorien*, das Ungeheuer als den *Bestand* des menschlichen Individuums bezeichnet, steht ein *Prozess* entgegen, dessen im alltäglichen Leben z. B. durch *Persuasion* evozierte Ergebnisse den Bestand langsam, aber stetig umbauen. Dabei werden neue Erfahrungen von *Vor-Urteilen* gefiltert und dadurch den vorhandenen *Ordnungskategorien* der *individuellen Welttheorie* angepasst, während sie gleichzeitig diese langsam abändern.

Die *individuelle Erfahrung* innerhalb der *individuellen Welttheorie* kann als Ausgangspunkt der Kommunikationstheorie Ungeheuers bezeichnet werden, denn er selbst war der Überzeugung, dass Sinn und Grundlage kommunikativen Handelns in der *individuellen Welttheorie* zu suchen seien. Dieser Bedingungszusammenhang zwischen Welttheorie und Kommunikation lässt sich wie folgt erklären. In die *individuelle Welttheorie* jedes Menschen ist eine *individuelle Kommunikationstheorie* eingebaut. Sie besteht aus Erfahrungen über Kommunikation, nach denen Kommunikationshandlungen eingerichtet und ausgeführt werden und nach deren Kriterien kommunikative Verstehensakte zum Erfolg geführt bzw. als gescheitert erlebt werden. Ohne diese jeweiligen *individuellen Kommunikationstheorien* wären Kommunikationshandlungen zwischen Menschen überaus schwierig zu vollziehen.

Ebenso ist die für verbale Kommunikation unentbehrliche Sprache fester Bestandteil einer jeden Welttheorie. Die Sprache ist mit allem verbunden, was die jeweiligen persönlichen Erfahrungsinhalte ausmacht. Diese im Sprechen produzierten Erfahrungsinhalte bil-

Es ist zu berücksichtigen, "daß in einer wissenschaftlichen Kommunikationstheorie Menschen nicht nur gedacht werden als Individuen, die sich ihrer Kommunikationshandlungen bewußt sind, sondern vielmehr als solche, die selbst eine *individuelle Kommunikationstheorie* besitzen, wie fragmentarisch, lückenhaft und außerwissenschaftlich sie auch immer sei, nach der sie ihre eigenen Kommunikationshandlungen ausführen, nach deren Kriterien sie auch ihre kommunikativen Verstehensakte zum Erfolg führen oder sie als gescheitert erleben." (Ungeheuer 1983a: 9)

"Kommunikationen sind Veranstaltungen von Sprechern, die beabsichtigen, Hörer bestimmte innere Erfahrungen, Erfahrungen des Verstehens, vollziehen zu lassen. Die verstehende Erfahrung, auf welche die Kommunikation abzielt, ist die innere Handlung des Hörers; die Intention des Sprechers auf das Hörerverstehen ist ebenso innere Erfahrung, ist innere Handlung des Sprechers." (Ungeheuer 1987e: 316)

den einen semantischen Bereich, der erst die Vermittlung von Bedeutung und somit sinnvolle Verständigung ermöglicht. Grundlage von Verständigung sind jedoch auch *Wissensmuster*, die den Teil der *individuellen Welttheorie* bilden, den man als *gemeinsam-mit-anderen-gewussten* bezeichnen kann. Durch Überlappung dieser intersubjektiven Teile von verschiedenen Welttheorien wird die soziale Handlung *Kommunikation* erst realisierbar.

An einem weiteren Moment wird die enge Beziehung zwischen *individueller Welttheorie* und Kommunikation deutlich: Kommunikationen sind – Ungeheuer zufolge – absichtsvolle Handlungen von Sprechern, um im Hörer erwartbare Einstellungen zu evozieren oder ihn unter diesem Fremdeinfluss bestimmte *innere Erfahrungen* vollziehen zu lassen. Diese *inneren Erfahrungen* werden in Kategorien der *individuellen Welttheorie* gemacht, so dass sie aus dem Kommunikationsprozess nicht wegzudenken sind. Der kommunizierende Mensch verfährt in seinem Verstehensprozess so, dass er sich in den anderen versetzt und von seinem Erfahrungshintergrund aus, der zentraler Bestandteil der Welttheorien ist, Inhalte des anderen erkennt und mittels einer Analogie in seiner Welttheorie verankert. Dabei sind die seiner *individuellen Welttheorie* inhärenten *Vor-Urteile* mit im Spiel: sie "fügen hinzu" und "streichen weg". Diese Verarbeitungsprozeduren der Erfahrung sind in die soziale Kommunikationshandlung als *Verfahren* eingebaut (vgl. Ungeheuer 1983c: 3). Verarbeitungsprozesse der individuellen Welttheorien konstruieren also jeglichen Sinn und alle Bedeutungen, die in Kommunikation zustande kommen.

Abschließend sei auf die (wohl paradoxe) Bedingungsrelation zwischen Welttheorie und Kommunikation hingewiesen, die darin besteht, dass trotz und wegen der spezifischen Individualität von Welttheorien, die uns zur Kommunikation zwingt, die grundsätzliche Unmöglichkeit des kommunikativen Erfolgs bestehen bleibt. Dies bedarf natürlich einer Erläuterung – haben wir doch gesagt, dass die *innere Erfahrung* als Kern von Welttheorie individuell bleibt und von anderen Individuen in ihrer subjektiven Spezifität unmittelbar nicht nachzuvollziehen sei. In dieser Unmöglichkeit, unmittelbar die inneren Erfahrungen des anderen zu erfassen und zu verstehen, liegt die Notwendigkeit von Kommunikation, denn sie ist das unverzichtbare Medium, um *innere Erfahrung* anderen mitzuteilen. Wir würden Kommunikation nicht benötigen, wenn es uns möglich wäre, direkt ins Innenleben des anderen vorzudringen und die *individuellen Erfahrungen* seiner Welttheorie zu teilen. Weil aber gleichzeitig das Verstehen der kommunikativen Sozialhandlungen an den Einzelnen rückgebunden bleibt, korreliert mit der Individualität der Erfahrungen und Interpretationen die Unmöglichkeit, den eindeutigen Verstehenserfolg sozial zu überprüfen.

"Und diese Zweiteilung menschlicher Erfahrung ist Fundamentalstruktur, sie kann nur vermittelt werden, und alle Kommunikation hat in diesem 'psychischen Urphänomen' ihren Ausgang und ihre Veranlassung." (Ungeheuer 1987e: 307)

4.6.3 *Kommunikatives Handeln, verstehende Erfahrung und Interaktion*

Dieser Abschnitt kann als der eigentlich kommunikative Schwerpunkt von Ungeheuers Kommunikationstheorie aufgefasst werden. Die in dialogischer Situation verwirklichte *elementare Sozialhandlung* Kommunikation mit ihren handelnden Akteuren und ihren Motiven, mit ihren Voraussetzungen und Implikationen steht hier im Mittelpunkt der Darstellung. Die gesonderte Betrachtung der *kommunikativen Sozialhandlung* ergibt sich aus der Tatsache, dass Kommunikation nicht weiter zerlegbar ist oder zurückgeführt werden kann auf elementare Individualhandlungen (vgl. Ungeheuer 1987b: 86). Sie bezieht ihren Initiator und den Perzipienten in eine spezifische Form von Sozialität ein und bringt beide in eine im Folgenden zu rekonstruierende Relation zueinander. Kommunikation ist insofern ein grundlegend soziales Ereignis, als an ihr mindestens zwei Menschen beteiligt sind und sich gemeinsam auf etwas beziehen, wozu sie "nach mehr oder weniger festem Regelsystem Zeichen verwenden" (Ungeheuer 1987e: 301). Kommunikation ist demnach weder als reines Verhalten, noch als Informationsübertragung zwischen Sender und Empfänger, noch als monologische, einseitig aktive Sprechhandlung, noch als jenseits des Menschlichen vollzogene Koordinierung und Kooperation zu qualifizieren.

Besonders von ihrer soziologischen Dimension her ist Kommunikation für Ungeheuer grundlegend als *dia-*

Soziologische Dimension von Kommunikation

"Die persistenten Problem- und Problemlösungsaktivitäten der Menschen haben mich seit langem auf den Gedanken gebracht, der Kommunikationstheorie sollte eine anthropologische Problemtheorie zugrundegelegt werden. Diese Problemtheorie hätte die Aufgabe zu übernehmen, die Sätze systematischer Erfahrung mit der eigentlichen Kommunikationstheorie zu verbinden. Auf der Ebene der Erfahrungen könnte ein erster beschreibender Bezug kommunikativer Akte auf problemhaftes Handeln in folgendem Satz gefunden werden: Wenn Menschen versuchen, sich mitzuteilen, sind sie von Problemen veranlaßt, die sie kommunikativ nur zu lösen vermögen, und aus diesem Grunde und zu diesem Zweck müssen sie zuerst eine Lösung für das interaktive Problem besitzen, sich mitzuteilen." (Ungeheuer 1987e: 337f.)

logischer Partnerkontakt bzw. als *Gespräch* zu begreifen (vgl. 1987b: 73 und 95). An anderer Stelle wird zum spezifisch Sozialen der Kommunikation ergänzt: "ein Handlungsziel ist vorgegeben (das anvisiert oder gemieden wird), die Individuen sind aufeinander eingestellt, Handlungsstrategien sind gesammelt und Taktiken werden ausgearbeitet." (Ungeheuer 1987b: 77)

Im Hinblick auf die kommunikative Handlung steht bei Ungeheuer am Anfang das *Problem*. Es ist das Problem des Sprechers, wie er Kommunikation initiieren und eine Vorgehensweise finden soll, um mit seinem Dialogpartner *kommunikative Verständigung* herbeizuführen. In variierter Form lautet das kommunikative Grundproblem: Wie kann der Sprecher gezielt eine gewünschte Wirkung und Handlungsauslösung beim Hörer erreichen? Wie ist im Kommunikationsprozess zwischen den Beteiligten eine *Konvergenz* der korrelierten Aktivitäten sowohl herbeizuführen als auch zu überprüfen? Oder schließlich: "wie schafft es der Sprecher, seine Beeinflussung durchzusetzen, und wie erkennt der Hörer, genau welcher Beeinflussung durch Rede er ausgesetzt ist, und wie weiß der Sprecher, daß der Hörer genau seine Beeinflussungstendenz erfaßt hat"? (Ungeheuer 1987a: 46f.)

Die zielhaft angestrebte Verständigung impliziert zunächst nur, dass der Hörer etwas zur Kenntnis nehmen soll. Ihm soll ein Wissen zuteil werden, das er vorher noch nicht hatte. In diesem Stadium greift beim Hörer noch keine Meinungsbildung mit zustimmender bzw. ablehnender Haltung gegenüber dem Inhalt, so dass es sich lediglich um eine erste Kontaktaufnahme handelt. Die vom Sprecher erwünschte erste Verständigung bezeichnet Ungeheuer (vgl. 1983a: 15) als *primäres Kommunikationsziel*. Dieses Verständigungsziel zu erreichen, ist die minimalste Bedingung dessen, was zwischenmenschliche Kommunikation heißen kann. Das kommunikativ agierende Individuum löst das praktische Problem, dem jeweils dieselbe *theoretische Problemstellung* zugeordnet ist, indem es einen *Plan* für eine Handlung entwirft, deren Vollzug garantiert, dass das primäre Ziel der Verständigung erreicht wird. Ein auf das angenommene Handlungsziel hin adäquater Plan erfordert allerdings eine *Rechtfertigung* oder *Begründung* (vgl. Ungeheuer 1983a: 17; 1983c: 2), mit der sich innerhalb der theoretischen Problemstellung auseinandergesetzt wird. An diesem Punkt greift die als kommunikative Basis jedes Menschen beschriebene *individuelle Welttheorie*, denn sie stellt u. a. einen *Rechtfertigungsapparat* zur Verfügung, der aus bereits gemachten Erfahrungen im Lösen von kommunikativen (aber auch anderen) Problemen und im Rechtfertigen von Plänen besteht (Ungeheuer 1983c: 2).

Nun stellt sich die entscheidende Frage nach den Beweggründen für kommunikative Handlungen. Ungeheuer führt zum Ersten die grundlegende Motivation des Menschen an, sich dasjenige, was ihm begegnet, *vertraut* zu machen (vgl. 1987e: 336f.). Von Anbeginn seines Daseins ist der Mensch auf die äußere Welt hin mit Fremdem, Neuem, Gefährlichem und mit Widerständen (koёrzitiv) konfrontiert, was ihn nicht nur staunen lässt, sondern auch aus einem physiologischen Überlebensprinzip zur notwendigen Vertrautwerdung auffordert. Die (kommunikative) Handlung resultiert folglich aus dem Aneignungswillen in Bezug auf die äußere (Natur-)Welt wie auch aus dem Aneignungswillen in Bezug auf die soziale Welt. Zum Zweiten ist ein wesentlicher Antrieb des Menschen auch sein Wunsch, in der Kommunikationshandlung *Zwecke* zu verfolgen. Diese bestehen in der verbalen *Handlungsbeeinflussung* des Perzipienten im Sinne des Sprechers, der den Hörer veranlassen möchte, eine Handlung irgendwelcher Art entweder *in Gang zu setzen, zu beenden oder zu verändern*, um seine eigene Problemlösungsstrategie realisiert zu sehen.

Dieser intentionale Charakter menschlichen Handelns hat fundamentale Bedeutung in Ungeheuers Kommunikationstheorie. Es ist die absolute Ausnahme, dass die Kommunikation bei der Erreichung des Kommunikationsziels verharrt; vielmehr sind die Zwecke den Zielen nachgeordnet, sie setzen aber die im erreichten Kommunikationsziel erzeugte Verständigung voraus.

Als Oberbegriff für die Thematik der kommunikativen Handlungsbeeinflussung kann die *Persuasion* angesehen werden, denn sie ist Strukturmerkmal jeder Kommunikation, die über ihr Ziel hinaus *Kommunikationszwecke* verfolgt. Ungeheuer (vgl. 1983c: 7f.) trennt die Persuasion in eine *Überredungsvariante* und eine

"Kommunikation ist Handlungsbeeinflussung. Eine Person versucht, durch ihre Handlungen die Handlungen einer anderen Person zu beeinflussen. Die beeinflussten Handlungen sind in erster Absicht innere, wodurch dann äußere veranlaßt sein können. Handlungsbeeinflussung heißt Ingangsetzen, Beenden oder Veränderung von Handlungen." (Ungeheuer 1983a: 12)

Prominent findet sich die Unterscheidung zwischen Überredung (Schein) und Überzeugung (begründete Wahrheit) bei Kant 1956a: B 848ff. und 1956b: A 111ff.

Besonders der Rhetorik, als Theorie der Beredsamkeit wie auch als Praxis der Redekunst, sind die Absichten und Techniken des Überredens versus Überzeugens bekannt und je nach moralischer, kritischer, dialogisch argumentativer oder einseitig ideologischer Perspektive ein Zentralthema.

Überzeugungsvariante. Wenn der Handlungszweck beim Sprecher oberste Priorität hat und für ihn nur die Verwirklichung der In-Gang-Setzung, Beendigung oder Veränderung einer Perzipientenhandlung zählt, muss von einer Überredung ausgegangen werden. Die Ausführungs- und Inhaltsqualitäten des Kommunikationsplanes sind in diesem Falle irrelevant, so dass bei der Überredungsvariante auch *Täuschungen, Verdunkelungen, Ungenauigkeiten, falsche Angaben, Vorspiegelungen schlüssiger Beweise, Scheinargumente* und ähnliches zum Zuge kommen können. Bei der versuchten Überzeugung des Perzipienten hingegen bildet der Sprecher seinen Kommunikationsplan mit Sorgfalt und Redlichkeit aus, ungeachtet der wahrscheinlich geringeren Erfolgschancen. Der Sprecher versucht, einen schlüssigen Begründungszusammenhang darzulegen, den der Hörer als richtig akzeptieren soll. Dabei richtet er seine verbalen Formulierungen nicht nur nach dem individuellen Bedürfnis des Ausdrucks aus, sondern auch nach den vermuteten, hypothetisch angenommenen Fähigkeiten und Wissensvoraussetzungen des Hörers (vgl. Ungeheuer 1983c: 8ff.). Beide Persuasionsvarianten sind in der menschlichen Lebenspraxis fast immer in unterschiedlicher Stärke vermischt.

Es kommt auch vor, dass die Persuasion deutlich auf die Änderung der *Einstellung* des Perzipienten abzielt. Wenn man Einstellungen als Handlungsdispositionen auffasst, sind nun nicht mehr nur einzelne, konkrete Handlungen in der Absicht des Sprechers, sondern eher Handlungsklassen, die auf psychischen Komplexen, wie Erwartungen, Vorhersagen, Vorurteilen oder Wünschen, aufbauen; das bedeutet, dass die *Einstellungspersuasion* den Umbau der *individuellen Welttheorie* des Perzipienten herbeiführen soll.

Wichtig zu betonen ist an dieser Stelle, dass die handelnden Individuen nicht nur nach außen agieren, um ein anderes Individuum zu beeinflussen, sondern die Handlungen auch in ihrem inneren Bereich vollziehen, der durch die *individuelle Welttheorie* mit ihren Erfahrungen, Kognitionen, Bewusstseinsinhalten, Gefühlen etc. repräsentiert ist. Dieser Innenbereich ist unter anderem für die *Antizipation* der Handlung zuständig, die bezüglich des *Kommunikationsziels*, des *Persuasionszwecks* und des *Kommunikationsplans* vom Sprecher bewusst oder unbewusst durchgeführt wird. Auch der *Sachverhalt*, der in der Absicht der Mitteilung liegt, ist *innere Handlung* des Sprechers, so dass die Einflussnahme der Kommunikation aus dem Innern einer Person ins Innere einer anderen Person gerichtet ist.

Weil es also keinen direkten psychischen bzw. kognitiven Kontakt in Kommunikation geben kann, macht dies den Einschub von *äußeren Handlungen* notwendig, die sich, im Gegensatz zu den *inneren Handlungen*, durch die Eigenschaft der Wahrnehmbarkeit auszeichnen. Diese abstrakten äußeren Handlungen sind nichts anderes als *Zeichen-* oder *Symbolsysteme*, die eine feste Verbindung mit Wissenselementen eingehen und als Repertoire von Typen wiederholbar sind. Es werden die inneren Handlungen des Sprechers also zu Sprache umgestaltet und vermittelt.

Neben der sprecherzentrierten Betrachtung steht abschließend der *Perzipient* innerhalb der kommunikativen Sozialhandlung im Blickfeld der Analyse. Er ist der Empfänger der angesprochenen Persuasionsabsichten des Sprechers. Bei Ungeheuer (vgl. 1983c: 16ff.) gilt vom Perzipienten aufgebrachtes *Vertrauen* als die wesentliche Bedingung für das Gelingen persuasiver Kommunikation. Er führt für die Vertrauensbeziehung drei auf den Hörer bezogene Bedingungen an:

1) Der Hörer entwickelt ein *Vertrauen* in den Sprecher hinsichtlich eines *Geltungsbereichs*. Er traut ihm in irgendeinem Bereich des Lebens überdurchschnittliche Fähigkeiten zu, die er selbst nicht zu haben glaubt.

2) Vertrauensbildung vollzieht sich wegen eines *Grundes*, z. B. wegen des äußeren Verhaltens des Sprechers oder seiner Zugehörigkeit zu einer Gruppe.

3) Der Hörer verfolgt ein Ziel und traut dem Sprecher die Verwirklichung zu.

In Kommunikationssituationen wandelt sich üblicherweise das *Vertrauen* in eine Art Autoritätsgläubigkeit, und die *Persuasion* erhält dann den Charakter einer *Verbalsuggestion* (vgl. Ungeheuer 1987e: 318). Dies deutet schon auf eine *asymmetrische Struktur* der kommunikativen Sozialhandlung hin. Der Sprecher weist an, was der Hörer meinen soll. Die Verstehenshandlung des Hörers besteht darin, dass er die Äußerungen des Sprechenden in einer solchen Weise interpretieren muss,

"Da es [...] aus dem Inneren einer Person in das Innere einer anderen keinen direkten Weg des Kontaktes gibt, müssen äußere Handlungen dazwischen geschoben werden, die ja gerade durch die Eigenschaft der Wahrnehmbarkeit, d. h. durch die einzige Form direkten Kontaktes zwischen Menschen, gekennzeichnet sind. [...] Dies ist nun nichts anderes als die Beschreibung von *Zeichen-* oder *Symbolsystemen*, deren prominenteste Gruppe die Sprachsysteme sind." (Ungeheuer 1983a: 18)

Im Anschluss an Ungeheuer hat Juchem das Prinzip des *Basisvertrauens* für Handlungs- und Kommunikationsprozesse ausführlich untersucht: "Kommunikation und Vertrauen. Ein Beitrag zum Problem der Reflexivität in der Ethnomethodologie" (1988).

Zentrale Referenzautoren für den imperativischen und suggestiven Grundzug des Sprechens sind bei Ungeheuer zum einen Philipp Wegener (vgl. etwa 1885: 67 und 100) und zum anderen Fritz Mauthner, bei dem es heißt: "Die Sprache ist etwas zwischen den Menschen, ihr Zweck ist Mitteilung. Aber die Mitteilung kann ja nicht selbst Zweck sein, sie ist es nur beim Schwätzer. Immer wollen wir – wenn auch oft indirekt und unbewußt – das Denken und damit das Wollen, das heißt nach unserem Interesse beeinflussen. Der Zweck der Sprache ist also Beeinflussung, Willens- oder Gedankenlenkung, mit einem Modewort: Suggestion. Die Wirkung der Sprache auf den andern ist verschieden; der Zweck wird nicht immer erreicht. Unterwerfung unter die Suggestion oder Auflehnung kann die Folge sein." (1901: 460f.)

dass die daraus resultierende Bedeutungskonstruktion der Intention des Sprechers adäquat ist. Er setzt in eigener, aktiver Tätigkeit das, was er an sprachlichem Inhalt aufnimmt, in Beziehung zu dem, was ihm schon bekannt ist. Es wird mit seiner *Erklärungsgrundlage*, die als *individuelle Welttheorie* eingeführt worden war, in Verbindung gebracht.

Das Ziel der Verständigungshandlung sind auf wechselseitige Erfahrungskongruenz abzielende verstehende Erfahrungen. Der Hörer versucht, an Hand von inneren Erfahrungsakten des Verstehens diejenigen Wissensinhalte zu produzieren, die der Sprecher kommunizieren will. So gesehen, ist die sprachliche Formulierung des Sprechers *Plan* und *Anweisung* an den Hörer, in *verstehender Erfahrung* innere Erfahrungsakte zu vollziehen, von denen der Sprecher annimmt, sie hätten diejenigen Wissensinhalte zum Objekt, die er selbst zu kommunizieren intendiert.

Daraus lässt sich der asymmetrische Aspekt der *Diagogie* des Hörers durch den Sprecher ableiten. Die inneren Höreraktionen werden in eine bestimmte Richtung geleitet, und der Perzipient wird in seiner Gesamtheit gesteuert. Er gibt sich in verstehender *Subjektion* der Dominanz des Sprechers hin. Diese Dominanz-Subjektion-Relation markiert für Ungeheuer ein wesentliches Moment der kommunikativen Sozialhandlung. Als Steuerungsgeschehen funktioniert Kommunikation immer nach dem Grundmuster der Asymmetrie und einseitigen Dominanz. Dieses Strukturprinzip bezieht sich auf die *Rollen* des Sprechers und Hörers, nicht jedoch auf die konkreten Rollenträger, die vielmehr in der Kommunikationspraxis ständig ihre Position wechseln und sich diese etwa im quaesitiven Kontext einander übergeben. Die kommunikative Asymmetrie wird mithin vom sozialen Rollenwechsel im praktischen Vollzug ausgeglichen.

Zu bemerken bleibt noch, dass der hier verwendete *Verstehensbegriff* von uns noch nicht vollständig in Ungeheuers Sinne erfasst wurde. Er muß im Sinne von sozialer Verständigung ausgelegt werden, weil ein letztgültiges und vollständiges psychisches Verstehen des vom Sprecher Gemeinten prinzipiell unmöglich ist. Dieser Sachverhalt wird von Ungeheuer unter dem Begriff der *Fallibilität* näher beschrieben und bezieht sich immer auf die allen reinen Sprechtätigkeiten innewohnende Ungewissheit bzw. Unmöglichkeit der Überprüfungsarbeit des Gehörten als richtig verstanden.

Bis jetzt bezog sich die Analyse der kommunikativen Sozialhandlung ausschließlich auf die verbale Kommunikation. Doch spielt die *Nonverbalität* in Ungeheuers Theorie eine ebenso wichtige Rolle, weil sie die auf Sprachzeichen aufbauende verbale Kommunikation in menschlicher Lebenspraxis in den meisten Fällen ergänzt. In Bezug auf extra-verbale Kommunikationshandlungen muss jedoch betont werden, dass sich für Ungeheuer der Sinn des Wortes 'Kommunikation' erst erfüllt, wenn eine *Absichtlichkeit* im Geben von Informationen vorliegt und der handelnde Akteur gezielt unter Umgehung von (oder parallel zu) sprachlichen Äußerungen seine Körpermotorik einsetzt, um eine Mitteilung zu geben. Für ihn stellt simples Verhalten noch keine kommunikative Handlung dar, auch wenn es vielleicht in irgendeiner Form deutbar ist.

Wenn aber die Kundgabe von Information beabsichtigt ist, dann können nonverbale Kommunikationshandlungen auch mit der Eigenschaft der *Zeichenhaftigkeit* belegt werden. Den breiten Rahmen der nonverbalen Zeichendimension stecken auf der einen Seite Zeichensysteme ab, innerhalb derer die Zeichenkörper und Zeichenbedeutungen eine arbiträre Beziehung eingehen; auf der anderen Seite stehen die *anzeichenhaften Kundgaben*, die kein abstraktes System bilden, sondern symptomatischen Charakter haben. Das Signal ist dem Inhalt nicht willkürlich zugeordnet. Es ist vielmehr das Symptom des Inhalts und hängt direkt mit ihm zusammen.

Ungeheuer unterscheidet fünf Klassen nonverbaler Handlungstypen (vgl. 1983b: 8ff.). Als erste Klasse bezeichnet die *Gestik* nonverbale Aktionen der Körperextremitäten unter besonderer Berücksichtigung der Arme, Hände und Finger. Sie stellt die Gesamtheit aller Formen körpermotorisch bedingter Zeichensetzung dar. Die zweite Klasse fasst unter dem Begriff *Mimik* alle zeichenhaften, nonverbalen Aktionen der Gesichts- und Fazialmuskulatur zusammen. Die nonverbalen Zeichen, die auf Stellungen und Bewegungen des ganzen Körpers basieren (z. B. sitzen, stehen, gehen), werden vom Forschungsgebiet der *Postur* erfasst. Die *Proxemik* untersucht die Zeichenhaftigkeit von eingehaltener

"In kommunikativer Sozialhandlung sind Formulierungen und Teilformulierungen bis zu jedem Sprachzeichen Anweisungen und Pläne für den Hörer zum Vollzug von inneren Erfahrungsakten, von denen der Sprecher annimmt, ihnen würden Inhalte korrelieren, die er meint. So beschrieben ist Kommunikation tatsächlich im innersten Kern eine Psychagogie, eine Diagogie des Hörers durch den Sprecher, eine Leitung und Führung der inneren Höraktionen durch die Produkte der von innen nach außen verketteten Tätigkeiten des Sprechers." (Ungeheuer 1987e: 316f.)

Semiotische Dimension von Kommunikation

www.kowi.uni-essen.de/koloss/themen/ungeheuer/buero.htm

Klassen nonverbaler Handlungstypen:

– Gestik

– Mimik

– Postur

– Proxemik

– Paralinguistik

www.kowi.uni-essen.de/koloss/themen/ungeheuer/mimik.htm

bzw. erwarteter Distanz zwischen kommunizierenden Personen. Schließlich bilden *paralinguistische* Erscheinungen die fünfte Klasse. Sie werden zwar wie die linguistischen als akustische Signale artikuliert, sind jedoch ihrer kommunikativen Funktion nach in den Bereich der nonverbalen Kommunikationshandlungen einzuordnen.

Jede verbale Kommunikationshandlung ist nun von einem *Kranz* unterschiedlicher nonverbaler und paralinguistischer Akte umgeben. Dies wirft die Frage des konkreten Zusammenspiels auf. Einige Momente des Zusammenspiels von verbalen und nonverbalen Kommunikationshandlungen sind bei Ungeheuer thematisiert worden. Beide Erscheinungen können simultan in Handlung einfließen, allerdings nicht zu gleichen Teilen. Entweder übernimmt die verbale oder die nonverbale Erscheinung eine dominante Rolle, während die andere etwas zurücktritt und einen *konkomitanten* (begleitenden) Part übernimmt. Sie können sich in ihrem Zusammenspiel auch gegeneinander kommunikativ verstärken, wenn sie paraphrastisch denselben Inhalt jeweils mit ihren Mitteln kommunizieren. *Komplettierung* und *Komplementarität* sind zwei Hauptformen der nonverbalen Ergänzung des verbal mitgeteilten Inhalts. Sie ergänzen sowohl Informationen über den Gegenstand der Mitteilung als auch an den Inhalt angrenzende Aspekte, die z. B. die Stellungnahme des Sprechers selbst zu seiner Mitteilung ausdrücken.

www.kowi.uni-essen.de/
koloss/themen/ungeheuer/
paral.htm

Schema der Klassen paralinguistischer Signale

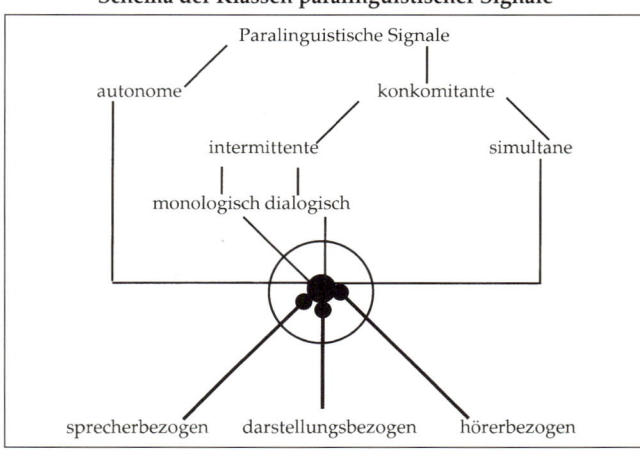

Ungeheuer betont nun, dass in der Regel die verbalen und nonverbalen Kommunikationshandlungen im Hinblick auf Verständigung eine sinnvolle Synthese eingehen. Die nonverbalen Kommunikationsakte bilden eine Art 'Sicherheitsnetz' jeder verbalen Kommunikation.

Die in dialogischer Situation durch soziales Handeln der Gesprächspartner erstellten Verbindungen lassen sich als *Interaktion* bezeichnen (vgl. Ungeheuer 1987b: 82ff.), in deren Prozess die Individuen unter wechselseitiger Berücksichtigung handeln. Konkret kann die Interaktion aus gegenseitiger Steuerung, Kontrolle und Beeinflussung, aus Anpassung oder Nichtanpassung an die wahrgenommenen Handlungen des anderen, aus Reaktion und zielkonformer Verwendung der von anderen erzeugten Handlungsprodukte sowie aus Initiierung, Veränderung und Auslöschung von Meinungen, Vorstellungen, Gedanken und Gefühlen bestehen. Dabei vollzieht sich eine wechselseitige Einwirkung zwischen den Interaktionspartnern. Sie kann entweder eine direkte oder eine indirekte Gestalt annehmen. In direkter Form kann auf den anderen z. B. mit Hilfe von Gewalt oder Gewaltandrohung eingewirkt werden, in indirekter Interaktion wird sich überwiegend des Mediums Sprache als Symbolsystem, aber auch nonverbaler Zeichen bedient. Wenn menschliche Individuen unter diesen Bedingungen in indirekter Interaktion handeln, *kommunizieren* sie. Folglich lässt sich Kommunikation als *symbolvermittelte Interaktion* begreifen.

Neben den sprachlichen Formulierungen und den nonverbalen Äußerungen stellt der zwischen Kommunikationspartnern entstehende *sozio-perzeptive Kontakt* die dritte Grundform von Interaktion dar. Auf der Basis der *individuellen Welttheorien* bilden die interagierenden Individuen für die ausgeführte und wahrgenommene Handlung Hypothesen über die Motive des Gegenüber sowie über mögliche Handlungskonsequenzen. Auch der Aspekt der wechselseitigen *Sympathie* spielt hier hinein, der auf den Kommunikationsverlauf spürbaren Einfluss nehmen kann.

Alle drei Interaktionskategorien können zwar isoliert auftreten, sind aber bei der – der alltäglichen Lebenspraxis am nächsten kommenden – sprachlichen

"Wenn Peter möchte, daß Paul sich für kurze Zeit in Buxtehude aufhält, dann kann er ihn in seiner Wohnung aufsuchen, ihn überwältigen und fesseln und ihn dann mit dem Auto nach Buxtehude transportieren; er kann ihm aber auch sagen, er solle dorthin gehen, und unter Umständen entspricht Paul Peters Wunsch." (Ungeheuer 1987b: 82)

Kommunikation in gemeinsamer Wahrnehmungssituation gleichzeitig im Spiel, wobei sie sich jeweils gegenseitig in ihrer Funktion verstärken, abschwächen oder ergänzen können.

4.6.4 *Die kommunikationssemantische Komponente*

Zu einer Synopsis von Ungeheuers Kommunikationstheorie gehört neben dem Blick auf den erfahrenden Menschen und auf die kommunikative Sozialhandlung auch die Betrachtung der inneren Handlungen, welche von Menschen zum Zwecke gegenseitiger Verständigung ausgeführt werden. Hier findet sich das von Ungeheuer *Kommunikationssemantik* (vgl. 1987b: 70ff.) getaufte Feld, auf dem sich all das abspielt, was Sprecher und Hörer innerlich vollziehen, wenn sie Inhalte formulieren bzw. verstehen. Den Kommunikationspartnern stehen für ihre Interaktion dabei Mittel auf mehreren *inneren Handlungsebenen* zur Verfügung.

Die Frage ist nun, welche von diesen inneren Handlungen den praktisch-kommunikativen Problemlösungsprozess vollziehen, sich mit sprachlichen Maßnahmen und kommunikativer Zeichenverwendung zu verständigen. Dieses Problem löst der Mensch durch die Ausnutzung von *Regelsystemen* und *Problemlösungstheorien*, die in seinem Innenbereich im Falle der Kommunikation eine Synthese eingehen. Diese Regelsysteme (vgl. Ungeheuer 1987b: 91) setzen sich einerseits aus Regularitäten und Kategorien zusammen, die der Mensch gebildet hat und die den semantischen Teil der Grammatik einer natürlichen Sprache ausmachen. Andererseits bestehen sie aus Kommunikationsregeln, auf die im Kommunikationsprozess zurückgegriffen wird. Diese Erklärung ist auf den Sprecher im Kommunikationsakt bezogen, der sich mittels sprachlicher Formulierungen artikuliert. Hier ist die pragmatische Dimension von wechselseitigen Sprechhandlungen angesprochen, in denen etwa das Gricesche *Kooperationsprinzip* vollzogen wird oder mit der Unterstellungsstrategie operiert wird, dass der Sprecher angemessen etwas Wahres bzw. Interessantes entäußert respektive der Hörer in aufmerksamer, ernsthafter Einstellung auf sinnhafte bzw. informative Rezeption ausgerichtet ist.

Das *Kooperationsprinzip* als pragmatische Kommunikationsregel: "Mache deinen Gesprächsbeitrag jeweils so, wie es von dem akzeptierten Zweck oder der akzeptierten Richtung des Gesprächs, an dem du teilnimmst, gerade verlangt wird." (Grice 1979: 248)

Ungeheuer widmet den Bestandteilen und Strukturen dieser sprachlichen Formulierungen größere Aufmerksamkeit. Ihm zufolge haben Formulierungen in sprachlicher Kommunikation *elliptischen* Charakter. Dies meint, dass sie immer fragmentarisch und unvollständig sind in dem Sinne, dass der Sprecher immer subtiler denkt, als er es mittels sprachlicher Zeichen auszudrücken vermag und der Hörer es nachvollziehen kann.

Ellipse: jede Sprechhandlung ist aus ökonomischen und systematischen Gründen unvollständig.

In verbaler Kommunikation sind Formulierungen außerdem *paraphrastisch* durchsetzt. An Hand von Paraphrasenbildung ist es möglich, einen Inhalt in außerordentlich verschiedener Weise sprachlich zu formulieren. Die *elliptische* Formulierung kann durch eine *Paraphrase* erklärt, präzisiert und deutlicher gemacht werden, indem das schon einmal Formulierte neu, mit anderen Wörtern und modifizierter Syntax, artikuliert wird. Paraphrasen sind also als Umschreibungen zu bezeichnen.

Paraphrase: ein Sachverhalt lässt sich in vielfacher Weise und unterschiedlich entäußern.

Zu erwähnen ist in diesem Zusammenhang noch der häufige Gebrauch *tropischer* Bedeutungsverschiebungen, bei denen von Wörtern die eigentlichen Bedeutungen weggenommen und der lautlichen Worthülse die Bedeutung eines anderen Wortes oder eine neue Bedeutung untergeschoben wird. Entscheidend ist, dass *Ellipse, Paraphrase* und *Tropus* während der vom Sprecher ausgeführten Formulierung fast ständig ineinander greifen und eine formulatorische Terminierung der jeweiligen Wortbedeutung zustande bringen. Diese Wortbedeutungen schränken wiederum ihre sprach- und zeichensystembezogene Bedeutung in wechselseitiger Einwirkung und nach Gesichtspunkten des zu vermittelnden Inhalts ein, was angesichts der teilweise stark variierenden Bedeutungen und der vielen unterschiedlichen Auslegungsmöglichkeiten eines Wortes unverzichtbar ist. Die Gesamtmasse der Mitteilungsinhalte wird in der sprachlichen Formulierung argumentativ so strukturiert, dass die einzelnen Teilinhalte in einem Verhältnis zueinander stehen. Jeder Satz und jede Äußerung kann in zwei ausformulierte Gedankenkomplexe bzw. Teile zerlegt werden:

1) in den *Argumentteil*, in dem Thesen, Themen, Inhalte oder Gedankengänge gesetzt, mitgeteilt und behauptet werden;

Welche Konsequenzen sich aus diesen kommunikationstheoretischen Überlegungen für die Gesprächs- bzw. Konversationsanalyse ergeben, hat Ungeheuer in dem Aufsatz "Gesprächsanalyse und ihre kommunikationstheoretischen Voraussetzungen" (1987d: 144-175) diskutiert und an "Dantons Tod" von Georg Büchner aufschlussreich exemplifiziert.

2) in den *Rechtfertigungsteil*, in dem jene Überlegungen zusammengefasst sind, die den Inhalt des Arguments *beweisen*, *begründen* oder *rechtfertigen*.

Der *Argumentteil* ist wiederum in die *Exposition* und die *Konklusion* zu gliedern. Die *Exposition* enthält diejenigen Inhalte, die vom Sprecher vorausgesetzt und hypothetisch angenommen werden, kurz: das Gegebene. Die *Konklusion* bezeichnet das, was aus der *Exposition* abgeleitet, gefolgert und aus Gesetzmäßigkeiten geschlossen wird. Diese Ableitung unterliegt einer *Modalität des Schlussfolgerns*. Das bedeutet, dass sie mit unterschiedlicher Sicherheit des Wissens oder des sachlichen Zusammenhangs gezogen werden kann. Anzumerken ist noch, dass innerhalb der argumentativen Formulierung die Reihenfolge von *Exposition*, *Modalität*, *Konklusion* und *Rechtfertigung* beliebig angeordnet sein kann.

Nach dieser analytischen Betrachtung des Sprechers soll im Folgenden noch knapp angerissen werden, welcher Art die *inneren Handlungen* des *Perzipienten* oder Hörers sind, die er im Verstehensprozess der lautlich vorgegebenen Formulierung vollzieht. Sie sind mit der Beschreibung als linguistisch-semantische Dekodierung vorgelegter Satzformen noch nicht hinreichend charakterisiert. Die Perzeption besteht in der Zusammenfassung und Koordination von verschiedenartigen kognitiven Handlungszügen, die zum einen die linguistisch-semantischen Satzinhalte mit ihren kontextuellen Verbindungen verarbeiten. Zum anderen vollziehen sie die Bezugnahme auf hypothetisch vorweggenommene Kommunikationsthematik und Inferenz- und Suppositionsbildungen unterschiedlicher Ableitungsmodalität. Schließlich beinhalten diese kognitiven Handlungszüge diverse Wissens- und Erfahrungselemente.

Dem Forschungsbereich der *Kommunikationssemantik* ist auch die Analyse kommunikativer Inhalte und ihrer Strukturen zuzuordnen. Ungeheuer weist einem Text oder einer Formulierung grundsätzlich ein Hauptthema zu, das in einem Gedankengang, dessen Gedankenelemente vom Autor bzw. Sprecher argumentativ aneinandergeknüpft werden, gefasst und kommuniziert wird. Dieses vermittelte Hauptthema stellt den *primären Inhalt* einer Formulierung dar. Diese beinhaltet jedoch immer auch einen *sekundären Inhalt*, aus dem der

Hörer z. B. an Hand von Wortwahl und charakteristischen Teilformulierungen Informationen erschließt über individuelle Einstellungen des Sprechers, die in den Argumentationsgang der Formulierung nicht einbezogen sind. Oftmals nimmt der Hörer auf Grund zusätzlicher Kenntnisse eine Einordnung der formulierten Information in umfassende Zusammenhänge vor. Diese zusätzliche Information, die ein Leser erhalten kann oder zu erhalten glaubt, wird von Ungeheuer als der *tertiäre Inhalt* bezeichnet (vgl. 1987b: 78f.).

Was der Hörer allerdings als *primären, sekundären* oder *tertiären Inhalt* aus einer Formulierung subjektiv versteht, ist abhängig von seiner eigenen sozialen Einbettung im gesellschaftlichen Gesamtprozess (Milieu, Gruppenzugehörigkeit, Rollenrepertoire etc.). Es sind die Inhalte also immer im Zusammenhang mit dem Kommunikationsprozess und keinesfalls als statische Objekte anzusehen. Methodische Grundlage für jede Inhaltsanalyse ist die angesprochene Paraphrasenbildung. Ihre Funktion besteht darin, analytisches Instrument bei der Deutung und Zerlegung der vorgelegten Formulierungen in die einzelnen Inhaltsschichten zu sein. Dieser Vorgang gehört zur alltäglichen Praxis: In der Diskussion formuliert man die Rede des Gesprächspartners um und thematisiert inhaltliche Momente so, dass das eigene Verständnis der Rede deutlich wird; oder man interpretiert einem Dritten gegenüber das, was ein anderer gesagt hat, und dies natürlich in einer Formulierung, die als Paraphrase des vom anderen Gesagten aufzufassen ist.

Zwei entscheidende Kategorien von inhaltlichen Strukturen stehen noch aus, deren Zusammenwirken die konkrete Formulierung eines Sprechers erheblich beeinflusst. Der Inhalt einer Äußerung kann einerseits unter Absehung von den Kommunikationspartnern und der Kommunikationssituation als *materiale Komponente* eines Redeteils bezeichnet werden. Andererseits wird im Kommunikationsakt nun diese materiale Komponente in Abhängigkeit von der Befindlichkeit und der Intention des Sprechers sowie von der gesamten Situation und dem Kontext geformt. Es kommen inhaltliche Setzungen auf Basis *innerer Handlung* hinzu, die das *Primärthema* unter Einfluss der konkreten Kommunikationssituation *modalisieren*. Dieses Prinzip der durch die

Modale Komponente: Form, Ausdrucksweise der Kommunikation
Materiale Komponente: Inhalt, Information der Kommunikation

modale Komponente relativierten Sinnsetzung der *materialen Komponente* ist generell in allen Kommunikationsakten wiederzufinden und wirkt auf die Formulierungsbildung ein. Die *materialen* und *modalen Komponenten* sind *(kommunikations-)semantische* Bestimmungsstücke par excellence. Die Verteilung der Inhaltsmomente in materiale und modale Anteile kann aber auch einen problematischen Charakter annehmen: wenn diese Verteilung nämlich von Sprecher und Hörer in verschiedener Weise vorgenommen wird, kann es zu kommunikativen Schwierigkeiten kommen.

4.6.5 *Gegeneinander verlaufende Eigenschaften von Kommunikation: Prozess versus Fallibilität*

Es ist deutlich hervorgehoben worden, dass Kommunikation grundsätzlich prozessualen Charakter hat. Diese *dynamische Eigenschaft* ist in Ungeheuers Kommunikationstheorie von grundlegender Bedeutung. Sie läuft allerdings bei Ungeheuer dem Gesichtspunkt der *Fallibilität* entgegen. Das *Prinzip der Fallibilität* sprachlicher Kommunikation enthält die Behauptung eines Rests grundsätzlicher Ungewissheit im Wissen des kommunikativ Gemeinten. Fallibilität bedeutet also, dass vor allem jede geäußerte Formulierung, aber auch jede nonverbale Handlung mit dem Risiko falschen Verständnisses verbunden ist, das begründet ist in der grundsätzlichen Differenz *individueller Welttheorien*. Selbst wenn Verständnis zustande gekommen ist und das Gemeinte erfasst wurde, kann man sich des korrekten Verstehens trotzdem nicht sicher sein. Basierend auf den divergierenden Erfahrungswelten sowohl auf Seiten des Sprechers als auch auf Seiten des Hörers, ist der Bereich eindeutigen Verstehens in letzter Konsequenz nicht bestimmbar. Der Sprecher kann unter einem Sachverhalt auf Grund seiner *individuellen Erfahrungen* mit ihm etwas anderes verstehen als der Hörer, der wiederum eigene Vorstellungen entwickelt hat.

Es stellt sich natürlich die Frage, wie trotz dieser statischen Sichtweise der *Fallibilität* problemlose Verständigung im Alltag möglich ist. Die Antwort gibt der – im Kontrast zur Fallibilität stehende – dynamische Prozesscharakter von Kommunikation, der sie vorantreibt und der im ständigen Fluss der Interaktion auf *Verständigung* hinarbeitet. In seinem zeitlichen Verlauf ergeben sich für die Kommunikationspartner dynamische Instrumente gegen die Fallibilität. Solche Instrumente bestehen unter anderem in der permanenten Möglichkeit zur Paraphrasierung oder zu Rückfragen. Sie heben die Statik der definitiven Fallibilität auf und erlauben zumindest die *kommunikative Verständigung*, die zur pragmatischen Bewältigung des Alltags völlig ausreicht, denn letztgültiges *Verstehen* des vom anderen Gemeinten erscheint in der Lebenspraxis als überflüssig. Die faktisch eingetretene Verständigung über einen gesprächsthematischen oder handlungsproblematischen Sachverhalt durch Kommunikation beruht in der Alltagswelt eben nicht darauf, dass man sich auf eine Konformität der Erlebnis- und Vorstellungssphäre geeinigt hat, sondern darauf, dass dieser Weg der beiderseitigen Nachprüfung, Beweisführung und Erhellung nicht ad infinitum beschritten wird. Der Kommunikationsprozess konnte an einer passenden Stelle für beendet angesehen werden bei je unterstelltem Erfolg und wechselseitig befriedigendem Ergebnis – welch scheinhaften und okkasionellen Charakter auch immer implizierend.

In aller Deutlichkeit ist noch einmal zu betonen, dass das Kommunikationsziel in der zwischenmenschlichen Verständigung liegt und nicht im Verstehen auf der jeweiligen Innenseite der Beteiligten. Zur Erfolgs- bzw. Effektivitätskontrolle der Kommunikation – und Kommunikation ist prinzipiell ein risikoreiches, problematisches und eher misslingendes Unternehmen – bieten sich zwei Verfahren an (vgl. Ungeheuer 1987c: 116f. und 1987e: 319ff.):

1) Der kommunikative Erfolg wird am beobachtbaren Ziel der übergeordneten Sozialhandlung festgemacht. Die richtige Verständigung wird aus der sprachlich vermittelten eingelösten Handlungsaufforderung des Gesprächspartners, die als vollzogener Akt selbst nicht-sprachlich ist, abgeleitet.

A: Mach' bitte das Fenster zu!

B: (schließt das Fenster)

A: Danke.

B: Keine Ursache.

2) Der kommunikative Erfolg wird durch sprachliche Kommunikation selbst festgestellt, indem das Verstandene sprachlich adäquat reproduziert wird und als richtige Verstehensformulierung vom Gesprächspartner bestätigt wird. Beantwortete Rückfragen oder Para-

Verstehen (psychisch)/
    Verständigung (sozial)

Fallibilität

phrasierungen des Gesagten sind dabei übliche Verfahren, die als Interpretationsprozess Aufschluss über wechselseitig erfolgreiche Verständigung geben.

Wenn für Ungeheuer das Theorem der *Fallibilität* von kommunikativen Sozialhandlungen so zentral gilt, dann bezieht es sich gerade auf den zweiten Modus der Effektivitätskontrolle von Kommunikation und mithin auf rein sprachliche Verständigungshandlungen, deren Kommunikationszweck ebenfalls rein sprachlicher Natur ist. Immer wenn Kommunikationszweck und Kommunikationsziel koinzidieren, wird die Handlungskonformität der Beteiligten zum Spezialproblem, weil es zu keiner Phase des Gesprächs ein gesichertes und belegbares Wissen über das täuschungsfreie, richtige Verstehen des Gesagten gibt. Hier haben wir es mit *kruzialen* Kommunikationsformen zu tun, wie sie etwa bei jeder Zeugenbefragung, mündlichen Fachprüfung, theoretischen Diskussion zwischen Wissenschaftlern, diagnostischen Arzt-Patienten-Beziehung etc. gegeben sind. Dazu hält Ungeheuer fest:

"Kruziale Kommunikation nenne ich die Arbeit des Sprechens, Mitteilens und Verstehens ohne die Hilfe anderer Handlungen und Erfahrungen als derjenigen, die zu den Akten der Kommunikation gehören. Auf kruziale Kommunikation bezieht sich die konstatierte [...] Fallibilität von kommunikativen Sozialhandlungen." (1987e: 322)

Nicht zuletzt die Sensibilisierung für das Kommunikationsgeschehen in dessen struktureller Komplexität, in dessen ungewisser, höchst täuschungsanfälliger Verarbeitung und schließlich in dessen problematischer Zielerreichung ist das Verdienst der wissenschaftlichen Überlegungen Ungeheuers. Aber doch ist und bleibt Kommunikation notwendig, weil und solange sich Menschen miteinander verständigen müssen und so sich ihre lebendigen Erfahrungen und Gedanken mitteilen wollen.

4.6.6 Literatur

Bibliografie:

Schriftenverzeichnis Ungeheuers von 1956-1986. In: Ungeheuer [1987], S. 358-378.

Verwendete Literatur:

Online-Bibliografie zu Ungeheuer:

www.kowi.uni-essen.de/ koloss

⇨ Literatur ⇨ Ungeheuer

Grice, H. Paul [1979]: Logik und Konversation. In: Meggle, Georg (Hrsg.): Handlung, Kommunikation, Bedeutung. Frankfurt a. M., S. 243-265.

Juchem, Johann G. [1988]: Kommunikation und Vertrauen. Ein Beitrag zum Problem der Reflexivität in der Ethnomethodologie. Aachen.

Kant, Immanuel [1956a]: Kritik der reinen Vernunft. 2. Teil. In: ders.: Werke in zehn Bänden. Herausgegeben von Wilhelm Weischedel. Band 4. Wiesbaden.

Kant, Immanuel [1956b]: Logik. In: ders.: Werke in zehn Bänden. Herausgegeben von Wilhelm Weischedel. Band 5. Wiesbaden, S. 417-582.

Krallmann, Dieter/Schmitz, H. Walter (Hrsg.) [1998]: Perspektiven einer Kommunikationswissenschaft. Internationales Gerold Ungeheuer-Symposium, Essen 6.-8.7.1995. 2 Teilbände. Münster.

Mauthner, Fritz [1901]: Beiträge zu einer Kritik der Sprache. Zweiter Band. Zur Sprachwissenschaft. Leipzig.

Ungeheuer, Gerold [1962]: Elemente einer akustischen Theorie der Vokalartikulation. Berlin; Göttingen; Heidelberg.

Ungeheuer, Gerold [1972²]: Grundriß einer Kommunikationswissenschaft. In: ders.: Sprache und Kommunikation. Hamburg, S. 213-271.

Ungeheuer, Gerold [1983a]: Einführung in die Kommunikationstheorie. Kurseinheit 1. Unter Mitarbeit von J. G. Juchem. (Studienbrief) Hagen.

Ungeheuer, Gerold [1983b]: Einführung in die Kommunikationstheorie. Kurseinheit 2. Unter Mitarbeit von J. G. Juchem. (Studienbrief) Hagen.

Ungeheuer, Gerold [1983c]: Einführung in die Kommunikationstheorie. Kurseinheit 3. Unter Mitarbeit von J. G. Juchem. (Studienbrief) Hagen.

Ungeheuer, Gerold [1987]: Kommunikationstheoretische Schriften I: Sprechen, Mitteilen, Verstehen. Herausgegeben und eingeleitet von Johann G. Juchem. Mit einem Nachwort von Hans-Georg Soeffner und Thomas Luckmann. Aachen.

Ungeheuer, Gerold [1987a]: Was heißt "Verständigung durch Sprechen"? In: ders. [1987], S. 34-69.

Ungeheuer, Gerold [1987b]: Kommunikationssemantik: Skizze eines Problemfeldes. In: ders. [1987], S. 70-100.

Ungeheuer, Gerold [1987c]: Öffentliche Kommunikation und privater Konsens. In: ders. [1987], S. 110-128.

Ungeheuer, Gerold [1987d]: Gesprächsanalyse und ihre kommunikationstheoretischen Voraussetzungen. In: ders. [1987], S. 144-175.

Ungeheuer, Gerold [1987e]: Vor-Urteile über Sprechen, Mitteilen, Verstehen. In: ders. [1987], S. 290-338.

Wegener, Philipp [1885]: Untersuchungen über die Grundfragen des Sprachlebens. Halle.

4.7 Die Theorie des kommunikativen Handelns von Jürgen Habermas

4.7.1 Die Relevanz Jürgen Habermas' für die Kommunikationswissenschaft

Seine internationale Anerkennung und seinen umfassenden Einfluss auf die Wissenschaftslandschaft seit den 1960er Jahren verdankt Habermas seinen vielfältigen Studien zur Methodologie der Sozialwissenschaften, zum Verhältnis zwischen Philosophie und Gesellschaftswissenschaften, zur Entwicklung der modernen Gesellschaft, zum Problem einer neuerlichen Vernunftbegründung und dem damit verbundenen Ziel einer kritischen Theorie der Gesellschaft sowie nicht zuletzt seiner fundierten Klassikerrezeption auf den Gebieten von Philosophie, Soziologie und Sprachtheorie. Sehr früh ist bei Habermas neben dem gesellschaftskritischen Interesse für Formen der Rationalität und Vernunft auch ein Interesse für Regeln des Zusammenlebens, menschliche Sprechtätigkeiten, Intersubjektivität und mithin unterschiedliche Formen des Handelns erkennbar. So war seine wissenschaftliche Orientierung nie spezialistisch, sondern von vielen verschiedenen Disziplinen, Paradigmata und Theorien gespeist; und entsprechend ist seine Wirkung nicht auf ein wissenschaftliches Feld begrenzt geblieben, sondern hat sich umfassend in der Philosophie, Soziologie, Linguistik, Politologie und eben auch in den Kommunikationswissenschaften niedergeschlagen.

Sein Gesamtwerk ruht auf den drei Säulen von Philosophie (Hegel, Marx, Horkheimer, Adorno), Soziologie (Durkheim, Weber, Mead, Parsons) und Sprachphilosophie bzw. -theorie (Bühler, Wittgenstein, Austin, Searle) und folgt maßgeblich einer handlungstheoretischen Tradition. Das Ergebnis der soziologischen und sprachphilosophischen bzw. linguistischen Verknüpfung bildet seine *Universalpragmatik*. Aus der Verbindung von Philosophie, soziologischen Handlungs- und Gesellschaftstheorien sowie Sprachtheorien resultiert wiederum sein zweibändiges Hauptwerk "Theorie des kommunikativen Handelns" (1981). Bei aller Verschiedenheit der konkreten Analyse und Theoriepräferen-

* 18.6.1929 (Düsseldorf)

Nach seiner Schulzeit in Gummersbach studiert Jürgen Habermas ab 1949 an der Universität Göttingen Philosophie, Geschichte, Psychologie und Deutsche Literatur. 1954 beendet er dann sein Studium in Bonn unter Erich Rothacker (1888-1965) mit der philosophischen Promotionsschrift: "Das Absolute und die Geschichte. Von der Zwiespältigkeit in Schellings Denken". Zwei Jahre später wird Habermas am wiedereröffneten Frankfurter 'Institut für Sozialforschung' Assistent von Theodor W. Adorno (1903-1963). Dort erstellt er mit anderen Institutsmitarbeitern die bedeutsame empirische Studie über das politische Bewusstsein von Studenten in den 50er Jahren: "Student und Politik" (1961). Weil Max Horkheimer (1895-1973) in seiner Funktion als Leiter des Frankfur-

ter Instituts gegen Habermas eine *Säuberungsmaßnah-
me* initiiert, ihm nicht zuletzt
Eitelkeit und theoretische
Schwächen vorhält, habilitiert dieser sich 1961 in Mar-
burg mit "Strukturwandel
der Öffentlichkeit. Untersuchungen zu einer Kategorie
der bürgerlichen Gesell-
schaft".
Noch vor Ende seines Habi-
litationsverfahrens erhält
Habermas eine außeror-
dentliche Professur für Philosophie in Heidelberg; 1964
übernimmt er dann – ironi-
scherweise als Nachfolger
Horkheimers – eine ordent-
liche Professur für Philosophie und Soziologie an der
Goethe-Universität Frank-
furt. Mit seinen Publikationen "Theorie und Praxis"
(1963), "Erkenntnis und Interesse" (1968) und etwa
"Zur Logik der Sozialwis-
senschaften" (1970) ist Habermas eine der führenden
Größen im *Positivismusstreit*,
der legendären Debatte zwischen Vertretern des Kritischen Rationalismus (Pop-
per, Albert) und der Frankfurter Schule um die Methodologie der Sozialwissen-
schaften.
1971 verlässt er Frankfurt
auf Grund heftiger Auseinandersetzungen mit den
Studenten wegen der Ador-
no-Nachfolge und seines
Engagements in der Studen-
tenbewegung und wird ge-
meinsam mit Carl Friedrich
von Weizsäcker (*1912) Direktor des Starnberger 'Max-
Planck-Instituts zur Erforschung der Lebensbedin-
gungen der wissenschaft-
lich-technischen Welt'. In
diese Zeit fällt auch die kritische Auseinandersetzung
mit der soziologischen Sys-

zen während Habermas' Werkentwicklung lässt sich als *ein* Leitinteresse die Rekonstruktion und Erklärung der koordinierten (Sprech-)Tätigkeiten von Menschen feststellen, oft im Kontext von Lebenswelt, systemischen Gesellschaftsstrukturen, Kultur und Persönlichkeit. Diese Aufgabenstellung – auch im Sinne einer kritischen Gesellschaftstheorie – fungiert gewissermaßen als Bindeglied zwischen Sprach- und Kommunikationstheorie einerseits und Theorie der Gesellschaft und der Moderne andererseits.

Paradigmatisch vollzieht Habermas gegen Mitte der 1970er Jahre eine sprach- und kommunikationstheoretische Wende sowohl der kritischen Theorie wie auch der soziologischen Gesellschaftstheorie. Sprache ist seines Erachtens das menschentypische und höchstentwickelte Medium der Verständigung. Insofern Sprache und Verständigung wechselseitig aufeinander verweisen, ist es für Habermas ein Kernpunkt, dass aller Sprechtätigkeit das *Télos* der Verständigung immanent ist. Verständigungsorientierter (versus erfolgsorientierter) Sprachgebrauch mit dem Ziel wechselseitigen Einverständnisses über etwas ist der *Originalmodus* von Sprachverwendung überhaupt. Als Untersuchungsobjekt interessieren an zwischenmenschlichen Sprechhandlungen ihre Voraussetzungen, Ausprägungen, Geltungsansprüche und sozialen Ziele. Dies mündet bei Habermas in ein allgemeines Modell sprachlicher Kommunikation. Grundlegend sind darin die Aspekte des *Miteinander* (mindestens zwei Handlungspartner; Intersubjektivität), *vermittels etwas* (Sprache) und *über etwas* (innere Welt, äußere Welt, Gesellschaft) eingelassen. Um die universalen Geltungsansprüche jeder kommunikativen Sprechhandlung kurz vorwegzunehmen, so geht es nach Habermas darum, "sich verständlich *auszudrücken*, [...] *etwas* zu verstehen zu geben, [...] *sich* dabei verständlich zu machen [...] und sich *miteinander* zu verständigen." (1976: 176)

Des Weiteren fokussiert Habermas die 'ideale Sprechsituation', die unter der Idee der unverzerrten, herrschaftsfreien und argumentativ auf echten Konsens ausgerichteten Kommunikation bekannt geworden ist. In die kritische Theorie der Gesellschaft und Moderne geht jenes interessengeleitete und symbolvermittelte Kommunikationskonzept schließlich als normatives

Prinzip ein: die verständigungsorientierte, demokratische Handlungskoordination hat trotz divergierender Partikularinteressen und trotz gesellschaftlicher, insbesondere staatlicher und ökonomischer Systemzwänge sowohl die lebensweltliche Ordnung wie auch die gesellschaftliche Reproduktion zu dominieren. Auf Grund eines zunehmend asymmetrischen Verhältnisses in der Evolution der Moderne zwischen autonomen Gesellschaftssystemen und dem sprachlich verfestigten, intersubjektiv geteilten Lebens- und Wissenshorizont sowie auf Grund des Ungleichgewichts zwischen kommunikativer Rationalität und Zweckrationalität hat Habermas die bekannte These von der *Kolonialisierung der Lebenswelt* entworfen. Kurz gefasst, bedeutet diese: In der sozialen Handlungskoordination unterdrückt einseitige Erfolgsorientierung die wechselseitige Verständigung; die gesellschaftlich prägenden Steuerungsmedien von Macht und Geld überlagern das kommunikative Verständigungsmedium der Sprache; und die gesellschaftlichen (zweckrationalen und säkularisierten) Subsysteme stören die lebensweltlichen Kernbereiche (Kultur; Familie; Erziehung und Sozialisation; demokratische Öffentlichkeit etc.) und deren Reproduktion.

Weil unsere folgende Darstellung wichtiger Theoriebausteine, Begriffe und Untersuchungsrichtungen von Habermas kommunikationswissenschaftlichen Präferenzen untersteht, legen wir den Schwerpunkt auf seine Theorie des *kommunikativen* Handelns im engeren Sinne (besonders instruktiv für eine solche Lesart: Gripp 1984), also auf die darin explizierten verschiedenen Handlungsbegriffe, Verständigungsprozesse, Kommunikationsmodi und jeweiligen Geltungsansprüche. Im Gegensatz dazu hat Habermas selbst in der "Theorie des kommunikativen Handelns" seine Untersuchungsrichtung viel weiter angelegt, wenn er postuliert:

"Die Theorie des kommunikativen Handelns ist keine Metatheorie, sondern Anfang einer Gesellschaftstheorie, die sich bemüht, ihre kritischen Maßstäbe auszuweisen." (1981a: 7)

Und zum dreigliedrigen Aufbau seiner kommunikationstheoretisch fundierten soziologischen Gesellschaftstheorie schreibt er weiter: "es geht zunächst um einen Begriff der kommunikativen Rationalität, der hinreichend skeptisch entwickelt wird und doch den

temtheorie Niklas Luhmanns (1927-1998). Ihre, bei aller gegenseitigen Achtung und theoretischen Befruchtung, prinzipiell unvereinbaren Positionen haben beide Opponenten in ' Theorie der Gesellschaft oder Sozialtechnologie – Was leistet die Systemforschung?" (1971) dokumentiert.

In seiner Starnberger Zeit vollzieht Habermas schließlich eine Wende von der Erkenntnis- zur Kommunikationstheorie und verfolgt nunmehr immer stärker eine Theorie der modernen Gesellschaft. Seinen fulminanten gesellschaftstheoretischen Anfang bildet die "Theorie des kommunikativen Handelns" (1981), in der er u. a. die normativen Maßstäbe einer kritischen Gesellschaftstheorie offen legt, den Begriff der *kommunikativen Rationalität* diskutiert und eine Verbindung zwischen Handlungs- und Systemtheorie betreibt. 1981 verlässt Habermas das Max-Planck-Institut und ist von 1982 bis zur Emeritierung im Jahre 1994 erneut als Professor für Soziologie und Philosophie an der Goethe-Universität Frankfurt tätig. An wichtigen Arbeiten entstehen in jenem Zeitraum: "Moralbewußtsein und kommunikatives Handeln" (1984), "Der philosophische Diskurs der Moderne" (1985), "Erläuterungen zur Diskursethik" (1991) und "Faktizität und Geltung" (1992). Zuletzt erschienen die philosophischen Aufsätze "Wahrheit und Rechtfertigung" (1999). Insgesamt genießt Habermas weltweit den Ruf eines bedeutenden Sozialwissenschaftlers mit enormen Einflüssen etwa auf die internationale Soziologie, Wissenschafts- theorie, amerikanische Poli- tologie und Rechtslehre, deutsche Politik- und Pres- selandschaft etc. Für sein wissenschaftliches Werk und sein politisch-demokra- tisches Engagement wurde er neben diversen Auszeich- nungen (z. B. 1980 Adorno- Preis, 1985 Geschwister- Scholl-Preis, 1987 Sonning- Preis, 1999 Theodor-Heuß- Preis) mit zahlreichen Ehren- doktorwürden geehrt, u. a. durch die Universitäten von New York, Buenos Aires, Hamburg, Jerusalem, Bolo- gna und Cambridge.

kognitiv-instrumentellen Verkürzungen der Vernunft widersteht; sodann um ein zweistufiges Konzept der Gesellschaft, welches die Paradigmen Lebenswelt und System auf eine nicht nur rhetorische Weise verknüpft; und schließlich um eine Theorie der Moderne, die den Typus der heute immer sichtbarer hervortretenden So- zialpathologien mit der Annahme erklärt, daß die kom- munikativ strukturierten Lebensbereiche den Imperati- ven verselbständigter, formal organisierter Handlungs- systeme unterworfen werden." (Habermas 1981a: 8)

4.7.2 *Der Ansatz der Universalpragmatik und die Idee der idealen Kommunikation*

Die soziokulturelle Lebenswelt und die menschlichen Kommunikationszusammenhänge sind nach Haber- mas grundständig sprachlich durchsetzt; Sprechhand- lungen sind die typische Form sozialer Handlungsko- ordinierung wie auch intersubjektiver Verständigung. Dass Sprache ein besonderes Medium der Vergesell- schaftung ist, den Menschen aus der Natur heraushebt und von subhumanen Gemeinschaften unterscheidet, hat Habermas bereits 1965 in seiner Antrittsvorlesung festgehalten und hinzugefügt: Mit der Struktur der Sprache "ist Mündigkeit *für uns* gesetzt. Mit dem ersten Satz ist die Intention eines allgemeinen und ungezwun- genen Konsensus unmißverständlich ausgesprochen. Mündigkeit ist die einzige Idee, deren wir im Sinne der philosophischen Tradition mächtig sind." (1968: 163) Von dieser These aus startet Habermas sein großes Pro- jekt einer Kommunikationstheorie, die alltagssprachli- che Dialoge zureichend erklären, Kommunikation im Allgemeinen sowohl theoretisch als auch normativ dar- stellen und schließlich seine kritische Gesellschafts- theorie fundieren soll.

"Die Universalpragmatik hat die Aufgabe, universale Bedingungen möglicher Verständigung zu identifi- zieren und nachzukonstru- ieren." (Habermas 1976: 174)

Der erste wichtige Schritt in Richtung eines allge- meinen Modells sprachlicher Kommunikation, mit dem auch der zitierte, thetische Zusammenhang Mensch- Sprache-Mündigkeit *begründet* werden soll, wird in der "Theorie der kommunikativen Kompetenz" (1971) und den Ausführungen zur "Universalpragmatik" (1976) vollzogen. Dabei geht es um die Rekonstruktion der universalen Geltungsbasis einer jeden Rede sowie um die allgemeinen Voraussetzungen kommunikativen Handelns und mithin um die Explikation der Bedingung der Möglichkeit, wie in der alltagssprachlichen Kommunikation Verständigung bzw. intersubjektives Einverständnis erzielt wird (werden kann). Zuerst rekurriert Habermas dabei auf Noam Chomskys Syntax-Theorie, um sowohl den Begriff der *kommunikativen Kompetenz* zu definieren als auch sein Untersuchungsgebiet auszuweisen. Während der amerikanische Linguist zwischen *Sprachkompetenz* – Fähigkeit eines idealen Sprecher/Hörers, ein abstraktes System sprachgenerativer Regeln zu beherrschen, und sein Wissen davon – und *Sprachperformanz* – aktuelle Sprachverwendung in konkreten Situationen unter einschränkenden Randbedingungen der Kompetenzanwendung – unterscheidet und sich auf die generative Grammatik im disziplinären Gebiet der Linguistik konzentriert, öffnet Habermas sein Forschungsprogramm für die Redesituationen und die darin eingelassenen pragmatischen Merkmale von Äußerungen. Er berücksichtigt also über die Analyse der linguistischen Kompetenz und Satzstrukturen hinaus die *Äußerungen* als pragmatische Grundeinheiten der Rede und die kommunikative Kompetenz im Sinne regelgeleiteter situativer Verständigungsleistungen. Mit McCarthy können wir dazu festhalten:

"Nach Habermas muß zur Kompetenz des idealen Sprechers nicht nur die Fähigkeit gerechnet werden, grammatische Sätze zu produzieren und zu verstehen, sondern auch die Fähigkeit, die Kommunikationsmodi und die Verbindungen mit der Außenwelt, durch welche die alltagssprachliche Rede möglich wird, herzustellen und zu verstehen. Im Gegensatz zur empirischen Pragmatik (z. B. Psycholinguistik und Soziolinguistik), die die außersprachlichen, empirischen und kontingenten Randbedingungen aktueller Kommunikation untersucht, unternimmt die Universalpragmatik die systematische Rekonstruktion jener allgemeinen Strukturen, die in jeder möglichen Sprechsituation auftreten, die im Vollzug von spezifischen Typen sprachlicher Äußerungen produziert werden, und die dazu dienen, die vom linguistisch kompetenten Sprecher generierten Ausdrücke pragmatisch zu situieren." (1989: 313)

"Eine allgemeine Theorie der Sprechhandlungen wird mithin genau das fundamentale Regelsystem beschreiben, das erwachsene Sprecher beherrschen, soweit sie die *Bedingungen für eine glückliche Verwendung von Sätzen in Äußerungen* erfüllen können – gleichviel welcher Einzelsprache die Sätze angehören und in welche zufälligen Kontexte die Äußerungen jeweils eingebettet sind." (Habermas 1976: 205)

Im Weiteren bezieht Habermas die Sprechakttheorie Searles mit ein, weil besonders von ihr her einsichtig wird, dass Sprechakte als elementare Einheit der Rede fungieren. Indem wir sprechen, vollziehen wir eine bestimmte Handlung (performativer bzw. illokutiver Akt), transformieren wir einen Satz in eine Äußerung, stellen eine soziale Beziehung zum Hörer her, machen Sachverhalte oder Gegenstände zum Inhalt bzw. Thema der Kommunikation (propositionaler Gehalt) und bringen (zumeist unbewusst) verschiedene Regeln (grammatischer, pragmatischer, kultureller Art) zur Anwendung. Üblicherweise treten Sprechakte – obgleich im analytischen Sinne bereits ein einzelner Sprechakt als Elementareinheit der Rede gilt – *paarweise* auf, indem der vorherige Hörer mit einem Redebeitrag auf eine Äußerung reagiert: Frage und Antwort, Glückwunsch und Dank, Entschuldigung und Annahme, Behauptung und Bestreitung etc.

Eine genauere Analyse der alltagspraktischen Rede zeigt nun eine typische Abhängigkeitsbeziehung zwischen performativem bzw. illokutivem und propositionalem Teil eines Sprechaktes. *"Der dominierende Satz wird in einer Äußerung verwendet, um einen Modus der Kommunikation zwischen Sprechern/Hörern herzustellen; der abhängige Satz wird in einer Äußerung verwendet, um über Gegenstände zu kommunizieren."* (Habermas 1971: 105)

In der beispielhaften Äußerung: "Ich bitte dich, mir fünf Mark zu leihen", wird mit dem ersten Teil der Kommunikationsmodus und das Verhältnis zwischen den Beteiligten (persönliches Vertrauen; Wissen bzw. Hoffnung auf Erfüllungsmöglichkeit des Anderen; unterwürfige, höfliche Aufforderung zu etwas) und zugleich die Bedeutung des propositionalen Gehalts (Gegenstand der Geldsumme und Sachverhalt, diese zu geben) näherhin bestimmt (Unterstellung der Liquidität des Anderen und deshalb erwartete Gabe als Handlungsanpassung sowie implizites Versprechen der Rückzahlung). Aus dieser analytischen Trennung lässt sich die zentrale *Doppelstruktur* umgangssprachlicher Kommunikation herausstellen: soziale Ebene versus gegenständliche Ebene; Beziehungsaspekt versus Inhaltsaspekt (Watzlawick). Dieser Befund ist aber keineswegs so trivial, wie es den Anschein erwecken mag,

"Eine Verständigung kommt nicht zustande, wenn nicht mindestens zwei Subjekte gleichzeitig beide Ebenen betreten: a) die Ebene der Intersubjektivität, auf der die Sprecher/Hörer miteinander sprechen, und b) die Ebene der Gegenstände, über die sie sich verständigen (wobei ich unter 'Gegenständen' Dinge, Ereignisse, Zustände, Personen, Äußerungen und Zustände von Personen verstehen möchte)." (Habermas 1971: 105; vgl. auch 1976: 225f.)

sondern verweist vielmehr auf die konstitutive Bedingung einer jeden Verständigung: dass Sprecher und Hörer *beide* Ebenen notwendig zusammen realisieren und betreten müssen – im gegenteiligen Fall kommt echte Verständigung überhaupt nicht zustande. Dann liegt entweder eine Täuschung (strategisches Handeln) vor oder eine fehlerhafte Anwendung bzw. Interpretation der Kommunikationsregeln; und zur Reparatur und Wiederherstellung einer echten Verständigungssituation muss die reflexive Ebene des vernünftigen Diskurses angestrebt werden.

Kommunikativ kompetente Sprecher/Hörer stellen jedoch nicht nur gemeinsam die beiden Bezüge der Intersubjektivität und gegenständlichen Darstellung von etwas her, sondern verwenden des Weiteren *pragmatische Universalien*. Diese gelten unabhängig von der aktuellen Redesituation und ermöglichen diese erst mittels sprachlicher Ausdrucksvarianten. Näherhin unterteilt sie Habermas in fünf Wortklassen (vgl. 1971: 109): 1) Personalpronomina; 2) Worte bzw. Wendungen der Redeeröffnung und Anrede; 3) deiktische Ausdrücke, Demonstrativa, Artikel, Zahlworte; 4) performative Verben; 5) nicht-performative Verben und Modaladverbien. Das entscheidende Argument für die Fundierung und Erklärung der kommunikativen Kompetenz lautet nun mit Blick auf den Zusammenhang zwischen der Doppelstruktur dialogischer Rede und den pragmatischen Universalien:

"Tatsächlich können wir aber Sätze in Äußerungen nur verwenden, indem wir mit Hilfe der pragmatischen Universalien die *Bedingungen möglicher Kommunikation* und damit die Sprechsituation erst hervorbringen: nämlich die Ebene der Intersubjektivität, auf der Personen Dialogbeziehungen eingehen und somit als sprach- und handlungsfähige Subjekte auftreten können, und die Ebene der Gegenstände, auf der Reales als Gegenstand möglicher Aussagen abgebildet werden kann. Wir können deshalb auch von *dialogkonstituierenden* Universalien sprechen. Ohne Bezugnahme auf diese Universalien können wir die wiederkehrenden Bestandteile von Situationen möglicher Rede gar nicht definieren: nämlich erstens die Äußerungen selbst, sodann die interpersonalen Beziehungen, die zwischen Sprechern/Hörern zusammen mit den Äußerungen generiert werden, und schließlich die Gegenstände, über die Sprecher/Hörer miteinander kommunizieren. Allerdings dienen die pragmatischen Universalien, indem wir die Sprechsituation mit ihrer Hilfe erzeugen, *zugleich* dazu, die Sprechsituation auch *darzustellen*." (Habermas 1971: 110)

Typologie von Sprechakten

Nachdem die universale Infrastruktur der (möglichen) Verständigung umrissen ist, führt Habermas vier Sprechaktklassen ein (vgl. 1971: 111f. und 1976: 246ff.), um je unterschiedliche Redestrukturen unterscheiden und mit verschiedenen Geltungsansprüchen verbinden zu können.

1) *Kommunikativa* (pragmatischer Sinn der Rede): sprechen, reden, fragen, entgegnen, zitieren etc. 2) *Konstativa* (kognitive Verwendung von Sätzen): berichten, erklären, deuten, versichern, bestreiten etc. 3) *Repräsentativa* (pragmatischer Sinn der Selbstdarstellung): denken, meinen, lieben, wünschen, verleugnen etc. 4) *Regulativa* (Sinn der praktischen Verwendung): bitten, befehlen, versprechen, entschuldigen, warnen etc.

Diesen vier Sprechaktklassen korrespondieren folgende Realitätsbereiche und Geltungsansprüche: Kommunikativa → Sprache → Verständlichkeit; Konstativa → äußere Natur → Wahrheit; Repräsentativa → innere Natur → Wahrhaftigkeit; Regulativa → Gesellschaft → Richtigkeit (Angemessenheit).

Neben der universalen Erfüllungsbedingung, dass jede Äußerung verständlich sein muss, kann sie definitiv nur dann gelingen, wenn sie für alle Beteiligten als wahr gilt, vom Sprecher authentisch gemeint ist und gesellschaftlich anerkannten Erwartungen bzw. Normen entspricht. Zusammengenommen bilden die linguistische Kompetenz, die kommunikative Kompetenz, die pragmatischen Universalien und die vier Sprechaktklassen mit ihren Geltungsansprüchen das *universalpragmatische Modell* der menschlichen Kommunikation (vgl. ausführlich Habermas 1976: 257ff.); wir werden im Kontext der "Theorie des kommunikativen Handelns" darauf zurückkommen, wenn Habermas durch die Verbindung von Sprechakttheorie und soziologischer Handlungstheorie zu einer weiteren Fundierung von Kommunikation und gesellschaftlicher Ordnung vordringt.

In eine andere Richtung stößt Habermas vor, wenn er seine Sprechakttypologie dazu verwendet, drei fundamentale Unterscheidungen – a) *Sein* versus Schein, b) *Wesen* versus Erscheinung, c) Sein versus *Sollen* (vgl. 1971: 113) – einzubeziehen, die ideale Sprecher/Hörer kompetent erkennen und gestalten können müssen, wenn sie einerseits überhaupt Kommunikation initiieren wollen und andererseits die Verständigung eine wirkliche bzw. echte sein soll. Die Unterscheidung zwischen Sein und Schein wird durch Konstativa ermöglicht und in deren kognitiver Ausrichtung beobachtbar; Sprecher/Hörer vertreten kommunikativ entweder öffentlich anerkannte und intersubjektiv verbindliche Auffassungen (Sein) oder eine Privatwelt bloßer Meinung (Schein). Durch Repräsentativa nehmen wir die Unterscheidung zwischen Wesen und Erscheinung vor; solche Sprechakte zeigen, ob in einer Äußerung die kommunikativ vermittelte Selbstdarstellung durch sprecherbezogene Expressionen und Handlungen (Erscheinung) mit wahrhaftigen Absichten zusammenhängt und demzufolge vom Hörer zu akzeptieren ist (Wesen). Die Unterscheidung zwischen Sein und Sollen wird durch Regulativa hergestellt; sie ermöglichen die Beobachtung einer Äußerung auf normative Geltungsansprüche hin, genauer: bezüglich empirischer Regelmäßigkeiten während der Rede (Sein) versus gesellschaftlich geltender Regeln (Sollen), die befolgt oder verletzt werden. Im Verbund zeigen diese Unterscheidungen, ob dialogförmige Kommunikationen auf wirkliche Verständigung (wahrer Konsensus) oder Täuschung (falscher Konsensus) abzielen.

Bedingungen wirklicher Verständigung

Paradigmatisch sind nun zwei typische Formen der Rede bzw. Kommunikation zu unterscheiden: *kommunikatives Handeln* (Interaktion) versus *Diskurs*. Äußerungen verweisen dann auf kommunikatives Handeln, wenn sie in dialogische Sprechsituationen eingelassen sind und von außersprachlichen Handlungen begleitet werden. Der situative Sinnkontext wie auch die unterscheidbaren Geltungsansprüche laufen implizit mit, werden selbst nicht problematisiert, und die Beteiligten verfolgen eine erfolgreiche Handlungskoordinierung durch eine echte Verständigung über etwas. Die verständigungsorientierten Handlungskoordinierungen bzw. konsensuellen Sprachspiele verlaufen auf Grund

Kommunikatives Handeln

eingelebter Erfahrungen und gegenseitiger Ernsthaftigkeitsunterstellungen zumeist unproblematisch (als ritualisierte Automatismen). Genauerhin ist kommunikatives Handeln nach Habermas dann ungestört, "wenn sich die sprechenden und handelnden Subjekte in ihren Äußerungen so verstehen, daß sie a) den pragmatischen Sinn der interpersonalen Beziehung (der im Sprechakt auch verbalisiert werden kann) intentional mitteilen und entsprechend auffassen können; b) den Sinn des propositionalen Gehalts ihrer Äußerungen intentional mitteilen und entsprechend auffassen können; c) den Geltungsanspruch der Meinungen, die sie kommunizieren, nicht in Frage stellen; und d) den Geltungsanspruch der Handlungsnorm, der sie jeweils folgen wollen, akzeptieren können." (1971: 116)

Diskurs

Wann immer nun Verständigung und die Geltungsansprüche alltagspraktischer Rede problematisch, unsicher, hinterfragt oder gestört werden und dies thematisiert wird, wird die Ebene des Diskurses betreten. *Diskurse* sind rein sprachlicher Natur und dienen der Reparatur bzw. Wiederherstellung gemeinsamen Einverständnisses über etwas, indem sich die Beteiligten ihrer Erwartungen versichern und wechselseitig mit Deutungen (z. B. auf die Frage: Wie meinst du das?), Behauptungen (z. B. auf die Frage: Ist der geschilderte Sachverhalt wahr?), Erklärungen (z. B. auf die Frage: Warum verhält es sich so und nicht vielmehr anders?) und Rechtfertigungen (z. B. auf die Frage: Warum hast du das gemacht?) versorgen. In Diskursen wird folglich über die Wirklichkeit und die Absichten bzw. Ziele kommunikativen Handelns entschieden; sie behandeln im Nachhinein, also mit Unterbrechung des bisherigen kommunikativen Handelns, die Frage, ob und wie das kommunikative Handeln gerechtfertigt ist, und werden von der Kraft der besseren bzw. überzeugenderen Argumente getragen.

"Wir unterstellen, daß zurechnungsfähige Subjekte jederzeit aus einem problematisierten Handlungszusammenhang heraustreten und einen Diskurs aufnehmen können." (Habermas 1971: 119)

"Deutungen, Behauptungen, Erklärungen und Rechtfertigungen, die in Zusammenhängen der Interaktion auftreten, geben Informationen; sie befriedigen Fragen, in denen man sich nach etwas erkundigt. Sie genügen aber nicht solchen Fragen, die Zweifel an den impliziten Geltungsansprüchen von Äußerungen ausdrücken; *diese* Fragen verlangen die Angabe von Gründen. Sie können deshalb nur in Diskursen beantwortet werden, dadurch also, daß man die Interaktion unterbricht. Die diskursive Begründung formt Deutungen in Interpretationen, Behauptungen in Propositionen, Erklärungen in theoretische Erklärungen, und Rechtfertigungen in theoretische Rechtfertigungen um. [...] Der Diskurs dient der Begründung problematisierter Geltungsansprüche von Meinungen und Normen." (Habermas 1971: 117)

Die wissenschaftliche Diskussion, das gerichtlich organisierte Streit- bzw. Verhandlungsgespräch oder das psychoanalytische Setting zwischen Therapeut und Klient sind drei typische Formen des Diskurses, in denen Geltungsansprüche explizit zum Thema gemacht werden, die Ebene kommunikativen Handelns transzendiert wird und echtes wechselseitiges Einverständnis im Mittelpunkt der sprachlich fundierten sozialen Situation steht. In formaler Hinsicht lassen sich vor allem unterscheiden: einerseits der *theoretische* Diskurs: "die Form der Argumentation, in der kontroverse Wahrheitsansprüche zum Thema gemacht werden" (Habermas 1981a: 39; vgl. weiterführend McCarthy 1989: 330ff.); und andererseits der *praktische* Diskurs: "die Form der Argumentation, in der Ansprüche auf normative Richtigkeit zum Thema gemacht werden" (Habermas 1981a: 39; vgl. weiterführend McCarthy 1989: 352ff.).

Das Modell reinen kommunikativen Handelns verlangt die Möglichkeit des Diskurses und mithin die ausschließlich argumentationsförmige Klärung potenzieller Störungen, Fragen, Fehldeutungen etc. Dabei ist immer die Idealisierung auf der Ebene des kommunikativen Handelns gegeben, dass die beteiligten Subjekte vernünftig handeln, sich auf die potenzielle Zustimmung aller anderen ('Konsenstheorie der Wahrheit') beziehen, über klares Urteilsvermögen verfügen und für ihre Äußerungen zurechnungsfähig bzw. verantwortbar gemacht werden können. Aber auch auf der Ebene des Diskurses herrscht eine Idealisierung vor, die immer schon unterstellt ist. Jene diskursive Idealisierung führt uns auf die Bestimmung der idealen Sprechsituation, d. h. auf die Idee der unverzerrten, herrschaftsfreien Kommunikation.

Die *ideale Sprechsituation* wird von Habermas im Sinne einer dauerhaft idealen, wenn auch historisch und

"Wenn erstens jede Rede den Sinn hat, daß mindestens entweder zwei Subjekte im Einverständnis miteinander handeln oder sich über etwas verständigen; wenn zweitens Verständigung die Herbeiführung eines wahren Konsensus meint; wenn drittens der wahre vom falschen Konsensus nur durch Bezugnahme auf eine ideale Sprechsituation unterschieden werden kann, d. h. durch Rekurs auf eine Übereinstimmung, die kontrafaktisch so gedacht wird, als wäre sie unter idealen Bedingungen zustande gekommen, – dann muß es sich bei dieser Idealisierung der Sprechsituation um einen Vorgriff handeln, den wir in jeder empirischen Rede, mit der wir einen Diskurs aufnehmen wollen, vornehmen müssen, und den wir mit Hilfe der Konstruktionsmittel, über die jeder Sprecher kraft kommunikativer Kompetenz verfügt, auch vornehmen können." (Habermas 1971: 136)

empirisch unwahrscheinlichen Lebensform entworfen und deswegen nicht durch Persönlichkeitsmerkmale idealer Sprecher/Hörer, sondern durch strukturelle Merkmale dialogförmiger Rede charakterisiert (vgl. 1971: 139). Entscheidend ist, dass alle Interaktionspartner die gleiche Möglichkeit haben müssen, ohne Zwang und dominierende Partikularinteressen symmetrische Dialogrollen übernehmen, ihre sachverständigen Argumente einbringen und ihre freie authentische Selbstdarstellung ausdrücken zu können. Habermas überführt die formalen Aspekte der idealen Sprechsituation in folgende vier konkrete Bedingungen:

Normative Merkmale und Struktur der *idealen Sprechsituation*

"1. Alle potentiellen Teilnehmer eines Diskurses müssen die gleiche Chance haben, kommunikative Sprechakte zu verwenden, so daß sie jederzeit Diskurse eröffnen sowie durch Rede und Gegenrede, Frage und Antwort perpetuieren können. 2. Alle Diskursteilnehmer müssen die gleiche Chance haben, Deutungen, Behauptungen, Empfehlungen, Erklärungen und Rechtfertigungen aufzustellen und deren Geltungsanspruch zu problematisieren, zu begründen oder zu widerlegen, so daß keine Vormeinung auf Dauer der Thematisierung und der Kritik entzogen bleibt. [...] 3. Zum Diskurs sind nur Sprecher zugelassen, die als Handelnde gleiche Chancen haben, repräsentative Sprechakte zu verwenden, d. h. ihre Einstellungen, Gefühle und Wünsche zum Ausdruck zu bringen. Denn nur das reziproke Zusammenstimmen der Spielräume individueller Äußerungen und das komplementäre Einpendeln von Nähe und Distanz in Handlungszusammenhängen bieten die Garantie dafür, daß die Handelnden auch als Diskursteilnehmer sich selbst gegenüber wahrhaftig sind und ihre innere Natur transparent machen. 4. Zum Diskurs sind nur Sprecher zugelassen, die als Handelnde die gleiche Chance haben, regulative Sprechakte zu verwenden, d. h. zu befehlen und sich zu widersetzen, zu erlauben und zu verbieten, Versprechen zu geben und abzunehmen, Rechenschaft abzulegen und zu verlangen usf. Denn nur die vollständige Reziprozität der Verhaltenserwartungen, die Privilegierungen im Sinne einseitig verpflichtender Handlungs- und Bewertungsnormen ausschließen, bieten die Gewähr dafür, daß die formale Gleichverteilung der Chancen, eine Rede zu eröffnen und fortzusetzen, auch faktisch dazu genutzt werden kann, Realitätszwänge zu suspendieren und in den erfahrungsfreien und handlungsentlastenden Kommunikationsbereich des Diskurses überzutreten." (1984: 177f.)

In Habermas' Sinne ist noch zu ergänzen, dass die ideale Sprechsituation grundsätzlich als (kontrafaktische) Unterstellung bzw. Antizipation alle Anstrengungen kommunikativen Handelns begleitet, weiterhin hinsichtlich ihrer Bedingungen in keiner Weise mit der empirischen Rede bzw. den alltagspraktischen Kommunikationsformen insgesamt kongruiert sowie schließlich aber nicht nur ein regulatives Prinzip der Orientierung meint, sondern vielmehr als faktisches Prinzip zu sehen ist, das als Vorwegnahme für aktuelle Kommunikationsprozesse praktisch wirksam ist (vgl. 1971: 140f. und 1984: 179ff.).

4.7.3 Grundlagen der Handlungstheorie

Auf dem Weg zu seiner elaborierten Theorie des kommunikativen Handelns bricht Habermas endgültig mit dem Primat der Erkenntnistheorie und Subjektphilosophie für die Fundierung einer kritischen Gesellschaftstheorie. Diese Zäsur bedeutet und markiert eine weitgreifende *kommunikationstheoretische Wende*: Die Argumentation wendet sich vom einsamen Ich zum Sozialen, von der Subjektivität zur Intersubjektivität. Habermas ergänzt nunmehr seine Überlegungen zur Universalpragmatik, zur diskursiv angelegten idealen Verständigungssituation und mithin zu seinem ersten Modell sprachlicher Kommunikation mit wichtigen Einsichten aus der soziologischen Handlungstheorie. Maßgeblich bezieht er sich dabei auf Emile Durkheim, George Herbert Mead, Max Weber, Talcott Parsons und Erving Goffman, um eben nicht zuletzt zu einer stärkeren Typologisierung sprachlich vermittelter Interaktionen zu gelangen.

Der Soziologie ist seit jeher die Frage nach der sozialen Ordnung ein besonderes Anliegen. Genauer besehen, geht es dabei um den Aspekt erfolgreich koordinierter Absichten und Tätigkeiten zwischen Menschen in gemeinschaftlichen und gesellschaftlichen Bereichen. Eine geradezu klassische, über Weber vermittelte

"Wenn wir davon ausgehen, daß sich die Menschengattung über die gesellschaftlich koordinierten Tätigkeiten ihrer Mitglieder erhält, und daß diese Koordinierung durch Kommunikation, und in zentralen Bereichen durch eine auf Einverständnis zielende Kommunikation hergestellt werden muß, erfordert die Reproduktion der Gattung eben *auch* die Erfüllung der Bedingungen einer dem kommunikativen Handeln innewohnenden Rationalität." (Habermas 1981a: 532)

Antwort leistet das Konzept des *zweckrationalen Handelns*. Der (dominierenden) Perspektive der Zweckrationalität – Verfügbarmachung bestimmter Mittel zur optimalen Realisierung von Handlungsplänen eines einzelnen vernunftbegabten Akteurs – stellt Habermas das Konzept der *kommunikativen Rationalität* zur Seite, die am Leitfaden sprachlicher Verständigung orientiert ist. Er ist also einerseits ebenfalls an der Erklärung sozialer Handlungskoordinierungen interessiert, konstatiert aber andererseits für die Handlungsanalyse mittels des idealtypisch zweckrationalen Typus eine eigentümliche Verkürzung bzw. soziologische Selbstbeschränkung.

In einem ersten Schritt unterscheidet Habermas zwei wesentliche Mechanismen der Handlungskoordinierung, die eine regelgeleitete und stabile Verbindung von Absichten und Plänen für Ego und Alter Ego ermöglichen: *strategisches* (teleologisches bzw. instrumentelles) versus *kommunikatives Handeln*. Im ersten Modus dominiert eine erfolgsorientierte (typischerweise monologische) Einstellung, im zweiten eine verständigungsorientierte (typischerweise dialogische) Einstellung. Das zweckrationale Handeln ist dann strategisch (z. B. Dienstanweisung oder militärischer Befehl), wenn die technische Einflussnahme einem Subjekt bzw. Interaktionspartner gilt und mithin eine Sozialhandlung vorliegt; es ist dann instrumentell (z. B. Holz hacken), wenn Wirkungsgrad und beabsichtigte Effekte einem Objekt gelten und mithin eine Individualhandlung vorliegt. Habermas selbst führt zum strategischen Handlungsbegriff ergänzend aus:

"Dabei gehen wir von mindestens zwei zielgerichtet handelnden Subjekten aus, die ihre Zwecke auf dem Weg der Orientierung an, und der Einflußnahme auf Entscheidungen anderer Aktoren verwirklichen. Der Handlungserfolg ist auch von anderen Aktoren abhängig, die an ihrem jeweils eigenen Erfolg orientiert sind und sich nur in dem Maße kooperativ verhalten wie es ihrem egozentrischen Nutzenkalkül entspricht. Strategisch handelnde Subjekte müssen daher kognitiv so ausgestattet sein, daß für sie in der Welt nicht nur physische Gegenstände, sondern auch Entscheidungen fällende Systeme auftreten können. Sie müssen ihren konzeptuellen Apparat für das, was der Fall sein kann, erweitern, aber sie brauchen keine reicheren *ontologischen* Voraussetzungen." (1981a: 131f.)

Interaktionsteilnehmer können nun demgegenüber bzw. alternativ auch eine verständigungsorientierte Einstellung einnehmen und dann Sprache anders als zum exklusiven Zweck der einseitigen Handlungsbeeinflussung und erfolgsorientierten Informationsvermittlung verwenden. Entsprechend meint in einer ersten allgemeinen Festlegung *kommunikatives Handeln*: jene besonderen sozialen Koordinierungsformen, deren Ziel innerhalb der Möglichkeiten sprachlicher Verständigung liegt, die über einseitige Orientierung hinaus wesentlich *kooperativ* strukturiert sind und die auf wechselseitiges Einverständnis der Akteure ausgerichtet sind. Im Weiteren unterteilt Habermas das kommunikative Handeln, auch um ein umfassendes Verständnis der modernen Formen kommunikativer Rationalität zu erreichen (vgl. 1981a: 448f.), in drei reine Typen. Je nachdem, welche Sprechakte, Geltungsansprüche und Weltbezüge in verständigungsorientierter Einstellung bedient werden, stehen im analytischen Nebeneinander: *konversationales, normenreguliertes* und *dramaturgisches* Handeln.

1) Konversation ist jener besondere Grenzfall kommunikativen Handelns, der "nicht primär der *Ausführung* kommunikativ abgestimmter *Handlungspläne*, also *Zwecktätigkeiten*" (Habermas 1981a: 438) dient, sondern entweder Kommunikation in verschiedenen Gesprächsformen (z. B. gesellige Unterhaltung oder argumentgebundene Diskussion) gleichermaßen ermöglicht wie stabilisiert oder zum Selbstzweck überhaupt wird. Konversationen werden durch konstative Sprechakte realisiert und dienen der thematischen Darstellung von Sachverhalten unter Wahrheitsanspruch.

2) Normenreguliertes Handeln bezieht sich "auf Mitglieder einer sozialen Gruppe, die ihr Handeln an gemeinsamen Werten orientieren. [...] Alle Mitglieder einer Gruppe, für die eine bestimmte Norm gilt, dürfen voneinander erwarten, daß sie in bestimmten Situationen die jeweils gebotenen Handlungen ausführen bzw. unterlassen." (Habermas 1981a: 127) Normenreguliertes Handeln setzt ebenfalls Sprache bereits voraus, um damit einen normativen Konsens an kulturellen Werten

Habermas spricht dann von *kommunikativen* Handlungen, "wenn die Handlungspläne der beteiligten Akteuren nicht über egozentrische Erfolgskalküle, sondern über Akte der Verständigung koordiniert werden. Im kommunikativen Handeln sind die Beteiligten nicht primär am eigenen Erfolg orientiert; sie verfolgen ihre individuellen Ziele unter der Bedingung, daß sie ihre Handlungspläne auf der Grundlage gemeinsamer Situationsdefinitionen aufeinander abstimmen können. Insofern ist das Aushandeln von Situationsdefinitionen ein wesentlicher Bestandteil der für kommunikatives Handeln erforderlicher Interpretationsleistungen." (1981a: 385)

zu aktualisieren und gleichzeitig interpersonale Beziehungen herzustellen.

3) Dramaturgisches Handeln "bezieht sich primär weder auf den einsamen Aktor noch auf das Mitglied einer sozialen Gruppe, sondern auf Interaktionsteilnehmer, die füreinander ein Publikum bilden, vor dessen Augen sie sich darstellen. Der Aktor ruft in seinem Publikum ein bestimmtes Bild, einen Eindruck von sich selbst hervor, indem er seine Subjektivität mehr oder weniger gezielt enthüllt. [...] Der zentrale Begriff der *Selbstrepräsentation* bedeutet deshalb nicht ein spontanes Ausdrucksverhalten, sondern die zuschauerbezogene Stilisierung des Ausdrucks eigener Erlebnisse." (Habermas 1981a: 128) Sprache dient also in diesem Fall der stilistischen und ästhetischen Selbstinszenierung unter dem Anspruch der Wahrhaftigkeit; als Selbstrepräsentation konstituierender Sprechakttypus fungieren Expressiva.

4.7.4 *Kommunikatives Handeln und kommunikative Rationalität*

Wie wir bisher gesehen haben, lassen sich einerseits Zweckrationalität und andererseits Verständigungsrationalität unterscheiden, und jeweils sind damit unterschiedliche Handlungsformen und Sprechakte anvisiert. Die Frage nach den verschiedenen Möglichkeiten der sozialen Handlungskoordinierung steht dabei im Zentrum von Habermas' Kommunikationstheorie. Im einen Fall funktioniert sie durch einseitige Einwirkung *aufeinander*, im anderen Fall durch wechselseitige(s) Verständigung bzw. Einverständnis *miteinander*. Weil Sprache durchaus, und empirisch nicht selten, wegen strategischer Motive und Ziele eingesetzt wird, ist nach Habermas grundsätzlich zu berücksichtigen, dass kommunikatives Handeln *einen* möglichen Interaktionstypus bezeichnet, der durch Sprechhandlungen ermöglicht und koordiniert wird, aber eben in keiner Weise mit ihnen selbst zusammenfällt (vgl. 1981a: 151).

Konstitutiv für kommunikatives Handeln ist, dass die Interaktionsteilnehmer das Medium der Sprache kooperativ in verständigungsorientierter Einstellung gebrauchen und ihre Pläne bzw. Absichten freiwillig in

Es ist mit Habermas grundsätzlich einzusehen, "daß das kommunikative Handlungsmodell Handeln nicht mit Kommunikation gleichsetzt. Sprache ist ein Kommunikationsmedium, das der Verständigung dient, während Aktoren, indem sie sich miteinander verständigen, um ihre Handlungen zu koordinieren, jeweils bestimmte Ziele verfolgen. Insofern ist die teleologische Struktur für *alle* Handlungsbegriffe fundamental. Die Begriffe des *sozialen Handelns* unterscheiden sich aber danach, wie sie die *Koordinierung* für die zielgerichteten Handlungen verschiedener Interaktionsteilnehmer ansetzen: als das Ineinandergreifen egozentrischer Nutzenkalküle [...]; als ein durch kulturelle Überlieferung und Sozialisation einreguliertes sozial-integrierendes Einverständnis über Werte und Normen; als konsensuelle Beziehung zwischen Publikum und Darstellern; oder eben als Verständigung im Sinne eines kooperativen Deutungsprozesses." (1981a: 150f.)

einer gemeinsam definierten Handlungssituation realisieren. Mit ihren sprachlichen Handlungsformen schaffen die Beteiligten gemeinsam *eine*, gleichzeitig objektive, soziale und subjektive Welt. Rationalität meint von daher keine Bewusstseinseigenschaft, sondern eine symbolvermittelte bzw. sprachlich fundierte Handlungsausrichtung. Sprache ist nicht schon an sich rational, sondern erst ihre kommunikative Verwendung in Form verschieden möglicher Äußerungen mit dem Ziel des Sich/über etwas/mit jemandem/Verständigens. Während das Rationalitätsproblem der Verständlichkeit jedes kommunikative Handeln begleitet, wird zudem kommunikativ jeweils das Rationalitätspotenzial von Wahrheit, Richtigkeit oder Wahrhaftigkeit mobilisiert; und dazu gehört auch, "daß sich die Interaktionsteilnehmer über die beanspruchte *Gültigkeit* ihrer Äußerungen einigen, d. h. *Geltungsansprüche*, die sie reziprok erheben, intersubjektiv anerkennen." (Habermas 1981a: 148)

"Wenn nun der Hörer ein Sprechaktangebot akzeptiert, kommt zwischen (mindestens) zwei sprach- und handlungsfähigen Subjekten ein *Einverständnis* zustande. Dieses beruht aber nicht nur auf der intersubjektiven Anerkennung eines einzigen, thematisch hervorgehobenen Geltungsanspruchs. Vielmehr wird ein solches Einverständnis gleichzeitig auf drei Ebenen erzielt. Diese lassen sich intuitiv leicht identifizieren, wenn man bedenkt, daß ein Sprecher im kommunikativen Handeln einen verständlichen sprachlichen Ausdruck nur wählt, um sich *mit* einem Hörer *über* etwas zu verständigen und dabei *sich selbst* verständlich zu machen." (Habermas 1981a: 412f.) Neben der Anerkennung können kommunikative Akte aber auch jederzeit zurückgewiesen und die Geltungsansprüche negiert werden: fundamentale Ja/Nein-Fassung der Sprache. Ein Hörer kann dabei entweder die Richtigkeit einer Äußerung (also den regulativen bzw. normativen Kontext der sozialen Welt) bestreiten oder die Wahrheit einer Äußerung (also den nominalisierten Inhalt bzw. die zutreffende Darstellung von Sachverhalten in der objektiven Welt) oder schließlich die Wahrhaftigkeit einer Äußerung (also den Glauben an die Übereinstimmung zwischen ausgedrückten Erlebnissen der subjektiven

Funktionen sprachlicher Verständigung

Welt und tatsächlichen inneren Einstellungen bzw. Zuständen).

Handeln ist durchweg auf die Überwindung von aktuellen Problemlagen, auf die Bewältigung von Situationen ausgerichtet; kommunikatives Handeln aber ist die besondere Form der sprachlich gemeinsamen und erfolgreichen Situationsbewältigung zwischen Zweien. Damit sind den kommunikativen Mitteln weitere und andere Funktionen immanent als nur jene der zweckrationalen einseitigen Einwirkung und der strategischen Behandlung des Anderen. Die typisch funktionalen Aspekte kommunikativen Handelns sind: *Verständigung, Handlungskoordinierung* und *Vergesellschaftung* bzw. Sozialisation. Habermas führt dazu aus:

"Unter dem Aspekt der Verständigung dienen kommunikative Akte der *Vermittlung von kulturell gespeichertem Wissen*: die kulturelle Überlieferung reproduziert sich [...] durch das Medium verständigungsorientierten Handelns. Unter dem Aspekt der Handlungskoordinierung dienen dieselben kommunikativen Akte einer dem jeweiligen Kontext angemessenen *Erfüllung von Normen*: auch die soziale Integration vollzieht sich durch dieses Medium. Unter dem Aspekt der Vergesellschaftung schließlich dienen die kommunikativen Akte dem Aufbau von internen Verhaltenskontrollen, überhaupt der *Formierung von Persönlichkeitsstrukturen*" (1981b: 100).

Rationalisierungskomplex der modernen Gesellschaft

Wenn wir jetzt noch einmal den Komplex der kommunikativen Rationalität aufgreifen, dann zeigt Habermas – in fundamentaler Abgrenzung und Erweiterung von Webers Konzept der Zweckrationalität –, dass sich die im kommunikativen Handeln vorherrschenden drei Grundeinstellungen (objektivierend, normenkonform, expressiv) mit den drei Weltbezügen (objektiv, sozial, subjektiv) verbinden und in *formalpragmatischen* Mustern ausdrücken lassen. Rationalität wird also, um es noch einmal zu betonen, an die Begründbarkeit und Kritisierbarkeit von sprachlichen Äußerungen gebunden und statt als Bewusstseinsmerkmal und Disposition vernunftbegabter Subjekte als argumentatives bzw. diskursives Verfahren verstanden, dem wesentlich die Struktur der Reflexivität immanent ist.

An *strukturell möglichen* gesellschaftlichen Rationalisierungskomplexen der Moderne sind nun genauer hin drei ausweisbar: a) kognitiv-instrumentelle Rationalität

(Wissenschaft, Technik, Sozialtechnologie), b) ästhetisch-praktische Rationalität (Erotik, Kunst) und c) moralisch-praktische Rationalität (Recht, Moral). Wir nehmen nun Habermas' Ausführungen auf und überführen sodann den Zusammenhang zwischen kommunikativem Handeln, kommunikativer Rationalität, Sprechakttypen, Geltungsansprüchen etc. in ein verdichtetes Schema.

"*Die kognitiv-instrumentelle Rationalität* wird im Wissenschaftsbetrieb institutionalisiert; zugleich vollzieht sich die eigengesetzliche Entwicklung der ökonomischen und der politischen Lebensordnung, die die Struktur der bürgerlichen Gesellschaft bestimmen, nach Maßgabe formaler Rationalität. Die *ästhetisch-praktische Rationalität* wird im Kunstbetrieb institutionalisiert; freilich hat die autonome Kunst ebensowenig wie die unbeständigen intellektuellen Gegenkulturen, die sich um dieses Subsystem herum bilden, einen für die Gesamtgesellschaft strukturbildenden Effekt; die außeralltäglichen Werte dieser Sphäre bilden allenfalls den Fokus für einen auf innerweltliche Erlösung gerichteten hedonistischen Lebensstil des 'Genußmenschentums', der auf den 'Druck des theoretischen und praktischen' Rationalismus des alltäglichen, in Wissenschaft, Ökonomie und Staat etablierten 'Fachmenschentums' reagiert. Die *moralisch-praktische Rationalität* der erlösungsreligiösen Brüderlichkeit ist mit Fach- und Genußmenschen gleichermaßen unvereinbar; die moderne Welt ist von Lebensordnungen beherrscht, in denen die beiden anderen Rationalitätskomplexe zur Herrschaft gelangen und arbeitsteilig eine 'Weltherrschaft der Unbrüderlichkeit' errichten; gegenüber dieser, zugleich kognitiv-instrumentell versachlichten und ins Subjektivistische gewendeten Welt haben Moralvorstellungen, die auf eine in kommunikativer Versöhnung wurzelnde Autonomie zielen, keine hinreichenden Durchsetzungschancen; die Brüderlichkeitsethik findet keinen Halt in Institutionen, über die sie sich auf Dauer kulturell reproduzieren könnte." (1981a: 329f.)

	Sprechakt	Sprachfunktion	Handlungsorientierung	Grundeinstellung	Geltungsanspruch	Weltbezug	Wissenstyp	Argumentationsform	tradiertes Wissensmuster
Strategisches Handeln	Perlokutionen, Imperative	Beeinflussung des Gegenspielers	erfolgsorientiert	objektivierend	Wirksamkeit	objektive Welt	technisch und strategisch verwertbares Wissen	technologischer Diskurs	Technologien; Strategien
Konversation	Konstative	Darstellung von Sachverhalten	verständigungsorientiert	objektivierend	Wahrheit	objektive Welt	empirisch-theoretisches Wissen	theoretischer Diskurs	Theorien
Normenreguliertes Handeln	Regulative	Herstellung interpersonaler Beziehungen	verständigungsorientiert	normenkonform	Richtigkeit	soziale Welt	moralisch-praktisches Wissen	praktischer Diskurs	Rechts- und Moralvorstellungen
Dramaturgisches Handeln	Expressive	Selbstrepräsentation	verständigungsorientiert	expressiv	Wahrhaftigkeit	subjektive Welt	ästhetisch-praktisches Wissen	therapeutischer Diskurs; ästhetische Kritik	Kunstwerke

(nach Habermas 1981a: 439 und 448)

4.7.5 System und Lebenswelt

Wir hatten einleitend darauf hingewiesen, dass Habermas' Theorie nicht nur das Feld der kommunikativen Rationalität bearbeitet, sondern daneben die gesellschaftliche Evolution und die Kernstrukturen der Moderne untersucht. So hängen mit der frühen Begriffsunterscheidung von *Arbeit* versus *Interaktion* (vgl. Habermas 1968: 62ff.; siehe dazu auch: McCarthy 1989: 35ff.) wie auch mit der späteren zwischen zweckrationalem (instrumentell bzw. strategisch) und kommunikativem Handeln zwei verschiedene Gesellschaftsbegriffe zusammen. Dem Begriff des kommunikativen Handelns korrespondiert die *Lebenswelt*, dem des zweckrationalen Handelns ist das *System* zugeordnet. Insgesamt ist Habermas' Theorie der Gesellschaft und der Moderne durch seine Kommunikationstheorie fundiert, und er will auf der Basis seines kommunikativen Handlungsbegriffs "der Frage nachgehen, wie die Lebenswelt als der Horizont, in dem sich die kommunikativ Handelnden 'immer schon' bewegen, ihrerseits durch den Strukturwandel der Gesellschaft im ganzen begrenzt und verändert wird." (1981b: 182)

1) Lebenswelt: Sie besteht einerseits aus einem intersubjektiv und sprachlich hervorgebrachten und kulturell verfestigten Wissensvorrat sowie andererseits aus persönlich intuitivem Wissen und individuellen Fertigkeiten der Akteure. Dadurch werden die Einzelnen mit Vorannahmen, Selbstverständlichkeiten, Deutungen und Regeln für ihre Verständigungsbedürfnisse, Handlungspläne und Situationen versorgt. Sie bezeichnet den (zumeist unbewussten) beweglichen Hintergrund, der sowohl für aktuelle soziale Situationen relevant ist als auch von den Kommunikationspartnern akzeptiert wird. Weil sich kommunikativ Handelnde immer innerhalb der Lebenswelt bewegen – "Sprecher und Hörer verständigen sich aus ihrer gemeinsamen Lebenswelt heraus über etwas in der objektiven, sozialen oder subjektiven Welt" (Habermas 1981b: 192) –, legt diese die Möglichkeiten und Strukturen der Verständigung fest wie auch den gesamten sprachlichen Bedeutungszusammenhang von Äußerungen. Typische Bereiche der Lebenswelt sind etwa Familie bzw. Privatsphäre, Erziehung, Wissenschaft, Öffentlichkeit; und die spezi-

Zuerst einmal beinhaltet Habermas' Analyse der modernen Gesellschaft, ihrer Strukturveränderungen sowie ihrer Auswirkungen auf die soziokulturelle Lebenswelt und deren Mitglieder den lediglich *heuristischen* Vorschlag, "die Gesellschaft als eine Entität zu betrachten, die sich im Verlaufe der Evolution als System wie als Lebenswelt ausdifferenziert. Die Systemevolution bemißt sich an der Steigerung der Steuerungskapazität einer Gesellschaft, während das Auseinandertreten von Kultur, Gesellschaft und Persönlichkeit den Entwicklungsstand einer symbolisch strukturierten Lebenswelt anzeigt." (Habermas 1981b: 228; vgl. kritisch dazu: McCarthy 1989: 602ff.)

fischen strukturellen Komponenten der Lebenswelt selbst lauten: Kultur (Aspekt der Verständigung), Gesellschaft (Aspekt der Handlungskoordinierung) und Person (Aspekt der Sozialisation). Habermas führt dazu näher aus:

"*Kultur* nenne ich den Wissensvorrat, aus dem sich die Kommunikationsteilnehmer, indem sie sich über etwas in einer Welt verständigen, mit Interpretationen versorgen. *Gesellschaft* nenne ich die legitimen Ordnungen, über die die Kommunikationsteilnehmer ihre Zugehörigkeit zu sozialen Gruppen regeln und damit Solidarität sichern. Unter *Persönlichkeit* verstehe ich die Kompetenzen, die ein Subjekt sprach- und handlungsfähig machen, also instandsetzen, an Verständigungsprozessen teilzunehmen und dabei die eigene Identität zu behaupten." (1981b: 209)

Die Lebenswelt ist mit ihren drei Strukturkomponenten jedoch nicht nur die Ressource für Kommunikation, sie wird auch durch die kommunikativ Handelnden reproduziert oder verändert.

2) System: Weil die moderne Gesellschaft in keiner Weise mit dem lebensweltlichen Gewebe von symbolvermittelten Handlungskoordinationen und kommunikativen Kooperationen kongruent zu setzen ist und die gesellschaftliche Integration nicht nur via verständigungsorientierten Handelns abläuft, bezeichnet der Systembegriff jene zweite Seite der Gesellschaft, die aus funktionalen Mechanismen und selbstgesteuerten Handlungsbereichen besteht. Markante Subsysteme der Gesellschaft sind der ökonomische Markt (Wirtschaft) und der politisch-administrative Handlungszusammenhang (Staat). Die Verknüpfung zwischen System und Lebenswelt bringt Habermas schließlich auf die Formel, "daß Gesellschaften *systemisch stabilisierte* Handlungszusammenhänge *sozial integrierter* Gruppen darstellen" (1981b: 228).

Die begriffliche Trennung zweier Bereiche von Gesellschaft ist also einerseits der methodologischen Einsicht geschuldet, dass ein soziologischer Blick entweder nur auf lebensweltliche Handlungskoordinationen oder nur auf Funktionen und Strukturen autonomer Systeme jeweils einseitig und verkürzend bleibt und der zureichenden Erklärung der modernen Gesellschaft nicht gerecht werden kann. Andererseits ist sie das analyti-

"Die Rationalisierung der Lebenswelt läßt sich als sukzessive Freisetzung des im kommunikativen Handeln angelegten Rationalitätspotentials verstehen." (Habermas 1981b: 232)

"Auf der anderen Seite bedeutet die Freisetzung kommunikativen Handelns von partikularen Wertorientierungen zugleich die Trennung von erfolgs- und verständigungsorientiertem Handeln. Mit der Motiv- und Wertgeneralisierung entsteht der Spielraum für Subsysteme zweckrationalen Handelns." (Habermas 1981b: 269)

sche Ergebnis sozialer Evolution und Differenzierung. Auf dem Niveau einfacher Gesellschaftsformen (segmentäre Gemeinschaften bzw. egalitäre Stammesgesellschaften) fallen Gesellschaft und Lebenswelt noch zusammen. Mit dem Übergang zu hierarchischen Stammesgesellschaften (Stratifikation), sodann zu politisch stratifizierten Klassengesellschaften (staatliche Organisation) und schließlich zu ökonomisch verfassten Klassengesellschaften (Geld als dominantes Steuerungsmedium) kommt es jeweils zu einer Veränderung der sozialen Handlungskoordinierungen durch Tausch und Macht und mithin zu einer *Entkopplung* von System und Lebenswelt. Dies meint genauer, "daß die Lebenswelt, die mit einem weniger differenzierten Gesellschaftssystem zunächst koextensiv ist, immer mehr zu einem Subsystem neben anderen herabgesetzt wird. Dabei lösen sich die systemischen Mechanismen immer weiter von den sozialen Strukturen ab, über die sich die soziale Integration vollzieht. Moderne Gesellschaften erreichen [...] eine Ebene der Systemdifferenzierung, auf der autonom gewordene Organisationen über entsprachlichte Kommunikationsmedien miteinander in Verbindung stehen. [...] Gleichzeitig bleibt die Lebenswelt das Subsystem, das den Bestand des Gesellschaftssystems im ganzen definiert. Daher bedürfen die systemischen Mechanismen einer Verankerung in der Lebenswelt – sie müssen institutionalisiert werden." (Habermas 1981b: 230)

Die Umstellung der Handlungskoordinierung von Sprache auf systemische Steuerungsmedien bedeutet aber nicht nur das Abkoppeln zwischen System und Lebenswelt, sondern aus der Perspektive der lebensweltlichen Akteure auch eine Vereinfachung sprachlicher Kommunikationsprozesse und weiterhin eine Entlastung von raumzeitlich gebundenen Verständigungshandlungen, vom Kommunikationsrisiko und vom Entscheidungsaufwand. In diesem Kontext spricht Habermas von der *Technisierung der Lebenswelt* (vgl. 1981b: 273). Ihr Effekt ist dahingehend ein doppelter, dass sowohl eine *Komplexitätssteigerung* der Systemstrukturen als auch eine *Rationalitätszunahme* der Lebenswelt mitläuft und weiter getrieben wird. Dieses gesellschaftliche Differenzierungsszenario mündet dann in eine *Kolonialisierung der Lebenswelt*, wenn es einerseits zur

In Anlehnung an Marx und Weber meint Habermas mit seiner *Kolonialisierungsthese* die Verdinglichung und kulturelle Verarmung der Lebenswelt sowie ihre Unterordnung unter die eigendynamischen wirtschaftlichen und politischen Subsysteme der Gesellschaft; die Metaphorik der Kolonialisierung betont dabei:

"die Imperative der verselbständigten Subsysteme dringen, sobald sie ihres ideologischen Schleiers entkleidet sind, *von außen* in die Lebenswelt – wie Kolonialherren in eine Stammesgesellschaft – ein und erzwingen die Assimilation" (1981b: 522).

sichtbaren Konkurrenz zwischen Sozial- und Systemintegration kommt und andererseits systemische Mechanismen und (erfolgsorientierte) Steuerungsmedien die sprachlichen Verständigungsprozesse, konsensorientierten Diskurse und also insgesamt die 'symbolische Reproduktion der Lebenswelt' bedrohen bzw. zurückdrängen.

Ausführlich lässt sich mit Habermas resümieren: "In der kommunikativen Alltagspraxis müssen sich kognitive Deutungen, moralische Erwartungen, Expressionen und Bewertungen durchdringen und über den Geltungstransfer, der in performativer Einstellung möglich ist, einen rationalen Zusammenhang bilden. Diese kommunikative Infrastruktur ist von zwei ineinandergreifenden, sich gegenseitig verstärkenden Tendenzen bedroht: von *systemisch induzierter Verdinglichung* und *kultureller Verarmung*. Die Lebenswelt wird an verrechtlichte, formal organisierte Handlungsbereiche assimiliert und gleichzeitig vom Zufluß einer ungebrochenen kulturellen Überlieferung abgeschnitten. So verbinden sich in den Deformationen der Alltagspraxis die Erstarrungs- mit den Verödungssymptomen. Das eine Moment, die einseitige Rationalisierung der Alltagskommunikation, geht auf die Verselbständigung von mediengesteuerten Subsystemen zurück, die sich nicht nur jenseits des Horizonts der Lebenswelt zu einer normfreien Realität versachlichen, sondern mit ihren Imperativen in die Kernbereiche der Lebenswelt eindringen. Das andere Moment, das Absterben vitaler Überlieferungen, geht auf eine Ausdifferenzierung von Wissenschaft, Moral und Kunst zurück, die nicht nur das Autonomwerden von spezialistisch bearbeiteten Sektoren bedeutet, sondern auch die Abspaltung von den unglaubwürdig gewordenen Traditionen, die sich auf dem Boden der Alltagshermeneutik in entmächtigter Naturwüchsigkeit fortbilden." (1981b: 483; vgl. auch 593)

Wenngleich Habermas in diesem Kontext bedingt die systemtheoretische (namentlich: Luhmannsche) Beschreibung von der Ausdifferenzierung und funktionalen Autonomie gesellschaftlicher Teilsysteme nachvollziehen kann, so bereitet ihm jedoch nicht nur Luhmanns *Dehumanisierung* der Gesellschaft – weil diese als Gesamtsystem aus nichts anderem als aus Kommunikatio-

"Weder die Säkularisierung der Weltbilder noch die strukturelle Differenzierung der Gesellschaft haben per se unvermeidliche pathologische Nebenwirkungen. Nicht die Ausdifferenzierung und eigensinnige Entfaltung der kulturellen Wertsphären führen zur kulturellen Verarmung der kommunikativen Alltagspraxis, sondern die elitäre Abspaltung der Expertenkulturen von den Zusammenhängen kommunikativen Alltagshandelns. Nicht die Entkopplung der mediengesteuerten Subsysteme, und ihrer Organisationsformen, von der Lebenswelt führt zu einseitiger Rationalisierung oder Verdinglichung der kommunikativen Alltagspraxis, sondern erst das Eindringen von Formen ökonomischer und administrativer Rationalität in Handlungsbereiche, die sich der Umstellung auf die Medien Geld und Macht widersetzen, weil sie auf kulturelle Überlieferung, soziale Integration und Erziehung spezialisiert sind und auf Verständigung als Mechanismus der Handlungskoordinierung angewiesen bleiben." (Habermas 1981b: 488)

nen besteht und Menschen in der Umwelt zu verorten sind – Unbehagen, sondern vielmehr auch dessen These einer fehlenden gesamtgesellschaftlichen Steuerungszentrale. Auf der einen Seite konzediert Habermas (vgl. im Folgenden 1985: 415ff) also durchaus das Eindringen systemischer Imperative in die Lebenswelt, eine Asymmetrie zwischen intersubjektiver Verständigung und gesamtgesellschaftlicher Kontrolle sowie eine Differenz zwischen Steuerungs- und Verständigungsleistungen. Auf der anderen Seite entwickelt er aber ein Bild vom Aufbau *autonomer Öffentlichkeiten* im Sinne alltagsnaher, selbsttragender Organisationen, die seines Erachtens sehr wohl die gesellschaftlichen Funktionssysteme beeinflussen, verändern und einen Emanzipationsschub auslösen können. Habermas' Ideen gehen dabei in Richtung: Kultur der Lebenswelt (versus Systemzwang), Sozialintegration (versus Systemintegration), Solidarität (versus Macht) und etwa kommunikative Vernunft (versus Zweckrationalität). Dezidiert wird hier die in der "Theorie des kommunikativen Handelns" als dritter Themenbereich ausgewiesene *Theorie der Moderne* (mitsamt der Erforschung der Pathologien der Moderne) einerseits mit dem Konzept kommunikativen Handelns und andererseits mit dem Gesellschaftskonzept als Einheit aus System und Lebenswelt verknüpft (vgl. dazu ausführlich Habermas 1981b: 563-593).

Werkgeschichtlich stellt diese Beobachtung der Moderne nicht ganz zufällig einen Rückbezug auf Habermas' Habilitationsschrift, seine bedeutende Studie über Öffentlichkeit und bürgerliche Gesellschaft her, indem neuerlich über öffentliche Kollektivgebilde und öffentliche Meinungs- bzw. Willensbildung im Verhältnis zu Politik, Wirtschaft, Kultur und Gesamtgesellschaft reflektiert und Öffentlichkeit als kritisches Gegengewicht ins Licht gesetzt wird. Als politisches, philosophisches und allgemein sozialwissenschaftliches Thema ist dies noch lange virulent. Und das heißt in kommunikationsbegrifflicher Pointierung auch: *Kommunikative Rationalität – ein unvollendetes Projekt.*

4.7.6 Literatur

Bibliografie:

Online-Bibliografie
zu Habermas:
**www.kowi.uni-essen.de/
koloss**

⇨ Literatur ⇨ Habermas

Görtzen, René [1982]: Jürgen Habermas. Eine Bibliographie seiner Schriften und der Sekundärliteratur 1952-1981. Frankfurt a. M.

Görtzen, René [2000]: Habermas: Bi(bli)ographische Bausteine. Eine Auswahl. In: Müller-Dohm (Hrsg.) [2000], S. 543-597.

Verwendete Literatur:

Gripp, Helga [1984]: Jürgen Habermas. Und es gibt sie doch – Zur kommunikationstheoretischen Begründung von Vernunft bei Jürgen Habermas. Paderborn; München; Wien; Zürich.

Habermas, Jürgen [1962]: Strukturwandel der Öffentlichkeit. Untersuchungen zu einer Theorie der bürgerlichen Gesellschaft. Neuwied.

Habermas, Jürgen [1968]: Technik und Wissenschaft als 'Ideologie'. Frankfurt a. M.

Habermas, Jürgen [1971]: Vorbereitende Bemerkungen zu einer Theorie der kommunikativen Kompetenz. In: ders./Luhmann, Niklas [1971]: Theorie der Gesellschaft oder Sozialtechnologie – Was leistet die Systemforschung? Frankfurt a. M., S. 101-141.

Habermas, Jürgen [1973]: Erkenntnis und Interesse. Mit einem neuen Nachwort. Frankfurt a. M.

Habermas, Jürgen [1976]: Was heißt Universalpragmatik? In: Apel, Karl-Otto (Hrsg.) [1976]: Sprachpragmatik und Philosophie. Frankfurt a. M., S. 174-272.

Habermas, Jürgen [1981a]: Theorie des kommunikativen Handelns. Band 1. Handlungsrationalität und gesellschaftliche Rationalisierung. Frankfurt a. M.

Habermas, Jürgen [1981b]: Theorie des kommunikativen Handelns. Band 2. Zur Kritik der funktionalistischen Vernunft. Frankfurt a. M.

Habermas, Jürgen [1982[5]]: Zur Logik der Sozialwissenschaften. Erweiterte Ausgabe. Frankfurt a. M.

Habermas, Jürgen [1984]: Wahrheitstheorien (1972). In: ders.: Vorstudien und Ergänzungen zur Theorie des kommunikativen Handelns. Frankfurt a. M., S. 127-183.

Habermas, Jürgen [1985]: Der philosophische Diskurs der Moderne. Zwölf Vorlesungen. Frankfurt a. M.

McCarthy, Thomas [1989]: Kritik der Verständigungsverhältnisse. Zur Theorie von Jürgen Habermas. Mit einem Anhang zur Taschenbuchausgabe. Frankfurt a. M.

Müller-Dohm, Stefan (Hrsg.) [2000]: Das Interesse der Vernunft. Rückblicke auf das Werk von Jürgen Habermas seit "Erkenntnis und Interesse". Frankfurt a. M.

Wiggershaus, Rolf [1986]: Die Frankfurter Schule. Geschichte. Theoretische Entwicklung. Politische Bedeutung. München; Wien.

4.8 Die selbstreferenzielle Kommunikationstheorie Niklas Luhmanns

4.8.1 *Die Relevanz Niklas Luhmanns für die Kommunikationswissenschaft*

Niklas Luhmann gilt gegenwärtig als wohl einflussreichster Soziologe auf deutschsprachigem Gebiet. Hierfür lassen sich in seinem Lebenswerk mindestens zwei Gründe ausmachen: Zum einen verfolgt Luhmann mit seiner Theorie sozialer Systeme das in den Sozialwissenschaften häufig vernachlässigte Interesse, eine universal angelegte Theoriearchitektur zu konstruieren. Zum anderen hat Luhmann in diesem Rahmen eine enorme Zahl an Aufsätzen und Monografien veröffentlicht, deren thematisches Spektrum von Fragen der soziokulturellen Entwicklung, über Differenzierungs- und Modernisierungstheorie, Wissenssoziologie, Kommunikationstheorie bis hin zu speziellen Untersuchungen der gesellschaftlichen Funktionssysteme des Rechts, der Wissenschaft, Wirtschaft, Religion, Kunst etc. reicht (und eine entsprechende Vielfalt an Anregungen und Anschlussmöglichkeiten bietet).

Mit dieser Fülle an unterschiedlichen Interessen und Theorievorschlägen korrespondiert auch Luhmanns soziologisches Selbstverständnis. Die Soziologie erschien ihm deswegen besonders reizvoll und wurde seine disziplinäre Heimat, weil sich in ihr 'alles machen lässt', ohne thematisch von Vornherein eingegrenzt und festgelegt zu sein. Sein *grundlegendes*, mehr als dreißig Jahre praktiziertes Erkenntnis- und Forschungsinteresse gilt allerdings einer allgemeinen Gesellschaftstheorie, die in der Lage ist, der sozialen Komplexität der modernen Weltgesellschaft zureichend und universell gerecht zu werden.

Für die Kommunikationswissenschaft erscheint die Theorie der sozialen Systeme aus zwei Gründen besonders relevant. Einerseits basiert sie auf dem Konzept eines selbstreferenziellen Kommunikationsprozesses. Damit wird eine komplexe, eigenständige Kommunikationstheorie angeboten, die für jeden Kommunikationswissenschaftler enorme *Erklärungsmöglichkeiten* für soziale Ereignisse und Prozesse wie auch für interaktio-

* 8.12.1927 (Lüneburg)
† 6.11.1998 (Oerlinghausen)

Bevor Luhmann sein umfassendes Projekt einer allgemeinen Theorie sozialer Systeme angeht, schlägt er nach dem Krieg zuerst eine juristische Laufbahn ein. Von 1946 bis 1949 studiert er Rechtswissenschaften an der Universität Freiburg i.Br., woran sich eine mehrjährige Tätigkeit als Verwaltungsbeamter am Oberverwaltungsgericht Lüneburg und später als Landtagsreferent im niedersächsischen Kultusministerium anschließt. 1960 lässt er sich für ein Jahr von dieser Tätigkeit beurlauben und studiert Soziologie an der Harvard University bei Talcott Parsons (1902-1979), zu dem er während dieser Zeit engen persönlichen Kontakt hat.
Nach seiner Rückkehr aus den USA arbeitet Luhmann von 1962 bis 1965 als Referent der Hochschule für Ver-

waltungswissenschaften in Speyer. Außerhalb seiner Tätigkeit als Verwaltungsbeamter beschäftigt er sich beständig mit Subjekt- und Transzendentalphilosophie sowie insbesondere mit dem strukturfunktionalen systemtheoretischen Ansatz von Talcott Parsons.

Während seiner Zeit in Speyer erscheint "Funktionen und Folgen formaler Organisation" (1964), und ein Jahr später wird er von Helmut Schelsky (1912-1984) als Abteilungsleiter an die der Universität Münster angegliederte Sozialforschungsstelle Dortmund geholt. 1966 promoviert und habilitiert sich Luhmann mit der Arbeit "Recht und Automation in der öffentlichen Verwaltung" sowie seinem 1964er Werk bei Schelsky und Dieter Claessens (1921-1997) in Münster und tritt dort 1967 eine Gastprofessur an. 1968 holt ihn Schelsky als Professor für Soziologie an die neu gegründete Universität Bielefeld, wo Luhmann bis zu seiner Emeritierung im Jahre 1993 bleibt und wesentlichen Anteil an der theoretischen Ausrichtung der Fakultät hat.

Seine Bekanntheit in den 70er Jahren verdankt Luhmann vor allem der theoretischen Kontroverse mit Jürgen Habermas (*1929), einer weitgehend politisch geführten Diskussion über die unterschiedlichen Ansätze von Systemtheorie und kritischer Theorie, die in dem 1971 erschienenen Band "Theorie der Gesellschaft oder Sozialtechnolologie – Was leistet die Systemforschung?" dokumentiert ist. Mit "Soziale Systeme. Grund-

nales Mitteilungshandeln bietet sowie breite *Anwendungsmöglichkeiten* für die Beobachtung von Kommunikationsprozessen auf unterschiedlichen Gebieten, wie etwa in face-to-face-Beziehungen, in Organisationen oder von spezifisch konstituierten und ausgerichteten Kommunikationen der Liebe, der Wirtschaft, des Rechts etc. Andererseits ist dieser Kommunikationstheorie auf Grund ihres Anspruchs an Universalität inhärent, dass sie es ermöglicht, eine spezifische Tiefenanalyse der Binnenstruktur verschiedener Kommunikationstypen sowie der kommunikativ different erzeugten sozialen Ebenen, also der verschiedenen sozialen Systemtypen der Kommunikation zu betreiben.

Weil Luhmanns reflexive soziologische Systemtheorie von vielerlei traditionellen Konzepten der Soziologie und Theorieergebnissen anderer Disziplinen Gebrauch macht, erscheint es sinnvoll, einleitend einen Überblick über einige wesentliche Voraussetzungen seiner theoretischen Ausrichtung zu geben. Insbesondere mit dem Vollzug der sogenannten *autopoietischen Wende* seit 1984 lassen sich drei wichtige theoretische Grundgedanken angeben, die alle Ausführungen Luhmanns begleiten.

1) Prozesse und Ereignisse des Bewusstseins sind auf Grund der Geschlossenheit und Intransparenz psychischer Systeme für soziale Vorgänge nur mittelbar relevant und werden daher nur insofern von der soziologischen Systemtheorie berücksichtigt, als sie als Umweltbedingung sozialer Prozesse fungieren. Die Annahme kausaler und direkter Steuerungseinwirkungen des Bewusstseins auf Kommunikation wird als theoretisch nicht haltbar abgelehnt. So ist das Bewusstsein zwar notwendige Bedingung und notwendiges Umweltkorrelat von Kommunikation, aber weder ihr Subjekt, noch ihre kausale Ursache, noch ihr Produzent.

2) Ein Kommunikationskonzept nach Art der Informationsübertragung gilt als unterkomplex und wird folglich als inadäquate Beschreibung verabschiedet. Stattdessen ist Kommunikation als ein selbstreferenzieller sozialer Prozess zu begreifen, der seine selektiven Komponenten von Information, Mitteilung und Verstehen selbst hervorbringt, synthetisiert und reproduziert. Dementsprechend gilt – entgegen anderen Theorieoptionen: Nur die Kommunikation kann kommunizieren!

3) Gesellschaft besteht weder aus substanziellen Einheiten, wie etwa Subjekten oder Individuen, noch aus Handlungen, sondern ausschließlich aus Kommunikationen. Kommunikation ist die *basic unit* des Sozialen. Alle sozialen Systeme sind autopoietische und sinnverarbeitende Systeme, die aus der Elementaroperation *Kommunikation* bestehen und durch Kommunikationen ihre je eigenen Relationierungen und Strukturen aufbauen und erhalten.

Allen noch mit Luhmann Unvertrauten sei der Trost mitgegeben, dass Luhmann immer wieder selbst die 'Zumutungen' seiner abstrakten Theoriekonstruktion thematisiert und erkannt hat und auf viel Geduld seiner Leser gesetzt hat. Keiner ist also beim ersten Zugang mit seinen Begriffsschwierigkeiten und Verstehensproblemen allein, sondern findet sich mit allseits bekannten Erfahrungen konfrontiert, auf Grund derer Luhmann selbst von seiner universellen Theorieanlage das Bild entworfen hat, sie gleiche "eher einem Labyrinth als einer Schnellstraße zum frohen Ende" (1984: 14).

riß einer allgemeinen Theorie" (1984) führt er das biologische Konzept der *Autopoiesis* in die soziologische Systemtheorie ein und entwickelt daraus sowie mit der fundamentalen Verwendung des Kommunikationsbegriffs seine gesellschaftstheoretische Grundlage. In der Folge nimmt Luhmann einzelne Aspekte der modernen Gesellschaft und ihrer Funktionssysteme in den Blick, wie sie dann etwa in "Die Wirtschaft der Gesellschaft" (1988), "Die Wissenschaft der Gesellschaft" (1990), "Das Recht der Gesellschaft" (1993) oder "Die Kunst der Gesellschaft" (1995) ihren Niederschlag finden. 1997 erscheint, die Grundlagen einer reflexiven Gesellschaftstheorie verdichtend: "Die Gesellschaft der Gesellschaft".

4.8.2 *Grundbegriffe der soziologischen Systemtheorie*

Niklas Luhmann verfolgt das Ziel, unter Rückgriff auf andere Theorieoptionen eine umfassende Theorie sozialer Systeme aufzustellen. Er pflegt dabei einen offenen Theoriestil *kombinatorischer Relationierung*, der insbesondere eine allgemeine Systemtheorie, Evolutionstheorie, Differenzierungstheorie und Kommunikationstheorie in seiner soziologischen (Gesellschafts-) Theorie zusammenführt (vgl. zusammenfassend Göbel 2000) und sich aus so unterschiedlichen Wissenschaften und Forschungskontexten speist wie etwa: Biologie, Kybernetik, Neurophysiologie, Distinktionslogik und Erkenntnistheorie. Damit korrespondiert ein Universalitätsanspruch für eine umfassende Erklärung der unterschiedlichen sozialen Prozesse und Ereignisse. Alles, was sozialen Charakters ist, soll Berücksichtigung und Eingang in die soziologische Systemtheorie finden. Indem die Theorie der Einheit des Faches in der Pluralität an Erkenntnisinteressen folgt, wird nicht zuletzt ein einheitlicher Forschungsansatz für die gesamte Soziologie wie auch für benachbarte Sozialwissenschaften

Zur Rahmung und zum Aufbau dieser soziologischen Theoriekonzeption, die in zureichender Komplexität die soziale Wirklichkeit beschreiben und erklären will, schreibt Luhmann: Eine solche Theorie "reklamiert für sich selbst *nie*: *Widerspiegelung* der kompletten Realität des Gegenstandes. *Auch nicht*: *Ausschöpfung* aller Möglichkeiten der Erkenntnis des Gegenstandes. Daher *auch nicht*: *Ausschließlichkeit* des Wahrheitsanspruchs im Verhältnis zu anderen, konkurrierenden Theorieunternehmungen. *Wohl aber*: *Universalität* der Gegenstandserfassung in dem Sinne, daß sie als soziologische Theorie alles Soziale behandelt und nicht nur Ausschnitte" (1984: 9).

System:

– Element(aroperation)
– Struktur
– abgegrenzte Einheit

Bevor Luhmann das dritte systemtheoretische Paradigma inauguriert, entwickelt er anfänglich seine *funktional-strukturelle* Systemtheorie in der kritischen Auseinandersetzung mit Parsons strukturell-funktionalem Ansatz. Dabei wird einerseits die Frage nach der Bestandserhaltung eines Systems durch jene nach seiner Funktion abgelöst, und andererseits dominiert nun der Funktionsbegriff den der Struktur.

vorgeschlagen. Jener Theorieeinheit liegen einige besondere Begriffe zu Grunde, die im Folgenden behandelt werden: System, System/Umwelt-Differenz, Autopoiesis, Sinn.

Allgemein lässt sich von einem 'System' sprechen, wenn eine spezifische Menge von Elementen gegeben ist, die zueinander in einer Beziehung stehen bzw. sich relational verbinden und so eine Struktur aufbauen. Das System bezeichnet dann die gesamte Einheit der Elemente und ihrer Strukturen, wobei sich diese Ganzheit von irgend etwas anderem unterscheidet. In einem Frühwerk hält Luhmann fest, dass unter System verstanden werden soll: "jedes Wirklich-Seiende, das sich, teilweise auf Grund der eigenen Ordnung, teilweise auf Grund von Umweltbedingungen, in einer äußerst komplexen, veränderlichen, im ganzen nicht beherrschbaren Umwelt identisch hält." (1973: 7)

In einer späteren Definition hält er fest:"Von Systemen im allgemeinen kann man sprechen, wenn man Merkmale vor Augen hat, deren Entfallen den Charakter eines Gegenstandes als System in Frage stellen würde. Zuweilen wird auch die Einheit der Gesamtheit solcher Merkmale als System bezeichnet." (Luhmann 1984: 15)

Die Geschichte der Systemtheorie kennt Luhmann zufolge drei Paradigmata, die sich jeweils durch eine spezielle Leitdifferenz kennzeichnen lassen (vgl. 1984: 20ff.): 1) die Differenz von Teil und Ganzem ("Das Ganze ist mehr als die Summe seiner Teile."); 2) die Differenz von System und Umwelt, zwischen denen eine Input-Output-Leistung besteht ("extra-unit-orientation"); 3) die Differenz von Identität und Differenz ("intra-unit-difference-orientation"), hier ist das autopoietische Konzept zu verorten.

Mit der Übernahme des autopoietischen Konzeptes in die soziologische Systemtheorie ist folgendes neues Systemverständnis gegeben: Die Elemente eines Systems werden nicht mehr als Entitäten oder Substanzen verstanden, sondern als basale systeminterne Operationen. Die Relation und Struktur der Elemente ist nicht umweltdeterminiert, sondern wird vom System selbstreferenziell produziert. Die Einheit eines Systems wird durch Grenzziehung vom System selbst hergestellt und reproduziert, indem es sich durch seine Beziehungen zur Umwelt different setzt und gleichzeitig bestimmt, welche Elementaroperationen zum System gehören und welche zur systemspezifischen Umwelt.

"Die Theorie selbstreferentieller Systeme behauptet, daß eine Ausdifferenzierung von Systemen nur durch Selbstreferenz zustandekommen kann, das heißt dadurch, daß die Systeme in der Konstitution ihrer Elemente und ihrer elementaren Operationen auf sich selbst (sei es auf Elemente desselben Systems, sei es auf Operationen desselben Systems, sei es auf die Einheit desselben Systems) Bezug nehmen. Systeme müssen, um dies zu ermöglichen, eine Beschreibung ihres Selbst erzeugen und benutzen; sie müssen mindestens die Differenz von System und Umwelt systemintern als Orientierung und als Prinzip der Erzeugung von Informationen verwenden können. Selbstreferentielle Geschlossenheit ist daher nur in einer Umwelt, ist nur unter ökologischen Bedingungen möglich. Die Umwelt ist ein notwendiges Korrelat selbstreferentieller Operationen [...]. Man kann jetzt die System/Umwelt-Differenz aus der Perspektive eines Beobachters (zum Beispiel: des Wissenschaftlers) unterscheiden von der System/Umwelt-Differenz, wie sie im System selbst verwendet wird, wobei der Beobachter wiederum nur als selbstreferentielles System gedacht werden kann." (Luhmann 1984: 25)

Eine maßgebliche, seine verschiedenen soziologischen Analysen grundsätzlich begleitende Unterscheidung ist bei Luhmann also die zwischen System und Umwelt. Mit dieser Kardinaldifferenz wird die Systemreferenz bezeichnet, von der aus beobachtet wird bzw. der eine Beobachtung im Modus zweiter Ordnung (Beobachtung einer Beobachtung) gilt. Prinzipiell ist die Umwelt komplex, und ein System betreibt *Reduktion von Komplexität*, indem es einen bestimmten Schnitt durch die Welt führt (Spezialisierung). Gleichzeitig wird aber eine systeminterne 'strukturelle Komplexität' (vgl. Luhmann 1997: 134) aufgebaut, mit der sich das System ausdifferenziert und seine spezialisierte Beobachtung auf jedes Ereignis in der Umwelt beziehen kann (Universalisierung).

Nach unserem kurzen Vorgriff auf den Aspekt der selbstreferenziellen Relationierung von Elementen und Selbstschließung eines Systems in einer besonderen Sys-

"Der Ausgangspunkt ist: daß es einen Zusammenhang gibt zwischen der operativen Schließung des Systems und einer evolutionären Tendenz zum Aufbau von Eigenkomplexität (Systemkomplexität). Nur wenn das System sich gegenüber der Umwelt hinreichend isoliert, nur wenn es also darauf verzichtet, für möglichst viele, ja, möglichst alle Umweltzustände eigene interne Entsprechungen zu entwickeln, kann es sich von der Umwelt durch eine eigene interne Ordnung der Verknüpfung von Elementen unterscheiden. Nur die auf dieser Basis in Gang gebrachte Produktion eigener Elemente durch eigene Elemente (Autopoiesis) kann zum Aufbau eigener Komplexität führen." (Luhmann 1997: 135)

Autopoiesis

"An autopoietic machine is a machine organized (defined as a unity) as a network of processes of production (transformation and destruction) of components that produces the components which: (i) through their interactions and transformations continuously regenerate and realize the network of processes (relations) that produced them; and (ii) constitute it (the machine) as a concrete unity in the space in which they (the components) exist by specifying the topological domain of its realization as such a network. It follows that an autopoietic machine continuously generates and specifies its own organization through its operation as a system of production of its own components, and does this in an endless turnover of components under conditions of continuous perturbations and compensation of perturbations." (Maturana/Varela 1980: 78f.)

www.kowi.uni-essen.de/ koloss/themen/luhmann/ zelle.htm

Den Modus der Selbstreferenz verdeutlicht die Fibonacci-Reihe:

www.kowi.uni-essen.de/ koloss/themen/luhmann/ fibo.htm

tem/Umwelt-Konstellation wollen wir deren genauere theoretische Erklärung mit dem Autopoiesis-Begriff nachholen. *Autopoiesis* ist ein Kunstwort, das von dem chilenischen Neurobiologen Humberto R. Maturana (in Zusammenarbeit mit Francisco J. Varela, Gabriela Uribe und José Bulnes) erfunden worden ist und sich aus den griechischen Komponenten αὐτός (= selbst) und ποιεῖν (= machen, schaffen, herstellen) zusammensetzt. Mit dem Konzept der Autopoiesis ist aber nicht nur eine einmalige Selbstproduktion gemeint, sondern darüber hinaus eine ständige Selbstreproduktion, also Selbsterhaltung des Systems. Maturana beschreibt und erklärt mittels dieses Konzepts das basale Funktions- und Organisationsprinzip von Lebewesen, die als lebende Systeme verstanden werden (vgl. 1982: 280 sowie Maturana/Varela 1980). So gesehen, folgt das Leben einem Prinzip, das sich selbst durch rekursive Bezüglichkeit und eigene Strukturbildung hervorbringt und reproduziert. Die Zelle ist hierbei als autopoietisches System par excellence zu begreifen.

Für autopoietische Systeme sind nun im Allgemeinen folgende Momente charakteristisch: 1) Autonomie gegenüber der Umwelt und damit je spezifische Grenzziehung des Systems zu seiner Umwelt; 2) operationale Geschlossenheit, die sich in kreiskausaler, rekursiver Weise vollzieht, so dass es während des Bestehens des Systems weder Anfang noch Ende gibt; 3) Selbstproduktion der Elemente; 4) Selbstreproduktion bzw. Selbsterhaltung in einem Netzwerk von selbstreferenziellen Prozessen; 5) Selbstspezifizierung der Systemelemente durch das System und damit Selbstorganisation der darauf basierenden Strukturbildung.

Einerseits sind autopoietische Systeme geschlossene Systeme, andererseits ist gerade diese Geschlossenheit Bedingung für (Umwelt-)Offenheit. In anderen Worten, und wir werden darauf bei der Verbindung zwischen Kommunikation und Bewusstsein zurückkommen: keine Selbstreferenz ohne Fremdreferenz! Solche Systeme erzeugen die Elemente, aus denen sie bestehen, durch die Elemente, aus denen sie bestehen, selbst. Dabei sind aber autopoietische Systeme nicht *autark*, d. h. sie existieren nicht isoliert und vollkommen unabhängig von einer Umwelt. Vielmehr sind sie *autonom*, d. h. ihre (Re-)Produktionsweise und Organisationsweise wird zwar weitgehend unabhängig von der Umwelt geregelt, trotzdem sind sie aber auf spezifische Umwelteinflüsse angewiesen. Allgemein gesagt, heißt das: *Autopoietische Systeme sind operational, organisational und informationell geschlossen, aber materiell und energetisch offen.* Sie beziehen aus der Umwelt Materie und Energie; in welcher Art und Weise aber Materie und Energie verarbeitet werden, wie sie systemintern 'übersetzt' und integriert werden, unterliegt den je eigenen Modi und Strukturen des Systems selbst. Das System organisiert sich selbst, indem es selbst festlegt, was es mit der Materie und der Energie macht. Folglich können autopoietische Systeme auch nicht kausal von Umwelteinflüssen bestimmt oder determiniert werden, sie werden von Umwelteinflüssen allenfalls irritiert oder gestört. Konkrete Systemzustände bestimmen sich immer im System und durch das System selbst und werden nicht von der Umwelt bestimmt. Autopoietische Systeme arbeiten deswegen struktur- bzw. zustandsdeterminiert aus ihrer eigenen Funktionsweise heraus.

Dem gegenüber steht die Funktionsweise von allopoietischen Systemtypen (ἄλλος = fremd, anders), also von fremderzeugten und sich nicht selbst erhaltenden Systemen. Diese können ihre Elemente, aus denen sie bestehen, nicht selbst erzeugen, sondern bekommen diese aus der Umwelt zugeführt, um aus ihnen dann einen spezifischen System-Output zu leisten. Alle trivialen Systeme, wie beispielhaft Automaten und technische Maschinen, sind allopoietisch organisiert und damit hochgradig umweltdeterminiert. Zusammenfassend hält Maturana fest: Allopoietisch sind "jene mechanistischen Systeme, deren Organisation die Bestandteile und Prozesse, die sie als Einheiten verwirklichen, nicht erzeugt, und bei denen daher das Produkt ihres Funktionierens von ihnen selbst verschieden ist" (1982: 159).

Im Gegensatz zu Maturana sieht nun Luhmann den Erklärungswert des Autopoiesiskonzepts nicht auf Organismen begrenzt. Er überträgt es vielmehr auch auf Sinnsysteme, genauer: auf psychische und soziale Systemtypen. In Abkehr von der exklusiv biologischen Frage: What is the organization of all living systems? formuliert er als Soziologe: Was ist Soziales, wie funktioniert soziale Ordnung, wie lassen sich soziale Systeme

"Als autopoietisch wollen wir Systeme bezeichnen, die die Elemente, aus denen sie bestehen, selbstproduzieren und selbstreproduzieren. Alles, was solche Systeme als Einheit verwenden, ihre Elemente, ihre Prozesse, ihre Strukturen und sich selbst, wird durch eben solche Einheiten im System erst bestimmt." (Luhmann 1985: 403)

Sinn

Zentral führt Luhmann – und für jeden Phänomenologen ist hier der Rekurs auf Edmund Husserl evident – zu Sinn an: "Das Sinnprozessieren ist [...] ein ständiges Neuformieren der sinnkonstitutiven Differenz von Aktualität und Möglichkeit. Sinn ist laufendes Aktualisieren von Möglichkeiten. Da Sinn aber nur als Differenz von gerade Aktuellem und Möglichkeitshorizont Sinn sein kann, führt jede Aktualisierung immer auch zu einer Virtualisierung der daraufhin anschließbaren Möglichkeiten. Die Instabilität des Sinnes liegt in der Unhaltbarkeit seines Aktualitätskerns; die Restabilisierbarkeit ist dadurch gegeben, daß alles Aktuelle nur im Horizont von Möglichkeitsanzeigen Sinn hat. Und Sinn haben heißt eben: daß eine der anschließbaren Möglichkeiten als Nachfolgeaktualität gewählt werden kann und gewählt werden muß, sobald das jeweils Aktuelle verblaßt, ausdünnt, seine Aktualität aus eigener Instabilität selbst aufgibt. [...] Insgesamt ist Sinn also ein Prozessieren nach Maßgabe von Differenzen, und zwar von Differenzen, die als solche nicht vorgegeben sind, sondern ihre operative Verwendbarkeit [...] allein aus der Sinnhaftigkeit selbst gewinnen. Die Selbstbeweglichkeit des Sinngeschehens ist Autopoiesis par excellence." (1984: 100f.)

und ihre Umweltverhältnisse charakterisieren, analysieren und erklären? Zuerst wird also gegenüber der biologischen Fundierung eine *Generalisierung* vorgenommen, danach wird für die soziologische Theorie eine *Respezifikation* vorgenommen.

Sowohl psychische als auch soziale Systeme operieren – im einen Fall auf der Grundlage von Gedanken und Vorstellungen, im anderen auf der Grundlage von Kommunikationen – je speziell nach Maßgabe ihres internen Netzwerkes, organisieren sich selbst und produzieren und reproduzieren ihre Elemente, aus denen sie bestehen, durch die Elemente, aus denen sie bestehen.

Mit einem phänomenologisch inspirierten Sinnbegriff gewinnt und präsentiert Luhmann sodann den Schlüsselbegriff, der es ihm erlaubt, psychische und soziale Systeme als autopoietisch auszuweisen: "Die Selbstbeweglichkeit des Sinngeschehens ist Autopoiesis par excellence." (1984: 101) Und an anderer Stelle heißt es: "Als Universalmedium aller psychischen und sozialen, aller bewußt und kommunikativ operierenden Systeme regeneriert Sinn mit der Autopoiesis dieser Systeme anstrengungslos und wie von selbst." (Luhmann 1997: 51)

Nachdem wir vorgreifend einen Zusammenhang zwischen Sinn und Autopoiesis sowie von Sinn als Bindeglied zwischen psychischen und sozialen Systemen hergestellt haben, wollen wir wiederum einige grundlagentheoretische Erläuterungen nachholen.

Der Sinnbegriff ist ein zentraler soziologischer wie auch philosophischer Begriff, der sich in verschiedenen Bewusstseins-, Handlungs-, Kommunikations-, Sprach- und Sozialtheorien wiederfindet. Häufig wird er an ein vernunftbegabtes Subjekt gebunden und als Korrelat individueller Erlebnisse und (intentionaler) Bewusstseinsprozesse verstanden. Von einem so gefärbten Sinnbegriff will sich Luhmann lösen. Er betont, "daß der Sinnbezug aller Operationen sowohl für psychische als auch für soziale Systeme eine unerläßliche Notwendigkeit ist. Beide Arten von Systemen sind im Wege der Co-Evolution entstanden. Die eine ist nicht ohne die andere möglich und umgekehrt. Sie haben sich, wenn man so sagen darf, am Sinn ausdifferenziert. Sinn ist die eigentliche 'Substanz' dieser emergenten Ebene der Evolution. Es ist daher falsch (oder milder: ist ein falsch gewählter Anthropozentrismus), wenn man der psychischen, das heißt der bewußtseinsmäßigen Verankerung eine Art ontologischen Vorrang vor der sozialen zuspricht. Es ist überhaupt verfehlt, für Sinn einen 'Träger' zu suchen. Sinn trägt sich selbst, indem er seine eigene Reproduktion selbstreferentiell ermöglicht. *Und erst die Formen dieser Reproduktion differenzieren psychische und soziale Strukturen."* (1984: 141; vgl. auch 1971a: 26ff.)

Nun stellt sich die konkrete Frage, was genau mittels Sinn prozessiert oder was damit jeweils von psychischen und sozialen Systemen verarbeitet wird. Eine Antwort wäre: Was verarbeitet wird, sind Informationen. Durch Sinn wird Information erzeugt und prozessiert, und zwar als aktuelles Selektionsereignis vor einem komplexen (negativen) Hintergrund, als Unterschied, der für ein späteres Ereignis einen Unterschied macht. Im Differenzgeschehen von Aktualität und Potenzialität wird die Komplexität der Welt sowohl reduziert als auch gleichzeitig erhalten. Ein solcher differenztheoretischer Begriff von Sinn ist aber für sich als Einheit ein universaler Begriff, der keine Negation kennt. Dieser Sinnbegriff ermöglicht keine Negation von Sinn als *Nicht*-Sinn, weil Sinn als Einheit die Differenz von Sinn/Nicht-Sinn umschließt. Sinn markiert ein Ereignis, das zu einem spezifischen Moment aktualisiert wird vor der Maßgabe, dass damit etwas anderes nicht aktualisiert wird, d. h. etwas anderes weiterhin nur möglich ist; oder in der Terminologie Edmund Husserls: dass etwas anderes immer nur am Horizont *appräsentiert* ist und bleibt. Diese aktuelle Auswahl *von etwas* ist nur dadurch Auswahl, dass etwas anderes nicht ausgewählt wird. Also: *dies* und nichts anderes; *Tisch* und nicht X; oder *Vorlesung* und nicht Cafébesuch noch sonst etwas. Indem etwas aktuell bezeichnet wird, gewinnt es durch seine Auswahl und Unterscheidung Sinn.

Der phänomenologisch grundierte Sinnbegriff wird hierbei durch die Distinktionslogik George Spencer Browns spezifiziert, wonach sich jede sinnhafte Operation gleichzeitig durch eine Unterscheidung (*distinction*) und eine Bezeichnung (*indication*) vollzieht (vgl. Luhmann 1984: 100). Als Form weist Sinn zwei Seiten auf: die der Bezeichnung als *marked state* und die des

"Als Sinnpraxis sieht sich auch Kommunikation genötigt, Unterscheidungen zu treffen, um die eine Seite zu bezeichnen und auf dieser Seite für Anschlüsse zu sorgen. Damit wird die Autopoiesis des Systems fortgesetzt." (Luhmann 1997: 71)

unbezeichneten Horizontes als *unmarked space*. Das heißt, das Aktuelle wird aus einem Möglichkeitshorizont ausgewählt, und der Horizont, aus dem ausgewählt wird, bleibt selbst nicht bezeichenbar.

"Als operative Einheit aus Unterscheidung und Bezeichnung ist Sinn eine Form, die sich selbst enthält, nämlich die Unterscheidung von Unterscheidung und Bezeichnung. Eine Form ist letztlich eine Unterscheidung, die in sich selbst als Unterschiedenes wiedervorkommt." (Luhmann 1997: 57)

Ein Spezifikum der selektiven Produktion von Sinn besteht darin, dass mit dem Auftreten von Sinn, also der Aktualität eines Ereignisses, dieses Ereignis sofort wieder zerfällt bzw. verschwindet und damit den Raum freigibt für einen Anschluss neuer, anderer sinnhafter Möglichkeiten. Gerade mit dieser zeitlichen Instabilität und rekursiven Erneuerung verweist Sinn auf Autopoiesis; damit ist die autopoietische Operationsweise von psychischen und sozialen Systemen gegeben.

Sinndimension

Hinsichtlich der soziologisch relevanten Dimension von Sinn verweist Luhmann auf die Zeit-, Sach- und Sozialdimension (vgl. 1971a: 48ff. und 1984: 112ff.). Die Zeitdimension resultiert aus der prozessierten Unterscheidung von vorher versus nachher und bezeichnet das *Wann*. Die Sachdimension resultiert aus der prozessierten Unterscheidung von dies versus anderes – dieser Gegenstand und nicht jener oder dieses Thema und kein anderes – und bezeichnet das *Was*. Die Sozialdimension schließlich resultiert aus der prozessierten Unterscheidung des Verhältnisses und der Perspektiven zwischen Ego und Alter Ego und bezeichnet das *Wer*.

Typen und Emergenzebenen von Systemen

Die Grundbegriffe *System*, *Autopoiesis*, *Allopoiesis* und *Sinn* ermöglichen es Luhmann, drei Analyseebenen zu unterscheiden und eine Systemtypologie zu entwerfen. Systeme lassen sich erstens in Maschinen mit ihrer *allopoietischen* Organisationsweise und in Organismen, Bewusstseine und Soziales mit einer je *autopoietischen* Organisationsweise unterteilen. Auf der zweiten Ebene können wir das sinnverarbeitende Prinzip hinzufügen. Weder Maschinen noch Organismen oder deren Nervensysteme prozessieren Sinn, sehr wohl aber psychische und soziale Systeme, und zwar in der elementaren Form von Gedanken bzw. Vorstellungen oder von Kommunikationen. Auf einer dritten Ebene schließlich kann die soziale Systembildung in sich differenziert werden; dort liegen drei Typen von sozialen Systemen vor, die nach dem Grad ihrer Komplexität und ihres Emergenzniveaus gegliedert sind. Als einfaches, rein situatives Sozialsystem kann das Interaktionssystem bezeichnet werden, als komplexeres Sozialsystem folgt dann das Organisationssystem, und schließlich haben sich im Zuge der soziokulturellen Evolution autonome Funktionssysteme gebildet. Die moderne Weltgesellschaft fungiert dabei als umfassendes, alle Interaktions-, Organisations- und Funktionssysteme einschließendes Sozialsystem. Alle diese sozialen Systemtypen bestehen, organisieren und erhalten sich ausschließlich aus Kommunikation, wobei es je nach Systemtypus zwischen interaktionsförmiger, organisationaler und funktionssystemspezifischer Kommunikation zu unterscheiden gilt. Eine Besonderheit des Gesellschaftssystems besteht darin, dass es – im Gegensatz zu den Interaktions-, Organisations- und Funktionssystemen – über keine soziale Umwelt verfügt.

Außerhalb der Gesellschaft als umfassendem Sozialsystem gibt es keine Kommunikationen, ihre Grenzziehung verweist stattdessen auf eine Umwelt von Organismen, Gehirnen, Psychen, Technik, Natur etc. Als geschlossenes System produziert Gesellschaft "ihre Einheit durch operativen Vollzug von Kommunikationen im rekursiven Rückgriff und Vorgriff auf andere Kommunikationen. Sie kann dann, wenn sie das Beobachtungsschema 'System und Umwelt' zu Grunde legt, *in* sich selbst, *über* sich selbst oder *über* ihre Umwelt kommunizieren, aber nie *mit* sich selbst und nie *mit* ihrer Umwelt." (Luhmann 1997: 96)

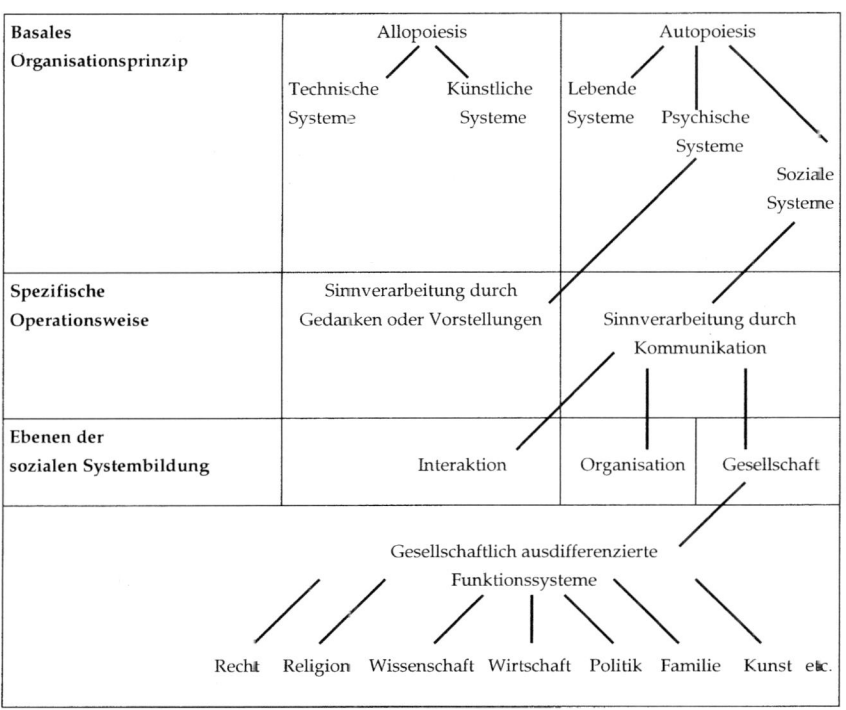

4.8.3 Theorie des selbstreferenziellen Kommunikationsprozesses

"Daß Bewußtseinssysteme füreinander wechselseitig unzugänglich sind, weil sie operativ geschlossen operieren, erklärt zwar den Bedarf für Kommunikation, antwortet aber nicht auf die Frage, wie Kommunikation angesichts eines solchen 'Unterbaus' möglich ist."
(Luhmann 1995c: 25)

Im Kern basiert Luhmanns allgemeine Theorie sozialer Systeme bzw. seine Gesellschaftstheorie auf einer Kommunikationstheorie. Er selbst hat auf die Notwendigkeit verwiesen, "dem Begriff der Kommunikation zentrale Bedeutung für die Gesellschaftstheorie zuzusprechen." (Luhmann 1997: 68) Geradezu paradigmatisch wird dabei von Handlung auf Kommunikation umgestellt und von einem 'Zwei-Personen-Modell' auf ein 'Drei-Selektionen-Modell'.

Als zentrales Ausgangsproblem fokussiert Luhmann in seiner Kommunikationstheorie die Opakheit bzw. Intransparenz psychischer Systeme – in dem Sinne, dass kein Bewusstsein ein anderes direkt beobachten und an fremde Gedanken direkt anschließen kann. Von dort aus geht er der Frage nach, wie soziales Verstehen und kommunikative Erreichbarkeit trotzdem möglich sind. Kommunikation wird zuallererst statt als selbstverständliches, unproblematisch erfahrenes Phänomen als *Problem* begriffen, und zwar – wie wir sehen werden – als ein zweifaches Problem: Zum einen stellt sich das Problem, wie Kommunikation trotz unwahrscheinlicher Ausgangsbedingungen überhaupt stattfinden und ihre Einheit vollziehen kann. Zum anderen stellt sich das Problem, wie Kommunikation ihre Fortsetzung wahrscheinlich machen und sich selbst als erwartbares, und eben nicht rein zufälliges und willkürliches, Ereignis hervorbringen kann. Das erste Problem bezieht sich auf die Bedingung der Möglichkeit von Kommunikation. Das zweite Problem bezieht sich auf die Selbstreproduktion und den Strukturaufbau bzw. die Erwartungen von Kommunikation.

Dieser problemorientierten Ausrichtung folgend, erläutern wir im Weiteren: 1) die Ausgangssituation sozialer Systembildung mit Blick auf die zweifach doppelte Kontingenz, 2) den selbstreferenziellen Prozess der Kommunikation in ihrer Synthetisierung der selektiven Triade von Information, Mitteilung und Verstehen, 3) das Emergenzniveau sozialer Systeme und den Modus der strukturellen Kopplung zwischen Bewusstsein und Kommunikation sowie 4) das Unwahrscheinlichkeitstheorem von Kommunikation und seine soziokulturelle Lösung.

Kontingenz wird von Luhmann als modallogischer Terminus eingeführt, der eine jede Situation als unbestimmt beschreibt und die gleichzeitige Negation von Notwendigkeit und Unmöglichkeit meint (vgl. 1984: 152). Kontingent ist also eine Situation, in der etwas möglich, aber nicht zwingend notwendig ist. Etwas *kann* so sein, wie es ist, *muss* es aber nicht. Es kann *so* sein, aber auch *anders* sein. Eine Situation, in der sich zwei selbstreferenzielle Prozessoren bzw. informationsverarbeitende Systeme wechselseitig beobachten können, lässt sich daraufhin insofern als 'doppelt kontingent' charakterisieren, als die Verhaltensmöglichkeiten eines jeden der beiden Systeme – auf Grund ihrer prinzipiellen Intransparenz füreinander – für das jeweils andere nicht vorhersehbar sind.

Eine soziale Situation indiziert damit das brisante Problem, wie zwei Interaktionspartner sich aufeinander orientieren und miteinander abstimmen können. Diese Situation ist dann *doppelt* kontingent, wenn ein Interaktionspartner sowohl von sich selbst weiß, dass seine Auswahlkriterien kontingent sind, als auch vom Anderen weiß, dass ebenso dessen Verhaltensentwürfe kontingent sind. Aus der Perspektive *beider* Interaktionspartner ist die Situation schließlich *zweifach* doppelt kontingent. Denn beide Interaktionspartner wissen, dass ihre Entscheidungen auf ein spezifisches Verhalten hin möglich, aber nicht notwendig sind, und dass demzufolge auch keine Notwendigkeit besteht, dass der Interaktionspartner den Vorschlag einer bestimmten Verhaltensweise übernimmt. Alle Beteiligten können eine erwartete Handlung verweigern und eine Offerte verneinen. Insgesamt findet sich damit in einer zukunftsoffenen, unvertrauten Situation eine reflexiv bewusste, also von beiden wechselseitig bewusste, Unfähigkeit der Eigenwahl vor, weil jeder sein Verhalten vom Verhalten des anderen abhängig macht. Eine wechselseitige, geordnete Verhaltenskoordination scheint *ab ovo* unwahrscheinlich, wenn nicht geradezu unmöglich.

Luhmann zeigt nun, dass die soziale Evolution den Weg genommen hat, dieses Problem zu entschärfen bzw. zu lösen: und zwar durch Teilnahme an Kommunikation. Die auf psychische Systeme zuzurechnende Unmöglichkeit der direkten, gegenseitigen Beeinflussung führt zum eigenständigen Aufbau eines sozialen Systems, welches auf einer anderen Emergenzebene operiert und durch Kommunikation soziale Ordnung herstellt.

Im Gegensatz zur Vorstellung, dass Kommunikation ein Übertragungsprozess von Informationen oder ein direktes Mitteilungshandeln zwischen zwei und mehr Menschen sei, präsentiert Luhmann einen Kom-

Das Theorem der (zweifach) doppelten Kontingenz

"Wenn Ego sein Handeln in Abhängigkeit von Alter und zugleich Alter sein Handeln in Abhängigkeit von Ego wählen muß, wie ist soziale Ordnung dann überhaupt möglich? Jeder müßte, um sein Verhalten selbst bestimmen zu können, wissen, wie der andere entscheidet, kann dies aber nur wissen, wenn er weiß, wie er sich selbst entscheidet. Soziale Situationen sind daher zunächst charakterisiert durch zirkuläre Unfähigkeit zur Selbstbestimmung." (Luhmann 1981a: 13)

**Der selbstreferenzielle
Kommunikationsprozess**

"Im Unterschied zu bloßer Wahrnehmung von informativen Ereignissen kommt Kommunikation nur dadurch zustande, daß Ego zwei Selektionen unterscheiden und diese Differenz seinerseits handhaben kann. Der Einbau dieser Differenz macht Kommunikation erst zur Kommunikation, zu einem Sonderfall von Informationsverarbeitung schlechthin. Die Differenz liegt zunächst in der Beobachtung des Alter durch Ego. Ego ist in der Lage, das Mitteilungsverhalten von dem zu unterscheiden, was es mitteilt. [...] Daß Verstehen ein unerläßliches Moment des Zustandekommens von Kommunikation ist, hat für das Gesamtverständnis von Kommunikation eine sehr weittragende Bedeutung. Daraus folgt nämlich, daß Kommunikation *nur als selbstreferentieller Prozeß möglich ist.* [...] In jedem Falle ist jede Einzelkommunikation, sonst würde sie gar nicht vorkommen, in den Verstehensmöglichkeiten und Verstehenskontrollen eines Anschlußzusammenhangs weiterer Kommunikationen rekursiv abgesichert." (Luhmann 1984: 198f.)

munikationsbegriff, der Kommunikation als komplexe Einheit und eigenständige soziale Operation versteht, die nicht von Menschen, sondern ausschließlich von sozialen Systemen prozessiert wird. Zudem ist zu sehen, dass sein Kommunikationsbegriff bereits auf einer vorsprachlichen Ebene ansetzt.

Kommunikation besteht aus drei verschiedenen Selektionen, wobei erst deren Synthese Kommunikation als Einheit herstellt. Diese drei Selektionen sind erstens Information, zweitens Mitteilung und drittens Verstehen. Jede dieser Komponenten besteht immer nur im verweisenden Zusammenhang mit den anderen beiden und nie für sich isoliert. *Information* ist die Auswahl aus einem Horizont dessen, *was* durch Verhalten, Sprache oder Symbolisierung ausgedrückt wird. *Mitteilung* ist die Form des *Wie* der Information, die mitgeteilt werden soll, die Auswahl aus einem Horizont an möglichen Verhaltens- und Ausdrucksweisen. *Verstehen* meint schließlich die Auswahl, wie die *Differenz* zwischen Mitteilung und Information aus einem möglichen Horizont beobachtet wird. Das Verstehen selbst ist kein psychischer Vorgang, sondern ein sozialer und bedeutet: Über die reine Wahrnehmung einer festgestellten Differenz zwischen Information und Mitteilung hinaus muss diese Unterscheidung selbst der Beobachtung freigegeben werden, also ihrerseits mitgeteilt werden. Erst die Verknüpfung aller drei Selektionen führt zu Kommunikation als sozialem Basisereignis, wobei dies gegenläufig zum aktuellen Zeitverlauf erfolgt.

Als autopoietischer sozialer Prozess ist Kommunikation demnach auf ein Verhalten oder ein Äußerungsereignis angewiesen, das bereits stattgefunden hat. Indem sich darauf rückwirkend ein neues Mitteilungsereignis bezieht, wird erst ein emergentes kommunikatives Ereignis konstituiert. Daraus folgt, dass die Einheit der Kommunikation differenziell angelegt ist, also zwei Zeitstellen umgreift, und "daß das Gewesene nachträglich zu sich selbst ein *kommunikatives* Ereignis ist." (Fuchs 1993: 25) Die vollzogene Anschlusssequenz zeigt also im Rückbezug auf die vorangegangene Mitteilung einer Information, dass überhaupt ein soziales Ereignis stattgefunden hat, und sie zeigt auch, welche Richtung und thematische Anschlussfähigkeit die Kom-

munikation genommen hat, also wie sie weiter prozessiert werden kann. Dazu heißt es bei Luhmann:
"Erst die Reaktion schließt die Kommunikation ab, und erst an ihr kann man ablesen, was als Einheit zustandegekommen ist." (1984: 212)

Originär findet Kommunikation also in selbstbezüglicher Weise immer gegenläufig zum Zeitprozess statt, indem ein sozialer Verstehensanschluss ein vorausgegangenes beobachtetes Ereignis als Kommunikation qualifiziert.

Der zirkuläre Ordnungsaufbau von Kommunikation impliziert nun eine interessante Besonderheit, die für das Verhältnis zwischen psychischen und sozialen Systemen zentral ist. Bei deren wechselseitiger Bezugnahme ist entscheidend, "daß das, was die Kommunikation als Information behandelt, *nicht* dem Binnenhorizont der psychischen Systeme, die beteiligt sind, entnommen, sondern durch die Kommunikation kreiert wird, und zwar als Anschluß, der die Unterschiede, die weiter Unterschiede machen können, selbst wählt (oder wiederum besser: als solche Wahl beobachtet werden kann). Entscheidend ist, daß die kommunikative Selektion der Information ihre anschlußproduzierende Kontur durch ihren Unterschied zur Mitteilungsselektion gewinnt" (Fuchs 1993: 27f.). Und damit zeigt sich, dass Luhmann sowohl alle Vorstellungen von Kommunikation als menschlicher Tätigkeit als auch als zweckgerichtetem, intentionalem und ausschließlich sprachlichem Prozess relativiert. Gleichzeitig wird dem Handlungsbegriff dabei seine soziologische Prominenz entzogen. Vor diesem Hintergrund wird schließlich auch das Kommunikationsmodell der Informationsübertragung zwischen Sender und Empfänger aufgegeben; u. a. weil es analog zur Geldverwendung zu stark und irrtümlich mit ontologischen Implikationen versetzt ist.

"Die gesamte Metaphorik des Besitzens, Habens, Gebens und Erhaltens, die gesamte Dingmetaphorik ist ungeeignet für ein Verständnis von Kommunikation. Die Übertragungsmetapher legt das Wesentliche der Kommunikation in den Akt der Übertragung, in die Mitteilung. Sie lenkt die Aufmerksamkeit und die Geschicklichkeitsanforderungen auf den Mitteilenden. Die Mitteilung ist aber nichts weiter als ein Selektionsvorschlag, eine Anregung. [...] Ferner übertreibt die Me-

www.kowi.uni-essen.de/
koloss/themen/luhmann/
ego.htm

Mit dieser Vorstellung von Kommunikation als Elementaroperation von Gesellschaft ersetzt Luhmann jenen Ansatz, der Handlung als Letztelement von Gesellschaft begreift. Die Form von Handeln oder von sozialer Handlung, wie sie zentral von Max Weber oder Alfred Schütz benutzt werden, sieht immer den Rückgriff auf den subjektiv gemeinten Sinn vor, der dann von seiner Intention her entweder an einem Objekt oder an einem Anderen orientiert ist und etwa a dem Anderen gezielt eine Verhaltensänderung zu bewegen versucht. Die Handlung stiftet als Einzelereignis aber keinen sozialen Zusammenhang, sie ist mit Blick auf den individuell Handelnden geradezu *a*-sozial bzw. sozialdefizitär. Der Sozialbezug des Handelns entsteht erst mit der Ausrichtung auf einen Anderen und mit der wechselseitigen Abstimmung des subjektiv gemeinten Sinnes zwischen den Individuen. Ein weiteres Problem aus soziologischer Perspektive stellt sich hinsichtlich der Sinnkonstitution der Handlung. Wie, so ließe sich fragen, soll eine untrennbar mit ihrem Erzeuger verbundene Einzelhandlung *sozialen* Sinn erzeugen? Und wenn es ihr in der Ausrichtung auf einen Anderen gelänge, wie ließe sich der soziale Sinn dann als eigenständige Dimension, unabhängig vom Bewusstsein des Einzelnen, erkennen und beschreiben?

tapher die Identität dessen, was 'übertragen' wird. Benutzt man sie, wird man verführt, sich vorzustellen, daß die übertragene Information für Absender und Empfänger dieselbe sei." (Luhmann 1984: 193f.)

Als Handlung taucht ein soziales Ereignis nur dann auf, wenn die Kommunikation sich im Nachhinein gleichsam als *Selbstsimplifikation* beobachtet – "Handlung wird in sozialen Systemen über Kommunikation und Attribution konstituiert als eine Reduktion der Komplexität, als unerläßliche Selbstsimplifikation des Systems" (Luhmann 1984: 191) –; und zwar üblicherweise als Mitteilungshandeln. Nicht Handlung ist demnach die *basic unit* des Sozialen, sondern Kommunikation. Handlung ist eine kommunikativ erzeugte Vereinfachung der Kommunikation selbst, indem jene von ihrer komplexen Selbstsynthetisierung absieht und ein punktuelles Äußerungsereignis entweder in Richtung der Mitteilung oder in Richtung der Information auf eine der an Kommunikation beteiligten Personen zurechnet.

"Entsprechend der Unterscheidung von Information und Mitteilung wird Handeln in zwei verschiedenen Kontexten sozial konstituiert: als Information bzw. als Thema einer Kommunikation oder als Mitteilungshandeln. Es gibt, anders gesagt, sehr wohl nichtkommunikatives Handeln, über das die Kommunikation sich nur informiert. Auch dessen soziale Relevanz wird jedoch durch Kommunikation vermittelt. Kommunikationssystemen steht es frei, über Handlungen oder über etwas anderes zu kommunizieren; sie müssen jedoch das Mitteilen selbst als Handeln auffassen, und nur in diesem Sinne wird Handeln zur notwendigen Komponente der Selbstreproduktion des Systems von Moment zu Moment. Deshalb ist es nie falsch, wohl aber einseitig, wenn ein Kommunikationssystem sich selbst als Handlungssystem auffaßt. Erst durch Handlung wird die Kommunikation als einfaches Ereignis an einem Zeitpunkt fixiert." (Luhmann 1984: 227; vgl. zum Verhältnis zwischen Handlung und Kommunikation auch: Schneider 1994)

Der kommunikative Anschluss, der nach der Strukturlogik der sozialen Systeme selbst erfolgt, verweist darauf, dass das soziale System gegenüber dem psychischen auf einer eigenwertigen Ordnungsebene operiert. Psychische Systeme sind zwar an Kommunikation beteiligt, aber kommunizieren nicht selbst. Da wir es demzufolge in der Referenz auf soziale Systeme mit einem anderen Niveau zu tun haben, führt Luhmann hier den Terminus der *Emergenz* ein. So wie sich für psychische Systeme festhalten lässt, dass deren Ordnungs- und Strukturaufbau in keiner Weise auf die zu Grunde liegende Ebene von Nerven- und Organismussystem zurückzuführen ist, so lässt sich auch für soziale Systeme festhalten, dass deren Eigenschaften nicht aus den Eigenschaften der beteiligten psychischen Systeme deduzierbar sind, sondern eigenständig eine 'höherwertige' Ordnung bilden. In einer allgemeinen Fassung kann formuliert werden: Emergenz bezeichnet – etwa vergleichbar dem frühen Paradigma einer allgemeinen Systemtheorie, wonach das Ganze mehr ist als die Summe seiner Teile – eine qualitativ eigenständige und neue System- und Ordnungsebene, deren ausgebildete Qualität sich weder auf die Eigenschaften und Einflüsse des materiellen und energetischen 'Unterbaus' reduzieren noch aus diesem erklären lässt. Soziale Systeme sind insofern emergent, als Kommunikation in der Synthetisierung ihrer Selektionstriade zu einer Einheit die Operationsweise des Sozialsystems bestimmt; und nicht etwa die an Kommunikation beteiligten psychischen Systeme, als Umwelt des Sozialen, den Kommunikationsprozess und die Operationen des Sozialsystems bestimmen. Kein Einzelbewusstsein kann gezielt Kommunikation *instruieren*, sondern die Kommunikation selbst *konstruiert*, in welcher Art und Weise sie die fremdreferenziell 'eingespeisten' Ereignisse verarbeitet und ordnet (vgl. Luhmann 1995a: 45). Die Sinnbildung von Kommunikation, ihre selbstproduzierten Verstehensanschlüsse und ihre rekursive Vernetzung sind nicht auf die Beteiligung Einzelner und deren psychische Intentionen zurückführbar.

Psychische und soziale Systeme sind beide für sich operational geschlossen und in ihrer jeweiligen Autonomie füreinander unerreichbar. Keine Kommunikation kann wahrnehmen oder denken, und kein Bewusstsein kann kommunizieren. Dennoch stehen beide in einem Abhängigkeitsverhältnis und sind fundamental aufeinander angewiesen. Dieses gegenseitige Bedingungsverhältnis lautet bei Luhmann: *Keine Kommunika-*

Emergenz und strukturelle Kopplung

tion ohne Bewusstsein – und kein Bewusstsein ohne Kommunikation. Obzwar jedes System ausschließlich selbst seine eigenen Operationen durchführt, beziehen sich beide unterschiedlichen Systemtypen notwendigerweise, um die eigenen Reproduktionsmöglichkeit zu gewährleisten, aufeinander im Medium *Sinn*. Genauer formuliert, stehen sie zueinander im sinnverarbeitenden Modus der *strukturellen Kopplung*. Mit der strukturellen Kopplung wird sozialen und psychischen Systemen zum einen das Verhältnis der ko-evolutiven Ausbildung und zum anderen der Modus der Gleichzeitigkeit zugeschrieben. Bei der Ko-Evolution von Kommunikation und Bewusstsein sieht Luhmann, dass Bewusstsein notwendige Umweltbedingung für Kommunikation und Kommunikation notwendige Umweltbedingung für Bewusstsein ist (vgl. 1990: 43ff.).

Wenn Kommunikation sich durch Kommunikation reproduziert und ihre Autopoiesis in Gang bringt, dann werden sinnförmige Ereignisse von psychischen Systemen in Anspruch genommen. Demnach ist Bewusstsein sowohl als autopoietisches, strukturdeterminiertes System als auch als Sinnmedium an Kommunikation beteiligt.

"Kommunikation ist *total* (in *jeder* Operation) auf Bewußtsein angewiesen – allein schon deshalb, weil nur das Bewußtsein, nicht aber die Kommunikation selbst, sinnlich wahrnehmen kann und weder mündliche noch schriftliche Kommunikation ohne Wahrnehmungsleistungen funktionieren könnte. Außerdem ist Kommunikation, zumindest in ihrer primären mündlichen Form, darauf angewiesen, daß schon im Wahrnehmungsbereich der beteiligten Bewußtseinssysteme Reziprozität hergestellt werden kann, und zwar in der Form der Wahrnehmung des Wahrgenommenwerdens. Es geht also um eine Sonderleistung des Bewußtseins, die ein nahezu gleichzeitiges Prozessieren von Mitteilung und Verstehen ermöglicht und primäre Selbstkorrekturen der Kommunikation vorsehen kann, indem zum Beispiel eine Mitteilung gestoppt wird, wenn der Mitteilende sieht, daß der Empfänger nicht aufpaßt. Und trotzdem ist das Bewußtsein weder das 'Subjekt' der Kommunikation noch in irgendeinem anderen Sinne 'Träger' der Kommunikation. Es trägt zur Kommunikation keinerlei Operationen bei (etwa im Sinne einer suk-

zessiven Abfolge von Gedanke-Rede-Gedanke-Rede)."
(Luhmann 1997: 103f.)

Das Bewusstsein kann insofern durch Kommunikationen irritiert werden, als ein Gedanke auch an ein soziales Thema – als Gedanke innerhalb des psychischen Systems – anschließen kann, indem also Kommunikation psychisch beobachtet wird. Während Kommunikation prozessiert wird, kann sich jeder Beteiligte unabhängig und in einem viel schnelleren und komplexeren Maße eigene Gedanken zu diesem Thema bzw. zu dem stattgefundenen sozialen Ereignis machen. Das soziale System seinerseits lässt sich von Gedanken irritieren, indem es kommunikativ auf die in Mitteilungsform in den Kommunikationsprozess 'eingespeisten' Gedanken Bezug nimmt. Der wesentliche Modus der Irritation des sozialen Systems durch das psychische System – und umgekehrt – ist das Medium der *Sprache*. Hierzu hält Luhmann fest:

"Erst Sprache ermöglicht, indem sie von Teilnahme an Kommunikationssystemen *abhängig* macht, eine hohe *Unabhängigkeit* des Bewußtseins von bestimmten sozialen Konditionierungen, da ihm für alles, was verstanden wird, nun eine Ja-Version und eine Nein-Version zur Verfügung steht. Und ebenso kann die sprachliche Kommunikation das teilnehmende Bewußtsein derart fesseln, daß die Kommunikation sich frei bewegen kann, ohne sich ständig thematisch zu vergewissern, ob die Leute noch aufpassen und sich merken, was gesagt wird. Über Sprache wird Bewußtseinsbildung und Gesellschaftsbildung überhaupt erst möglich; oder wenn man nicht so weit gehen will: in einem uns normal erscheinenden Sinne möglich. [...] Das Kommunikationssystem verdankt der Sprache hohe Unterscheidungsfähigkeit bei gezielter Anschlußfähigkeit, und das ermöglicht den Komplexitätsaufbau im Kommunikationssystem. Andererseits fasziniert die Sprache mit demselben Instrumentarium zugleich das Bewußtsein. [...] Sie zieht das Bewußtsein an, und sei es nur, um es zu reizen, die Kommunikation zu reizen. Sie präokkupiert das Bewußtsein nicht vollständig, aber in einem für die Fortsetzung der Kommunikation ausreichendem Umfange. Wer sich überhaupt beteiligt, kann gleichzeitig nicht viel anderes tun." (1990: 47f.)

Die Unwahrscheinlichkeiten von Kommunikation

Von der Selbstreferenzialität aller Kommunikationsprozesse und dem Emergenzniveau jeden sozialen Systems kommen wir nun hinsichtlich des Kommunikationsprozesses auf die Unwahrscheinlichkeit von Kommunikation zu sprechen, die Luhmann betont, um damit in einer evolutionstheoretischen Argumentationsweise Veränderungen des Gesellschaftssystems aufzuzeigen. Luhmann verweist dabei auf die Einrichtung spezifischer Mittel, die sich die Gesellschaft geschaffen hat, um Kommunikation gezielter einsetzen zu können und hinsichtlich bestimmter Erwartungen von beteiligten Personen wahrscheinlicher und erfolgreicher zu machen.

Um die Unwahrscheinlichkeit bzw. die Brüche von Kommunikation zu beheben und um Kommunikation, die *ab ovo* nicht Gewissheit und Erfolg erzielen kann, zumindest wahrscheinlicher und erwartbarer zu machen, bedient sich die Gesellschaft evolutionärer Errungenschaften, die funktional als *Medien* bezeichnet werden. Unterscheiden lassen sich Verständigungsmedien, Verbreitungsmedien und symbolisch generalisierte Kommunikationsmedien. Luhmann geht mit seiner *Unwahrscheinlichkeitsthese von Kommunikation* (vgl. 1981b: 25ff. und 1984: 217ff.) von drei Unwahrscheinlichkeiten aus: erstens der des Verstehens, zweitens der des Erreichens von Adressaten und drittens der des Erfolgs.

"Diejenigen evolutionären Errungenschaften, die an jenen Bruchstellen der Kommunikation ansetzen und funktionsgenau dazu dienen, Unwahrscheinliches in Wahrscheinliches zu transformieren, wollen wir *Medien* nennen." (Luhmann 1984: 220)

Da es sich um eine evolutionstheoretische Argumentation handelt, sind diese drei Unwahrscheinlichkeitsaspekte letzten Endes am Nullpunkt der Evolution anzusiedeln. Wir haben es also mit der sehr einfach vorzustellenden sozialen Situation zu tun, in der wir ausschließlich Interaktionssysteme in ihrer konstitutiven Minimalbedingung von mindestens zwei sich wechselseitig reflexiv Wahrnehmenden vorfinden, die nichts voneinander wissen. In dieser einfachen sozialen Situation von mindestens einem Alter Ego und einem Ego finden wir die Unwahrscheinlichkeit des Verstehens vor. Es ist unwahrscheinlich, dass Ego überhaupt versteht, was Alter Ego meint. Zweitens resultiert aus diesem sozialen Situationskontext die Unwahrscheinlichkeit des Erreichens von Adressaten. Es ist zwar einleuchtend, dass Ego Alter Ego erreicht und umgekehrt, aber damit ist noch kein allgemeiner gesellschaftlicher Anschluss gesichert, der unabhängig von konkreter Anwesenheit entstehen könnte. Drittens geht es schließlich um die Unwahrscheinlichkeit des Erfolgs. Selbst wenn ein soziales Verstehen Egos an eine mitgeteilte Information von Alter Ego anschließt, ist damit noch nicht der Erfolg als solcher klargestellt und mithin gesichert, dass ein erwarteter Anschluss erfolgt. Es geht also nicht nur darum, *dass* ein Anschluss erfolgt, sondern vielmehr darum, dass ein Anschluss als erfolgreich klassifiziert werden kann, der eine bereitgestellte Selektionsofferte auch so für das folgende Verhalten übernimmt, wie sie erwartet und ausgerichtet war. Das Erfolgsziel der Kommunikation liegt mithin darin, dass auch befolgt wird, was mitgeteilt wurde.

Das spezifische Medium, das nun die Unwahrscheinlichkeit des Verstehens in Wahrscheinlichkeit zu transformieren vermag, ist die *Sprache*. Sie verringert die Unwahrscheinlichkeit des Verstehens, weil sie die Kommunikation von der bloßen Wahrnehmung eines Verhaltens ablöst und Sinn durch einen geregelten, konventionalisierten Zeichen- bzw. Symbolgebrauch vermittelt. Zeichen reduzieren dabei die Komplexität von Sinn durch ihre begrenzte Kombinatorik auf Grund gesellschaftlicher Übereinkunft, Grammatik und Syntax. Die Verwendung von Sprache präformiert die für Kommunikation notwendige Differenz von Information und Mitteilung. Um die Unwahrscheinlichkeit des Erreichens zu absorbieren, wurden *Verbreitungsmedien* entwickelt, womit die Bedingung der unmittelbaren Anwesenheit des Interaktionspartners transzendiert wird. Hinsichtlich des unwahrscheinlichen Erfolgs der Kommunikation stehen *symbolisch generalisierte Kommunikationsmedien* zur Verfügung, welche über eine spezifische duale Kodierung die Anschlussselektionen deutlich einschränken und die Annahmewahrscheinlichkeit erhöhen. Als Medien solcher Art lassen sich für das Funktionssystem Wissenschaft die Wahrheit, für das intime Interaktionssystem bzw. das Funktionssystem der Familie die Liebe, für das Wirtschaftssystem Geld und Eigentum oder für das Funktionssystem Politik die Macht angeben.

4.8.4 Interaktion und Gesellschaft

Nach diesen grundlegenden Erläuterungen betrachten wir nun das Interaktionssystem und das Verhältnis zwischen Interaktion und Gesellschaft etwas genauer. Gerade aus kommunikationswissenschaftlicher Perspektive ist die systemtheoretische Analyse von interaktionsförmiger Kommunikation interessant, weil sie ihren eigenen, primär mikrologischen Gegenstandsbereich behandelt. Es wurde bereits darauf hingewiesen, dass für Luhmann in seiner allgemeinen Theorie sozialer Systeme die Ebenendifferenzierung von Interaktion, Organisation und Gesellschaft fundamental ist und in seiner komplexen Gesellschaftstheorie der Bezugspunkt der Weltgesellschaft. Die moderne Weltgesellschaft ist das umfassende, alle Funktions-, Organisations- und Interaktionssysteme einschließende Sozialsystem. Während aber das Abgrenzungs- und Selbstschließungskriterium für ihre Einheit Kommunikation per se ist, muss dies für das Interaktionssystem weiter spezifiziert und als unterscheidbare Kommunikationsform dargestellt werden können. Ansonsten ließe sich weder von einer Ausdifferenzierung noch von einer Ebenendifferenzierung der modernen Gesellschaft sprechen.

Es stellt sich also die Frage, wie interaktionale Kommunikation zustande kommt und durch welche spezifische Kommunikationsform dieser einfache soziale Systemtypus produziert und reproduziert wird. Eine erste Antwort lautet: Das fundamentale Abgrenzungs- und Konstitutionsmerkmal ist die physische *Anwesenheit* von mindestens zwei Personen, oder anders gesagt: die kommunikative Unterscheidung *anwesend/abwesend*. Diese primäre Beschreibung eines Interaktionssystems ist bereits in Luhmanns frühen Texten zu finden:

"Wir wollen als definierendes Merkmal für 'elementare Interaktion' ebenso wie für 'einfaches Sozialsystem' die *Anwesenheit der Beteiligten* benutzen. Die *Beteiligten* sind diejenigen, die eigenes Erleben und Handeln zur jeweiligen Interaktion beisteuern. *Anwesend* sind sie, wenn und soweit sie einander wechselseitig (also nicht nur einseitig!) wahrnehmen können. [...] Gesetzt den Fall, zwei oder mehr Personen geraten einander ins Feld wechselseitiger Wahrnehmung, dann führt allein

---

Jeder Systemtypus folgt einer autonomen Eigenlogik der Operationsweise, der Selbstschließung, des Strukturaufbaus und der Bezugnahme auf seine Umwelt. Alle sozialen Systeme produzieren, reproduzieren und relationieren zwar ihre genuinen Elemente, aus denen sie bestehen, durch die Elemente, aus denen sie bestehen – und dies geschieht immer und ausschließlich durch Kommunikation –, aber die Operations- und Organisationsweise fällt je nach Systemtypus anders aus. Seine jeweiligen Kommunikationen prozessiert und relationiert ein Sozialsystem different zu seiner Umwelt. Trotz – oder besser: gerade auf Grund – identischer Elemente: nämlich Kommunikation, bilden sich soziale Systeme auf verschiedene Weise. Von daher können *Interaktions-, Organisations-* und *Gesellschaftssysteme* unterschieden werden.

diese Tatsache schon zwangsläufig zur Systembildung." (1975b: 22)

Mit Blick auf das Prinzip der Anwesenheit und die damit verbundene wechselseitig reflexive Aufmerksamkeit sind Interaktionssysteme beispielhaft: die Diskussion (vgl. ausführlich: Luhmann: 1971b: 328ff.), die lockere Unterhaltung an der Theke oder im Restaurant, der flüchtige Kontakt auf der Straße oder in öffentlichen Verkehrsmitteln, das Flirten in der Diskothek, der Sprechstundenbesuch beim Dozenten oder beim Arzt, die Friedensdemonstration, das Telefongespräch etc. Allen diesen Beispielen ist zusätzlich gemeinsam, dass eine gemeinschaftliche Situation durch die wechselseitig aufeinander bezogene Aufmerksamkeit entsteht und fortan die Kommunikation entlang sozial 'selbstsubstitutiver Selektionskriterien' der Themenwahl geführt wird.

Interaktionssystemen stehen Wahrnehmung *und* Sprache als genuine Prozessarten der Selbstschließung und Strukturierung zur Verfügung (vgl. Luhmann 1975b: 25). Für die Erste gilt, dass die Grenzen des Systems mit den Grenzen des Wahrnehmungsraumes kongruieren. Durch die perzeptiv erzeugte und sozial traktierte Form von Anwesenheit/Abwesenheit erfolgt eine selektive Grenzziehung, und Kommunikation ist nur unter Anwesenden anschlussfähig. Mit dem Abbruch der körperlich geteilten Anwesenheit des jeweiligen Wahrnehmungsraums hört der Kommunikationsprozess auf. Das Interaktionssystem hat als aktuelles, undifferenziertes Situationssystem sein (vorläufiges) Ende gefunden. Die Beteiligten können noch Adressen ausgetauscht haben, einen neuen Ort und Termin festgelegt haben oder auf den freundlichen Zufall setzen, um die Geschichte des Interaktionssystems wieder aufzunehmen, aber mit der aktuellen Loslösung der Beteiligten bricht diese einfach strukturierte soziale Situation zunächst zusammen.

Das Moment der reflexiv wechselseitigen, den oder die Anderen als anwesend behandelnden Wahrnehmung führt – unabhängig vom Anlass und der Kontingenz der Anfangsbedingung – zu einer je eigenen Geschichte und Strukturierung des Interaktionssystems. Sobald unter der Bedingung der Anwesenheit mehrerer zwangsläufig die interaktionale Kommunikation ange-

"Interaktionssysteme bilden sich, wenn die Anwesenheit von Menschen benutzt wird, um das Problem der doppelten Kontingenz durch Kommunikation zu lösen. Anwesenheit bringt Wahrnehmbarkeit mit sich und insofern strukturelle Kopplung an kommunikativ nicht kontrollierbare Bewußtseinsprozesse. Der Kommunikation selbst genügt jedoch die Unterstellung, daß wahrnehmbare Teilnehmer wahrnehmen, daß sie wahrgenommen werden [...] Mit Hilfe dieser Differenz von anwesend/abwesend bildet die Interaktion eine auf sie selbst bezogene Differenz von System und Umwelt, die den Spielraum markiert, innerhalb dessen sie ihre eigene Autopoiesis vollziehen, ihre eigene Geschichte produzieren, sich selbst strukturell determinieren kann. Wer immer als anwesend behandelt wird, ist dadurch an der Kommunikation beteiligt. Die komplexe, aus Information, Mitteilung und Verstehen zusammengesetzte Operationsweise der Kommunikation wirkt so wie eine Einfangvorrichtung, der sich kein Anwesender entziehen kann." (Luhmann 1997: 814f.)

"Praktisch gilt: daß man in Interaktionssystemen *nicht nicht kommunizieren kann*; man muß Abwesenheit wählen, wenn man Kommunikation vermeiden will." (Luhmann 1984: 562)

laufen ist, konstituiert ihr fortlaufender Prozess bestimmte Strukturen, die festlegen, in welche Richtungen weitere Kommunikation möglich ist und in welche eher nicht. Sowohl mit dem Beginn als auch mit jedem weiteren Anschluss von interaktionaler Kommunikation ist nicht mehr alles möglich, es entstehen bestimmte Verhältnisse gegenseitiger Erwartung.

Thema / Beitrag

In besonderer Weise lassen sich der Selektionsprozess des Interaktionssystems, seine Geschichte und die Möglichkeit der Fortsetzung an einem (neben Anwesenheit und Aufmerksamkeit) dritten wichtigen Grenzbildungs- und Konstitutionsprinzip beobachten: am *Thema*. Obgleich Luhmanns Definition von Kommunikation bereits bei nichtsprachlichem Verhalten ansetzt, wird nun am Thema im Besonderen die mündlich-sprachliche Mitteilungsform deutlich. Themen sind zumeist in Sprache gefasst, und üblicherweise dominiert der Sprechprozess die (reflexive) Wahrnehmung der Beteiligten. Obgleich und weil ein Thema als Struktur und Programm für die Interaktion selbst fungiert (vgl. Luhmann 1975b: 24f. und 1984: 214ff. sowie Kieserling 1999: 180f.), verweist es auf ihre Fremdreferenz. Durch Themen kommt die gesellschaftliche (wie natürlich auch die nicht-gesellschaftliche) Umwelt ins Interaktionssystem: es geht den Anwesenden beispielsweise um wissenschaftliche Erkenntnisprobleme, Rechtsfragen, Parteiprogramme, Wahlkampfversprechen, Formen moderner Kunst – und um alles mögliche andere. Mit dem Thema wird die Komplexität der Umwelt des Interaktionssystems auf eine bestimmte Aktualität hin reduziert und gleichsam eine strukturelle Selektionsofferte ins Spiel gebracht, die Anschlussfähigkeit gewährleisten soll. Zum Thema tritt dabei die Form des *Beitrags*, die als Mitteilungsgeschehen an das eingeführte Thema anschließt oder selbst ein neues Thema offeriert.

Themen koordinieren Beiträge, und Beiträge bestätigen oder verändern Themen. So strukturiert sich das Interaktionssystem folglich in thematischer Engführung eines bestimmtes Gebietes und reproduziert sich durch Anschlussbeiträge an das Thema. Der Beitrag ist die Mitteilung (Selbstreferenz) einer Information als bzw. zu einem Thema (Fremdreferenz), das bereits besteht oder als neues eingeführt wird und damit das alte abzulösen versucht. Der selbstreferenzielle Kommunikationsprozess setzt sich so aus der fortwährenden Aneinanderreihung rückbezüglicher Beiträge zu spezifischen Themen zusammen.

Die Beteiligten haben mit dem Thema ein gemeinsames Aufmerksamkeitszentrum. Dabei zeigt sich eine *"Generalisierung* von Themen, die dann durch kommunikative Beiträge *respezifiziert* werden müssen.*"* (Luhmann 1971b: 329) Wie lange die thematische Konzentration jeweils aufrecht erhalten wird, welches Thema von welchem neuen Thema abgelöst werden kann und welche thematischen Strukturen sozial verträglich sind, dies entscheidet das Interaktionssystem in autonomer Weise nach Maßgabe seiner selbstreferenziellen Operationsweise (und auf der Basis soziokulturell etablierter Regeln, wie etwa Höflichkeit, Toleranz, Taktgefühl etc.). Üblicherweise ist die Themenkonzentration einer relativ niedrigen Toleranzschwelle ausgesetzt, weil jeder Anwesende prinzipiell ein Thema als Zumutung qualifizieren oder durch Desinteresse ablehnen kann.

Mit der Themenstruktur korreliert des Weiteren die Selbstkontrolle des Interaktionssystems. Dazu betont Luhmann, "daß das Thema auch bewußt zur Kontrolle des Systems eingesetzt werden kann, indem man auftretende Störungen oder Probleme 'formuliert', das heißt sprachlich auf den Kontext des Sprechens bezieht, oder gar 'thematisiert', das heißt ins Zentrum gemeinsamer Aufmerksamkeit bringt. Man kann sich einem Hinzutretenden zuwenden, ihn begrüßen und damit in das System aufnehmen; man kann Interaktionsschwächen der Teilnehmer aussprechen; man kann das Thema selbst zum Thema machen, die Themenentwicklung als Entscheidungsfrage stellen, eine Abweichung vom Thema schelten. Neben der Thematisierung des Themas dient schließlich eine taktvolle Verständigung über das Thema, seine Grenzen, seine Entwicklungsmöglichkeiten der Systemkontrolle. Man vermeidet peinliche Themen oder man verhält sich der Peinlichkeit von Themen entsprechend vorsichtig, aufgeschlossen, distanziert. Ja, es kann Fälle geben, in denen das eigentliche Thema nicht zum offiziellen Thema gemacht werden kann, trotzdem aber das System latent beherrscht, weil die Beteiligten diesen Status des Themas kennen, akzeptieren und sich mit Umschreibungen behelfen." (1975b: 25)

Als intensives Studium hinsichtlich der thematischen Virulenz, der raschen Zeitabfolge unterschiedlicher rekursiver Beitragssequenzen und schließlich der emergenten Ordnungseinheit von Interaktionssystemen, also der informationellen und operationellen Autonomie von den jeweils beteiligten Personen, bietet sich die (teilnehmende) Beobachtung von Partygesprächen an.

"Man mag auch an die Erfahrung von diskutierenden Gruppen, Universitätsseminaren und ähnlichen Systemen denken, daß nur wenige viel und viele wenig reden – eine quasi natürliche Entwicklung, die, wenn überhaupt, nur durch Führung korrigiert werden kann." (Luhmann 1984: 565)

Mit der Konstitution und der laufenden Strukturierung durch das Thema gewinnen das Thema und die Anbindung von Beiträgen für jedes einfache Sozialsystem eine zweifache Funktion: sie bilden einerseits die *Erzeugungsregel*, andererseits ermöglichen sie die gemeinsame *Erinnerbarkeit* der Systemgeschichte (vgl. Luhmann 1975b: 27).

Als weiterer Aspekt der Strukturentwicklung verbinden sich mit der Elastizität der sachlichen Themenentwicklung und der Systemgeschichte der Anwesenden besondere Ausgestaltungen der *Zeitdimension*. Primär fällt in zeitlicher Hinsicht die Sequenzialisierung der Beiträge im Nacheinander auf. Während gesamtgesellschaftlich gleichzeitig beliebig viele Themen kommuniziert werden können, ist ein Interaktionssystem auf die aktuelle Beschränkung auf ein Thema angewiesen, auf das alle Anwesenden ihre Konzentration und ihre (potenziellen) Beiträge auszurichten haben. Der Vorteil des Themas für die Strukturierung des Interaktionssystems impliziert mit seiner exklusiven Gebundenheit damit den Nachteil des Nacheinander der Behandlung von Themen.

"Die Beteiligten müssen ihre Beiträge auf das jeweils aktuelle Thema beschränken, oder sie müssen versuchen, eine Themenänderung durchzusetzen. [...] Vor allem aber ist das Erfordernis thematischer Konzentration ein sehr *zeitraubendes* Strukturprinzip. Alle Beiträge werden in die Form des Nacheinander gezwungen. Das kostet Zeit. Außerdem ist die lineare Form der Sequenz ungünstig für die Koordination sachlich sehr komplexer Kommunikationen. Alles in allem können Systeme, die unter diesen strukturellen Beschränkungen operieren, keine sehr hohe Komplexität erreichen: weder in ihren eigenen Möglichkeiten, noch in ihren Umweltbeziehungen." (Luhmann 1975a: 11)

Je länger etwa ein Gespräch dauert und je anstrengender und komplizierter dabei Sachverhalte traktiert und diskutiert werden, um so deutlicher zeigt sich, dass die zeitliche Komplexität der sachlichen nicht mehr gerecht wird. Dann stößt ein einfaches Sozialsystem an seine Grenzen, und für die Themenkapazität heißt dies: Sie darf "in bezug auf Zahl, Varietät und Interdependenz nicht zu komplex sein." (Luhmann 1971b: 337)

Eine andere zeitliche Eigenheit von Interaktionssystemen liegt in deren temporärer Instabilität und Diskontinuität. Auf Grund des Konstitutionsprinzips der körperlichen Anwesenheit besteht für diesen üblicherweise *face-to-face* ausgebildeten Systemtyp ein enorm hoher Zwang des kommunikativen Anschlusses. Wer mit seinen Gedanken nicht mehr dem Thema folgt, keine Beitragsvarianten vorentwirft, sich vom Schlaf übermannen lässt oder längere Zeit schweigt, der blockiert die Fortsetzungsmöglichkeit des Themas und damit die Reproduktion des Interaktionssystems. Das einfache Sozialsystem ist nicht in der Lage, zeitliche Brüche langfristig auszuhalten oder anderweitig zu überbrücken. Es macht geradezu seinen Operationsmodus aus, dass eine sofortige und direkte kommunikative Bezugnahme erfolgen muss, sich also in rascher Abfolge Mitteilungshandeln an Mitteilungshandeln reiht. Seine einzelnen Sequenzen von Information und Mitteilung einerseits und sozialem Verstehen andererseits sind hochgradig aneinander gebunden und zeitlich strikt gekoppelt. Nach dem temporal erzeugten Ende von Interaktion, wenn kein kommunikativer Anschluss mehr stattgefunden hat, können die ehemals Beteiligten zwar in der Zukunft wieder ein neues Interaktionssystem bilden. Dieses bleibt jedoch anfangs wiederum unwahrscheinlich und muss erst zu seiner Thematik und Systemgeschichte finden.

Die Schwierigkeiten des thematischen Ordnungsprinzips, der hochgradigen Gebundenheit an körperliche Anwesenheit und an wechselseitig reflexive Aufmerksamkeit, der zeitlichen Instabilität und Diskontinuität und schließlich der begrenzten personalen Erreichbarkeit hinsichtlich aller aktuell Abwesenden führen in der soziokulturellen Evolution zur Ausdifferenzierung anderer Systemtypen. Die gesellschaftliche Erzeugung höherer Systemebenen absorbiert die Probleme des Interaktionssystems und bedient die Übersetzung interaktional unwahrscheinlicher Kommunikationen in wahrscheinliche. Diese Problemlösung von kommunikativer Unwahrscheinlichkeit bezieht sich im Wesentlichen auf die Erreichbarkeit, den komplexen Ordnungsaufbau und den erwartbaren Anschlusserfolg. Organisationssysteme kommunizieren in der spezifischen Form von Entscheidungen und ersetzen zufäl-

Gleichzeitiges Tuscheln in der Konferenz, anhaltendes Kichern im Gottesdienst oder studentische Freizeitgespräche während der Vorlesung absorbieren Aufmerksamkeit, stören das Interaktionssystem und lenken vom aktuellen Thema ab.

lige Anwesenheit durch verbindliche Mitgliedschaft sowie Themenbeliebigkeit durch spezifische 'Themenzumutungen' und Beschränkung von Beitragsmöglichkeiten (vgl. ausführlich Luhmann 2000). Funktionssysteme ersetzen auf einer höheren gesellschaftlichen Emergenzebene die Kommunikationsmöglichkeit via Anwesenheit durch die generelle kommunikative Erreichbarkeit und durch die generelle Beteiligungsgarantie aller an allen unterschiedlichen funktionssystemspezifischen Kommunikationen.

Bevor wir abschließend auf die Kernpunkte funktionaler Differenzierung und die Besonderheiten von Funktionssystemen eingehen, fassen wir einige Grenzbildungsprinzipien des Interaktionssystems zusammen. Seiner Form nach verfügt es jeweils über eine positive Seite der Konstitution und negative Seite der Unterbrechung oder Blockade.

Für weiterführende Studien auf dem Gebiet der Interaktionssysteme siehe, neben Luhmann: Geser 1980 und besonders Kieserling 1999.

Konstitution	Grenzbildung
Beteiligung von mindestens zwei psychischen Systemen, die über eine Reflexivität des Erwartens verfügen und ihre Gedanken fortwährend in der Form der Mitteilung von Informationen in den Kommunikationsprozess 'einspeisen'.	Kommunikation/Gedanke
körperliche Anwesenheit	anwesend/abwesend
reflexiv wechselseitige Aufmerksamkeit und Beeinflussung	reflexiv wechselseitige, aufmerksame Wahrnehmung/einseitige Wahrnehmung
themenbezogene Mitteilungsbeiträge	Themenannahme/schweigende Themenablehnung

4.8.5 *Zur Eigenlogik moderner Kommunikationsformen*

Wie einleitend schon angesprochen, entwickelt Luhmann auf der Basis einer allgemeinen Theorie selbstreferenzieller Systeme und seiner besonderen Kommunikationstheorie eine Gesellschaftstheorie, die die modernitätstypischen Strukturen und Funktionen der Weltgesellschaft erklären soll. Den zentralen Ansatzpunkt bietet hierbei eine Theorie der gesellschaftlichen Differenzierung, der zufolge drei Entwicklungsstadien von Gesellschaft zu unterscheiden sind, denen sich vier unterschiedliche Formen gesellschaftlicher (Binnen-)Differenzierung zuordnen lassen. Während archaische Gesellschaften zunächst primär durch segmentäre Differenzierung und gleiche Teilsysteme (z. B. Stämme, Clans etc.) bestimmt sind, zeichnen sich hochkulturelle Gesellschaften durch eine stärkere räumliche Differenzierung von Zentren (Städten) und Peripherien sowie insbesondere eine Umstellung von segmentärer auf stratifikatorische Differenzierung in ungleichartige und ungleichrangige Teilsysteme (wie Schichten, Klassen etc.) aus. Die moderne Weltgesellschaft ist schließlich primär funktional differenziert in ungleichartige, aber (prinzipiell) gleichrangige sogenannte *Funktionssysteme*, die für die Gesamtgesellschaft einen je besonderen Problembezug (Funktion) bearbeiten.

Das *Theorem funktionaler Differenzierung* betont hierbei eine strikte Trennung verschiedener gesellschaftlicher Teilbereiche. Jedes Teilsystem ist autonom und regelt sein funktional dominantes Bezugsproblem selbst; von daher koordiniert bzw. steuert auch keine gesellschaftliche Superinstanz nach einer Rangordnung das Verhältnis der innergesellschaftlichen Funktionsbereiche zueinander oder deren je spezifizierten Modus der systemeigenen Autopoiesis. In der Ausrichtung auf seine besondere Funktion entwickelt und reproduziert jedes Funktionssystem der Gesellschaft eigene Formen und Strukturen der Kommunikation, auf deren Grundlage sie sich als füreinander bzw. gegeneinander je geschlossene und strukturdeterminierte Systeme realisieren. Jedes moderne Funktionssystem verfügt dabei über drei zu unterscheidende Systemreferenzen: zum Ersten die Beziehung zur Gesamtgesellschaft, und damit ist die *Funktion* als zu lösender Problembezug angesprochen; zum Zweiten die Beziehung zu anderen Teilsystemen, dies betrifft die zu erbringenden *Leistungen*; und zum Dritten die Beziehung des Systems zu bzw. auf sich selbst, dies drückt sich als *Reflexion* aus (vgl. Luhmann 1990: 635ff. und 1997: 757ff.).

In segmentären, also raumzentriert verfassten Gesellschaften dominiert in medientheoretischer Hinsicht die Mündlichkeit. Dementsprechend sind einerseits

"Wenn und soweit funktionale Differenzierung realisiert ist, kann mithin kein Funktionssystem die Funktion eines anderen übernehmen. Funktionssysteme sind selbstsubstitutive Ordnungen. Dabei setzt jedes voraus, daß die anderen Funktionen anderswo erfüllt werden. Insofern gibt es auch keine Möglichkeiten einer wechselseitigen Steuerung, weil dies bis zu einem gewissen Grade Funktionsübernahme implizieren würde." (Luhmann 1997: 753)

"Symbolisch generalisierte Kommunikationsmedien koordinieren [...] Selektionen, die sich nicht ohne weiteres verknüpfen lassen und insofern zunächst als eine lose gekoppelte Menge von Elementen gegeben sind – Selektionen von Informationen, Mitteilungen und Verstehensinhalten. Sie erreichen eine strikte Kopplung nur durch die für das jeweilige Medium spezifische Form – etwa Theorien, Liebesbeweise, Rechtsgesetze, Preise. Sie müssen nicht nur symbolisch funktionieren, sondern [...] auch generalisiert sein, da die entsprechenden Erwartungen im Vorgriff auf weitere Autopoiesis nur gebildet werden können, wenn die Form mehrere verschiedene Situationen übergreift." (Luhmann 1997: 320)

Fernkontakte mühsam und werden nur in geringem Maße hergestellt, andererseits sind die Kommunikationsformen und ihr soziales Gedächtnis an die räumliche Ordnung des Zusammenlebens sowie an besondere Personen, etwa Schamanen, Priester, Häuptlinge, gebunden. Diese Einschränkung sozialer Ausbreitung und des Erreichens von Adressaten kompensieren schließlich die Techniken der Verbreitungsmedien, insbesondere Schrift und Druck. Der operative Gewinn von (gedruckter) Schrift "liegt in der räumlichen und zeitlichen Entkopplung von Mitteilung und Verstehen und in der gewaltigen Explosion von Anschlußmöglichkeiten, die dadurch eintritt." (Luhmann 1997: 266) Auf die erweiterte Ausdehnung grenzüberschreitender bis hin zu weltgesellschaftlicher Kommunikation reagiert sodann die gesellschaftliche Einrichtung symbolisch generalisierter Kommunikationsmedien, die auf Grund räumlicher Ungleichheiten, der persönlichen Unkenntnis der Interaktionspartner und des nunmehr hochwahrscheinlichen Verstehens sich dem Problem des Erfolgs, also der motivierten Annahme einer kommunikativen Sinnofferte verschreiben. Geld, Recht, Wahrheit, Liebe etc. sind insofern als Kommunikationsmedien symbolisch generalisiert, als sie für unterschiedliche Situationen "Generalisierungen verwenden, um den Zusammenhang von Selektion und Motivation zu symbolisieren, das heißt: als Einheit darzustellen." (Luhmann 1984: 222)

Mit dieser soziokulturellen Evolution und ihrer gesellschaftstheoretischen Beobachtung verbindet sich das kommunikationstheoretisch interessante Problem, wie die modernen Funktionssysteme ihre Elementaroperationen selbst qualifizieren, von anderen unterscheiden und strukturell erwartbar machen, also auf Dauer stellen. Einerseits besteht Gesellschaft aus nichts anderem als aus Kommunikation. Andererseits aber stellt sich die Ermöglichungsfrage der Pluralität an nebeneinander gleichgestellten Funktionssystemen wie auch jene nach deren Systemstabilität und kommunikativer Formerhaltung. Es geht also um das Spezifische von wissenschaftlicher, wirtschaftlicher oder etwa rechtlicher Kommunikation und ihre gegenseitige Differenz. Ermöglicht und dauerhaft gewährleistet wird die Form typisch moderner Kommunikation und die Selbstidentifikation der Funktionssysteme durch *Kodierung* und *Programmierung* (vgl. ausführlich Luhmann 1997: 748ff.).

Ein Kode ist ein binärer Schematismus von Werten, durch den sich ein Funktionssystem ausdifferenziert, mit dem es seinen spezifischen Problembezug regelt und an dem es die eigenen Operationen orientiert. Allgemein liegt die Funktion von Werten darin, "in kommunikativen Situationen eine Orientierung des Handelns zu gewährleisten, die von niemandem in Frage gestellt wird." (Luhmann 1997: 341f.) Die Spezialkodes verabsolutieren den Beobachtungsbereich eines jeden Funktionssystems. Dadurch kann nicht nur systemintern überhaupt Information erzeugt und verarbeitet werden, sondern auch eine bestimmte Kommunikationsform erwartet werden, die eben bestimmte Unterscheidungen einführt, verwendet, latent mitlaufen lässt. *Programme* wiederum stellen die Kriterien zur Verfügung, die festlegen, wie der Binärkode richtig verwendet wird und ob die jeweilige kommunikative Operation eines Funktionssystems dem positiven oder negativen Wert zuzuordnen ist.

Nur die Wissenschaft (und ihre typische organisationale Umwelt von Instituten, Forschungslaboratorien etc.) entscheidet über wahr/unwahr mit ihren Theorien und Methoden, einerlei wie viel von der Wirtschaft für Forschungsergebnisse gezahlt worden ist, welchem Glauben ein Wissenschaftler anhängt oder welche Partei er wählt. Allein die Politik kommuniziert kollektiv bindende Entscheidungen und verteilt mit der Leitdifferenz Regierung/Opposition Macht. Nur das Erziehungssystem kann über schulische bzw. berufliche Karrieren entscheiden, indem es etwa mit dem Kode gut/schlecht Lern- und Prüfungsleistungen bewertet. Während die Kodierungen invariant sind und dadurch die operative Geschlossenheit des Systems kontinuierlich ermöglichen, sind die Programmierungen variabel, und damit kann die Komplexität und Veränderung der Umwelt aus systeminterner Perspektive adäquat beobachtet werden. Die funktionssystemspezifische Differenzierung von Kodes, Programmen und Semantiken ist demnach weder beliebig noch einmalig. Die evolutionär gebildeten Kodes definieren vielmehr soziale Situationen; sie legen die Zuordnung der Kommunika-

Die Werte einer funktionssystemspezifischen Kodierung können nicht geändert werden, so dass also weder ein dritter Wert Platz hat noch etwa Zahlung/Nichtzahlung in rechtmäßige Geldverwendung/unmoralische Geldverwendung übergeht oder Recht/Unrecht in normal/anomal. Programme dagegen sind in vielfältiger Weise veränderbar. Parteiprogramme werden etwa bezüglich neuer Erwartungen aus der Wirtschaft umgeschrieben, Preise steigen und sinken, Gerichtsurteile werden revidiert und Gesetze erweitert etc.

tionsform wie auch der Erwartungen fest. Im Gottesdienst sind Preisverhandlungen oder richterliche Urteilssprüche ebenso unwahrscheinlich wie es bei Sitzungen im Bundestag Heiratsanträge oder Diskussionen über Erkenntnistheorien wären.

Den Zusammenhang zwischen Kommunikations-, Medien- und Gesellschaftstheorie dokumentiert in aller didaktischen Prägnanz folgende Übersicht:

Modernes Funktionssystem	Erziehungssystem	Politiksystem	Religionssystem	Wissenschaftssystem	Wirtschaftssystem	Rechtssystem
Funktion	Veränderung von Menschen; Regulierung von Karrieren	Verteilung von Macht	Glaubenssicherheit	Erkenntnisgewinn	Erzeugung und Regulierung von Knappheiten zur Entproblematisierung künftiger Bedürfnisbefriedigung	Konfliktvorsorge; Beobachtung und Regulierung von konformen Verhaltenserwartungen und Normqualitäten
Kommunikative Elementaroperation	Unterricht	kollektiv bindende Entscheidung	(Glaubensbekenntnis; Gebet; kirchliche Liturgie)	Wahrheitsbehauptung; Publikation	Zahlung	Rechtsbehauptung; Rechtsprechung; Normfestlegung
Symbolisch generalisiertes Kommunikationsmedium	Lernende (Schüler, Studierende etc.)	Macht	Glaube	Wahrheit	Geld (und Eigentum)	Recht
Kode	gut/schlecht; Lob/Tadel	Regierung/Opposition	Immanenz/Transzendenz	wahr/unwahr	zahlen/nicht zahlen (haben/nicht haben)	recht/unrecht
Programmierung	Lehrpläne; Prüfungen; Zensuren	Ideologien; Parteiprogramme	(Auslegung der heiligen Schriften, wie z. B. Bibel, Koran, Talmud)	Theorien und Methoden	Preise	Gesetze; Urteile; Verordnungen; Verträge

Den bislang höchsten Technisierungs- und Universalisierungsgrad von Kommunikationsmedien haben wohl *Geld* und *Macht* erreicht. Vornehmlich die Funktionalität des Ersten dürfte für die gesamtgesellschaftliche Ordnung wie auch den alltagspraktischen Gebrauch unmittelbar einleuchten. Aber Luhmann betont für die Medienentwicklung und moderne Systemdifferenzierung auch, dass deren Beziehung weder einer logischen Kongruenz unterliegt noch die einzig mögliche für gesellschaftliche Probleme ist. Es gibt schließlich Probleme der Gesellschaft, die ohne symbolisch generalisierte Kommunikationsmedien gelöst werden können; und deswegen gibt es auch autonome Teilsysteme, die über kein Kommunikationsmedium verfügen (müssen). Mit einer entsprechenden Passage Luhmanns, die sozialwissenschaftlich weitere erläuternde Studien, Diskussionen und Forschungen geradezu provoziert, schließen wir unsere am kommunikativen Gegenstandsbereich entlang geführte Rekonstruktion einer der komplexesten soziologischen Theoriearchitekturen ab.

"Schließlich ist zu beachten, daß symbolisch generalisierte Kommunikationsmedien nur für Funktionsbereiche geeignet sind, in denen das Problem und der angestrebte Erfolg in der Kommunikation selbst liegen. Ihre Funktion ist erfüllt, wenn die Selektion einer Kommunikation weiteren Kommunikationen als Prämisse zugrunde gelegt wird. Sie eignen sich deshalb nicht für Kommunikationsbereiche, deren Funktion in einer Änderung der Umwelt liegt – sei dies eine Änderung der physisch-chemisch-biologischen Umstände, sei es eine Änderung menschlicher Körper, sei es eine Änderung von Bewußtseinsstrukturen. Es gibt deshalb keine symbolisch generalisierten Kommunikationsmedien für Technologie, für Krankenbehandlung und für Erziehung. In diesen Fällen tritt [...] das Problem sehr hoher Ablehnungswahrscheinlichkeit gar nicht auf. Zumindest für Krankenbehandlung und für Erziehung sind eigene gesellschaftliche Funktionssysteme ausdifferenziert, die ohne eigenes Kommunikationsmedium zurechtkommen müssen, vor allem mit hoher Abhängigkeit von organisierter Interaktion. Keiner der drei Problembereiche ist durch ein einzelnes Kommunikationsmedium beherrscht, nicht durch Wahrheit und auch nicht durch Geld, obwohl der gegenwärtige Entwicklungsstand ohne ausdifferenzierte Wissenschaft und ohne Geldwirtschaft undenkbar wäre. Man muß deshalb davon ausgehen, daß die funktionale Differenzierung des Gesellschaftssystems bei aller Bedeutung der symbolisch generalisierten Kommunikationsmedien nicht einfach dem Medienschema folgen kann, sondern sich nach den Problemen richtet, die die Gesellschaft auf ihrem jeweiligen Entwicklungsniveau zu lösen hat." (1997: 407f.)

4.8.6 *Literatur*

Bibliografie:

Online-Bibliografie zu Luhmann:

www.kowi.uni-essen.de/ koloss

⇨ Literatur ⇨ Luhmann

Andrini, Simona/Dammann, Klaus/ Hanneforth, Axel/ Jung, Nicola [1994]: Gesamtverzeichnis der Veröffentlichungen Niklas Luhmanns 1958-1992. In: Dammann, Klaus/Grunow, Dieter/Japp, Klaus P. (Hrsg.): Die Verwaltung des politischen Systems. Neuere systemtheoretische Zugriffe auf ein altes Thema. Opladen, S. 287-382.

Niklas Luhmann – Schriftenverzeichnis. In: Soziale Systeme. Zeitschrift für soziologische Theorie. 4. Jg., H 1/1998, S. 233-263.

Verwendete Literatur:

Fuchs, Peter [1993]: Moderne Kommunikation. Zur Theorie des operativen Displacements. Frankfurt a. M.

Geser, Hans [1980]: Kleine Sozialsysteme: Strukturmerkmale und Leistungskapazitäten. Versuch einer theoretischen Integration. In: Kölner Zeitschrift für Soziologie und Sozialpsychologie, 32. Jg., S. 205-239.

Göbel, Andreas [2000]: Theoriegenese als Problemgenese. Eine problemgeschichtliche Rekonstruktion der soziologischen Systemtheorie Niklas Luhmanns. Konstanz.

Habermas, Jürgen/Luhmann, Niklas [1971]: Theorie der Gesellschaft oder Sozialtechnologie. – Was leistet die Systemforschung? Frankfurt a. M.

Kieserling, André [1999]: Kommunikation unter Anwesenden. Studien über Interaktionssysteme. Frankfurt a. M.

Kneer, Georg/Nassehi, Armin [1993]: Niklas Luhmanns Theorie sozialer Systeme. Eine Einführung. München.

Luhmann, Niklas [1971a]: Sinn als Grundbegriff der Soziologie. In: Habermas/ders. [1971], S. 25-100.

Luhmann, Niklas [1971b]: Diskussion als System. In: Habermas/ders. [1971], S. 316-341.

Luhmann, Niklas [1973]: Zweckbegriff und Systemrationalität. Über die Funktion von Zwecken in sozialen Systemen. Frankfurt a. M.

Luhmann, Niklas [1975]: Soziologische Aufklärung 2. Aufsätze zur Theorie der Gesellschaft. Opladen.

Luhmann, Niklas [1975a]: Interaktion, Organisation, Gesellschaft. In: ders. [1975], S. 9-20.

Luhmann, Niklas [1975b]: Einfache Sozialsysteme. In: ders. [1975], S. 21-38.

Luhmann, Niklas [1981]: Soziologische Aufklärung 3. Soziales System, Gesellschaft, Organisation. Opladen.

Luhmann, Niklas [1981a]: Vorbemerkungen zu einer Theorie sozialer Systeme. In: ders. [1981], S. 11-24.

Luhmann, Niklas [1981b]: Die Unwahrscheinlichkeit der Kommunikation. In: ders. [1981], S. 25-34.

Luhmann, Niklas [1984]: Soziale Systeme. Grundriß einer allgemeinen Theorie. Frankfurt a. M.

Luhmann, Niklas [1985]: Die Autopoiesis des Bewußtseins. In: Soziale Welt, Jg. 63, H 4, S. 402-446.

Luhmann, Niklas [1990]: Die Wissenschaft der Gesellschaft. Frankfurt a. M.

Luhmann, Niklas [1995]: Soziologische Aufklärung 6. Die Soziologie und der Mensch. Opladen.

Luhmann, Niklas [1995a]: Wie ist Bewußtsein an Kommunikation beteiligt? In: ders. [1995], S. 37-54.

Luhmann, Niklas [1995b]: Was ist Kommunikation? In: ders. [1995], S. 113-124.

Luhmann, Niklas [1995c]: Die Kunst der Gesellschaft. Frankfurt a. M.

Luhmann, Niklas [1997]: Die Gesellschaft der Gesellschaft. 2 Teilbände. Frankfurt a. M.

Luhmann, Niklas [2000]: Organisation und Entscheidung. Opladen; Wiesbaden.

Maturana, Humberto R. [1982]: Erkennen. Die Operation und Verkörperung von Wirklichkeit. Braunschweig; Wiesbaden.

Maturana, Humberto R./Varela, Francisco J. [1980]: Autopoiesis and Cognition. The Realization of the Living. Dordrecht.

Schneider, Wolfgang Ludwig [1994]: Die Beobachtung von Kommunikation. Zur kommunikativen Konstruktion sozialen Handelns. Opladen.

Personenregister